Introdução à dialética

FUNDAÇÃO EDITORA DA UNESP

Presidente do Conselho Curador
Mário Sérgio Vasconcelos

Diretor-Presidente / Publisher
Jézio Hernani Bomfim Gutierre

Superintendente Administrativo e Financeiro
William de Souza Agostinho

Conselho Editorial Acadêmico
Divino José da Silva
Luís Antônio Francisco de Souza
Marcelo dos Santos Pereira
Patricia Porchat Pereira da Silva Knudsen
Paulo Celso Moura
Ricardo D'Elia Matheus
Sandra Aparecida Ferreira
Tatiana Noronha de Souza
Trajano Sardenberg
Valéria dos Santos Guimarães

Editores-Adjuntos
Anderson Nobara
Leandro Rodrigues

THEODOR W. ADORNO

Introdução à dialética

Tradução e apresentação à edição brasileira
Erick Calheiros de Lima

© 2010 Suhrkamp Verlag Berlin
© 2022 Editora Unesp
Título original: *Einführung in die Dialektik*

Direitos de publicação reservados à:
Fundação Editora da Unesp (FEU)
Praça da Sé, 108
01001-900 – São Paulo – SP
Tel.: (0xx11) 3242-7171
Fax: (0xx11) 3242-7172
www.editoraunesp.com.br
www.livrariaunesp.com.br
atendimento.editora@unesp.br

Dados Internacionais de Catalogação na Publicação (CIP)
de acordo com ISBD
Elaborado por Vagner Rodolfo da Silva – CRB-8/9410

A241i

Adorno, Theodor W.
    Introdução à dialética / Theodor W. Adorno; tradução e apresentação à edição brasileira por Erick Calheiros de Lima. – São Paulo: Editora Unesp, 2022.

    Inclui bibliografia.
    ISBN: 978-65-5711-134-5

    1. Filosofia. 2. Dialética. 3. Theodor W. Adorno. I. Lima, Erick Calheiros de. II. Título.

2022-1969   CDD 100
                                                                        CDU 1

Editora afiliada:

Sumário

Introdução à Coleção . *7*

Apresentação à edição brasileira . *11*

Introdução à dialética

Resumo das aulas . *49*

Nota à edição alemã [2010] . *59*

Apontamentos para a 1ª aula [08/05/1958] . *65*

2ª aula [13/05/1958] . *73*

3ª aula [20/05/1958] . *95*

4ª aula [22/05/1958] . *117*

5ª aula [03/06/1958] . *139*

6ª aula [10/06/1958] . *165*

7ª aula [12/06/1958] . *191*

8ª Aula [16/06/1958] . *213*

9ª Aula [24/06/1958] . *235*

10ª Aula [26/06/1958] . *259*

11ª Aula [01/07/1958] . *281*

12ª Aula [03/07/1958] . *309*

13ª Aula [08/07/1958] . *331*

14ª Aula [10/07/1958] . *353*

15ª Aula [15/07/1958] . *375*

16ª Aula [17/07/1958] . *401*

17ª Aula [22/07/1958] . *425*

18ª Aula [24/07/1958] . *447*

19ª Aula [29/07/1958] . *469*

20ª Aula [31/07/1958] . *493*

Índice onomástico . *517*

Introdução à Coleção

Figura maior no panorama filosófico do século XX, Theodor W. Adorno foi responsável por uma experiência intelectual gerada pela confrontação incessante da filosofia com o "campo da empíria", em especial a Teoria Social, a Crítica Literária, a Estética Musical e a Psicologia. Nessa desconsideração soberana pelas fronteiras intelectuais, estava em jogo a constituição de um conceito renovado de reflexão filosófica que visava livrá-la da condição de discurso que se restringe à tematização insular de seus próprios textos. Sempre fiel a um programa que traçou para si mesmo já em 1931, quando assumira a cadeira de professor de Filosofia da Universidade de Frankfurt, Adorno construirá uma obra capaz de realizar a constatação de que: "plenitude material e concreção dos problemas é algo que a Filosofia só pode alcançar a partir do estado contemporâneo das ciências particulares. Por sua vez, a Filosofia não poderia elevar-se acima das ciências particulares para tomar delas os resultados como algo pronto e meditar sobre eles a uma distância mais segura. Os problemas filosóficos encontram-se contínua e, em certo sentido, indissoluvelmente presentes nas questões mais determinadas das ciências particulares".[1] Essa característica interdisciplinar do pensamento adorniano permitiu que seus leitores desenvolvessem pesquisas em campos distintos de saberes, colaborando com isso para a transformação da Teoria Crítica em base maior para a reflexão sobre a contemporaneidade e seus desafios. Uma transformação que influenciou de maneira decisiva a constituição de tradições de pesquisa no Brasil, a partir sobretudo da década de 1960.

No entanto, o conjunto limitado de traduções das obras de Adorno, assim como a inexistência de uma padronização capaz de fornecer aparatos críticos indispensáveis para textos dessa complexidade, fez que várias facetas e momentos do pensamento adorniano ficassem distantes do público leitor brasileiro. Foi o desejo de suprir tal lacuna que nos levou a organizar esta Coleção.

A Coleção editará os trabalhos mais importantes de Theodor Adorno ainda não publicados em português, assim como algumas novas traduções que se mostraram necessárias tendo em vista padrões atuais de edição de textos acadêmicos. Todos os seus volumes serão submetidos aos mesmos critérios editoriais. Registrarão sempre a página original da edição canônica das *Gesammelte Schriften* e dos *Nachlaß*, indicada por duas barras verticais inclinadas (//) no texto. Serão sempre acompanhados por uma Introdução, escrita por especialistas brasileiros ou estrangeiros. Tal Introdução tem por função contextualizar a importância da obra em questão no interior da experiência intelectual adorniana, atualizar os debates dos quais esta fazia

---

[1] T. W. Adorno, Die Aktualität der Philosophie. In: *Gesammelte Schriften I*, Frankfurt: Suhrkamp, 1973, p.333-4.

parte, assim como expor os desdobramentos e as influências da referida obra no cenário intelectual do século XX. Ao final, o leitor encontrará sempre um índice onomástico. Em todos os volumes serão inseridas apenas notas de contextualização, evitando-se ao máximo a introdução de notas de comentário e explicação. Trata-se de uma convenção que se impõe devido à recusa em interferir no texto adorniano e em projetar chaves de interpretação.

Há quatro coletâneas exclusivas desta Coleção. Duas seguem a orientação temática das *Gesammelte Schriften*: *Escritos sobre música* e *Escritos sobre sociologia*. Nesses dois casos, os critérios de escolha dos textos foram: importância no interior da obra adorniana ou ineditismo de abordagem (assuntos relevantes, porém pouco abordados em outros textos).

As duas outras coletâneas, *Indústria cultural* e *Ensaios sobre psicologia social e psicanálise*, justificam-se em virtude de algumas especificidades da recepção brasileira da obra de Theodor Adorno. Sabemos que um dos públicos mais importantes de leitores universitários de Adorno encontra-se em faculdades de Comunicação e pós-graduações de Estudos de Mídia. Por isso, a edição de uma coletânea com alguns textos fundamentais sobre indústria cultural e cultura de massa visa, sobretudo, a alimentar o debate que ali se desenvolve. Isso também vale para outro importante público-leitor de Adorno no Brasil: os pesquisadores de Psicologia Social e Psicanálise.

Se a dialética pode ser pensada como a capacidade de insuflar vida no pensamento coagulado, então uma abordagem dialética do legado de Adorno não pode abrir mão dessa perspectiva crítica, como já sugeria o Prefácio de 1969 à segunda edição da *Dialética do esclarecimento*, obra escrita em parceria com

Max Horkheimer: "não nos agarramos a tudo o que está dito no livro. Isso seria incompatível com uma teoria que atribui à verdade um núcleo temporal, em vez de opô-la ao movimento histórico como algo de imutável". Pensar o atual teor de verdade do pensamento de Adorno significa, portanto, a dupla tarefa de repensá-lo em face dos dilemas do mundo contemporâneo e refletir sobre o quanto esses dilemas podem ser iluminados sob o prisma de suas obras.

Comissão Editorial

Eduardo Socha
Jorge de Almeida
Ricardo Barbosa
Rodrigo Duarte
Vladimir Safatle

Apresentação à edição brasileira
Hegel, Adorno e a Dialética

Erick Lima

> *Em sua determinidade peculiar, a dialética é, bem antes, a natureza própria e verdadeira das determinações-do--entendimento — das coisas e do finito enquanto tal. A reflexão é sobretudo o ir além da determinidade isolada e um referir dessa última pelo qual ela é posta em relação — conquanto seja preservada em seu valor isolado. Assim, a dialética é, em contrapartida, este ultrapassar imanente, em que a unilateralidade e a limitação das determinações-do-entendimento se expõem como o que propriamente são, a saber: enquanto sua negação. Todo o finito é isto: suspender-se a si mesmo. / O dialético constitui, portanto, a alma motriz do progredir científico e é o único princípio por meio do qual se inserem conexão e necessidade imanentes no conteúdo da ciência, assim como reside nele enquanto tal a verdadeira elevação, não exterior, sobre o finito." (Hegel, Bd. 8, p.171-2)*

A presente tradução de *Introdução à dialética* disponibiliza ao público lusófono o texto correspondente ao curso lecionado por Adorno sobre o tema no semestre de verão de 1958, na Universidade de Frankfurt. Penso que tanto estudantes quanto pesquisadores poderão se beneficiar das discussões propostas por estas aulas, ainda mais porque se trata de um texto que expande o material bibliográfico disponível em língua portuguesa sobre a concepção de dialética em Adorno – tema fundamental para uma compreensão mais proveitosa da sua ampla, múltipla, instigante e sempre atual contribuição ao pensamento contemporâneo, em áreas tão diversas como metafísica, teoria literária, sociologia, psicologia, filosofia prática, filosofia da história, filosofia da música e estética.

No que se segue, gostaria de propor uma introdução geral, de modo nenhum exaustiva, ao texto desta *Introdução à dialética*. Farei isso em três passos. Em primeiro lugar, recordarei rapidamente o contexto biográfico que marca o curso lecionado por Adorno (1). Em seguida, vou percorrer muito rápida e superficialmente alguns marcos da interpretação que Adorno oferece da dialética hegeliana – algo que constitui o pano de fundo para o curso proposto adiante por Adorno (2). Finalmente, procuro antecipar sumariamente o encadeamento temático pretendido por Adorno em suas aulas para *Introdução à dialética* (3). Espero poder contribuir, com esta modesta introdução geral, para a integração dos conteúdos desenvolvidos por Adorno neste curso ao material bibliográfico já disponível em português – e isso, na verdade, sob o ponto de vista mais específico de sua reformulação do paradigma de racionalidade crítica por meio de uma *exposição* da dialética hegeliana. É justamente enquanto integrados a esse panorama mais amplo que os temas aqui tratados por Adorno podem fornecer seu maior subsídio informativo e hermenêutico.

1. O contexto biográfico da *Introdução à dialética*

As aulas que deram origem a esta *Introdução à dialética* foram conduzidas num momento intermediário da fase final da produção teórica de Adorno, interrompida com seu falecimento. Adorno faz parte de um seleto grupo de marcantes pensadores que faleceram em franca produção e, ouso até dizer, em seu momento de maior maturidade intelectual.

Depois de mais de 15 anos relativamente itinerantes, um período predominantemente marcado pelo seu exílio norte-americano, provocado pela ascensão do nacional-socialismo, Adorno retorna de maneira mais ou menos definitiva para a Alemanha em outubro de 1949. Os motivos mais eminentemente profissionais para a decisão de retornar especificamente a Frankfurt estavam ligados ao objetivo de retomar o posto de *Privatdozent*, do qual fora exonerado em 1933. Depois de uma fase ainda marcada por certa inquietação e hesitação, por viagens acadêmicas para o exterior e por cursos na universidade, Adorno teve, ao final de 1953, a consolidação de sua posição profissional como um "professor extraordinário permanente", tornando-se servidor público e lecionando, já a partir do semestre de inverno, dois cursos por semestre, com aulas à tarde. Muitos dos cursos oferecidos por Adorno nos anos seguintes gravitaram em torno de diversas áreas da filosofia, embora, graças à *expertise* sociológica demonstrada e aprimorada nos anos de exílio norte-americano, assim como na subsequente colaboração com a pesquisa empírica nos Estados Unidos, Adorno tenha assumido também, ao longo da década de 1950 e 1960, recorrentes cursos de sociologia na Universidade de Frankfurt.

A polivalência de Adorno na docência, bem como na produção teórica e na pesquisa, aguçou-se definitivamente quando, em 1958, o ano das aulas aqui reunidas, devido à aposentadoria precoce de Horkheimer, Adorno assumiu a diretoria do Instituto de Pesquisa Social. Assim, a década de 1950 marca, do ponto de vista biográfico, a consolidação de Adorno como catedrático, atuando e produzindo prodigiosamente em pelo menos duas cátedras, filosofia e sociologia, ao passo que, de um ponto de vista mais amplo, prepara-se a definitiva feição, na década de 1960, de sua atuação pública como intelectual de destaque, recorrentemente ouvido, consultado, presente em programas de rádio, de televisão e em artigos de jornal.[1] A trajetória de Adorno na década de 1950 explica muito a sua própria consolidação como uma espécie de quintessência teórica, de suma intelectual viva, daquilo que de mais pertinente se produziu e se discutiu em filosofia e sociologia desde o período "entre guerras", na Alemanha e fora dela.

Com isso, fica um tanto mais fácil compreender, num contexto biográfico como esse, que desde o final da década de 1950, já sob o signo da consolidação profissional, Adorno tenha entrado numa espécie de trajetória de autorreflexão e autodepuração "metodológica", que encontra seu ápice justamente com o aparecimento de seu *magnum opus*, a *Dialética negativa*, de 1966. A presente *Introdução à dialética* tem de ser compreendida, portanto, sob a ótica desse movimento que converte a noção adorniana de dialética, já consideravelmente discernível na *Dialética do esclarecimento*, no objeto mesmo de sua reflexão filosófica, no alvo mesmo da decantação investigativa. Trata-se de uma trajetória na qual as reflexões contidas nos diversos cursos sobre o tema [por exemplo, em 1958, 1960/61, 1965/66,

---

[1] Ver Klein; Kreuzer; Müller-Doohm, 2011; Müller-Doohm, 2005.

Introdução à dialética

1969], bem como em textos intermediários que lhes são relacionados, têm de ser consideradas como cumprindo algo do papel, por assim dizer, laboratorial, estágios importantíssimos no itinerário pelo qual o autor atingiria, na década de 1960, tanto a consolidação de seu autônomo ponto de vista teórico, baseado numa concepção própria da dialética, quanto a defesa ferrenha e consciente dessa perspectiva – como acontece no famoso *Positivismusstreit*, desencadeado justamente enquanto Adorno fora, depois de eleito em novembro de 1963, diretor da Sociedade Alemã de Sociologia.

No caso específico das aulas de *Introdução à dialética*, proferidas em 1958, estas parecem reverter sobre os cursos a estratégia perseguida por Adorno nos seminários oferecidos em meados dos anos 1950, frequentados por, entre outros, Max Horkheimer, Jürgen Habermas e Hebert Schnädelbach – o qual, a propósito, se recorda das aulas de maneira sugestiva:

> os seminários sobre Hegel geralmente lidavam com muito pouco texto no curso de um semestre: nunca mais do que umas poucas páginas da *Doutrina da essência* da *lógica*. A estratégia era ... começar aceitando a crítica de Hegel a Kant, mas então lançar mão da crítica de Marx a Hegel. Todavia, nessa crítica de Hegel elementos kantianos recorriam. Nós sempre permanecíamos no interior desse triângulo.[2]

Na *Introdução à dialética* compareçam, como verá o leitor, não apenas a argúcia do ensaísta, não somente a tenacidade do pesquisador e a profundidade do filósofo, mas ainda a precisão e o ritmo do docente.

---
2 Müller-Doohm, 2005, p.46.

Theodor W. Adorno

2. Alguns marcos da interpretação de Hegel

A *Introdução à dialética* proposta por Adorno perpassa diversos dos temas que compõem o espectro geral de sua apropriação crítica de Hegel.[3] Quando comparamos o conteúdo destas aulas com os demais textos sobre o assunto, fica ainda mais clara a relação íntima que a dialética em Adorno, sua versão do paradigma de racionalidade crítica, possui com a dialética hegeliana, da qual a primeira pretende ser, na verdade, a concretização mais consequente, aquilo que se pode e deve esperar, em termos de modelo de crítica imanente, sob a prevalência do capitalismo avançado.

Em *Aspectos*, originalmente uma conferência de 1956 e que se tornou o texto de abertura da coletânea *Três estudos sobre Hegel*, Adorno sustenta que:[4]

> [E]mbora a dialética demonstre a impossibilidade da redução do mundo a um polo subjetivo fixo e persiga metodicamente a negação e a produção recíprocas dos momentos objetivo e subje-

---

3 Certa vez, Jay Bernstein caracterizou a filosofia de Adorno como sendo a "articulação do que significa ser hegeliano depois de Hegel, depois de Marx, depois de Nietzsche e, acima de tudo, depois de dois séculos de uma história brutal" (Bernstein, 2006, p.20).

4 Esta *Introdução à dialética* possui um paralelismo notável com os textos que passaram a compor os *Três estudos sobre Hegel*. O ensaio "Aspectos" é anterior a estas aulas, tendo aparecido em 1956. O texto "Conteúdo da experiência" foi desenvolvido entre 1958 e 1959. Finalmente, "Skoteinos ou Como ler" é ligeiramente posterior, composto entre 1962 e 1963. Digno de nota é também o fato de que muitas das profundas reflexões sobre a linguagem, presentes sobretudo neste último ensaio, são claramente elaboradas ao longo da *Introdução à dialética*.

tivo, a filosofia de Hegel, enquanto filosofia do Espírito, permaneceu no idealismo. Apenas a doutrina da identidade entre sujeito e objeto inerente ao idealismo – que, segundo sua simples forma, antecipa-se a privilegiar o sujeito – outorga a ele aquela força da totalidade que permite o trabalho do negativo, a fluidificação dos conceitos particulares, a reflexão do imediato e então novamente a superação [*Aufhebung*] da reflexão.[5]

Adorno se deixa guiar nessa discussão por algo próximo à célebre e influente impressão do jovem Marx sobre o alcance da dialética hegeliana,[6] a fim de sublinhar o fato de que, apesar da dinâmica do *Zusehen*, reivindicada por Hegel na *Fenomenologia*[7] e em outros lugares,[8] o renitente idealismo impede a franca concessão de primazia ao objeto. Adorno avança a tese marxiana num sentido em que se aprofunda e diferencia a incursão materialista sobre o significado filosófico do idealismo alemão. Assim, Adorno aceita a crítica de Marx a Hegel, segundo a qual a dialética é mistificada porque a totalidade[9] articula apenas os momentos

---

5 Adorno, 2007, p.81-2.
6 "A grandeza da 'Fenomenologia' Hegeliana e de seu resultado final – a dialética, a negatividade enquanto princípio movente e gerador – é que Hegel toma, por um lado, a autoprodução do homem como um processo, a objetivação como des-objetivação, como extrusão e suspensão desta extrusão; é que compreende a essência do trabalho e concebe o homem objetivo, verdadeiro, porque homem efetivo, como o resultado de seu próprio trabalho" (Marx, 2004, p.123).
7 Adorno, op. cit., p.77.
8 Por exemplo, no famoso §31 da *Filosofia do direito* (Hegel, 1970, 7, p.83-4).
9 Para uma discussão mais técnica do conceito adorniano de totalidade, ver Buck-Morss, 1977, p.27-62. Acerca de sua defesa no contexto da

espiritualizados do sistema do trabalho social[10] – de modo que, ainda que tenha captado a compreensão conceitual como "trabalho do negativo", a dialética hegeliana seria, já que ela própria requer a captação da síntese pelo lado do objeto, o reflexo conceitual da divisão entre trabalho intelectual e trabalho material.[11]

---

    discussão epistemológica em torno das bases metodológicas da teoria social, ver O'Connor, 2013, p.37-44.

10 Adorno, op. cit., p.93. A propósito, Adorno poderia ter vindo a perceber uma congruência ainda maior com a formulação crítica adotada por Marx nos *Grundrisse*. "A totalidade concreta como totalidade de pensamento, como um concreto de pensamento, é de fato um produto do pensar, do conceituar, mas de forma alguma é um produto do conceito que pensa fora e acima da intuição e da representação, e gera a si próprio, sendo antes produto da elaboração da intuição e da representação em conceitos." (Marx, 2011, p.78-9). Assim, dizer que se trata de um concreto pensado não significa sustentar a assimetria entre conceito e história, com o primado do primeiro sobre a segunda. O método dialético trata a compreensão como amálgama de conceito e intuição, uma combinação que se impõe de tal forma a permitir liberdade ao objeto, à realidade histórica. Caso o método perpetuasse a assimetria, fazendo hipóstase do sujeito autônomo enquanto espírito, desconsideraria os universais como momentos de uma historicidade empiricamente irredutível. Este me parece ser, em termos marxianos, o sentido daquilo que Adorno pretende com a crítica de que há em Hegel uma "metafísica do trabalho" (Adorno, op. cit., p.99). O verdadeiro sujeito permanece pressuposto para a representação, a intuição e os conceitos. A preservação metodológica da assimetria e da superioridade do abstrato sobre o vivo faria com que a dialética deixasse de ser autocrítica de categorias reificadas, transformando-a em apologia da subsunção violenta do trabalho vivo sobre o trabalho abstrato e o capital. Dialética como crítica, poderia dizer Adorno, consiste em desmascarar a ideologia generalizada da equivalência em nome do não idêntico, do trabalho vivo. Sob essa ótica, Marx se comprometeria, assim, em fazer perseverar a negatividade da contradição entre capital e trabalho.

11 Adorno, op. cit., p.97.

Apartado daquilo que não é idêntico a ele próprio, o trabalho se torna ideologia. [...] Essa relação social dita a não verdade em Hegel, o mascaramento do sujeito como sujeito-objeto, a negação do não idêntico pela totalidade, não importa quanto o não idêntico seja reconhecido na reflexão de cada juízo particular.[12]

Todavia, numa leitura aprofundada do idealismo alemão e de sua questão fundamental – a saber, a superação da dicotomia entre eu puro e eu empírico[13] –, Adorno amplia o alcance dessa crítica numa recomposição materialista da teoria da experiência e da cognição, capaz de acessar o que tem de permanecer indissolúvel em conceitos, enquanto constitui a base material, até mesmo somática e psíquica, da própria experiência. Com efeito, Adorno se relaciona à dialética hegeliana por meio de uma crítica imanente, a qual se conecta seguramente à atitude materialista de Marx frente a ela, mas, de certa maneira, acessa já de um modo diferenciado, ou talvez mais enriquecido, a materialidade da experiência. "Seria necessário apenas um mínimo – a lembrança do momento ao mesmo tempo mediado e irredutivelmente natural do trabalho – e a dialética hegeliana teria feito jus a seu nome."[14] Seja como for, a filosofia de Adorno, na medida em que concretiza e materializa em dimensões diversas a dialética, tem de ser compreendida, antes de mais nada, como esforço de ir além do "trabalho inconsciente de si mesmo."[15] "Apenas a autoconsciência disto tudo poderia con-

---
12 Ibid., p.99.
13 Ibid., p.90.
14 Ibid., p.100.
15 Ibid.

duzir a dialética hegeliana para além de si mesma, e é precisamente essa autoconsciência que lhe é recusada: isto significa pronunciar o nome que a enfeitiçou."[16]

Adorno busca então, na faceta "anti-idealista"[17] da dialética hegeliana, o impulso para reconsiderar a "consciência da contradição na própria coisa", pois "tal crítica é a força da teoria, com a qual essa se volta contra si mesma."[18] Com efeito, em vez de conceber a "não identidade do antagônico" de maneira mistificada, subjetiva e meramente espiritual, Adorno integra na cognição a materialidade, procurando nela a "não identidade do todo."[19] "A filosofia de Hegel deseja ser negativa em todos os seus momentos particulares; mas se ela se torna negativa contra sua própria intenção, também enquanto totalidade, então ela reconhece nisso a negatividade de seu objeto."[20] Obviamente, a crítica imanente da dialética hegeliana, "a dialética idealista [que] se volta contra o idealismo"[21] e que constitui o paradigma adorniano de racionalidade crítica, passa pela experiência de afecção da totalidade pelo sistema do trabalho social, mas confere à base desse modelo de teoria crítica ainda maior sensibilidade para aquilo que na experiência cognitiva excede a "dialética da socialização e da individualização,"[22] a

---

16 Ibid., p.103.
17 Ibid., p.107.
18 Ibid.
19 Ibid.
20 Ibid., p.108.
21 Ibid., p.115.
22 Interpreto aqui de modo habermasiano uma discussão feita por Adorno (Adorno, op. cit., p.124; Habermas, 1999, p.199; Habermas, 2012, p.630, 671, 672).

saber: o sofrimento,[23] a injustiça impingida ao singular como preço pago pela sua própria absorção na dialética.[24]

Talvez nada diga mais da essência do pensamento dialético do que o fato da sua autoconsciência do momento subjetivo da verdade, a reflexão da reflexão, dever reconciliar a injustiça que a subjetividade mutiladora causa à verdade apenas ao supor e ao colocar como verdade aquilo que nunca é inteiramente verdadeiro.[25]

A crítica imanente provocada por Adorno na dialética de Hegel – que afinal se mantém "fiel à sua própria filosofia, ao desejo de uma crítica imanente, que é parte central de seu método"[26] – tem consequências interessantes para uma herme-

---

23 A Teoria Crítica tem percorrido variações em torno de um tema hegeliano: para fazer frente às aporias da "filosofia reflexiva da subjetividade" (Hegel, 1970, 2, p.286), a ideia de uma racionalidade é entretecida nos recursos intersubjetivos de uma forma de vida, tal como sugerida pelo jovem Hegel nas discussões acerca da "causalidade do destino" (Idem, 1, p.273ss.), tema que se aproxima também das expectativas teóricas de Adorno desde a *Dialética do esclarecimento* (Bernstein, 2006, p.19-50). Bernstein dedica uma sólida análise à apropriação por Habermas do tema hegeliano (Bernstein, 1995, p.159-94), bem como à localização de Habermas com respeito a Hegel e Adorno (Ibid., p.136-59).

24 Tais termos são tomados de empréstimo às diretrizes interpretativas propostas por O'Connor (O'Connor, 2004, p.16-7), a partir das quais ele tenciona uma reconstrução da apropriação crítica da noção hegeliana de experiência, levando em conta sua modulação "espiritual" ou "intersubjetiva" (Ibid., p.71-98), bem como sua interpretação da assimilação kantiana da cognição presidida pela "refutação do idealismo" (Ibid., p.99-126)

25 Adorno, op. cit., p.115.

26 Ibid., p.136.

nêutica aprimorada e diferenciada do texto hegeliano, as quais, a bem da verdade, permeiam e enriquecem enormemente sua *Introdução à dialética*. A primeira delas é a revelação do "teor experiencial" [*Erfahrungsgehalt*] da dialética de Hegel, ou seja, numa leitura materialista adorniana, a revelação daquilo que constitui o conteúdo experienciado por ela, daquilo pelo que ela é, por assim dizer, afetada, seu "sentido de realidade", "aquelas experiências por ela incorporadas"[27] e que ela, por conseguinte, articula conceitualmente.

De acordo com Adorno, a "mediação hegeliana do *a priori* e do *a posteriori*"[28] compromete Hegel com uma "visão antipositivista",[29] com uma crítica do que, na discussão epistemológica contemporânea, inclusive no "neohegelianismo analítico,"[30] poderia ser chamado de "mito do dado". "O pensamento de Hegel se mantém no seu conjunto em relação oblíqua com o programa de aceitação imediata do assim chamado dado como base fixa do conhecimento."[31] Assim, o teor experiencial da dialética hegeliana consuma a experiência do próprio idealismo alemão, contida no *pathos* [e na suspeita de *hybris*] da palavra espírito,[32] o sentimento de perda do ser humano total, a reação ao paradigma moderno de ciência e a seus correlatos: a "consciência reificada"[33]

---

27 Ibid.
28 Ibid., p.127.
29 Ibid., p.139.
30 Sobre a forma como, nas últimas décadas, a "filosofia analítica" tem recorrido a estratégias hegelianas para reverter o "nominalismo", o "atomismo lógico", o "representacionalismo" e o "construtivismo", ver Brandom, 2011; Redding, 2017, p.1-84.
31 Adorno, op. cit., p.135.
32 Ibid., p.142.
33 Ibid., p.143.

Introdução à dialética

e a "compartimentação da vida e do conhecimento organizado realizadas no interior da divisão do trabalho".[34] Adorno sugere, portanto, que a dialética hegeliana faz a experiência da modernidade[35] reagindo a ela na forma de uma crítica ontológica do atomismo,[36] de uma crítica ético-política do individualismo metodológico[37] e de uma crítica epistemológica do fundacionalismo.[38] Por conseguinte, enquanto experiência do paradigma moderno de racionalidade, bem como de seu renitente positivismo e realismo ingênuo, a dialética hegeliana é "autorreflexão do filosofar formal, que tinha rejeitado e proibido o filosofar focado no conteúdo como meramente dogmático."[39] Também para Adorno, assim como para Habermas[40] e Honneth[41] depois dele, o "hegelianismo de esquerda"[42] é a retomada desse movi-

---

34 Ibid., p.143-4.
35 É de Adorno a tese, mais tarde apropriada por Habermas, de que por seu teor experiencial a dialética hegeliana se revela como crítica que pretende emancipar a modernidade por meio da autocrítica de seu paradigma de racionalidade, pois "Hegel manifestou que a sociedade reificada e racionalizada da era burguesa, na qual a razão dominadora da natureza se consuma, poderia se tornar uma sociedade digna dos homens, não através da regressão a estágios mais antigos e irracionais, anteriores à divisão do trabalho, mas ao aplicar sua racionalidade a si mesma, em outras palavras, ao reconhecer salutarmente as marcas do irracional em sua própria razão, assim como o rastro do racional no irracional." (Adorno, op. cit., p.158).
36 Ibid., p.140.
37 Ibid., p.146.
38 Ibid., p.146.
39 Ibid., p.149.
40 Habermas, 2002, p.59 e 73.
41 "A tese de que as patologias sociais devem ser entendidas como resultado de uma racionalidade deficiente é uma dívida da filosofia política, em última instância, a Hegel." (Honneth, 2006, p.339).
42 Adorno, op. cit., p.152.

mento de autocrítica da racionalidade que, ao criticar sua insuficiência, critica também o efeito danoso de sua inconsciente incompletude sobre o conteúdo da experiência.[43]

Essa capacidade intrínseca à filosofia hegeliana se deve, segundo Adorno, à "negação determinada", o "nervo da dialética como método",[44] o tensionamento interno do conceito que o faz negar-se como conceito abstrato e, negando sua abstração, acessar "seu conteúdo: a sociedade",[45] liberando a "força armazenada em seu próprio objeto" como algo que "ainda não é ele próprio."[46] Eis por que a circunscrição do teor experiencial é ir com Hegel além dele mesmo, é fazer a crítica imanente da dialética hegeliana, comprometendo-se ainda mais radicalmente do que o faz o próprio Hegel com a negação determinada – neste caso específico, com a própria negatividade do todo: "o raio de luz que revela o todo em todos os seus momentos como o não verdadeiro não é senão a utopia de toda verdade, utopia que ainda precisa se realizar."[47]

Porém, a crítica imanente da dialética de Hegel, na medida mesmo em que lhe circunscreve o conteúdo experienciado, não

---

43 "Na medida em que, por meio da autorreflexão, a consciência interioriza aquilo que lhe escapa da realidade, aquilo que ela mutila por meio de seus conceitos de ordenação e reduz à contingência do que se disponibiliza como dado, a consciência científica se depara, através de Hegel, com aquilo que a ciência mecânico-causal fez com a natureza ao exercer sobre ela seu poder." (Adorno, op. cit., p.150). Para uma tentativa de oferecer, a partir de Hegel, uma mediação entre as tendências perseguidas na teoria crítica, ver Lima, 2017.
44 Adorno, op. cit., p.165.
45 Ibid., p.162.
46 Ibid., p.165.
47 Ibid., p.174.

deixa incólume a forma, acarretando, em segundo lugar, uma reflexão em torno da *exposição*, da relação entre a linguagem hegeliana e a dialética, que, como experiência, está agora impulsionada para além de si mesma. Nessa reflexão, Adorno acaba por conferir um sentido filosoficamente relevante à escrita hegeliana, normalmente tida como refratária à compreensão.

Adorno relaciona ao "estilo" de Hegel duas das mais importantes diretrizes de sua crítica à filosofia tradicional: seu antifundacionalismo, ou seja, sua recusa em seguir o caminho trilhado por Reinhold e Fichte ao delinear princípios fundamentais, ou pelo empirismo e sua doutrina do dado imediato; e, em conexão com isso, a necessária incompletude da proposição isolada como expressão da verdade.[48] Devido à sua tese geral de que a dialética hegeliana não tem, apesar de tudo, a relação radical com a negação determinada que, enquanto dialética, seria obrigada a ter,[49] Adorno vê naquelas diretrizes as marcas indeléveis da reação de Hegel ao princípio "positivista" da clareza, o qual faz as vezes, do ponto de vista lógico-formal, do princípio burguês da equivalência e do valor de troca.

Num trecho memorável, Hegel torna a percepção da intrínseca incapacidade do juízo singular para expressão da verdade a contrapartida tanto de sua concepção da plasticidade da linguagem como "sentença especulativa"[50] quanto também

---

48 Ibid., p.178.
49 Ibid., p.189.
50 Hegel fala, na *Fenomenologia*, da contraposição entre a noção apofântica da proposição e sua estrutura propriamente especulativa, o "conflito da forma de uma proposição em geral e da unidade do conceito que a destrói" (Hegel, 1970, 3, p.58). Tal doutrina é uma crítica à unilateralidade do λόγος ἀποφαντικός e, neste sentido, o acesso a uma forma

da concepção *holística* de que "o verdadeiro é o delírio báquico [*bacchantischer Taumel*], no qual não há membro que não esteja ébrio".[51] Assim, em Hegel, a insuficiência da proposição isolada nos lembra da necessária insuficiência da própria linguagem filosófica, de maneira que a

> falta de clareza que incansavelmente se censura nele não é simples fraqueza, mas é também o motor que o conduz a corrigir a inverdade do particular, uma inverdade que se manifesta na ausência de clareza do singular.[52]

Com efeito, desde essa perspectiva, Adorno vê Hegel como precursor de uma posição com respeito à relação entre filosofia e linguagem[53] que ele mesmo pretende ter desenvolvido mais amplamente:[54] "toda linguagem filosófica é uma lingua-

---

menos unilateral de racionalidade: "apenas aquela exposição filosófica lograria ser plástica (a saber): a que excluísse estritamente a forma da relação costumeira das partes da proposição" (Hegel, 1970, 3, p.59).
51 Hegel, 1970, 3, 45.
52 Adorno, op. cit., p.195.
53 "Se a filosofia pudesse ser de algum modo definida, ela seria o esforço para dizer aquilo sobre o que não se pode falar; expressar o não idêntico, apesar de a expressão sempre identificá-lo. Hegel procurou isso. Dado que o não idêntico jamais pode ser imediatamente expresso, pois todo imediato é falso – e por isso necessariamente não claro na expressão –, Hegel o diz de modo incansavelmente mediado. E é principalmente por isso que ela apela à totalidade, tão problemática ela seja" (Adorno, op. cit., p.190).
54 Sobre a relação proposta por Adorno entre dialética, experiência e linguagem, tanto em suas inegáveis inspirações benjaminianas (ver Buck-Morss, 1977, p.136-84; Foster, 2007, p.9-88) quanto em sua influência sobre a maneira como o próprio Adorno explora a produção literária, ver: Foster, 2007, p.139-66. Sobre a maneira como essa

gem contra a linguagem, marcada pelo estigma de sua própria impossibilidade."[55]

A crítica adorniana da dialética em Hegel nos oferece, na verdade, algo como um modelo para sua concepção de dialética, pois, ao circunscrever, pela força da negação determinada, à dialética hegeliana o teor experiencial que lhe convém, permite que se a veja fora do idealismo, do misticismo do conceito, e, por conseguinte, como a articulação, em termos das funções expressiva e comunicativa[56] da linguagem, dos irredutíveis eixos "vertical" e "horizontal",[57] kantiano e hegeliano, subjetivo e intersubjetivo, que, conquanto permaneçam irredutíveis, devem constituir a autêntica experiência dialética.[58] Trata-se para Adorno, em sua interpretação de Hegel, de uma "dialética [que] acontece no próprio *medium* da linguagem."[59] Adorno concebe a "estilística" hegeliana como reagindo à clivagem, patrocinada pela lógica do mercado, entre expressão e comunicação, e que invade, sob o primado da última, o paradigma

---

    mesma relação constitui a recuperação mais tardia e tão significativa que Adorno faz da noção benjaminiana de constelação, bem como a interlocução que a partir daí se torna possível com tendências "neohegelianas" de reflexão sobre a linguagem, ver: Bernstein, 2001, p.263-370; Foster, 2007, p.167-94; Bowie, 2013, p.54-74.

55 Adorno, op. cit., p.189.
56 Ver Bernstein, 2001, p.263-306.
57 O'Connor, 2004, p.16.
58 "Enquanto expressão da própria coisa, a linguagem não se esgota na comunicação, na transmissão a outros. Mas ela também não é, e Hegel sabia disso, pura e simplesmente independente da comunicação. Do contrário, ela escaparia a toda crítica, mesmo em sua relação com a coisa, rebaixando tal relação a uma pretensão arbitrária. Linguagem como expressão da coisa e linguagem como transmissão estão intimamente ligadas." Adorno, op. cit., p.195.
59 Ibid.

moderno de racionalidade, traduzindo-se em exigência filosófica de linearidade, acabamento e clareza.[60]

Por mais que o idealismo hegeliano tenha parcialmente sucumbido ao paroxismo comunicativo da racionalidade formal, Adorno ainda percebe em Hegel o compromisso de crítica ao nominalismo extremo, à utilização de "definições verbais como meras etiquetas"[61] – uma "concepção [que] resiste energicamente à experiência que deseja fazer falar a própria coisa"[62] –, mas também ao seu correlato burguês, "a hipóstase do particular".[63] No "holismo" hegeliano, na demonstração de necessária insuficiência de conceitos, juízos e silogismos, Adorno rastreia o esforço genuinamente filosófico de linguistificação plástica e inacabada do inefável,[64] do extraconceitual, de "pensar

---

60 "[...] é preferível que a linguagem se torne incompreensível do que desfigurar a coisa por meio de uma comunicação que lhe impede de ser comunicada [...] O momento da universalidade na linguagem, sem o qual ela não seria linguagem, fere irrevogavelmente toda a determinidade objetiva do particular, o qual ela deseja determinar. O esforço em direção à compreensibilidade, mesmo que sempre difícil de reconhecer, é um corretivo. Essa compreensibilidade permanece um contrapeso à objetividade linguística pura. Unicamente na tensão de ambos floresce a verdade da expressão. Essa tensão, entretanto, não é a mesma coisa que o mandamento vago e brutal da clareza, que geralmente culmina no fato de que se deve por fim falar como todos falam, renunciando assim a dizer aquilo que seria diferente e que apenas poderia ser dito de modo diferente" (Adorno, op. cit., p.195-6).
61 Adorno, op. cit., p.196.
62 Ibid., p.203.
63 Ibid.
64 Sobre a forma como este núcleo temático, que me parece constituir possível e interessante abertura ao tratamento dado por Adorno a textos literários, representa certa congruência não apenas com o desenvolvimento hermenêutico da *Kehre* heideggeriana por Gadamer, mas

o visado inclusive lá onde todas as suas implicações não podem ser representadas de modo *clare et distincte*"[65] — a manutenção da natureza antiburguesa da filosofia, de sua resistência ao princípio da equivalência. Isso que em Hegel ainda se mantém, em virtude especialmente de seu teor histórico e experiencial, avesso ao sistema, direcionado à "constelação",[66] o elemento que Adorno desdobra em sua concepção da dialética, constitui, do ponto de vista da sua interpretação do pensamento de Hegel, a percepção de que "também os textos de Hegel são antitextos."[67]

Motivos como esses, colhidos da *Auseinandersetzung* de Adorno com a filosofia hegeliana, permanecem sem dúvida diretivos no seu desenvolvimento ulterior, embora estivessem também presentes anteriormente. De um ponto de vista histórico-cultural, por exemplo, o esclarecimento fora visto como introduzindo na linguagem, enquanto meio de reprodução cultural, a diferenciação entre o signo e a imagem, processo pelo qual a linguagem vem paulatinamente se separando da realidade, e o signo convencional vai se apartando do conteúdo semântico.[68] Portanto, apenas a linguagem em sua envergadura dialética, capaz de se tensionar entre o idêntico e o não idêntico, é a visualização conceitual do fundo opaco das coisas, bem como do processo genealógico[69] de diferenciação entre nome e coi-

---

também com variações dialéticas e genealógicas em torno do tema kantiano da relação entre conceito e intuição, ver Lima, 2013.
65 Adorno, op. cit., p.198.
66 Ibid., p.199.
67 Ibid., p.211.
68 Habermas, 2001, p.164.
69 Sobre a influência da concepção nietzschiana de genealogia no programa adorniano para a *Dialética negativa*, ver Lima, 2014.

sa, entre uno e múltiplo, entre sujeito e objeto. No nominalismo e no atomismo, marcados pela cisão entre pensamento e coisa, pelo "esquecimento" da gênese dialética do conceito, encontra-se, por conseguinte, a dialética em seu momento de impotência.

Diante da radicalização do esclarecimento como filosofia nominalista da linguagem, que tende a tratar todo nome próprio como nome genérico, rompendo o liame entre o nome e o ser, a *Dialética do esclarecimento* já havia sugerido uma forte aproximação com o conceito hegeliano de "negação determinada", a qual auxilia a entrever como o resplendor da imagem é preservado, em seu direito de autonomia, na execução fiel de sua proibição, isto é, na proibição consciente de acesso conceitual ou nominalista à sua riqueza. Isto nos conduz a uma concepção dialética da linguagem como excedendo o simples sistema de signos.[70]

Com efeito, a "dialética negativa" de Adorno será comprometida, enquanto teoria da experiência, da linguagem e do conceito, com a reversão da resignação e do ofuscamento ocasionados pela interdição mal compreendida de acesso conceitual ao elemento não conceitual.[71] Sua maneira de reverter essa tendência inerente ao *logos* ocidental é promover a exposi-

---

70 "A dialética revela, ao contrário, toda imagem como uma forma de escrita. Ela ensina a ler em seus traços a confissão de sua falsidade, confissão essa que a priva de seu poder e o transfere para a verdade. Deste modo, a linguagem torna-se mais que um simples sistema de signos. Com o conceito da negação determinada, Hegel destacou um elemento que distingue o esclarecimento da desagregação positivista à qual ele o atribui." (Idem, op. cit, p.36-7).

71 Adorno, 2009, p.52.

ção conceitual do não idêntico, aceitando seu caráter refratário à compulsão intelectual.[72] Eis por que o *locus* privilegiado da dialética é a mediação, o lugar de intervenção para compreender no conceito o não conceitual. Por essa via, nessa dimensão em que se fundem conceito, linguagem e história, a mediação da matéria conduz, sugere Adorno, à exposição de sua história implícita. "Mesmo junto ao empenho extremo de expressar linguisticamente uma tal história coagulada nas coisas, as palavras empregadas permanecem conceitos [...] Somente os conceitos podem realizar aquilo que o conceito impede."[73]

É a insuficiência do nominalismo como estratégia de acesso cognitivo não reificado que transforma, dialeticamente, o uno em múltiplo, o conceito em conceitos, o nome em linguagem. Essa operação dialética, que compõe de maneira bastante esquemática a teoria adorniana do conceito exposta na *Dialética negativa*, permite-lhe uma belíssima condensação programática: "O erro determinável de todo conceito obriga a que se evoque outros; é daí que emergem aquelas constelações para as quais unicamente passa alguma coisa da esperança contida no nome. É pela negação do nome que a linguagem filosófica se aproxima do nome."[74] Assim, com uma crítica contundente à pretensão do nome a uma verdade imediata, o interior conceitual que o conhecimento abarca evoca, pensa Adorno, um elemento deci-

---

72 "Portanto, Adorno tem a convicção de que de que a filosofia encontra a linguagem que lhe é apropriada lá onde a sensação [*Empfindung*] ainda reverbera no conceito escolhido, sem prejudicar a capacidade do mesmo para determinação exata dos estados de coisa [*Sachverhalten*]" (Honneth, 2006, p.25).
73 Adorno, 2009, p.52.
74 Ibid., p.53.

didamente extrínseco e heterogêneo, algo genuinamente exterior que, do ponto de vista experiencial, fará justiça, evocando as pretensões mais ambiciosas e irrealizadas da filosofia clássica alemã, ao potencial cognitivo até mesmo de processos somáticos de um sujeito cognoscente individualizado, existindo em sua singular historicidade.[75]

3. Um caminho e um modelo para a dialética

A certa altura de seu curso, Adorno a ele se refere como uma "propedêutica à dialética" (Aula 4). Certamente, não se trata apenas de um trajeto para a dialética, garante Adorno, uma vez que essa propedêutica também forneceria um "modelo de dialética" (Aula 2). O itinerário proposto por Adorno como uma *Introdução à dialética* é, sem dúvida, envolvente e instigante, mas é também, acima de tudo, rico e abrangente, compondo, juntamente com o aparato de notas elaborado pelo editor alemão, um conjunto informativo extraordinário.

Adorno toma como ponto de partida a ambivalência, já presente irrefletidamente nas ponderações dialéticas que remontam à Antiguidade clássica, entre as dimensões "subjetiva" e "objetiva", ou seja, entre a dialética como método e como estruturação do objeto experienciado. É já sob o signo do atrito

---

[75] "Portanto, objetos são linguísticos e conceituais, e também não conceituais: nós não podemos captar objetos exclusivamente por meio de suas propriedades conceituais, e mesmo suas propriedades não conceituais – aquilo que é 'capturado' ou 'conjurado' – não pode ser positivamente articulado através de conceitos. O objeto é então articulado por conceitos, mas não é redutível a eles" (O'Connor, 2004, p.50).

entre essas dimensões que Adorno constrói o preâmbulo para sua discussão da dialética enquanto experiência do caráter limitado dos conceitos pela comparação com os dados e, por conseguinte, a retificação das categorias por meio da autonegação deflagrada pelo acolhimento, nelas próprias, do elemento não conceitual (Aula 1).

Tendo estabelecido, assim, sua estratégia mais ampla de interpretação do programa preconizado pela dialética hegeliana, Adorno lança mão da ideia da tensão, a ser reconhecida conceitualmente, entre a identidade e não identidade de conceito e objeto, no sentido de oferecer uma compreensão do tema do "movimento do conceito". Isso acaba por deslindar a noção dialética fulcral do "núcleo histórico da verdade", conectada à "crítica da reificação" e desenvolvida não apenas em companhia de Hegel, mas também de Kant e Benjamin, assim como também numa já intensa contraposição às reivindicações da ontologia contemporânea a Adorno (Aula 2). Esse motivo crítico, que a bem da verdade atravessa todo o esforço de Adorno nesta *Introdução à dialética*, é acentuado, em seguida, pela caracterização da posição que a dialética assume em geral diante da ideia tradicional de "filosofia primeira". O momento em que Adorno expõe sua noção seminal de uma "dialética aberta" é também o contexto no qual a dialética hegeliana é revelada em sua desconcertante e problemática ambiguidade com respeito ao programa tradicional da *prima philosophia*. Entretanto, com a apropriação crítica da dialética hegeliana se intensifica também o arsenal de Adorno contra a fenomenologia e ontologia que lhe são contemporâneas (Aula 3).

Adorno desenvolve sua apropriação crítica do motivo central contido no "movimento do conceito" retomando traços fundamentais do percurso da filosofia clássica alemã, tanto a relação de Hegel com o idealismo de Fichte quanto também a interpretação hegeliana da relação entre a dialética e a analítica transcendentais na *Crítica da razão pura*. A ideia adorniana de que a dialética seria, sobretudo na sua formulação hegeliana, "a filosofia kantiana que chegou à sua autoconsciência" (Aula 4) encontra, sem dúvida, excelente respaldo ao longo de várias obras de Hegel.[76] Na revisitação da crítica de Hegel a Kant, Adorno encontra ensejo para a elaboração de sua ideia de uma "dialética aberta". Ora, o desdobramento dessa noção acaba por viabilizar não apenas uma inspiradora reinterpretação de trechos antológicos da *Fenomenologia do espírito*, como também uma defesa da dialética em relação à crítica de que ela conspiraria em favor da erradicação, na experiência cognitiva, do elemento irracional, inconsciente e não conceitual. Assim, ao tematizar a peculiar interação entre o irracional e a racionalidade, Adorno acaba por propor a primeira discussão mais extensa, no quadro desta *Introdução*, acerca de sua própria noção de não idêntico. Leitores e leitoras se surpreenderão com a maneira como a apropriação crítica da dialética hegeliana por Adorno conduz a interessantes momentos de cunho hermenêutico, mas não apenas isso: além de ter adotado uma posição

---

[76] Apesar do reconhecimento de sua enorme dívida em relação à "dedução transcendental das categorias" (Hegel, 1970, 6, p.253), a interpretação hegeliana da *Crítica da razão pura* se notabiliza por conferir considerável primazia à "dialética transcendental" em comparação com a "analítica transcendental". Nesse contexto, Kant é frequentemente visto, como na introdução da *Ciência da Lógica* (1812), como estando aquém do potencial de sua mais esplêndida descoberta (Hegel, 1970, 5, p.37*ss.*) (Hegel, 1970, 8, §48, p.125*ss.*).

ponderada com respeito ao debate em torno do "irracionalismo", ao antecipar o risco de abuso ideológico da dialética pelo automatismo do "esquema triádico", Hegel teria vislumbrado o núcleo duro da concepção de dialética como "Teoria Crítica" (Aula 5).

Com efeito, a crítica de Hegel às limitações da compreensão demonstrada por Kant acerca de suas próprias descobertas na *dialética transcendental* continua constituindo o fio condutor para a discussão, proposta por Adorno, acerca da noção dialética de contradição. E essa discussão é conduzida de modo a desmascarar a aplicação mecânica do princípio da contradição, que acaba por empobrecer e reificar a dialética em termos de um enrijecido e inflexível "esquema triádico" entre tese, antítese e síntese. Adorno retorna ao debate Kant-Hegel para revitalizar a dialética, sobretudo diante das ameaças perpetradas pelo materialismo dogmático (Aula 6).

O fato de que Adorno tenha lançado mão da crítica de Hegel à *dialética transcendental* como fio condutor em ao menos três aulas sublinha não apenas o inconteste valor histórico-filosófico desse tópico, mas também a centralidade que ele assume na forma como Adorno expõe sua *Introdução à dialética* – e, por que não, já que Adorno sustenta uma correlação entre essas dimensões, sua centralidade para o modo como ele elabora seu modelo de uma "dialética aberta". Com efeito, após delinear, a partir da recepção da *dialética transcendental*, os múltiplos contornos do conceito hegeliano de contradição, ele o explora no quadro de uma compreensão dialética da teoria clássica da predicação e da proposição declarativa (Aula 7).

Uma das lições de mais amplo alcance colhidas por Hegel em sua apropriação crítica da *Antitética da razão pura* consiste em repensar a relação entre sujeito e objeto de maneira a não endossar nem a trivialidade compassiva da solução kantiana para as antinomias, que atribui unicamente à razão subjetiva a necessidade da contradição, nem tampouco dar vazão àquilo que Kant mais parecia temer: a atribuição do caráter contraditório exclusivamente ao mundo.[77] Para Hegel, contraditório é primordialmente o espírito, esta unidade de determinações contraditórias, a identidade de sujeito e objeto em sua não identidade. Aliás, o fascínio de Adorno pelo potencial teórico-crítico disponibilizado pelo conceito hegeliano de "experiência espiritual" é bastante perceptível nesta fase da exposição (Aula 8). Eis por que, seguindo a crítica de Hegel a Kant, Adorno encontra a oportunidade, no resgate que faz da *Antitética*, para expor o modo como a dialética do conceito nos arremessa à compreensão da contraditoriedade do mundo. Adorno antecipa, assim, a partir do desdobramento da dialética do conceito em termos de uma "teoria negativa" do sistema ou da totalidade, seu célebre tópico da "ontologia do estado falso"[78] – uma modulação expositiva que será articulada em termos tanto da compreensão crítica da coerção social sob a égide do valor de troca quanto do ponto de vista de uma interpretação acerca do caráter extrínseco, demonstrado pela noção hegeliana de estado, em relação à dinâmica dialética e autocorrosiva da sociedade capitalista (Aula 8).

A partir do delineamento das condições sob as quais a dialética pretende, a partir da crítica de Hegel a Kant, entender o processo cognitivo como tal e a experiência do mundo, Adorno

---

77 Ver Hegel, 1970, 8, p.125-8.
78 Adorno, 2009, p.19.

promove uma inflexão em sua exposição. Primeiramente, tenciona apresentar, a partir da reconstrução da noção hegeliana de experiência, a diferenciação entre as perspectivas idealista e materialista da dialética. Nesse exercício, Adorno começa a encontrar oportunidades, as quais se tornam cada vez mais frequentes até o fechamento do curso, para fazer ver os contornos mais específicos de seu modelo de dialética materialista em comparação com Marx, ou ainda também com aquilo que chama de "materialismo vulgar" – associado, digamos, ao "marxismo oriental" –, mas igualmente recuperando seu célebre debate com Benjamin acerca da "mediação", bem como suas próprias respostas às críticas feitas por Weber à dialética materialista (Aula 9).

O esforço para situar sua concepção de uma dialética "aberta" e interrompida no horizonte mais amplo formado pela dialética oitocentista constitui também a passagem para outro estágio na exposição de Adorno, a saber: a retomada da discussão sobre os desafios contemporâneos à dialética. A consideração "epistemológica" da dialética, a qual confere destaque ao seu aporte experiencial e, com isso, à tematização do processo cognitivo, conduz a apresentação de Adorno ao tratamento da visão dialética acerca da relação entre todo e parte. Se, por um lado, Adorno radicaliza o antifundacionalismo de Hegel numa crítica ao caráter "afirmativo" da totalidade na dialética especulativa, por outro, essa mesma radicalização conduz ao confronto com posições filosóficas que conferem primazia ao acesso imediato à singularidade, quer seja no formato do "intuicionismo" de Bergson, quer seja naquele do "atomismo lógico" típico do empirismo contemporâneo. No desenvolvimento dessa estratégia, Adorno acaba por revelar a necessidade de a dialética acertar as contas com uma posição filosófica relativamente remota – contra a qual se voltou radicalmente, segundo ele, a própria *Fenomenologia do espírito* – e cujo legado se encontra vivo nas contemporâneas "filosofias da imediatez", a saber: a noção cartesiana de *percepção clara e distinta* (Aula 10).

Curiosamente, Adorno parece ver nessa noção cartesiana uma espécie de inconfessado patrocinador de duas das principais correntes filosóficas que lhe são contemporâneas, em relação às quais procura com tenacidade diferenciar seu resgate da dialética: a ontologia e o positivismo. Eis por que busca, num primeiro momento, desvincular a dialética, mesmo hegeliana, de qualquer indevida apropriação por parte da ontologia (Aula 11). Num segundo momento, dando início ao seu envolvimento mais estreito com o positivismo, Adorno procura não apenas mostrar em que sentido o "imediatismo", propugnado pela epistemologia empirista e positivista, encontra-se em dívida com o paradigma da *prima philosophia*, mas também a forma como a dialética pode ser relacionada à prática das ciências empíricas – de maneira que essa se revela não como uma estrutura heterônoma ao processamento de dados científicos, e sim como dimensão de autorreflexividade, acionada intrinsecamente pela própria dinâmica da investigação (Aula 12).

Nos últimos dois quintos de sua *Introdução à dialética*, Adorno executa dois movimentos argumentativos preciosos e vitais para a elaboração de seu modelo para o pensar dialético. O primeiro deles diz respeito a uma espécie de acerto de contas da dialética, reabilitada pelo trajeto proposto, com as regras cartesianas do método. Assim, depois de ter identificado, malgrado diferenças cruciais, a perspectiva que a dialética compartilharia com o positivismo – o apreço pelo "micrológico" –, Adorno mostra que cair vítima de uma utilização dogmática do postulado cartesiano da "ausência de precipitação" significaria a renúncia à noção de um "núcleo temporal da verdade". Ademais, Adorno procura mobilizar os ensinamentos mais estruturantes da dialética na tentativa de desmascarar a *clara et distincta perceptio* não apenas como uma forma emblemática de fundacionalismo, mas também como preceito que torna inacessível a dinamicidade do objeto experienciado. E, nesse exercício, Adorno faz ver que a dialética não se coaduna com a recusa imediata ao "postulado da evidência", antes o supera justamente por meio de sua mais radical observância (Aula 13). Adorno mostra, em seguida, que a evidência imediata, pressuposta pela percepção clara e distinta, constitui a alma de todos os esforços filosóficos conectados, em sentido amplo, ao tratamento nominalista dos conceitos e, por conseguinte, também aos procedimentos de 'análise elementar' da experiência cognitiva. Por outro lado, a esta altura, o modelo propedêutico de dialética desenvolvido por Adorno, marcado pela abertura e por rupturas, é demonstrado, numa elucidativa digressão, como profundamente afeito a concepções da sociedade e do processo histórico em que se encontram irredutível e reciprocamente mediadas a continuidade e a descontinuidade – algo que constitui o ensejo para uma crítica dialética à terceira regra do método cartesiano e sua ampla história de efeitos: o postulado de um progresso contínuo e escalonado na produção do conhecimento objetivo (Aula 14).

A crítica de Adorno ao postulado cartesiano da continuidade na experiência dos objetos é modulada de tal maneira a acolher o expediente crítico de De Maistre contra Bacon – algo que rende a Adorno a possibilidade de tangenciar um importante núcleo temático de sua dialética. Sob o signo do compromisso materialista com o "primado do objeto", Adorno se permite considerar, a partir da dialética entre continuidade e descontinuidade, a articulação entre crítica imanente e transcendente e, a partir daí, a questão da relação entre o conhecimento e o "novo". Nesse itinerário, torna-se possível ressignificar, a partir do modelo de uma "dialética aberta e interrompida", o tópico hegeliano do "salto da quantidade para a qualidade" em termos da ideia de um reordenamento dialético dos conceitos, provocado pela descoberta, no decurso do processo experiencial, das inauditas facetas do objeto (Aula 15). Adorno conclui suas reflexões cartesianas discutindo a forma como Kant e as filosofias que o sucederam implementam e radicalizam o postulado da completude formulado por Descartes e forjado, por outro tanto, sob inspiração do encadeamento cognitivo proveniente da matemática. Tendo essa história clássica do conceito moderno de sistema como pano de fundo, Adorno explora a interação entre universal e particular tencionada por seu conceito de "modelo", em contraste com os esforços contidos no conceito weberiano de "tipo ideal" e na noção, desenvolvida pela fenomenologia de Husserl, de "intuição de essências" (Aula 16).

Tudo isso cria o contexto para uma inflexão que ocupará todo o último quartel das aulas para *Introdução à dialética* – um redirecionamento que tem início com a abordagem crítica da versão contemporânea, analítica e lógico-positivista, do conceito de sistema: o *frame of reference* (Aula 17). Aliás, a consideração acerca das transformações experimentadas pela noção burguesa de sistema permite não apenas uma elucidativa recuperação, ante as posturas epistemológicas correntes e predominantemente administrativas, das noções dialéticas de mediação, de verdade e de crítica imanente, mas também deflagram o derradeiro movimento na sinfônica propedêutica adorniana à dialética: a crítica dialética às formas lógicas tradicionais (Aula 18).

A crítica dialética, proposta por Adorno, à concepção lógica de definição, a qual parte, assim como em Wittgenstein, de um tensionamento entre as acepções dêitica e verbal dela, conduz, como em outros desenvolvimentos de Adorno, a uma reflexão de amplas consequências sobre a linguagem, bem como sobre a relação "inferencial" e "contextual" dos conceitos singulares em termos da célebre e inesgotável concepção de "constelação". Nesse exercício de crítica dialética ao nominalismo moderno, a dialética pode mais uma vez ser vislumbrada, do ponto de vista da história da filosofia, como a tentativa, resgatada de seu malogro idealista, de propor uma articulação não reducionista entre nominalismo e realismo. Eis que, colocando-se na tradição da "grande filosofia" (Kant, Hegel e Nietzsche, como diz Adorno) que critica a concepção operacional de definição, imputando-lhe a drenagem dos inseparáveis conteúdos históricos constitutivos dos conceitos, renovam-se as energias do modelo adorniano para uma discussão materialista sobre a estrutura dialética da linguagem e para uma revisitação da crítica à oposição estanque entre ontologia e positivismo (Aula 19).

O périplo traçado por Adorno, que deve desempenhar o papel tanto de uma propedêutica à dialética quanto de um modelo de dialética "aberta e interrompida", não poderia de fato ter encontrado um arremate mais descerrado. No último estágio de sua reflexão, a crítica das formas lógicas tradicionais é precedida pela tematização da relação entre "conceito" e "constelação" sob o ponto de vista da "apresentação" (*Darstellung*), ou seja, das intervenções da linguagem nos conceitos reificados. Assim, após explorar as mais amplas consequências de sua crítica dialética ao nominalismo, a qual gira em torno da expectativa de restituir a vida aos conceitos singulares — a objetividade residual e que neles foi reprimida — pela reconquista das configurações e constelações às quais eles afluem, e que reproduzem por meio de seu jogo recíproco, Adorno retoma a crítica dialética àquelas formas lógicas legadas pela tradição filosófica.

Adorno recupera e desdobra o tema hegeliano do caráter inapropriado do juízo singular como expressão da verdade e, com isso, da não identidade implícita em toda proposição predicativa e da negatividade constitutiva da própria verdade, colocando-se, assim, no contexto das críticas pós-hegelianas à autossuficiência do λόγος ἀποφαντικός. Em seguida, passa à sua reconstrução dialética da teoria da inferência. "Creio que uma reformulação da crítica dialética à inferência [*Schluss*] seria uma tarefa essencial para a nova lógica dialética. Ela ainda não foi, pelo menos não na forma tal como eu ma represento, até agora empreendida." (Aula 20) De maneira interessante, Adorno aponta para uma reformulação da "teoria da inferência" em termos das noções de "apresentação" e "constelação". Ademais, em sua discussão, Adorno ensaia a reconfiguração da inversão hegeliana da relação entre as dimensões lógicas tal como é plasmada pela "lógica aristotélica dos termos": não do conceito ao silogismo, passando pela proposição, mas sim, antes, o contrário. A "inferência é verdade do juízo, e todas as coisas são a inferência."[79] Adorno se volta contra o caráter

---

79 Hegel, 1970, 5, p.358.

axiomático da teoria tradicional do silogismo e sua hierarquia proposicional. No pensamento de que o conceito singular não existe como instância basal e isolada, mas apenas adquire seu significado propriamente dito na proposição e, em última instância, na "constelação", encontramos o compromisso "contextualista" e "inferencialista", não atomista e não axiomático, não apenas da autêntica dialética, mas também, curiosamente, das "superações" pragmática e hermenêutica da semântica formal e do referencialismo nos séculos XX e XXI. Pode bem ser, então, que as inovações propostas recentemente pelo "inferencialismo material" de inspiração hegeliana venham ainda a servir para uma futura exploração da aparentemente inesgotável riqueza presente na concepção adorniana de "constelação".

***

O texto desta *Introdução à dialética*, traduzido a seguir, corresponde à parte mais substancial de *Einführung in die Dialektik*, livro publicado pela editora Suhrkamp em 2010, sob a edição de Christoph Ziermann, como volume II da seção IV das *Obras completas* de Adorno. Trata-se de uma tradução direto do alemão, mas que levou em conta algumas soluções ensaiadas em ao menos duas traduções anteriores: a versão do texto em espanhol[80] e outra em inglês.[81] Ambas as edições anteciparam uma decisão editorial que resolvemos seguir aqui: prescindimos da

---

80 *Introducción a la dialéctica*. Trad. Mariana Dimópulos. Honduras: Eterna Cadencia Editora, 2014.
81 *An Introduction to Dialectics*. Trad. Nicholas Walker. Cambridge: Polity Press, 2017.

tradução dos quadros esquemáticos de que Adorno lançou mão na preparação de suas aulas. Pensou-se que tais esquemas, em si bastante importantes, mas de interesse bem mais restrito, onerariam excessivamente um texto já bem extenso, o qual constitui, a bem da verdade, justamente a expansão das sinopses num todo argumentativo desdobrado de forma transparente, ou seja, sua verdadeira explicação. Mesmo sob o risco de reter demasiadamente a leitura, referimos entre parênteses a termos no original alemão que nos parecem centrais para o texto de Adorno, ou mesmo para sua apropriação crítica da filosofia clássica alemã. Expressões entre colchetes ou reproduzem as reconstruções propostas por Ziermann diante de lacunas na transcrição dos áudios ou servem para solucionar o caráter por vezes mais sintético do original, quando comparado a uma situação de fala corrida em português.

Dedico esta tradução a Marcos Lutz Müller, *in memoriam*.

Referências

ADORNO, T. *Três estudos sobre Hegel*. São Paulo: Editora Unesp, 2007.
_____. *Dialética negativa*. Rio de Janeiro: Zahar, 2009.
_____. *Einführung in die Dialektik*. Frankfurt: Suhrkamp, 2010.
ADORNO, T.; HORKHEIMER, M. *Dialética do esclarecimento*: Fragmentos filosóficos. Rio de Janeiro: Jorge Zahar Editora, 1985.
BERNSTEIN, J. *Adorno. Disenchantment and Ethics*. Cambridge: Cambridge University Press, 2001.
_____. Negative Dialektik. Begriff und Kategorien III. Adorno zwischen Kant und Hegel. In: HONNETH, A. *Negative Dialektik*. Berlin: Akademie Verlag, 2006.
_____. *Negative Dialectic as Fate: Adorno and Hegel*. The Cambridge Companion to Adorno. Cambridge: Cambridge University Press, 2006.

BOWIE, A. *Adorno and the Ends of Philosophy*. Cambridge: Polity Press, 2013.

BRANDOM, R. Hegel e a filosofia analítica. *Veritas: Revista de Filosofia*, 2011, v.56, n.1, Porto Alegre, p.78-94.

BUCK-MORSS, S. *The Origin of Negative Dialectics*. Theodor W. Adorno, Walter Benjamin, and the Frankfurt Institute. New York: The Free Press, 1977.

DEWS, P. *Logics of Disintegration*: Post-structuralist Thought and the Claims of Critical Theory. London: Verso, 1987.

FORSTER, R. *Adorno*. The Recovery of Experience. Albany: SUNY, 2007.

HABERMAS, J. *Discurso filosófico da modernidade*. São Paulo: Martins Fontes, 2001.

_____. *Teoria do Agir Comunicativo [volume 1: Racionalidade da ação e racionalização social]*. São Paulo: Martins Fontes, 2012.

HEGEL, G. W. F. *Werke in 20 Bände*. Frankfurt: Suhrkamp, 1970.

HONNETH, A. *Negative Dialektik*. Berlin: Akademie Verlag, 2006.

_____. *Pathologien der Vernunft:* Geschichte und Gegenwart der kritischen Theorie. Frankfurt: Suhrkamp, 2007.

KLEIN, R.; KREUZER. J.; MÜLLER-DOOHM, S. *Adorno-Handbuch*: Leben – Werk – Wirkung. Stuttgart: Metzler, 2011.

LIMA, E. Entre a imagem e o signo: Notas sobre Nietzsche, a linguagem e a tradição dialética. *Revista Princípios*, v. 20. n.34. Natal, 2013, p.189-216.

_____. Dialética, linguagem e genealogia: sobre o programa da *Dialética negativa* de Adorno. *Revista de Filosofia Moderna e Contemporânea*, v.2, Brasília, 2014, p.143-164.

_____. The Normative Authority of Social Practices: A Critical Theoretical Reading of Hegel's Introduction to the Philosophy of Right. *Hegel Bulletin*, 41(2), 2017, p.271-93 (doi:10.1017/hgl.2017.16).

MARX, K. *Manuscritos econômico-filosóficos*. São Paulo: Boitempo Editorial, 2004.

MARX, K. *Grundrisse*: Manuscritos Econômicos de 1857-1858. Esboços da Crítica da Economia Política. São Paulo: Boitempo Editorial, 2011.

MÜLLER-DOOHM, S. *Adorno* – a Biography. Cambridge: Polity Press, 2005.

O'CONNOR, B. *Adorno's Negative Dialectic*: Philosophy and Possibility of Critical Rationality. London: The MIT Press, 2004.

_____. *Adorno*. London: Routledge, 2013.

REDDING, P. *Analytic Philosophy and the Return of Hegelian Thought*. New York: Cambridge University Press, 2007.

SCHWEPPENHÄUSER, G. *Theodor W. Adorno*. An Introduction. London: Duke University Press, 2009.

SHERRATT, Y. *Adorno's Positive Dialectic*. Cambridge: Cambridge University Press, 2002.

STRYDOM, P. *Contemporary Critical Theory and Methodology*. London: Routledge, 2011.

Introdução à dialética

Resumo das aulas

AULA 1

Visão geral: Preconceitos contra a dialética – Dupla natureza da dialética – Dialética como método de ordenação das ideias (Platão) – Ordenamento conceitual como reprodução da natureza – Força vital da dialética – A dialética como necessariamente "exagerada" – Elemento positivista da dialética.

AULA 2

Visão geral: "Movimento do conceito" (Hegel) – Dialética como hipóstase da identidade entre pensar e ser – Dialética em Hegel como unificação [*Vereinigung*] de identidade e não identidade – Não identidade no processo, identidade no resultado – "Introdução à dialética" como modelo de dialética – Movimento do conceito não é uma sofística – Movimento do conceito como itinerário da ciência – Objeto do conhecimento é tal que se move em si mesmo – Movimento do objeto ocorre conforme leis – Conceito metafísico de verdade – Necessária coisificação da verdade – Movimento histórico não é [movimento] do ser, mas se dá, antes, concretamente – Dialética não é uma filosofia fundacional [*Fundamentalphilosophie*] – Núcleo temporal da verdade.

AULA 3

Visão geral: Crítica à *prima philosophia* – Tampouco a matéria seria algo de primeiro – A dialética hegeliana é igualmente uma conservação da filosofia primeira – Toda determinação implica mediação – Movimento do conceito não é mero acréscimo feito pelo pensamento – Deslocamento sofístico do significado em Gehlen – O todo é o verdadeiro apenas enquanto quintessência [*Inbegriff*] de todas as mediações – Ideia de uma dialética aberta – O todo não é nem a natureza panteística que tudo abrange, nem unidade sem fissuras – "A verdade é essencialmente resultado" – Fenômenos particulares são compreensíveis apenas a partir do todo – Recurso à totalidade mediada pelo automovimento do particular – O conceito do todo é previamente dado.

AULA 4

Visão geral: O conceito tradicional de sistema: derivação do todo a partir de um primeiro princípio fundamental – O conceito dialético de sistema – Negação determinada – Contradição em Kant – Contradição em Hegel – Antítese surge da tese – O absoluto tem sua medida na objetividade – Crítica dialética é necessariamente imanente – Refutação de um pensamento por meio de seu desenvolvimento – O absoluto emergente é essencialmente temporal – Interação [*Wechselwirkung*] entre teoria e prática – A verdade como resultado é "concreta".

AULA 5

Visão geral: Acusação de racionalização generalizada do mundo – Dialética não é um pensar racionalista – A controvérsia em torno do racionalismo – Não se pode retroceder a uma posição aquém do pensar conceitual – O momento de verdade do irracionalismo – O irracional como momento da *ratio* – Sofrimento e felicidade são imanentes ao pensar – Ser-em-si, Ser-para-si e Ser-em-si-e-para-si – Relação entre tese, antítese e síntese – O método dialético diz respeito à vida contraditória da coisa [*Sache*] – A dialética não é imune ao abuso ideológico.

AULA 6

Visão geral: Método dialético não é um esquema formal de pensamento – Objetivação da verdade – Todo pensamento verdadeiro se torna também não verdadeiro por meio do [seu] isolamento – Irrelevância do esquema triádico [*Triplizität*] em Hegel – Objeção segundo a qual haveria na dialética generalização da contradição – Contradição não é princípio primeiro – A crítica de Hegel à dialética transcendental de Kant.

AULA 7

Visão geral: O princípio dialético do desenvolvimento em Hegel como um [princípio] do ser real – Dialética em Kant é o lado apenas negativo da crítica da razão – O momento positivo da crítica da razão – Reflexão se torna princípio do autoconhecimento especulativo da razão – Conhecimento do conhecimento é igualmente princípio para o conhecimento conteudista – Dialética e lógica formal – "Exemplo" em Hegel – Forma lógica do juízo e conceito enfático – Contradição dialética como expressão da divergência [*Auseinanderweisen*] entre pensamento e mundo.

AULA 8

Visão geral: A dialética chama o estado negativo do mundo pelo nome – Contradição não apenas no pensamento, mas também objetivamente – Contradição como princípio da cisão e, ao mesmo tempo, da unidade – Dialética como unidade do apriorístico e da experiência – Ordenamento objetivo do mundo é, em si mesmo, de natureza conceitual – O caráter coercitivo da dialética – A pretensão sistemática da dialética – Contradição dialética na *Filosofia do direito* de Hegel – O sistema dialético não é um nexo ininterrupto de deduções – O conceito de experiência em Hegel.

AULA 9

Visão geral: A tarefa paradoxal do conhecimento: identificação do não idêntico – Identidade entre pensar e ser no pensar (Hegel) – Não identidade e contradição não são passíveis de superação [*aufhebbar*] no mero pensar (Marx) – O problemático primado materialista do ser em relação à consciência – As partes e o todo se pressupõem reciprocamente – Crítica materialista da literatura não pode partir de experiências singulares não mediadas (Benjamin) – Materialismo dialético não é um materialismo vulgar – Objeção contra a hipóstase metafísica da totalidade (Weber).

AULA 10

Visão geral: O saber da totalidade social precede a experiência singular – Experiência prévia do todo não é um privilégio

Introdução à dialética

humano – Renúncia à ideia de intuição [*Anschauung*] imediata restabelecida por Hegel – A concordância entre as partes e o todo como resultado de um processo – Intuição [*Intuition*] – A teoria não é algo acabado – Risco de um enrijecimento dogmático da dialética (Lukács) – Recondução do conhecimento às suas origens é algo não dialético – Acerca da sobrevivência, nas ciências particulares, de representações filosóficas ultrapassadas.

AULA 11

Visão geral: Retificação terminológica do conceito de papel [social] – Todo e parte sem qualquer primado de um sobre o outro – Metafísica como ciência do [elemento] primeiro – Origem como mero começo (Hegel) – Apropriação ontológica de Hegel – "Abstrato" em Hegel – Dialética não é uma ontologia em movimento – 'Ser' em Hegel – Filosofias da imediatez como recaída na mitologia – Dialética e positivismo – Aparência naturalizada do mundo coisificado

AULA 12

Visão geral: Afinidade da dialética com o positivismo – Diferença entre essência e fenômeno é constitutiva – Dialética perpassa a aparência [*Schein*] de imediatez dos dados [*Gegebenheiten*] últimos – Os estudos sobre o município de Darmstadt – Análise de motivos na sociologia da indústria – Pesquisas empíricas e críticas de opinião – Passagem do positivismo para a dialética – Contradição nos dados como princípio do movimento dialético.

AULA 13

Visão geral: Método científico em Descartes – Racionalismo como vontade de domínio sobre a natureza – Postulado da evidência do conhecido (*Descartes*) – Consideração hermenêutica intermediária – Postulado da evidência como forma [*Gestalt*] de fundamentação metafísica última – Evidência [proveniente] da percepção sensível como [instância] já mediada – Ordem do conhecimento e ordem do conhecido – Experiência e conceito – Análise elementar destrói o interesse cognitivo propriamente dito – Filosofia da natureza e ciência da natureza – Filosofia permanece vinculada ao teor [*Gehalt*] material das ciências particulares

AULA 14

Visão geral: A análise elementar [*Elementaranalyse*] sozinha não fornece nenhum conhecimento – O universal se concretiza, enquanto tal, no particular – Posição da dialética com respeito ao conceito de desenvolvimento – A família não é uma mera relíquia ultrapassada – A sociedade não é um organismo, mas [algo] antagônico – Sequência contínua de passos do conhecimento – A continuidade da sociedade é constituída pela descontinuidade – Continuidade pressuposta [é] afirmativa – Entusiasmo como momento necessário do conhecimento – Aspecto positivo da continuidade.

AULA 15

Visão geral: O caráter coercitivo da lógica – crítica imanente e crítica transcendente – Mobilidade do pensamento não é manobra evasiva – Contradições são constitutivas – Contra o relativismo – Conhecimento dialético do objeto singular necessita de autorreflexão [*Selbstbesinnung*] – Objeção de ausência de sustentação [*Bodenlosigkeit*] [na dialética] – Excurso sociológico sobre a mobilidade – Filosofia tem sua substancialidade na fonte de energia [*Kraftquelle*] de seus pensamentos – Dinâmica estagnada [*stillgestellt*] em Hegel e Heráclito.

AULA 16

Visão geral: Caráter dogmático do axioma de completude – Recuperação do postulado da completude no idealismo alemão – Iluminação dialética do âmbito objetivo por meio de modelos – Tipo ideal em Max Weber – Intuição de essências [*Wesensschau*] em Edmund Husserl – Pensamento em Modelos – Comunicação labiríntica em obras literárias (Kafka, Balzac e von Doderer) – Transformação histórica do conceito de sistema.

AULA 17

Visão geral: Consciência como princípio de unidade da ideia moderna de sistema – Crítica e tentativa de salvação do conceito de sistema no século XIX – Atratividade atual do conceito de sistema – Sobrevida fantasmática da ideia de sistema – Necessidade de sistema e experiência fechada do mundo – Não há nenhum *continuum* categorial entre ciências particulares [*Einzelwissenschaften*] (Talcott Parsons) – Conceito funcionalista de sistema é apologético – '*Frame of reference*' – Lógica da ciência e má metafísica são hoje complementares – Saudável anacronismo da dialética

AULA 18

Visão geral: Consciência dicotômica – Mediação dialética não é um "tanto-isso-como-aquilo" – Mediação como autorreflexão crítica dos extremos – O "ou-isso-ou-aquilo" nas ciências sociais – Conceito negativo de verdade na dialética – Valores nem se encontram além, nem são meramente relativos – Critério da verdade é imanente ao objeto – A dialética não é um pensamento a partir de pontos de vista – A dialética recusa receitas – Definição como forma lógica

AULA 19

Visão geral: Limites da determinação dêitica de um conceito e da determinação do mesmo por definição – Conceito não é *tabula rasa* – Conceito e constelação – Dinâmica e vida do conceito como objeto da dialética – Definição verbal e definição filosófica – Definição filosófica exige saber prévio acerca da coisa – Ela expande conceitos ao ponto de se tornarem campos de força – Constrição como característica específica da definição em filosofia – Definições operacionais nas ciências particulares – Perda do momento sintético do conhecimento – Âmbito de aplicação das definições operacionais – Dialética como mediação entre nominalismo e realismo – O momento de verdade presente na análise fenomenológica do significado

AULA 20

Visão geral: Determinação dialética do conceito como constelação e configuração – O ordenamento das ideias em Platão como expressão da divisão social do trabalho – A exposição da coisa não é exterior a ela – Contradição no juízo de identificação [*identifizierendes Urteil*] como motivação desencadeadora da dialética – Verdade e inverdade da forma lógica do juízo – Síntese subjetiva e estado-de-coisas [*Sachverhalt*] objetivo no juízo – Crítica imanente da lógica – Crítica fenomenológica ao procedimento inferencial [*Schlussverfahren*] – Desistência da subordinação lógica como índice do pensamento dialético – É possível o conhecimento sem a suposição de uma identidade entre sujeito e objeto?

Nota à edição alemã [2010]

O curso que Adorno proferiu no semestre de verão de 1958 na Universidade Johann Wolfgang Goethe, em Frankfurt, ainda hoje resgata aquilo que prometia seu anúncio no catálogo de disciplinas do semestre: propõe uma introdução à dialética. Desenvolvidas em fala mais livre, as reflexões teóricas de Adorno aqui são, em regra, mais facilmente acessíveis do que discussões similares, constantes em seus escritos sobre Hegel ou na *Dialética negativa*. Assim, as presentes aulas se deixam ler seguramente como uma propedêutica a essas obras. Ao apresentar passagens específicas de Hegel, interpretando-as pormenorizadamente, Adorno logra tornar compreensíveis figuras centrais da dialética, tais como o "movimento do conceito", ou o significado da negação determinada e da noção dialética de contradição. Ele disponibiliza um modo de acesso até mesmo para aqueles que se contrapõem ceticamente à dialética, ou ainda para quem a rejeita, na medida em que chega a discorrer sistematicamente sobre as dificuldades com relação à dialética, sobre os preconceitos e resistências contra ela, bem como acerca dos desafios frente os quais a dialética nos coloca. Frustração vai encontrar aqui apenas aquele leitor ou leitora que nutre expectativas por uma espécie de receituário pronto e acabado para o pensamento dialético: *porém, a essência da dialética consiste precisamente em que ela não seja uma receita, mas sim, justamente, a tentativa de permitir que a verdade se designe a si mesma* [página 42 da edição original].

No próprio desenvolvimento de Adorno, as presentes aulas marcam um ponto de cesura não menos importante. Pela primeira vez, a dialética é aqui, ela mesma, transformada em tema. Dois anos antes do plano para um livro autoral sobre dialética adquirir forma, numa espécie de autorreflexão metodológica desencadeada em suas investigações mais materiais, Adorno circunscreve, pela primeira vez, o âmbito de uma dialética *aberta, interrompida* [página 140 da edição original], a qual vai ser finalmente desenvolvida na *Dialética negativa*. Acerca disso testemunha, acima de tudo, o plano geral concebido originalmente [ver página 312 da edição original], o qual, já em sua disposição, por assim dizer, sinfônica, permite que se vislumbre como aqui, partindo de uma consideração que procura se colocar à altura dos esforços de Hegel e Marx, o pensamento filosófico de Adorno tenciona alcançar sua autodeterminação. Porém, também a realização do plano, a qual dele se desvia fortemente, explicita os motivos centrais da compreensão da dialética em Adorno: a definição da mesma como *a tentativa de conferir ao não idêntico – portanto, àqueles momentos que não se dissolvem em nosso pensamento – igualmente seu direito no próprio pensamento* [página 121 da edição original]; o acento em sua função originalmente crítica; sua específica contraposição tanto à ontologia quanto ao positivismo; sua complementaridade em relação a uma metafísica negativa; e finalmente a questão, tão importante para Adorno, acerca da motivação individual para a dialética – que hoje em dia, quando as contradições internas, quer dizer, dialéticas do capitalismo nos despertam do torpor pós-moderno, não parece ter perdido nada em atualidade: a experiência *do dilaceramento ou do estranhamento* [página 108 da edição original], a qual nos impele a ver *que o pensamento dialético vem a se dimensionar, enquanto tal, por um estado negativo do mundo, chamando assim esse estado negativo pelo seu próprio nome* [página 106 da edição original]. E tal ocorre sem que aí se renuncie à esperança de que aquilo que tem como meta a conciliação [*Versöhnung*] seja algo que se encontre justamente recôndito, enquanto tal, no dilaceramento, no negativo, no sofrimento presente no mundo [página 108 da edição original].

Adorno proferia suas aulas com duração de uma hora, duas vezes por semana e, como habitualmente, discorria de maneira livre, tendo em mãos os tópicos e notas organizados previamente. As aulas foram gravadas – originalmente não para uma posterior publicação, mas sim para uso próprio – em fita magnética e, em seguida, foram transcritas. Essas transcrições do áudio gravado formam a base textual para a presente edição. Elas se encontram no Arquivo Theodor W. Adorno, sob a rubrica Vo 3023-3249. Das originalmente planejadas 22 aulas, foram proferidas, em razão de uma semana de interrupção por causa do feriado de Pentecostes, apenas vinte delas. Não foi preservada transcrição da primeira aula. Em seu lugar, forneceu-se um texto estenográfico de acompanhamento da exposição, cujo autor não pôde mais ser determinado com precisão.

A elaboração da edição seguiu os princípios gerais da editoração das aulas de Adorno. Isso significa, primeiramente, que não foi a intenção estabelecer uma edição crítica e sim uma edição para leitura, ainda mais quando não se trata a princípio, com estas aulas, de textos compostos em forma escrita, ou mesmo sequer autorizados por Adorno. A fim de preservar o caráter oral da apresentação, a sintaxe das frases permaneceu o máximo possível inalterada. A pontuação, a qual naturalmente é de responsabilidade do editor, limita-se a desmembrar sentenças frequentemente sobrepostas, tornando assim o fio condutor do raciocínio mais transparente. Desviou-se dessa regra geral em pouquíssimos casos, e apenas quando a compreensão estava fortemente prejudicada. Alterações tácitas no texto somente foram então acatadas quando se tratava de óbvios lapsos de fala por parte de Adorno, ou de erros de datilografia e equívocos na transcrição dos áudios. Todas as divergências em relação à transcrição do áudio, relevantes do ponto de vista do conteúdo, as quais tiveram de ser consideradas como complementações por parte do editor, foram sinalizadas por colchetes. Conjecturas em que o editor se viu ensejado a conferir preferência a uma determinada maneira de ler foram munidas com uma nota de esclarecimento. Citações no corpo do texto se encontram entre aspas, títulos de livro em itálico, enquanto conceitos singulares, bem como as citações ligeiramente alteradas e empregadas preferencialmente por Adorno, encontram-se entre apóstrofos. Apenas em dois tipos de ocorrência afastou-se aqui das práticas de editoração acima elencadas: por um lado, acrescentou-se às palavras e expressões gregas, manuseadas por Adorno, uma transliteração latina entre colchetes, nas quais o circunflexo indica a pronúncia, e o agudo, a entonação. E, enquanto as citações de Hegel foram, em todo caso, reproduzidas no texto da *Introdução à dialética* segundo a edição frankfurtiana de Karl Markus Michel e Eva Moldenhauer, o editor tomou a decisão de referir as inúmeras citações provenientes das obras de Hegel segundo as edições a partir das quais Adorno manifestamente

Introdução à dialética

fez a leitura em sala. Isso aconteceu não na intenção de produzir uma pretensa aura, mas antes no intuito de esclarecer ao leitor desenvolvimentos específicos de Adorno, os quais somente são compreensíveis ao se tomar como pano de fundo as edições mais antigas [por exemplo, o modo de se escrever *"seyn"* em vez de *"sein"* [ser]]. A fim de tornar mais fácil a localização das citações, fez-se nas notas respectivamente referência à correspondente passagem na edição de Frankfurt.

As notas, na medida em que são de natureza mais concernente ao conteúdo, possuem a finalidade de facilitar ao leitor o acompanhamento da exposição e de esclarecer, tanto quanto isso foi possível ao editor, as passagens obscuras. Em virtude da amplitude já conferida a esta *Introdução à dialética*, foram fornecidas passagens paralelas, provenientes de outras obras de Adorno, apenas em casos de exceção. Nesses casos, os títulos dos textos de Adorno, assim como as citações deles provenientes, foram dispostas em itálico. A visão geral do conteúdo, mesmo que ela tenha procurado se ater ao modo adorniano de proceder, não deve servir a um posterior desmembramento do texto da respectiva aula, mas foi antes estabelecida, assim como também o registro, para uma mais fácil orientação pelo texto.

Há que se agradecer aqui à editora por ter sido capaz de tornar acessível ao leitor a volumosa quantidade de notas e esboços que Adorno produziu na sua preparação para estas aulas. A pesquisa das mesmas mostra que têm de ser manifestamente diferenciados quatro estágios na preparação: 1. o plano geral; 2. o planejamento detalhado das duas primeiras aulas, de 8 e 13 de maio, como manuscritos já datilografados [pontos 1 e 2 do plano geral]; 3. a primeira fase das aulas [8 de maio a 24 de junho], na qual Adorno começa primeiramente a reelaborar os esboços das duas primeiras, mas, a esta altura, excede o cronograma e, daí por diante, complementa os esboços para as aulas, em cada caso subsequente, com notas escritas a mão [quer nas margens das páginas, quer entre as linhas de um manuscrito já datilografado]; e 4. a segunda fase das aulas, na qual ele por três vezes [nos dias 26 de junho, 3 de julho e, em seguida, pelo tempo restante do semestre [15 de julho até 31 de julho]], preparou novas notas bastante pormenorizadas. Acrescentem-se a isso a) uma folha solta relacionada à preparação para a primeira fase das aulas [para o 12 de junho], b) uma outra folha relacionada à segunda fase [sobre a "definição"], assim como c) um *glossário* para a *"Fenomenologia do espírito"*, que Adorno preparou para seu próprio uso. As inserções posteriores, feitas por Adorno, são perceptíveis pelo tamanho reduzido da letra. Um ponto de interrogação entre colchetes indica uma palavra não mais legível. A função das notas referentes aos tópicos [*Stichworte*] se restringe a facilitar a conexão deles com as aulas específicas, onde tais não possam ser relacionadas de forma transparente, por meio de datação, a acréscimos feitos pelo próprio Adorno.[1]

É para mim uma imensa alegria poder expressar, por fim, meu cordial agradecimento às pessoas que, de uma ou de outra maneira, foram-me solícitas durante a edição deste material: Andreas Arndt, Jelena Hahl-Fontaine, Hans-Joachim Neubauer, Michael Schwarz e Matthias Thiel. Henri Lonitz cuidou da transcrição dos esboços.

Christoph Ziermann

---

[1] As anotações aqui referidas, com tópicos e palavras-chave, não constam na presente edição, conforme indicado na apresentação à edição brasileira. (N. T.)

//Apontamentos para a 1ª aula
[08/05/1958][1]

O conceito de dialética, do qual vocês deverão aqui tomar conhecimento, não tem nada a ver com a difundida noção de um pensar apartado das coisas e que se desdobra em meros artifícios conceituais. Já no momento da história da filosofia em que surgiu a noção de dialética, com Platão, pretendia-se com ela justamente o contrário disso, a saber: uma disciplina para o pensar que deveria impedir que ele se tornasse vítima de manipulações sofísticas. Platão sustenta que somente se pode falar algo racional sobre objetos quando se compreende algo acerca da coisa mesma (*Górgias, Fedro*).[2] Em sua origem,

---

1 Da primeira aula, de 8 de maio de 1958, não está disponível nenhuma transcrição. Em seu lugar foi recomposto o pós-escrito a partir de estenogramas que haviam sido planejados para esta aula.

2 No diálogo de juventude *Górgias*, Platão permite ao homônimo sofista (483-375 a.C.) sustentar, a princípio, a tese de que não há "nada a respeito do que um orador persuasivo não possa falar, defronte o povo, como se fosse um perito". (*Górgias* 456 c4-6, as traduções, caso não seja indicado de outra maneira, são de Schleiermacher. Cf. Platão, *Obras completas*, na tradução de Friedrich Schleiermacher, editada por

a dialética significava a tentativa de superar [*überwinden*], justamente por meio de uma rigorosa organização do pensamento conceitual, a mera aparência de um embate travado com conceitos. Em Platão, pretende-se vencer os adversários, os sofistas, recorrendo a seus próprios meios.

Walter F. Otto et al., Hamburg 1957-59). Seu interlocutor, Sócrates, diferencia, em seguida, dois tipos de persuasão, por meio das quais Platão conduz sua dialética a uma oposição (*Gegensatz*) determinada em relação à sofística: um tipo de persuasão que produz apenas opinião e crença, porquanto nada saberia das coisas de que fala; e um tipo de persuasão que, por meio do conhecimento da natureza, do conceito e do fundamento das respectivas coisas que considera, engendra propriamente saber. A primeira parte do diálogo se conclui, então, com a concessão, por parte de Górgias, de que um orador propriamente dito tenha mesmo de dispor de um conhecimento específico (*Sachkenntnis*) para ser capaz de ensinar sua arte, a retórica. (Cf. *Górgias* 459 c8 até 460 b1). No diálogo mais tardio *Fedro*, a segunda parte principal, que é dedicada à distinção entre o bom e o mau orador, inicia-se com a mesma antítese "com/sem conhecimento específico": "Sócrates: Não é preciso, onde deve ser falado de maneira boa e bela, que o intelecto do orador conheça a verdadeira peculiaridade daquilo sobre o que quer falar?" (*Górgias* 259 a4-6). Essa passagem está sublinhada na edição de Adorno das obras de Platão (Platão, *Diálogos completos*, editados por Otto Apelt, Bd.2, Leipzig o. J. (ca. 1922)) e, à margem, destacada com "F" (de "Forte"). Na parte lateral superior, consta: *cerne da teoria da retórica*. Também no *Fedro* a discussão chega ao mesmo resultado que em *Górgias*: "Sócrates: há que se ter em mente que uma pessoa deva antes conhecer a verdadeira peculiaridade de cada coisa sobre a qual fala e escreve, e que esteja em condições de a explicar completamente, tal como é em si [...] pois antes disso, ainda não terá a capacidade, tanto quanto permite o tema, de tratar com arte o gênero da exposição, quer seja para instruir, quer seja para convencer, tal como nos mostrou todo o nosso precedente diálogo até aqui" (*Fedro* 277 b5-c6).

Introdução à dialética

Apesar disso, esse conceito de dialética, tal como nos foi legado pela Antiguidade, é bastante diverso daquele do qual pretendo tratar aqui. Pois o antigo conceito da dialética é o conceito de um método filosófico. E, até certo ponto, ela continuou sendo isso mesmo. Porém, a dialética é ao mesmo tempo ambas as coisas, ou seja, um método do pensar, mas também algo mais, a saber, uma determinada estrutura da coisa, a qual deve ser transformada em critério diretivo para as considerações filosóficas, a partir, certamente, de ponderações filosóficas bastante fundamentais.

Em Platão, a dialética significa que o pensamento filosófico não consegue se manter vivo, por assim dizer, ficando parado num mesmo lugar; antes, ele apenas logra dar continuidade à sua própria existência, na medida em que segue conformando [*formt*] nossa consciência, sem que por vezes sequer atinemos com isso. A dialética platônica é a doutrina da correta ordenação dos conceitos, a doutrina da elevação desde o concreto ao que há de superior e mais universal. As ideias não são, a princípio, outra coisa senão os próprios conceitos universais superiores, aos quais o pensar se eleva.[3] Por outro lado, dialética significa que os conceitos também são subdivididos[4] de ma-

---

3 Para esse movimento ascendente *do concreto para o universal* – para a ideia –, a passagem conclusiva do discurso de Diotima no *Banquete*, à qual Adorno se refere de múltiplas maneiras (e que ele, em sua edição das obras de Platão, destacou profusamente com marcações sobre o texto e observações marginais), constitui o *locus classicus*. (Cf. *Banquete* 210a-211b. Ver também, na p.28 da edição original, a nota 27)

4 O trecho de Platão que Adorno, quanto a esse movimento duplo – o movimento ascendente em direção aos conceitos universais superiores, e o movimento descendente de desmembramento conceitual por meio de subdivisão –, toma em consideração aqui, mas também ma-

10 neira correta de cima para baixo. // Ao perguntar pela correta subdivisão dos conceitos, Platão se viu diante do problema

> nifestamente em suas reflexões subsequentes, encontra-se na parte conclusiva do *Fedro*, em que consta o seguinte, logo depois da determinação conceitual dialética do amor como forma divina de delírio: "Sócrates: A mim, parece-me tudo ter sido até aqui, de fato, discutido como se fosse numa brincadeira. Entretanto, de tudo aquilo que esses discursos tiverem dito por um feliz acaso, estas duas coisas, ao menos se alguém pudesse se apropriar com rigor de sua força por meio da arte, ao menos tais seriam algo belo. – Fedro: De que coisas falas? – Sócrates: A primeira delas seria conduzir, vendo tudo conjuntamente, aquilo que está multilateralmente disperso ao ponto de o fazer passar a *uma* única forma, a fim de determinar cada coisa e tornar manifesto acerca de que, a cada vez, pretende-se prestar instrução. Igualmente, em segundo lugar, poder de novo desmembrá-lo de acordo com conceitos e em conformidade com cada membro, segundo suas articulações naturais (ή πέφυχεν), sem porventura, procedendo como um cozinheiro ruim, esfacelar qualquer parte que seja. Eis por que sou eu próprio um grande amigo, Fedro, dessas subdivisões e recomposições (*Einteilungen und Zusammenfassungen*) (τών διαρέσων χαι συναγωγών), que me tornam capaz de pensar e falar; e se eu encontrar uma pessoa apta a ver aquilo que se desenvolve como uno e como múltiplo, então eu o seguirei como a um Deus. Ademais, aqueles que estão em condições de fazer isto, embora eu próprio não saiba se os denomino de maneira correta ou incorreta – apenas Deus há de sabê-lo –, eu os tenho chamado até agora de dialéticos" (*Fedro* 265 c8-266 c1). Essa passagem está profusamente comentada na edição das obras de Platão pertencente a Adorno. A expressão "tal como cada coisa se desenvolveu" foi traduzida por Appelt como "correspondendo à natureza", tendo sido sublinhada por Adorno. Na parte lateral superior, encontra-se a indicação, três vezes marcada por Adorno, διαίρεσις, *conforme a natureza*. A exigência, aqui apresentada por Platão, de um ajustar-se, destituído de violência, à natureza da coisa no processo de determinação conceitual tem, para a concepção adorniana de dialética, um significado central. Adorno desenvolve esse pensamento – mais uma vez em rela-

de desmembrá-los de tal maneira que se adequassem às coisas a serem apreendidas por meio deles. Por um lado, há que se exigir a formação lógica dos conceitos, mas ela não deve ser empreendida de maneira violenta, segundo um esquema; os conceitos têm, antes, de ser formados de tal maneira que se tornem apropriados à coisa. Compare-se isso, por exemplo, com o sistema da botânica[5] de Lineu e com o sistema natural [de classificação] segundo a estrutura das plantas. O conceito antigo e tradicional de dialética não era, portanto, outra coisa senão o método para ordenar os conceitos.

Por outro lado, já Platão se tornara bastante consciente de que nós não sabemos, sem mais, se o ordenamento conceitual, que impingimos às coisas, é também o ordenamento que os objetos têm enquanto tais. Platão e Aristóteles julgavam importante modelar [*nachzubilden*] os conceitos conforme a natureza de tal maneira que propiciassem expressão às coisas apreendidas por meio deles. De onde sabemos algo acerca do ser não conceitual, daquilo que apenas pode ser encontrado

---

ção ao *Fedro* – pormenorizadamente na *Dialética negativa* (Cf. *Gesammelte Schriften* 6, S. 53f.) [Ed. bras.: Adorno, *Dialética negativa*. Tradução: Marco Antônio Casanova. Revisão técnica: Eduardo Soares Neves Silva. Rio de Janeiro: Zahar, 2009, p.44]. – O que Platão diz aqui no *Fedro* e que é conforme a sua concepção tardia de dialética são, contudo, apenas sugestões gerais do novo procedimento da definição *qua diaerese* conceitual, o qual ele apenas no *Sofista* desdobra totalmente e eleva ao seu conceito como "ciência dialética" (Cf. *Sofista* 253 d1-e2).

5 Carl von Linné (1707-1778). Seu escrito *"Systemae naturae"* (1753) consta como fundamentação da sistemática biológica moderna. O procedimento nele aplicado de divisão de seus objetos constituía, para Adorno, a forma mais apurada de método apenas exterior, que procede segundo um esquema lógico-abstrato.

além dos conceitos? Notamos que os conceitos singulares se enredam em dificuldades quanto a isso. Por causa dessas insuficiências, temos então de passar a uma melhor formação de conceitos. Essa é a experiência fundamental da dialética, o ir adiante dos conceitos por meio da confrontação com aquilo que se exprime a partir deles. É preciso empreender a comparação, ver se os dados concordam ou não com os conceitos.

A dialética é, na verdade, um método que se refere ao modo do pensar, mas que, ao mesmo tempo, diferencia-se de outros métodos por meio disto: ela procura insistentemente não permanecer estagnada, busca recorrentemente se corrigir a partir dos próprios dados [*Gegebenheit*] das coisas mesmas. Tentativa de fornecer uma definição: dialética é um pensar que não se resigna à ordem conceitual, mas antes leva a termo a arte de corrigir tal ordem conceitual por meio do ser dos objetos. Justamente nisso reside a força vital do pensar dialético, o momento da oposicionalidade [*Gegensätzlichkeit*]. // Dialética é o contrário daquilo que se representa normalmente sob esse nome: não é uma simples arte de operação [com conceitos], mas sim a tentativa de ultrapassar a manipulação meramente conceitual, de deflagrar, em cada um de seus níveis, a tensão entre o pensamento e aquilo que jaz sob ele. Dialética é o método do pensar, que não permanece simples método, mas que se torna a tentativa de ultrapassar a mera arbitrariedade do método e fazer inserir-se no conceito aquilo que não é conceito propriamente dito.

Ad "exagero":[6] afirma-se que a verdade sempre tem de ser o mais simples e primitivo. Aquilo que se afasta dessa expectati-

---

6 Adorno preparou sua primeira aula de tal maneira que três dos preconceitos correntes contra a dialética – tratar-se-ia de um procedi-

va seria apenas um suplemento arbitrário. Essa representação pressupõe que o mundo seja tal como ele se oferece em sua fachada. A filosofia deve atuar meticulosamente contra tal representação, desconcertando-a. Um pensar que não toma para si a incumbência de ultrapassar representações arraigadas não é outra coisa senão a mera reprodução daquilo que já se diz ou que já se pensa. A filosofia deve nos ensinar a não nos deixarmos fazer de tolos. Em conversa com Goethe, Hegel disse: "filosofia é o espírito organizado da contradição".[7] Todo pensamento que atravessa a fachada, a aparência necessária – numa palavra, a ideologia – é sempre exagerado. A tendência da dialética de ir aos extremos tem hoje exatamente a função de resistir à desmedida pressão externa.

A dialética é consciente de que há, de um lado, o pensamento, e de outro, aquilo sobre o qual o pensamento se empenha. O pensar dialético não é meramente intelectualista, mas consiste justamente na tentativa de autolimitação do pensar por meio da coisa. Como o pensar chega a fazer valer a coisa, no

---

mento artificial com meros conceitos, ela exageraria em tudo e, além disso, seria intelectualista – seriam retomados por ele, que tenta, por sua vez, gradualmente destituir-lhes de sua respectiva força de convencimento.

7 Segundo o relato de Eckermann, Hegel, quando indagado por Goethe acerca do que ele, Hegel, compreendia sob o título de dialética, teria respondido: "Não se trata fundamentalmente de outra coisa senão do espírito regrado, cultivado metodicamente, da contradição, o qual reside inerentemente em todo ser humano." (Johann Peter Eckermann, *Gespräche mit Goethe in den letzten Jahren seines Lebens*, Registro de 18 de outubro de 1827, In: Johann Wolfgang Goethe, *Sämtliche Werke nach Epochen seines Schaffens*, editado por Karl Richter, Bd.19, editado por Heinz Schlaffer, München e Wien 1986, p.603).

interior da própria determinação-de-pensamento? Na *Fenomenologia*,⁸ Hegel sustenta: a imediatez retorna em cada nível do movimento que o pensar atravessa. Sempre o pensamento se vê confrontado com o que lhe é oposto [*Gegensatz*], aquilo que se pode denominar como natureza. Uma introdução à dialética tem de ser empreendida em contínua confrontação com o problema do positivismo. // Ela não pode proceder como se os critérios do positivismo não existissem, mas precisa antes tentar medi-los por si mesmos e, por meio disso, ultrapassar o próprio conceito do positivismo. Positivismo é um elemento da dialética e não uma visão de mundo [*Weltanschauung*].

---

8 Cf. Georg Wilhelm Friedrich Hegel, *Werke. Auf der Grundlage der Werke von 1832-1845 neu edierte Ausgabe*. Redação Eva Moldenhauer e Karl Markus Michel, Bd. 3: *Phänomenologie des Geistes*, Frankfurt a. M., 1986.

// 2ª aula [13/05/1958]

Minhas senhoras e meus senhores,[9]

No último encontro, procurei apresentar uma dificuldade que convém compreender desde já, se pretendemos nos acercar do conceito de dialética. A dificuldade consiste no fato de que, de um lado, dialética é um método do pensar e, de outro, é a tentativa de fazer justiça a uma determinidade, a uma qualidade, a uma peculiaridade essencial da própria coisa a ser considerada. Hegel exprimiu isso ao cunhar, no prefácio à *Fenomenologia do espírito*,[10] a expressão "movimento dos conceitos". Entretanto, nessa expressão, justamente o termo "conceito" significa, para ele, mais precisamente este duplo: por um lado,

---

9 Na transcrição da gravação falta a saudação. Tomando como apoio a transcrição das aulas posteriores, ela foi acrescentada pelo editor nesta e na aula seguinte.
10 Hegel, *Werke*, Bd.3: *Phänomenologie des Geistes*, p.38. Adorno interpreta um pouco mais à frente o trecho inteiro no seu contexto mais amplo [G. W. *Fenomenologia do espírito*. Tradução para o português: Paulo Meneses. Petrópolis: Vozes, 1992, p.32].

o conceito é o que nós conferimos à coisa – portanto, o sumário dos momentos da coisa que metodicamente produzimos a partir de nós mesmos; por outro lado, é a vida da própria coisa. Pois o conceito é sim, em Hegel, tal como vocês ainda virão a saber, não apenas o conceito que abstraímos das coisas, mas antes o que deve constituir propriamente a essência [*Wesen*] da coisa mesma. A dificuldade de se aproximar do conceito de dialética em geral, ou até mesmo de criar, quando se é estranho a essa disciplina, de imediato uma concepção, uma representação daquilo que propriamente ela deve ser, tal dificuldade jaz precisamente no ponto que lhes enfatizei antes, a saber: no fato de que deve se tratar, por um lado, de um procedimento do pensar e, por outro, de algo que acontece na própria coisa.

Assim, vocês terão talvez escutado acerca do método dialético como sendo um procedimento que consiste em desdobrar um objeto no movimento necessário de suas contradições. Porém, certamente escutam falar também, para empregar uma expressão usada muito recorrentemente hoje em dia – principalmente desde Hermann Wein –,[11] // sobre "dialética real" [*Realdialektik*], isto é, de uma dialética que acontece na coisa mesma, a qual deve, segundo seu próprio conceito, mover-se em contradições. Ora, quando vocês escutam isso, dessa forma, então provavelmente chegam, em um primeiro momento, à seguinte conclusão: para que esse conceito de dialética possa ser aplicado à duplicidade que tentei caracterizar, precisa-

---

11 Cf. Hermann Wein, *Realdialektik. Von Hegelscher Dialektik zu dialektischer Anthropologie*, München, 1957. Hermann Wein (1912-1960), professor de filosofia em Göttingen, enviou a Adorno um exemplar desse livro com dedicatória (Biblioteca do espólio de Adorno, 619).

Introdução à dialética

mos aceitar uma espécie de identidade entre o pensar e o ser; ou seja, apenas se o pensar (tal como representado pelo método) e o objeto do pensar (portanto, a coisa mesma, que deve ser expressa pela dialética) forem, em última instância, o mesmo. Somente desse modo seria possível falar adequadamente de dialética em duplo sentido; quer dizer, se tudo isso não for uma simples confusão, se não estamos abarcando, com uma mesma palavra, duas coisas totalmente diversas, então deveria ser assim. Bem poderia se tratar realmente de um simples equívoco, ou seja, de que, por um lado, se denomina dialética apenas um método determinado de pensamento, uma maneira determinada de se apresentar [*darstellen*] a coisa [*Sache*] – tal como Marx designou, numa ocasião talvez não exatamente feliz,[12] a dialética meramente como uma forma determinada de apresentação – e de que, por outro lado, se poderia imaginar sob essa palavra algo inteiramente outro, a saber, essa espécie de oposições [*Gegensätze*] que amadurecem na própria coisa. É muito importante, creio eu, que vocês saibam claramente

---

12 Adorno se refere aqui manifestamente a uma passagem no posfácio de Karl Marx à segunda edição de *O capital*, a qual conduziu a uma torrente de interpretações conflitantes com respeito ao significado e alcance da dialética em Marx (Cf. Karl Marx, Friedrich Engels, *Werke*, editado pelo Instituto para o Marxismo-Leninismo no Comitê Central do Partido Socialista Unificado da Alemanha, Bd.23: *Das Kapital, Kritik der politischen Ökonomie*, Bd.1, Buch.1: *Der Produktionsprozess des Kapitals*, Berlin, 1962, p.27). Marx defende aqui seu "método dialético" contra seus críticos, diferenciando o "modo de apresentação" do "modo de investigação". Isso conduziu à questão de se, segundo a compreensão marxiana, dialética seria *apenas* uma forma de apresentação científica de um assunto (*Sache*), ou se (também) seria a lei histórica e, correlativamente, genética da própria coisa apresentada.

desde o início que, se pretendemos elaborar um conceito criterioso para a dialética enquanto tal, então ela não poderia ser nem um simples método – pois desse modo ela seria aquilo que lhes apresentei na última aula como a dialética mais antiga, típica da Antiguidade clássica, uma mera doutrina acerca do procedimento do pensar. Tampouco poderia ser uma simples representação de oposições encontradas empiricamente, como se residissem previamente nas coisas – pois desse modo não subsistiria realmente na dialética aquela coerção, aquela violência exercida pelo todo, que permitiu à dialética enquanto tal ser algo como uma filosofia // propriamente dita e que tornou disponíveis para nós algo como os princípios de explicação para grandes questões da realidade, bem como da metafísica. Tais posições certamente se deixam conjugar, a princípio, apenas se sustentarmos que uma filosofia dialética tem de ser necessariamente, em virtude do que foi dito, uma filosofia para a qual pensar e ser são postos como idênticos. E, de fato, isso é válido para a dialética em sua forma plenamente desenvolvida filosoficamente, a saber, para a dialética hegeliana, que é, nesse último sentido, uma filosofia da identidade e que, em última instância, ensina precisamente que o próprio ser, ou como consta no prefácio à *Fenomenologia*, que a verdade é sujeito.[13]

Bem, com isso, já lhes introduzi a um problema bastante sério a respeito do próprio ponto de partida da filosofia dia-

---
13 "Conforme minha visão, a qual somente tem de se justificar pela apresentação do próprio sistema, tudo o que importa é apreender e exprimir o verdadeiro não apenas como *substância*, mas sim também enquanto *sujeito*." (Hegel, *Werke*, Bd.3: *Phänomenologie des Geistes*, p.22ss.) [Ed. bras.: p.29].

lética enquanto tal. Pois, caso tenham acompanhado a última aula, vocês se recordarão de que eu lhes disse que a dialética é justamente a tentativa de se apoderar em sentido filosófico daquilo que não é propriamente sujeito; que, portanto, ambas as determinações – coisa, por um lado, e pensar, por outro – não se dissolvem uma na outra. E, todavia, agora há pouco disse subitamente que elas devem – pelo menos no sentido da concepção hegeliana – realmente serem idênticas uma à outra. Aqui, vocês se deparam com esta contradição fundamental: a de que a dialética é, por um lado, a tentativa de um pensamento da não identidade – uma tentativa, portanto, de apreender pelo pensamento os momentos opostos, momentos que não se esgotam no pensar – e, por outro lado, ela só é realmente possível enquanto filosofia da identidade, isto é, enquanto filosofia que põe o pensar e o ser como idênticos. Essa contradição já formula, de maneira precisa e peculiar, o programa que a dialética em sua versão idealista, na versão hegeliana, de fato delineou para si mesma. Pois esse pensamento declarou expressamente como programa unificar[14] a identidade com a não identidade, tal como o formula em sua linguagem peculiar. E isso significa, na verdade, fazer com que tudo seja abarcado pelo pensamento, mas, ao mesmo tempo, manter o pensamento, em cada instante específico, como algo diverso do seu objeto. // Acerca disso, vocês poderiam, a princípio, dizer que se trata, por exemplo, de liberdade de imprensa *e* de censura ao mesmo tempo, isto é, que se trata de uma contradição evidente, que abusa do pensamento. De um lado, a dialética é precisamente aquilo que se

---

14 Hegel, *Werke*, Bd.5: *Wissenschaft der Logik*, p.74.

empenha em expressar a oposição entre o sujeito e o objeto, a oposição entre a coisa e o método, a oposição entre o conhecer e o absoluto infinito; e de outro, ela deve colocá-los novamente como uno e, com isso, extirpar essa oposição do mundo. Como representar adequadamente isso?

Pois bem, a resposta de Hegel – e, no momento, estou falando somente da versão hegeliana da dialética, ou seja, apenas da dialética idealista; como as coisas se passam com a dialética materialista, vamos considerar mais adiante, ela é estruturada de uma maneira completamente diferente –, a ideia de Hegel é, e com isso vocês têm diante de si o cerne do programa propriamente dito de uma filosofia dialética, a ideia é de que a não identidade [*Nichtidentität*] seja ressaltada em cada determinação singular que o pensar em geral puder encontrar. Em outras palavras, que se ressalte, sempre e em cada caso, que o pensar e seu objeto não coincidem um com o outro. Todavia, o conceito essencial [*Inbegriff*] de todas as determinações a que o pensar em geral pode se elevar, ou a totalidade constituída por todas as determinações da filosofia, produz dentro de si mesma aquela identidade absoluta; ou melhor, pode-se talvez dizer, de uma maneira ainda mais precavida e estritamente hegeliana, que ela a produz e que ela é a identidade absoluta como totalidade, enquanto conceito essencial de todas as contradições singulares postas em execução. Isso significa que nesse todo que a filosofia, para Hegel, reivindica ser, as contradições se encontram vivas e, ao mesmo tempo, nela suspensas [*aufgehoben*] como um todo.

Esse é, para dizer de maneira simples, o programa a cuja realização a dialética idealista realmente se propôs e que foi ex-

Introdução à dialética

presso por Hegel na proposição de que o verdadeiro é o todo.[15] Porém, antes de passarmos a falar de algumas das questões que se conectam aqui com o conceito de verdade, eu gostaria ao menos de ler em voz alta a passagem // que já mencionei e que se refere nominalmente ao assim chamado "movimento do conceito", pois também aí vocês poderão encontrar, a princípio, uma relativa dificuldade. E se pretendo, nestas aulas, introduzir a dialética, e não apresentar uma filosofia dialética como um todo, então, considerando as razões às quais fiz alusão na última aula, isso só pode significar que tentarei aqui eliminar as dificuldades que se colocam contra a dialética em toda amplitude de nossa vida consciente, tanto no âmbito pré-científico quanto naquele da consciência pré-formada cientificamente. E na medida em que essa negação das dificuldades é, de fato, algo como uma determinação do próprio conceito em sentido dialético, então tal propedêutica forneceria, ao mesmo tempo, uma espécie de modelo de como vocês poderiam realmente pensar de maneira dialética.

Quando falamos do conceito, há que se reconhecer que uma representação como a do "movimento do conceito", à qual lhes fiz referência anteriormente a partir do texto de Hegel – e que talvez tenha introduzido, até este ponto, de maneira demasiado leviana –, seria, deve-se dizer mais uma vez, uma pretensão descabida [*Zumutung*]. Em virtude tanto dos modos pré-científicos do pensamento quanto ainda mais, eu diria, dos estudos científicos aos quais vocês, a esta altura, já

---

15 Hegel, *Werke*, Bd.3: *Phänomenologie des Geistes*, p.24. [Ed. bras.: p.31]
Adorno entra na análise pormenorizada dessa proposição na aula subsequente.

terão de alguma forma se dedicado, todos aqui devem já estar habituados a considerar, justamente como tarefa de sua disciplina intelectual, a necessidade de estabelecer seus conceitos, isto é, de definir os conceitos de maneira "límpida" e direta, por meio de um determinado número de características. E vale justamente como prova de assepsia científica que não se sub-roguem tais conceitos por outros que sejam definidos de uma maneira diferente, ou ainda, em outras palavras, que tais conceitos não sejam, digamos, postos em movimento. Quando eu lhes disse da última vez que a dialética se encontra amplamente sob a suspeita de ser uma sofística, sob a suspeita de ser capaz de tirar das pessoas toda determinação estável, então vocês podem ver neste ponto o lugar dessa resistência a ela: acredita-se que com a dialética não sejamos capazes de nos ater a coisa alguma, que os conceitos sempre nos são subtraídos, tão logo acreditemos que os temos em nossas mãos, // e que então permaneceríamos, por assim dizer, à mercê do arbítrio e possivelmente sob a sugestão de quem, conforme o caso, esteja conduzindo o pensamento. Antes de ler aqui em voz alta a passagem da *Fenomenologia* de Hegel relacionada a esse problema, a primeira de uma série sobre esse assunto, gostaria de dizer-lhes a princípio o seguinte: a tarefa do pensamento dialético não pode ser a de fazer malabarismos com os conceitos, de maneira a substituir, por debaixo do pano, aquelas determinações que um conceito possui por outras tais que porventura convenham a esse mesmo conceito. Tal caminho seria, de fato, o caminho do pensamento sofístico e não aquele do conceito dialético. Ao contrário, aquilo que é propriamente exigido da dialética segundo seu ideal – um ideal a propósito do qual, aliás, sou o último a afirmar que seja sempre alcançado em cada operação dialética – consiste muito antes em empregar os próprios conceitos de uma tal maneira, perseguir de tal modo sua coisa [*Sache*], sobretudo confrontar o conceito tão longamente com aquilo que se pretende dizer por meio dele, até se mostrar que entre tal conceito e a coisa, referida por meio dele, produzem-se certas dificuldades; e que tais dificuldades forçam, por seu turno, a alterar de certa maneira, no decurso do pensamento, o próprio conceito, sem que, nesse processo, sejam renunciadas as determinações que o conceito tinha originalmente. O que ocorre é, na verdade, que essa alteração se consuma justamente por meio da crítica ao conceito originário – isto é, mostrando-se que o conceito originário não está de acordo com sua própria coisa, não importa quão bem definida ela possa parecer. E essa alteração, com efeito, faz justiça ao próprio conceito originário, na medida em que o impele precisamente à concordância com a coisa. O abandono de uma definição qualquer pelo pensamento dialético não é um ato arbitrário, que seria realizado por meio de joguetes com definições variegadas, mas antes deve – em todo caso, ao menos segundo sua ideia – expressar justamente aquele momento da não identidade, da não coincidência entre conceito e coisa. E, por meio disso, o conceito, em sua constante confrontação com a coisa // – portanto, em sua crítica imanente, como se pode também denominar –, tem-lhe imputada sua própria insuficiência. Desse modo, a modificação que o conceito experimenta nesse processo é, ao mesmo tempo – em todo caso, ao menos no sentido dado a isso pela filosofia hegeliana –, também uma modificação da coisa mesma.

Essa é, então, a resposta que a princípio tenho para lhes dar à questão de como propriamente a dialética se comporta em relação aos conceitos e às suas definições, com que se ocupa. A esta altura, convém citar estas frases de Hegel:

esse movimento das essencialidades puras constitui a natureza da cientificidade em geral. Considerado como a conexão do conteúdo delas, ele é a necessidade e expansão do mesmo num *todo orgânico*. O caminho pelo qual o conceito do saber [do saber filosófico, do saber totalmente desdobrado, TWA][16] é alcançado se torna, através dele, igualmente um devir necessário e completo, de tal maneira que essa preparação deixa de ser um filosofar contingente [portanto, de tal maneira que deixa de ser uma sucessão arbitrária de conceitos, assim como eu lhes disse há pouco, TWA] que se vincula a estes ou àqueles objetos, relações e pensamentos da consciência imperfeita, bem como à contingência que essa traz consigo, ou seja, que busca fundar o verdadeiro através de um raciocínio que vai de lá para cá, inferindo e concluindo a partir de pensamentos determinados; antes, esse caminho abarcará, através do movimento do conceito, a mundanidade da consciência *em sua necessidade*.[17]

Esse é, portanto, o programa de tal movimento do conceito. Desdobrei inicialmente – ou, para exprimi-lo de maneira mais modesta – assinalei para vocês essa ideia do movimento

---

16 A partir deste ponto, sobretudo nas primeiras aulas, torna-se comum a inserção, por parte de Adorno, de comentários ao longo da leitura de citações de Hegel. Optamos por marcar estas explanações com o uso de colchetes no interior das citações, fazendo seguir aos comentários intercalados a identificação "TWA". (N. T.)

17 A citação foi reproduzida no formato que se apresenta no exemplar da *Fenomenologia* pertencente a Adorno, e a partir do qual provavelmente fez a leitura. Georg Wilhelm Friedrich Hegel, *Phänomenologie des Geistes*, editada por Georg Lasson, Leipzig 1921, p.24. Biblioteca do Espólio de Adorno 649 (cf. Hegel, *Werke*, Bd.3: *Phänomenologie des Geistes*, p.37ss.) [Ed. bras.: p.39-40].

do conceito, no sentido de um processo experimentado pelos conceitos enquanto pensamos. Se vocês recordarem o que lhes disse no início – que a ideia de dialética quer dizer na verdade sempre algo duplo, a saber: algo relacionado tanto ao tipo de pensar quanto à forma [*Gestalt*] da coisa –, então vocês terão se aproximado ainda mais dessa noção // de "movimento do conceito", que me parece ser o ponto central para a dialética. E assim talvez possam ter ao menos uma representação da concepção de coisa, de objeto, que subjaz a uma filosofia dialética – aqui eu gostaria de dizer expressamente: que subjaz, de maneira idêntica, a ambas as acepções da filosofia dialética, ou seja, à dialética idealista de Hegel e à dialética materialista de Marx. Quer dizer – e agora falo de maneira dogmática, com a esperança de que o que afirmar aqui dogmaticamente acerca dessa determinação possa ser reelaborado mais à frente –, a representação do objeto vigente na dialética, daquilo a ser desdobrado por meio do conceito, é a representação do objeto como algo que se encontra por si mesmo em movimento [*von einem selber Bewegten*], de algo, portanto, que não é um 'igual a si mesmo', que não é idêntico de uma vez por todas consigo mesmo, mas sim algo que é propriamente, em si mesmo, um processo. Se, a partir deste ponto, devemos formulá-lo cabalmente, então há que ser lembrado que foi a experiência fundamental a partir da coisa [*Sache*], não da teoria do sujeito, mas da teoria do objeto, da coisa, que precisamente inspirou a dialética, ou seja, a experiência da mobilidade fundamental da coisa mesma, ou com outras palavras: da fundamental historicidade do mundo enquanto tal, a experiência fundamental de que não há propriamente nada entre o céu e a terra que seja simplesmente tal como é; antes, tudo o que existe deve ser compreendido como algo em movimento, ou seja, como algo vindo a ser.[18] Aliás, algo parecido está presente na doutrina de Kant, segundo a qual o tempo não somente é uma forma necessária de nossa intuição, mas apresenta também a última determinação válida de ligação de nossos pensamentos, de tal maneira que absolutamente nada pode ser pensado a não ser aquilo que possa ser pensado como essencialmente temporal.

Esse pensamento da mobilidade histórica fundamental conduz à ideia de que as essencialidades singulares devam realmente ser compreendidas não como rígidas, mas antes, segundo sua composição objetiva, sua determinidade objetiva, como se alterando na história.// Tal apreensão possui ainda, contudo, outro momento essencial – um momento que é para Hegel característico e que emana originalmente do pensamento do sistema – portanto, do pensamento acerca de uma apresentação em si homogênea da realidade: a ideia de que essa mobilidade histórica da coisa mesma, esse primado da história sobre o ser, poderíamos quase dizer, não é apenas uma alte-

---

18 Aqui se trata de uma alusão de Adorno a uma formulação da introdução da *Ciência da lógica* ("Com o que tem de ser feito o começo na Ciência?"), na qual, em relação com a *Enciclopédia*, se pode ler: "Neste ponto, pode-se apenas mencionar, a partir disso, que não há nada, no céu ou na natureza, ou mesmo no espírito, ou onde quer que seja, nada em que não esteja contida tanto a imediatez quanto a mediação, de tal maneira que ambas as determinações se mostram como *inseparadas e inseparáveis*, assim como aquela oposição (entre elas) se mostra como algo nulo (*ein Nichtiges*)". (Hegel, *Werke*, Bd.5: *Wissenschaft der Logik*, p.66). Em sua edição, Adorno destacou essa passagem na margem, especialmente o trecho compreendido entre "que não há nada" até "nulo", marcando-o com "F" ("*Forte*").

ração contingente que acontece com os objetos no tempo; ao contrário, a necessidade, a regularidade, o processo amplo ao qual estamos sujeitos, é precisamente essa alteração histórica. O pensamento tradicional, o pensamento pré-dialético, de fato equiparou o necessário e absolutamente válido com o permanente, com o inalterável, com aquilo que é tal e qual de uma vez por todas. A descoberta da dimensão histórica – tal como ela se consumou, desde Montesquieu[19] e Vico,[20] atravessando o século XVIII com Condorcet[21] e chegando, finalmente, até Fichte[22] e Hegel – significa neste ponto realmente algo como um giro copernicano, cujo alcance bem que poderia ser comparado ao do assim denominado giro copernicano associado à filosofia kantiana. Essa descoberta significa que a necessidade

---

19 Cf. Charles de Secondat, Baron de La Bréde et de Montesquieu, *De l"esprit des lois* (1748). No alemão: *Vom Geiste der Gesetze*, traduzido e editado por von Ernst Forsthoff, Tübingen 1931. [Ed. bras.: *O espírito das leis*. Trad. Cristina Murachco. São Paulo: Martins Fontes, 2005].
20 Cf. Giovanni Battista Vico, *Principi di uma scienza nuova d'intorno ala commune natura dele nazioni* (1725); no alemão: *Prinzipien einer neuen Wissenschaft über die gemeinsame Natur der Völker*, dois volumes, trad. Vittorio Hösle, Hamburg, 1990. [Ed. bras.: *Princípios de uma ciência nova: acerca da natureza comum das nações*. Tradução, seleção e notas: Antônio Lázaro de Almeida Prado. Coleção "Os Pensadores". Abril Cultural: São Paulo, 1984].
21 Cf. Marie-Jean-Antoine-Nicolas Caritat, Marquis de Condorcet, *Esquisse d'um tableau historique des progrés de l'esprit humain* (1794); no alemão: *Entwurf einer historischen Darstellung der Fortschritte des menschlichen Geistes*, editado por W. Alff, Frankfurt a. M. 1963. [Ed. bras.: *Esboço de um quadro histórico dos progressos do espírito humano*. Trad. Carlos Alberto Ribeiro de Moura. Campinas: Editora da Unicamp, 2013].
22 Cf. Johann Gottlieb Fichte, *Die Grundzüge des gegenwärtigen Zeitalters*, 1806.

não reside propriamente no fato de que as coisas [*Dinge*] permaneçam iguais a si mesmas e que sejam idênticas umas com as outras, mas antes que o necessário se encontra precisamente nas grandes leis do desenvolvimento por meio das quais aquilo que é idêntico a si mesmo se torna outro, diverso de si, em contradição, afinal, consigo mesmo. Ou seja, para nos ater aqui ao que há de mais palpável, trata-se da experiência que todos nós fazemos, a experiência de que nosso destino individual depende, considerável e decisivamente, da grande tendência histórica de movimento na qual estamos desde sempre e continuamente inseridos enquanto sujeitos humanos singulares. É a experiência de que a lei de nossa existência [*Dasein*] é muito mais o movimento histórico de nossa época, e de todas as épocas, do que a assim denominada "determinidade fundamental do ser". É essa experiência de um impulso que procede da própria coisa e que a princípio // pertence ao que poderíamos chamar de concepção geral de dialética. E quando vocês realmente tentarem — eis aí o que gostaria de exortá-los a fazer — tomar para si a dialética, isto é, reproduzir a partir de sua própria experiência, produzir novamente, os motivos que condicionam o pensar dialético, então, creio eu, exatamente nesse momento terão a experiência de que aquilo que determina a lei, aquilo que determina propriamente a objetividade, aquilo que determina propriamente nosso agir e pensar de modo essencial, para além de nossa mera individualidade, é muito mais o elemento histórico [*das Geschichtliche*] do que simplesmente aquilo que somos ou aquilo que sabemos a respeito de nós mesmos.

Hegel virou a mesa, digamos assim — e isso é, a bem da verdade, um momento que ocorre tanto na dialética de Hegel quanto na dialética materialista, e até mais nesta, caso seja

Introdução à dialética

possível afirmar assim – neste ponto: isso que aparece a todo pensar tradicional como absolutamente seguro e firme, a verdade que permanece igual a si mesma, a-histórica, fixada, aparece agora, em certa medida, como imagem histórica distorcida [*Zerrbild*], isto é, como expressão de relações petrificadas que pretendem perpetuar a si mesmas, relações cuja natureza consiste justamente em se perpetuarem e que, no fundo, surgiram de uma relação viva com o sujeito. São relações que, conforme o termo decisivo para esta filosofia dialética, estão "coisificadas" [*verdinglicht*]. Assim, aquilo que aparece ao pensamento popular e não dialético precisamente como garantia da verdade, o firme, o inalterável, aparece de antemão à filosofia dialética – e isso vale para ambas as variantes da dialética – como um fenômeno de endurecimento [*Erstarrungsphänomen*], ou seja, como aquilo que justamente deveria ser dissolvido pela filosofia, a saber: a hipóstase, o falso embasamento da coisa finita, acabada, absolutizada enquanto fundamento, como se fosse a verdade em si. Trata-se da luta contra a coisificação do mundo, contra a convencionalização do mundo, em virtude da qual o que foi congelado, o enrijecido, o surgido historicamente, aparece como se // fosse algo existente em si mesmo [*ein Ansichseiendes*] e que seria válido para nós por todos os tempos. De certa maneira, esse constitui o ponto de partida polêmico do pensamento dialético em geral.

Também é muito característico desse pensar o fato de não contestar a coisificação [*Verdinglichung*] em nome de outro princípio, de um princípio abstrato, por assim dizer, coisal [*dinghaft*], como, por exemplo, o "princípio da vida". Antes, tenta ultrapassar a coisificação compreendendo seu caráter necessário, o que significa compreender os fenômenos de endurecimento, de enrijecimento das instituições, de estranhamento de tudo aquilo que se nos contrapõe como alheio e que é capaz de nos subjugar, derivando-os, por sua vez, a partir do próprio conceito histórico; "histórico" aqui no sentido da necessidade enfática, tal como é designada por aquela expressão de que tentei lhes oferecer uma interpretação, a saber, "movimento do conceito", expressão que tenciona unificar a necessidade histórica com a intelecção [*Einsicht*] na coisa mesma. Pois compreender uma coisa mesma deveria ser, na realidade, o mesmo que compreender a necessidade histórica dessa coisa, em todos os seus níveis. Eis, portanto, o que vocês devem pensar quando Hegel fala do "movimento do conceito", o que significa que o filosofar deixa de ser algo meramente contingente, que se liga a tais e tais objetos, relações e pensamentos. Não se trata, portanto, de algo contingente por não deixar tais objetos intocados em sua contingência, mas, pelo contrário, por ter a intenção de deduzi-los de sua necessidade – quase se poderia dizer, a intenção de até mesmo deduzir a própria contingência em sua necessidade.

Creio já ter-lhes mostrado com isso, em certo sentido, que a dialética, na medida em que é método, não pode, entretanto, consistir em um método de "estar certo" [*Rechtbehalten*] por meio do diálogo, embora lhe recaia uma conhecida suspeita de ser justamente isso. Ao contrário, trata-se antes da tentativa de perceber as contraditoriedades [*Widersprüchlichkeiten*] objetivas que estão alojadas na realidade. Se vocês reconsiderarem brevemente // o tópico relativo ao caráter histórico da objetividade, então constatarão que essa historicidade constitutiva significa, na verdade, que os objetos em si mesmos não permanecem em repouso, mas estão em movimento. E, no que concerne à história real, essa mobilidade significa que a própria história está cindida, que ela se desdobra em contradições, e que é preciso seguir investigando tais contradições. Por esse motivo, a dialética está – e creio que seja importante chamar-lhes a atenção para isso – desde o início na mais nítida oposição imaginável em relação àquelas "filosofias do ser" [*Seinsphilosophien*], bastante em voga hoje em dia, e que desde suas origens adotaram pontos de vista antidialéticos. E chamo atenção aqui para que não se deixem ludibriar quanto a essa oposição nítida e extrema, já que muitos dos representantes do pensamento ontológico atual creem poder assimilar Hegel de alguma maneira à ontologia.[23] Aquilo de que se trata nestes casos, em geral, nada mais é do que uma espécie de ontologização [*Ontologisierung*] de Hegel, ou seja, tentam interpretar aquela representação extremamente radical do caráter histórico da verdade, como se fosse uma mera explicitação do ser. Por outro lado, o que ambas as versões das filosofias dialéticas têm em comum não se refere

---

23 Em decorrência do opúsculo de Heidegger *O conceito hegeliano de experiência*, de 1942/43 (in: *Holzwege*, Frankfurt a. M. 1950, p.105-92) [Ed. port.: *Caminhos da floresta*. Coordenação da tradução: Irene Borges Duarte. Lisboa: Fundação Calouste Gulbekian, 2002, p.139-239], alguns de seus discípulos entraram em intenso contato com Hegel. Adorno pode aqui ter pensado, dentre outros, no professor Walter Bröcker (1902-1992), de Kiel, cujo livro, *Dialética, positivismo, mitologia* (Frankfurt a. M., 1958), tinha acabado de ser lançado no ano das presentes aulas, e ao qual Adorno faz referência numa série de aulas posteriores sobre dialética, de 1964 (ainda não publicada), sugerindo que a dialética estaria aí posta a serviço da ontologia (Cf. Theodor W. Adorno Archiv. Sign.: Vo 9098). Mas talvez ele se refira também às correntes neotomistas, sobre as quais ele chega a falar mais tarde (edição original das aulas, p.122 e nota 125).

somente à mera historicidade, ao fato de que se deveria permanecer na simples afirmação de que o ser ou a verdade tenha caráter histórico; mais do que isso, a dialética depreende daí a consequência de investigar esse caráter histórico em todas as determinações concretas dos objetos. Portanto, dialética não significa, e não pode significar, uma afirmação abstrata – como se estivesse, por assim dizer, ao nível de uma visão de mundo [*weltanschaulich*] – acerca da historicidade do ser ou da historicidade da verdade. Mas, pelo contrário, se ela envolve o reconhecimento efetivo do conceito filosófico de sua coisa [*Sache*], então isso significa, concretamente, que ela deve revelar as significações históricas dos objetos com os quais lida.

25 Aliás, diga-se de passagem, // aqui se evidencia que a diferença habitual entre, de um lado, a filosofia, que tem a ver com o universal, eterno e permanente, e, de outro, as ciências positivas particulares, não pode ser reconhecida pelo pensamento dialético. Pois se, por um lado, a própria filosofia encontra sua substância nas determinações das ciências concretas que ela interpreta, por outro, essas determinações das ciências lhe serão totalmente indiferentes, caso não tenham sido evidenciadas no sentido do conceito, ou seja, caso não tenham começado a falar historicamente.

Talvez vocês possam, aqui, reconhecer um dos motivos essenciais a esse pensamento dialético. Na divisão de trabalho entre a filosofia e as ciências, tal como se apresenta hoje, indica-se que, apesar de todas as garantias fornecidas em sentido contrário, aquilo no qual o conhecimento encontra sua substância, aquilo que efetivamente importa ao conhecimento, permaneceria confiado, em maior ou menor medida, às ciências específicas. Tal circunstância faz com que o conhecimento fique sempre sob o risco de resvalar para o meramente positivo, portanto, de permanecer na mera constatação daquilo que é o caso, sem que a questão acerca do sentido do que foi constatado, ou mesmo a questão pela legitimidade daquilo que é o caso seja sequer levantada. O que restaria então para a filosofia seria realmente apenas o mais insípido e o mais vazio – por exemplo, justamente um conceito como o conceito de ser.[24] E por mais que a filosofia possa recorrer a tantos subterfúgios[25] quanto queira, por mais que se esforce para extrair alguma concretude desse conceito abstrato de ser, não poderá nunca lograr êxito nessa empreitada; pois todas as determinações que a filosofia então acrescenta, a fim de obter um conceito melhor e mais elevado a partir desse ser, que seria uma espécie de palavra mágica, provêm na verdade daquele âmbito do ente e, portanto, do âmbito do histórico, do qual as filosofias ontológicas procuram se afastar com tanto *pathos* e com tanta arrogância. A dialética é, a um só tempo, mais modesta e mais

---

24 Adorno remete aqui à crítica formulada por Hegel, no primeiro capítulo da *Lógica*, à primeira categoria, a categoria do "ser", como "pura indeterminidade e vazio" (Hegel, *Werke*, Bd.5: *Wissenschaft der Logik I*, p.82ss.). A expressão "o mais insípido de todos" (*das Allerschalste*), Adorno talvez tenha criado tomando como base a crítica de Hegel à primeira categoria da *Fenomenologia*, o "aqui e agora", cujas imediatez e verdade, tal como se diz em Hegel, tornaram-se "insípidas" (*schal*). (Cf. Hegel, *Werke*, Bd.3: *Phänomenologie des Geistes*, p.84). A expressão é atestada de resto apenas mais uma vez em Adorno (Cf. *Para a metacrítica da teoria do conhecimento*, GS, p.23) [Ed. bras.: Adorno, *Para a metacrítica da teoria do conhecimento. Estudos sobre Husserl e as antinomias fenomenológicas*. Trad. Marco Antônio dos Santos Casanova. Revisão técnica: Eduardo Socha. São Paulo: Editora Unesp, 2007, p.50].
25 Corrigido, por suposição, de *Männerchen* para *Männchen* (homúnculos), que traduzimos por "subterfúgios".

imodesta. Ela não afirma // propriamente que a verdade seja aquilo que permanece idêntico a si mesmo, eterno, mas tem um conceito de verdade que assimila a determinação proveniente da história. Contudo, enquanto nisso ela é mais modesta, por outro lado, é mais imodesta na medida em que se preenche com essas determinações materiais, acreditando poder obter, a partir dos objetos concretos, precisamente as determinações filosóficas verdadeiras. E, enquanto as filosofias do ser obtêm somente de maneira enganosa essas determinações concretas, absorvendo-as do âmbito do histórico e do ente, ainda que precisem recusá-las e, ao mesmo tempo, proclamá-las como puro ser, a filosofia dialética, por outro lado, já que não pode aceitar a oposição entre puro ser e o ser-aí meramente histórico, procura de fato articular seus juízos filosóficos com base em determinações que procedem do historicamente existente, tencionando, assim, abordar justamente o ente em geral.

Gostaria agora de chamar-lhes a atenção para o fato de que no programa que lhes indiquei há uma consequência de alcance extraordinariamente amplo, que talvez seja a mais severa de todas as exigências impostas pela dialética, que venho tentando discriminar até aqui. Trata-se propriamente da exigência em relação ao conceito de verdade. A representação habitual da verdade é a de que a ela estaria sempre naquilo que existe de maneira atemporal[26] [*das zeitlos Seiende*], absolutamente idêntica

---

26 Corrigido por suposição de "temporal" (*zeitlich*) para "atemporal" (*zeitlos*). A partir das numerosas passagens paralelas nas quais Adorno chega a falar sobre o pensamento de um "núcleo temporal da verdade", é possível que aqui se trate de um erro na transcrição da gravação (ou de um equívoco de Adorno ao falar?). Assim, encontra-se a oposição "núcleo temporal (da verdade)" – "atemporal"/"eterno", por

a si. Essa verdade encontra-se, contudo, conforme o próprio ponto de vista tradicional, no tempo, ou seja, ela tem um índice temporal, é afetada de algum modo pelo tempo; e, precisamente em virtude do tempo, nós nunca nos encontramos na situação de alcançar a verdade plena e absoluta. Porém, a ideia da verdade tem sido, desde tempos platônicos até Kant, equivalente à ideia do que permanece válido eterna e simplesmente. Pensemos no conceito kantiano de *"a priori"*, o qual significa realmente que aquilo que é necessário e universal deve ser idêntico ao que é constante, inalterável pura e simplesmente – ao que é condição // de todo e qualquer possível juízo em geral. A exigência propriamente decisiva da dialética é, portanto, não a de que a verdade seja procurada no tempo ou em oposição a ele, mas antes que a verdade tenha, ela mesma, um núcleo temporal [*Zeitkern*], e que então – poderíamos dizer – o tempo esteja na verdade.[27] Eu já lhes sugeri que também esse

---

exemplo, no texto *Para que ainda a filosofia?*, no qual, depois da apresentação da crítica de uma tal grande filosofia a seus predecessores, consta: "Na continuidade de tal crítica, até mesmo aquelas filosofias, cujo conteúdo doutrinal insistiu na eternidade e no elemento da atemporalidade, adquiriram seu núcleo temporal, seu específico valor histórico" (*GS* 10-2, S.462)

27 Na *Metacrítica da teoria do conhecimento*, Adorno torna evidente que ele deve a Benjamin este pensamento, para ele central, de um núcleo temporal da verdade (Cf. *GS* 5, S. 141). Em Benjamin consta: "decisivo abandono do conceito de 'verdade atemporal' está em curso. Realmente, verdade não é – tal como o marxismo o afirma – uma função temporal do conhecer, mas está, antes, ligada a um núcleo histórico, o qual reside no conhecido e, ao mesmo tempo, no cognoscente. Isso é de tal maneira verdadeiro que o eterno, em todo caso, é antes muito mais a franja num vestido do que uma ideia" (Walter Benjamin, *Gesammelte Schriften*. Com a colaboração de Theodor W. Adorno

conceito não caiu do céu e que ele se encontra, antes de tudo, no próprio Kant. Todavia, vocês podem considerar, como uma espécie de regra para a compreensão da problemática presente na dialética, que esta última propriamente seja, em um sentido eminente, a filosofia kantiana levada à compreensão de si, à sua autoconsciência. Acabei de lhes dizer que Kant ainda possui um conceito tradicional de verdade no sentido de um *a priori* eternamente inalterável. Entretanto, ao fazer igualmente do tempo condição constitutiva do conhecimento em geral, isso perde seu sentido tradicional em sua filosofia, e poderíamos quase dizer que o próprio tempo se torna, em Kant, o *órganon* da verdade. Ele apenas não extraiu a consequência disso. Essa consequência foi explicitada por seus sucessores, primeira e especialmente por Hegel. E, com isso, também foi atingida a definição convencional da verdade como adequação, como adequabilidade do pensar ao ser, definição que por meio dessa filosofia será necessariamente modificada e alterada.

---

e Gershom Scholem, editado por Rolf Tiedemann e Hermann Schweppenhäuser, v.5.1: O trabalho das passagens, editado por Rolf Tiedemann, Frankfurt a. M. 1982, p.578) [Ed. bras.: Adorno, *Para a metacrítica da teoria do conhecimento. Estudos sobre Husserl e as antinomias fenomenológicas*, op. cit., p.228].

// *3ª aula [20/05/1958]*

Minhas senhoras e meus senhores,

No último encontro, procurei lhes dar, pela primeira vez, um aperitivo da dificuldade específica do pensamento dialético, a saber: que o próprio conceito de verdade, reivindicado pelo pensamento dialético, não é um conceito estático de verdade e que, com isso, há uma ruptura com a representação predominante – que vem desde Platão e atravessa toda a tradição filosófica – da ideia como aquilo que é permanente, imutável e idêntico a si. É assim que a ideia, ou seja, a verdade mais elevada, foi definida no *Banquete*[28] pelo discurso de Diotima.

---

28 O movimento ascendente – feito pelas coisas singulares, as quais são sensivelmente perceptíveis – até a ideia chega ao seu termo da seguinte maneira: "Aquele, pois, que até esse ponto tiver sido orientado para as coisas do amor, contemplando seguida e corretamente o que é belo, já chegando ao ápice dos graus do amor, súbito perceberá algo de maravilhosamente belo em sua natureza, aquilo mesmo, ó Sócrates, a que tendiam todas as penas anteriores, primeiramente sempre sendo, sem nascer nem perecer, sem crescer nem decrescer, e depois,

Theodor W. Adorno

A filosofia dialética ou o pensar dialético se diferencia do tradicional por não se pôr à procura de um elemento absolutamente primordial — e esta talvez seja uma das possibilidades para lhes introduzir o pensamento que será o tema principal desta aula, e com o qual teremos de nos ocupar recorrentemente sob aspectos diversos, principalmente em virtude de tudo que ele comporta em termos de exigência. Pois a busca por um absolutamente primeiro é, no fundo, idêntica em significado ao pensamento acerca da invariância da verdade. Toda vez em que filosofias de orientações diversas tentam desenterrar esse tal elemento absolutamente primeiro [o que, aliás, é bastante frequente], a motivação para tanto não consiste somente na pretensão de recuperar historicamente as coisas até onde é possível rastreá-las, mas significa antes, isto sim, que a própria busca por um elemento primeiro sempre reverbera um motivo concreto [*sachlich*], um motivo, caso desejem, ontológico. Imagina-se que o elemento primeiro — tanto faz o sentido em que

---

> não de um jeito belo e de outro feio, nem ora sim ora não, nem quanto a isso belo e quanto àquilo feio, nem aqui belo ali feio, como se a uns fosse belo e a outros feio; nem por outro lado aparecer-lhe-á o belo como um rosto ou mãos, nem como nada que o corpo tem consigo, nem como algum discurso ou alguma ciência, nem certamente como a existir em algo mais, como, por exemplo, em animal da terra ou do céu, ou em qualquer outra coisa; ao contrário, aparecer-lhe-á ele mesmo, por si mesmo, consigo mesmo, sendo sempre uniforme, enquanto tudo mais que é belo dele participa, de um modo tal que, enquanto nasce e perece tudo mais que é belo, em nada ele fica maior ou menor, nem nada sofre." (*Banquete* 210 e4 até 211 b5) [Ed. bras.: Platão, *Diálogos — O Banquete, Fédon, Sofista e Político.* (*O Banquete:* trad. José Cavalcante de Souza) Coleção "Os Pensadores". São Paulo: Abril Cultural, 1972, p.48].

se entenda esse elemento, seja como o logicamente primordial ou como o temporalmente primeiro – é aquele, em todo caso, que se mantém de alguma maneira inalterável e que, em virtude disso, significa a // chave para tudo o que vier depois. A concepção mais abrangente da filosofia, tal como ela predomina no ocidente desde Aristóteles – e isto não vale, de forma alguma, apenas para as orientações idealistas, mas também para as empiristas –, compreende-a como πρώτη φιλοσοφία, uma "filosofia primeira", ou seja, uma filosofia que indica fundamentos originários – seja do ser, seja do pensamento – a partir dos quais tudo o mais se seguiria por necessidade; de tal maneira que, quando estivermos seguros acerca desses fundamentos originários, estaríamos já em posse das respostas decisivas.[29] Decerto, nem todos vocês já fizeram essas ponderações. Porém, creio que, se vocês se examinarem por um instante e, sobretudo, se perguntarem sobre a necessidade que em geral lhes move a se ocuparem com filosofia, então vocês descobrirão que uma

---

29 Como se sabe, Aristóteles não se referiu à sua obra principal, nem tampouco à sua filosofia como um todo, usando o termo "metafísica". Aquilo que nós, em relação ao tema específico, denominamos "metafísica" se chamava para ele "filosofia primeira", πρώτη φιλοσοφία, a qual ele procura, em sua obra depois chamada de *Metafísica*, circunscrever segundo três princípios distintos: enquanto ciência das causas primeiras e princípios de cada ente, como ciência do ente enquanto ente, e ainda como ciência do ente superior e da mais elevada causa, ou seja, Deus. Finalmente, resta um problema que ainda não foi solucionado e que pode ser formulado assim: se os três princípios em Aristóteles se permitem mediar constituindo o conceito unificado de *uma* ciência ou filosofia, ou se eles desembocam em dois conceitos de filosofia primeira – em última instância, física e teologia –, que acabariam por ficar sem mediação entre si.

equiparação semelhante entre, por um lado, questionamentos filosóficos e, por outro, princípios originários a serem desvelados, é quase idêntica.

A dialética direcionou sua crítica precisamente a isso, e talvez eu deva aproveitar o ensejo aqui para dizer que um dos sinais de decadência para a segunda versão do pensamento dialético – a saber, a materialista – está no fato de que, no bloco oriental, se desconhece precisamente esse motivo filosófico e de que a matéria, ou melhor, as condições materiais da existência social são transformadas, por sua vez, em um absolutamente primeiro, do qual precisamos ter apenas certeza. Toda a discussão sobre o "Diamat"[30] revela aquilo que de fato é: um engodo propagandístico, pois nega o princípio da dialética, segundo o qual a filosofia não pode justamente se dar por satisfeita somente por meio de princípios originários.

Hoje, eu gostaria de tentar lhes mostrar, recorrendo primeiramente a algumas passagens do prefácio à *Fenomenologia do espírito*, que continua sendo o texto mais importante para a introdução à dialética enquanto método, de que maneira a crítica ao elemento primeiro ou ao princípio originário apresenta-se nesse texto, // que é a primeira grande concepção de uma filosofia dialética. Farei isso lendo algumas passagens de Hegel e, em seguida, interpretando-as sob um duplo ponto de vista, primeiramente para torná-las compreensíveis, mas também para assinalar algumas das consequências contidas nessa posi-

---

[30] "Diamat" é a forma abreviada para "materialismo dialético" e constitui, junto com o "materialismo histórico", um dos dois lados da visão marxista-leninista de mundo, tal como essa era ensinada nos países da União Soviética, bem como do bloco oriental.

Introdução à dialética

ção da dialética contra a concepção de uma filosofia primeira ou de uma filosofia da origem. Eu também gostaria de dizer, antecipando uma ressalva, embora eu chegue a isso apenas mais à frente, que Hegel é um pensador extraordinariamente complexo também nesse assunto e que, embora tenha sido o primeiro a empreender, da maneira mais radical possível, a crítica ao conceito de uma filosofia primeira, ele acabou preservando, contudo, em certo sentido, a exigência de uma tal filosofia primeira, na medida em que equiparou a quintessência [*Inbegriff*] do movimento realizado pelo conceito justamente a um [elemento] primeiro, reconhecendo-se, por essa via, expressamente e em várias passagens, como próximo de Platão.[31] Entretanto, voltaremos ainda a isso mais à frente. Primeiramente, retomemos aquela passagem da *Fenomenologia* que é, a propósito, uma das mais famosas de toda a obra e que poderá lhes fornecer um conceito seguro sobre a essência da dialética:

> O verdadeiro é o todo. Mas o todo é somente a essência que se implementa através de seu desenvolvimento. Sobre o absoluto [equiparar aqui com verdade em sentido enfático, TWA] deve-se dizer que é essencialmente resultado; que só no fim é o que é na verdade. Sua natureza consiste justo nisto: em ser algo efetivo, em ser sujeito ou vir-a-ser-de-si-mesmo. Embora pareça contraditório conceber o absoluto essencialmente como resultado, um pouco de reflexão basta para dissipar esse semblante de contra-

---

31 A admiração de Hegel por Platão é passível de documentação sob diversos aspectos. Passagens nas quais, todavia, Hegel teria endossado o conceito platônico de (elemento) primeiro, do modo como Adorno o descreveu, não puderam ser encontradas.

dição. O começo, o princípio ou o absoluto – como de início se enuncia imediatamente – são apenas o universal. Se digo: "todos os animais', essas palavras não podem valer por uma zoologia. Do mesmo modo, as palavras 'divino', 'absoluto', 'eterno' etc. [eu poderia acrescentar a este catálogo talvez a palavra 'ser', TWA] não exprimem o que nelas se contém; // de fato, tais palavras só exprimem a intuição como algo imediato. Aquilo, porém, que é mais do que apenas tal palavra, também a passagem tão somente a uma proposição, contém um tornar-se outro que precisa ser retomado: é uma mediação.[32]

Em outras palavras: suponham por um instante que vocês estejam diante de uma palavra como "divino", "absoluto", ou "eterno", palavras a partir das quais vocês podem pensar praticamente tudo e que, apenas na medida em que podem pensar tudo a partir delas, corresponderiam à pretensão de absolutez [*Absolutheit*] que elas próprias indicam. Ao procurar, então, elucidar tal palavra por meio de uma proposição – dizendo talvez "o absoluto é o imutável, o que permanece igual a si mesmo", ou "o absoluto é identidade entre pensar e ser" –, neste mesmo momento já terão justamente colocado um limite àquele significar-tudo [*Allbedeutendes*], que adere ao *pathos* de uma palavra desse tipo, isto é, sua pretensão a uma validade pura e simples, e, por isso mesmo, já terão alterado o próprio conceito. Vocês poderiam expressar isso também da seguinte maneira: somente é possível determinar um conceito como o de

---

32 Hegel, *Phänomenologie des Geistes*, p.14. (Cf. Hegel, *Werke*, Bd.3: *Phänomenologie des Geistes*, p.24). [Ed. bras. com tradução ligeiramente modificada: p.31].

absoluto, eterno ou divino, na medida em que o delimitamos ou alteramos, e essa alteração é o ponto decisivo para o pensamento dialético. Tal alteração não seria algo externo, algo que nós estaríamos fazendo a tal palavra, a tal conceito, por meio de nossas reflexões. Pelo contrário, é a palavra ou o conceito que nos compele a isso, caso pretendamos compreendê-lo enquanto tal, caso queiramos conferir-lhe um conteúdo determinado, por meio do qual primeiramente se converterá em um conceito, a delimitá-lo como fica indicado nessa ponderação de Hegel. Aqui, vocês têm uma explicação do princípio da dialética e, ao mesmo tempo, um caso paradigmático, um exemplo para uma dialética posta em execução em um conceito bastante determinado. "O que é mais" – diz ele – "do que tal palavra, também somente a passagem a uma proposição, contém um devir-outro que tem de ser retomado: é uma mediação." A expressão "mediação" significa em Hegel sempre a própria alteração que tem de ser exigida de um conceito // no instante em que se deseja apreender esse mesmo conceito. Pode-se também dizer, portanto, que a mediação é o momento do devir que está posto em todo e qualquer ser. E se a dialética é a filosofia que se preocupa universalmente com a mediação, então isso significa também o seguinte: não há nenhum ser que, na medida em que vocês tentem determiná-lo como tal, não se torne realmente, ao mesmo tempo, um devir.

Eis aí o conceito hegeliano de mediação, e eu gostaria de pedir a vocês que retenham esse conceito, pois teremos naturalmente de recorrer muito a ele. "Mas essa [a mediação, TWA] é o que causa horror, como se por meio dela, já que não é feito dela mais do que somente isso, que ela não seja nada absoluto e não seja no absoluto, se desistiria do conhecimento absoluto."[33] Ora, esse "causar horror" de que fala Hegel corresponde de fato àquele estado de ânimo hostil à dialética, com o qual nós, ao tentarmos compreender a dialética, teremos continuamente de lidar. Consiste propriamente na representação [*Vorstellung*] de que não devemos manter os conceitos inalterados, e sim de que precisamos alterá-los a fim de realmente os compreender. Em outras palavras: de que o ser próprio dos conceitos seja um devir, de que a verdade seja efetivamente dinâmica. Segundo aquele estado hostil de ânimo a que me referi, isso equivaleria a uma espécie de dissolução do conceito de verdade, uma espécie de relativismo generalizado, que faria escapar por entre os dedos qualquer determinação. Eu gostaria de lhes dizer duas coisas sobre isso. Primeiramente, por um lado, vocês já terão notado, no genial exemplo hegeliano que acabei de ler, que o movimento do conceito, tal como nós o consideramos há pouco, consiste na tentativa de determinar conceitos tais como "o divino", "o absoluto", "o eterno" e, por meio disso, delimitá-los em face daquilo que eles propriamente reivindicam, a saber, um não delimitado, um incondicionado, um absoluto. Ademais, esse movimento do conceito não é um suplemento do pensamento, mas antes algo requisitado a fim de que possamos nos assegurar de tal conceito. // Isso quer dizer que, se vocês não executarem aquela operação que lhes indiquei, ou seja, se vocês não enunciarem uma proposição determinada qualquer acerca de uma dessas palavras, então vocês não poderão de forma alguma se assegurar dessa palavra. Seria, com efeito, algo sem significado. E já que a palavra exige de nós ser com-

---

33 Hegel, *Phänomenologie des Geistes*, p.14 (Cf. Hegel, *Werke*, Bd.3: *Phänomenologie des Geistes*, p.25) [Ed. bras.: p.31].

preendida, para que possa ter sua verdade, então deve surgir a demanda por essa alteração, por esse outro que vocês acrescentam como predicado para que a palavra se torne propriamente o que ela é em si, enquanto conceito do sujeito. Essa exigência não procede como que a partir de um raciocínio [*Räsonnement*] meramente sofístico, que se aproximaria dos conceitos, por assim dizer, de maneira externa, mas provém da própria coisa, caso a coisa queira ser coisa compreendida. Porém – e esta coerção é, de fato, o que diferencia essencialmente a dialética daquele pensamento simplesmente raciocinante ou sofístico –, isso significa que o movimento do conceito, do qual nós acabamos de falar, não constitui uma alteração arbitrária de conceitos, um "malabarismo com conceitos", embora muitos possam considerar assim; antes, esse movimento resulta da necessidade da coisa mesma e é, portanto, o exato oposto do proceder sofístico, que consiste precisamente na incapacidade de acompanhar a vida interior dos conceitos, de perseguir aquilo que exigem para serem entendidos, um proceder que atribui significados diversos aos conceitos, de uma maneira arbitrária e exterior a eles mesmos.

Esse era o primeiro ponto que eu queria acrescentar acerca da passagem na qual o próprio Hegel – como indica a expressão que usamos anteriormente, "causar horror" – demonstra ter percebido, com grande exatidão, qual é propriamente a dificuldade que a dialética exige de nós e de que modo, portanto, deveríamos responder a esse "causar horror". Pois, se me permitem dizer de forma drástica, não somos nós que movimentamos os conceitos. Uma dialética não é esse pensar no qual usamos conceitos em diversos significados, a fim, por exemplo, de levar adiante um procedimento demonstrativo que nos é conveniente. Alguém como o senhor Gehlen // diz em sua antropologia [...][34] que o ser humano precisa de "disciplina" [*Zucht*] para poder sobreviver e, ao fazer isso, emprega primeiramente, para elucidação da palavra disciplina, a palavra "educar" [*Aufziehen*] – sustentando, portanto, que o ser humano tem de ser educado, a fim de poder sobreviver sob condições ainda não plenamente desenvolvidas na primeira infância. Mas, logo em seguida, faz com que se insinue sub-repticiamente, no lugar desse primeiro sentido de disciplina,[35] um segundo sentido de "disciplinar" [*In-Zucht-Nehmens*], aquele sentido, por exemplo, de um senhor a quem se deve obedecer [*Zuchtmeister*], de um bedel truculento. Esse segundo significado de "disciplina" não resulta de um movimento dialético, mas é efetivamente um sofisma.[36] Por outro lado, quando afirmo que, para poder apreender um conceito

---

34 Aqui há uma lacuna na transcrição do áudio.

35 Corrigido, por suposição, de "diferença" (*Unterschied*) para "no lugar de" (*unterschiebt*).

36 No ano anterior, ao preparar sua conferência *Zum Verhältnis von Individuum und Gesellschaft heute*, proferida em Bad Nauheim em 13 de fevereiro de 1957, Adorno havia pedido a seu assistente, Jürgen Habermas, que reunisse uma série de passagens do livro *Der Mensch*, de Arnold Gehlen, que poderiam ser usadas para uma crítica direta a Gehlen. Este, por sua vez, havia proferido uma conferência, uma semana antes de Adorno, no mesmo lugar. Uma das passagens *particularmente bonitas* de Gehlen escolhida por Habermas (cf. Carta a Horkheimer de 14 de fevereiro de 1957, in: Theodor W. Adorno, *Brief und Briefwechsel*. Editado por Theodor W. Adorno Archiv, v.4; Theodor W. Adorno, Max Horkheimer, *Briefwechsel 1927-1969*, v.IV; 1950-1969, editado por Christoph Gödde e Henri Lonitz, Frankfurt a. M., 2006, p.396) a respeito da essência do ser humano dizia o seguinte: "[...] o 'estar-inacabado' (*Unfertigsein*) pertence às suas condições físicas, à sua natureza e, desse ponto de vis-

como o conceito de eterno, de divino, ou de absoluto, para poder pensá-lo, eu devo delimitá-lo e logo em seguida lhe justapor um outro, por meio do qual só então esse conceito vem a ser aquilo que é, e que só por meio de sua alteração ele vem a ser aquilo que é, aí está um pensamento dialético. Quer dizer, trata-se de um movimento do conceito que se extrai da coisa e não como que provocado na coisa por nós de maneira *a posteriori*.

O segundo ponto que eu gostaria de acrescentar à discussão nos leva de volta ao início da passagem de Hegel, àquela sentença segundo a qual o verdadeiro é o todo. Nos dias de hoje, de fato, muito se tem falado mundo afora acerca da totalidade, e realmente a expressão "totalidade" tem propiciado cada vez mais um palavrório recorrente, sobretudo entre os doutrinadores que acreditam que, quando falam de totalidade e lançam ofensas contra o pensamento mecanicista e particularista, já teriam realmente em mãos algo prodigioso e profundamente filosófico. Eis por que eu gostaria, a princípio, de advertir expressamente acerca do uso indiscriminado do conceito de "totalidade", tal como hoje está em voga; pois atualmente a tarefa da formação filosófica me parece ser, sobretudo, a de imunizar aqueles que a buscam com seriedade contra os inúmeros slogans aparentemente filosóficos e contra os conceitos fixados de uma vez por todas, que pululam por toda parte, e acerca dos quais se presume ter encontrado uma "diretriz" [*Leitbild*], uma norma ou algo que permita conferir um sentido, sem que // se tenha

---

ta, trata-se de um ser de disciplina (*Zucht*): autodisciplina, educação, adestramento (*Züchtigung*), enquanto um alcançar-a-forma (*In-Form-Kommen*) e um permanecer-na-forma (*In-Form-Bleiben*), pertencem às condições existenciais de um ser ainda não estabelecido" (Arnold Gehlen, *Der Mensch*, 4ª ed., Bonn, 1950, p.50).

de assumir o esforço de pensar por si mesmo tais conceitos e, quando possível, de submetê-los a um exame crítico. Essa espécie de totalidade, essa espécie de organicidade que, pode-se dizer, se desenvolve a partir de si mesmo como algo inteiriço, destituído de articulações, hostil ao conceito e ao pensamento que decompõe [as coisas], essa totalidade não é, de fato, aquele todo ao qual Hegel se refere aqui. Quando Hegel afirma que o verdadeiro é o todo — uma célebre proposição cujo ponto central eu teria de criticar, mas que no atual estágio das nossas ponderações prefiro ainda não fazê-lo[37] — quando Hegel sustenta essa proposição, ele não quer dizer outra coisa senão a quintessência [*Inbegriff*] de todas as mediações, ou seja, a quintessência de todos aqueles movimentos que têm de ser levados a termo a fim de que os conceitos essenciais recebam sua devida concepção; ou ainda, essa quintessência, isto é, o nexo dos conceitos ou aquilo que, ao final, resulta deles, seria de fato aquele absoluto. E esta é, de início, caso vocês queiram, a resposta meio forte, drástica e rude, que o próprio Hegel daria contra a objeção de relativismo.

Todavia, permitam-me dizer, neste momento, que não acredito que precisamos dar esse passo incondicionalmente, em outras palavras, que não precisamos defender incondicionalmente a tese de que o todo seria o verdadeiro, se o que queremos é evocar o conceito de verdade em geral, ou melhor, se ainda queremos nos ater a um conceito de verdade. Se é im-

---

37 Cf. o aforismo de *Minima Moralia* que se tornou célebre: O todo é o não verdadeiro (*Das Ganze ist das Unwahre*) (*GS* 4, p.55). [Ed. port.: Adorno, *Minima Moralia*. Trad. Artur Morão. Lisboa: Edições 70, 2001, p.40].

portante ou não, se tal sentença é aceitável ou não, isso vocês poderão facilmente perceber. Pois somente poderão sustentar essa tese se, ao mesmo tempo, pensarem que o sujeito e o objeto são idênticos um ao outro. Somente se sujeito e objeto coincidirem em última instância, tal como de fato se ensina em Hegel, é que então poderão dizer que a quintessência de todas as mediações é igual à verdade ou ao próprio absoluto, já que o absoluto em Hegel é determinado,[38] no nível mais elevado, como o sujeito-objeto. // Contudo, se, por motivos convincentes, nos vemos obrigados a não reconhecer, a não admitir que sujeito e objeto seriam, em última instância, idênticos – e há motivos muito convincentes para não aceitar essa afirmação extremamente idealista –, então vocês não poderão confiar sem ressalvas na proposição de que o todo seja o verdadeiro, até porque, de qualquer maneira, a um sujeito finito o todo infinito não está dado; em outras palavras, porque nem tudo o

---

38 Assim consta no §214 da *Enciclopédia*, que corresponde à conclusão da *Ciência da lógica*: "A ideia pode ser compreendida: como a razão (essa é a significação filosófica própria para *razão*), como o *sujeito-objeto*, além disso; como *a unidade do ideal e do real, do finito e do infinito, da alma e do corpo*; como *a possibilidade que tem, nela mesma, sua efetividade*, como *aquilo cuja natureza só pode ser concebida como existente* etc.; porque na ideia estão contidas todas as relações do entendimento, mas em seu infinito retorno e identidade em si mesmos." (Cf. Hegel, *Werke*, Bd.8: *Enzyklopädie der philosophischen Wissenschaften I*, p.370). [Ed. bras.: Hegel, *Enciclopédia das ciências filosóficas em compêndio* (1830). Volume 1: A ciência da lógica. Trad. Paulo Meneses. São Paulo: Loyola, 1995, p.350]. Contudo, a expressão "sujeito-objeto" não desempenha de modo algum em Hegel um papel tão central, como a indicação de Adorno dá a entender. Na *Ciência da lógica*, a expressão é, em geral, mencionada apenas uma vez e tão somente em uma alusão indireta (relacionada a Schelling) (Cf. *Werke*, Bd.6: *Wissenschaft der Logik II*, p.466).

que existe se deixa, em geral, resolver em puras determinações-
-de-pensamento [*Denkbestimmungen*]. Eis por que a controvérsia
que decorre desse princípio fundamental da filosofia hegeliana,
caso se queira falar assim, é de tão extraordinária importância.
Por outro lado – e essa é, digamos, a consolação que posso lhes
oferecer neste momento –, sustento que essa questão do absoluto como sendo o todo não tem um poder decisório absoluto
no que concerne à própria verdade; pois justamente naquela
forma da mediação enquanto tal – ou seja, na negação do conceito singular e da compulsão que o próprio conceito exerce
para que se vá além dele – há uma necessidade, há um momento
que então assegura essa verdade, mesmo quando esse todo, essa
totalidade, não possa ser representado como completamente
dado para nós. Eu talvez deva confessar aqui que o motivo que,
num sentido decisivo, me conduziu em direção à dialética consiste naquele motivo micrológico [*mikrologische*], aquele motivo
segundo o qual, se nos entregarmos sem reservas à compulsão
exercida por um determinado objeto, por uma coisa determinada, e seguirmos sem ressalvas essa coisa determinada, então
o movimento ao qual se chega é ele próprio determinado pela
coisa, de tal maneira que passa a ter também o caráter da verdade, mesmo que um absoluto, enquanto totalidade que tudo
abarca, não puder ser dado a nós. Este seria, por conseguinte, o
conceito de uma dialética aberta – por oposição a uma dialética
fechada, idealista – de cuja ideia eu talvez também lhes possa
dar uma representação mais concreta no decorrer destas aulas.

37 // Permitam-me apenas acrescentar neste momento que sob
o conceito de todo, que deve ser o verdadeiro, Hegel não se refere a uma espécie de natureza que tudo abrange [*Allnatur*], pois
falta a esse conceito de todo em Hegel aquele tom panteísta,

Introdução à dialética

bem como toda e qualquer feição de uma unidade modeladora [*gestalthaft*] e sem fissuras; antes, esse todo não é propriamente outra coisa senão aquilo que nele se chama sistema, isto é, a quintessência implementada de todas as relações entre sujeito e objeto, de todas as relações antagônicas entre eles, que se encontram desdobradas em seus diversos níveis. E quando as pensamos todas em conjunto, quando chegamos ao ponto em que os conceitos mais simples, com os quais começamos, retornam a si mesmos agora completamente preenchidos e criticamente esclarecidos, então temos aquilo que, de acordo com Hegel, é o sistema ou o absoluto. Isso significa, em outros termos, que o sistema da filosofia é para Hegel, num sentido superior, idêntico ao ser. No entanto, o conceito de ser não é aí nenhuma palavra mágica, que está no início e desencadeia[39] tudo o mais. Esse ser é antes, poderíamos dizer, uma exigência ou até um programa, algo que somente se torna aquilo que é ao percorrer completamente o movimento do conceito. Vocês podem dar a esse tópico uma inflexão – e Hegel também conferiu a tal pensamento essa inflexão – segundo a qual, na verdade, o absoluto é o resultado, isto é, o que surge ao fim daquele movimento. Porém, vocês também não deveriam representar esse conceito de resultado de maneira tão coisal [*sachlich*], como se, digamos, ao término dos grandes escritos sistemáticos de Hegel – portanto, ao término da *Fenomenologia do espírito* ou da *Enciclopédia*, ou ainda da grande *Lógica* –, o resultado pudesse simplesmente ser encontrado em algumas proposições sumárias e conclusivas. Isso também seria uma compreensão muito mecânica do

---

39 Corrigido, por suposição, de "exclui" (*ausschließt*) para "desencadeia" (*aufschließt*).

pensamento dialético, um pensamento que vocês poderiam caracterizar como algo que se coloca sempre contra o pensar simplesmente mecânico, contra o exercício do pensamento que não logra se construir a cada // instante com a experiência da coisa; e contra também, do mesmo modo, aquele pensar meramente organicista, ou seja, aquela compreensão simples de uma totalidade irracional, a qual, justamente por não ser pensada, permanece algo cego, sem poder sequer se certificar disso. A dialética é, em vez disso, um tipo de pensamento que tenta atravessar o estreito entre, digamos, a Cila do paradigma mecanicista e a Caríbdis do procedimento organológico, organicista.

Voltando ao conceito de resultado: o resultado, em Hegel, não deve ser então representado como algo que surge ao final, algo pronto que poderíamos, por assim dizer, simplesmente pegar e levar para a casa. Ao contrário, quando Hegel diz que "a verdade é essencialmente resultado", temos de considerar este "essencialmente resultado" com muita seriedade e profundidade. Vocês talvez possam, precisamente nesse pequeno exemplo da proposição "a verdade é essencialmente resultado", constatar, de maneira bem direta e mesmo drástica, a diferença entre o pensamento tradicional e o dialético. "Essencialmente resultado" não significa que, por meio de um extenuante esforço intelectual, por meio de um longo método, apareça, por fim, um resultado. É isso o que diriam as diferentes versões da "filosofia do princípio" [*Anfangsphilosophie*], da "filosofia do originário" [*Ursprungsphilosophie*]. Vocês aprendem, também hoje em dia, em Husserl ou em Heidegger, por exemplo, que extenuantes operações da ἐποχή [*epoché*], da "redução", ou mesmo da "destruição" [*Destruktion*], são necessárias a fim de atingir, ao final, este absoluto e firme – o ser ou a esfera ontológica

[*Seinssphäre*] das origens absolutas.⁴⁰ Então não seria, de forma alguma, essencialmente diferente. Quando Hegel, ao contrário,

---

40 Com ἐποχή (*epoché*) (do grego "*epéchein*": "deixar para trás", "abster-se") era designada, geralmente entre os filósofos da Stoa, a suspensão cética do juízo. Na sua fenomenologia, Edmund Husserl modificou a *epoché*, tornando-a o conceito metodológico fundamental, o qual significa o "pôr entre parênteses", a "desativação" ou ainda o "pôr-fora-de-ação" da "tese geral constante na atitude mundana natural" – a suposição do eu empírico de estar-presente (*Vorhandensein*) no mundo existente. Desse modo, a *epoché* introduz a redução transcendental, a qual tem como meta a revelação da recôndita estrutura originária da consciência. "*Epoché* e redução são os dois lados interdependentes de uma operação metodológica fundamental para a fenomenologia." (Edmund Husserl, *Die Idee der Phänomenologie*, editado e introduzido por Paul Janssen, Hamburgo, 1986, p.XXX) [Ed. port.: Husserl, *A ideia da fenomenologia*. Trad. Artur Morão. Lisboa: Edições 70, 2008]. Sobre o conceito de "*epoché*", compare-se com Edmund Husserl, *Idee zu einer reinen Phänomenologie und phänomenologische Philosophie*, Tübingen, 1980 (4ª edição, não modificada, impressão a partir da segunda edição, de 1922), §§27-32, especialmente §32, p.56ss. [Ed. bras.: Husserl, *Ideias para uma fenomenologia pura e para uma filosofia fenomenológica. Introdução geral à fenomenologia pura*. Trad. Marcio Suzuki. São Paulo: Ed. Ideias e Letras, 2006]. No §6 de *Ser e tempo*, Martin Heidegger fundamenta "a tarefa de uma destruição da história da ontologia" sobre a ideia de que a questão pelo sentido do ser, ainda onde ela foi primeiramente colocada – na Grécia antiga –, através do direcionamento ao *modus* temporal da presença, acabou por experimentar um encobrimento que tem se conservado e se consolidado no decorrer da tradição ocidental. Para chegar a uma experiência – histórica e estrutural – originária do ser, e poder assim desobstruir, em toda a amplitude, o sentido do ser como temporalidade, a análise existencial (*Daseinanalyse*) teria, por conseguinte, de fazer remontar aos primórdios da conexão de encobrimento (*Verdeckungszusammenhang*) que atravessa toda a tradição como uma espécie de aparência necessária, provocando assim sua ruptura (Cf. Martin Heidegger, *Sein und Zeit*, 15ª ed., Tübingen, 1979, p.19ss.) [Ed. bras.: Heidegger, *Ser e tempo*. Trad. Fausto Castilho. Campinas: Vozes/Editora da Unicamp, 2012].

sustenta que a verdade é essencialmente resultado, isso quer dizer que pertence à verdade "ser resultado", ou seja, não se trata aqui de uma proposição elementar, de algo que seria válido de uma vez por todas, mas, sim, de algo em cujo ser-assim [*Sosein*] atual estão também pensados e suspensos [*aufgehoben*], a um só tempo, sua própria gênese, sua origem, o processo, o caminho que o trouxe até este ponto. Vocês poderiam expressar isso também – e aqui sigo de perto // os textos de Hegel – dizendo que a verdade é o processo e, ao mesmo tempo, o resultado deste processo. Ou seja, apenas ao fim desse processo intelectual [*Denkprozess*] surge a verdade, seja ela o que for, e que este surgir, porém, não é exterior ao processo, mas antes o processo como um todo está suspenso [*aufgehoben*] neste resultado, isto é, o processo inteiro pertence essencialmente à verdade. As coisas não se passam como se o processo fosse uma simples propedêutica que poderia ser dispensada do resultado que vocês eventualmente tenham encontrado e obtido.

Colocando de maneira bem direta, e para tentar mais uma vez fazer esse difícil conceito adquirir um pouco mais de sentido, "o todo" em Hegel significa que a verdade não consiste em definir, de maneira isolada, um conceito qualquer e, a partir daí, nesse isolamento, passar a tratá-lo como se fosse um mero setor, mas consiste antes em considerar tal conceito na relação com a totalidade na qual se insere. Aqueles dentre vocês que se ocupam com as ciências da sociedade podem ter uma imagem disso de maneira bem nítida, quando, por exemplo, precisam investigar setores sociais específicos – digamos, na sociologia do trabalho –, relações específicas, como as que se estabelecem no interior de determinada fábrica ou em determinado ramo industrial.

Então, vocês irão se deparar aqui e ali com todas as determinações possíveis, cuja causa, no entanto, não estará efetivamente naquele lugar particular, naquele trabalho específico, no ramo industrial particular que vocês estiverem estudando, mas antes estará articulada a questões bem mais amplas, digamos, à situação da mineração ou às condições de trabalho dos mineradores[41] hoje em dia, ou ainda ao processo de produção como um todo e até, em última instância, à estrutura social mais ampla, na qual se insere atualmente a indústria de extração e beneficiamento de matéria-prima. Apenas quando vocês conseguirem perfazer essa reflexão em direção ao todo, poderão compreender o particular de maneira propriamente correta. Portanto, essa necessidade de ver fenômenos particulares de maneira bem precisa em sua particularização, porém sem // permanecer estagnado nessa particularização, e sim extrapolando-a, entendendo-a dentro da totalidade a partir da qual aqueles fenômenos recebem sua determinação — esta necessidade é, em primeiro lugar, a mais essencial de todas as diretrizes contidas na sentença de Hegel de que o todo é o verdadeiro. E creio que, dentre os motivos mais convincentes para se desenvolver um conceito dialético de conhecimento, contraposto à ciência meramente positivista, este é o primeiro a se destacar.

---

41 Adorno provavelmente faz referência aqui, de maneira implícita, ao *"Abkehrstudie"* do Instituto de Pesquisa Social de Frankfurt, chamado "Os motivos subjetivos e objetivos de afastamento em sete jazidas de extração de carvão mineral na Alemanha Ocidental e seu impacto na segurança de trabalhadores atuando no subterrâneo." A condução da pesquisa — na qual colaboraram Egon Becker, Manfred Teschner e Klaus Liepelt — era de Ludwig von Friedenburg.

Mas ainda é preciso acrescentar que esse recurso ao todo não pode ser um recurso não mediado. Gostaria de esclarecer isso também. Pois, por um lado, há sempre a possibilidade de vocês, de maneira inteiramente arbitrária – digamos, externa – declararem, para a explicação de qualquer fenômeno social, algo mais ou menos assim: "pois bem, isso decorre da estrutura da sociedade capitalista", ou ainda, "isso decorre do estágio das forças produtivas ou de coisas parecidas", sem que a necessidade dessa passagem à totalidade esteja contida de fato na constituição do fenômeno particular a ser estudado. Por outro lado – e se isso já vale para a sociedade, imaginem então para a metafísica –, a totalidade, a partir da qual o todo deve ser explicado, não é dada no mesmo sentido em que nos é dado algum *Datum* particular, algum fenômeno particular a ser estudado cientificamente. A sociedade capitalista não nos é dada como objeto de estudo dessa mesma maneira, imediatamente, e o todo tampouco nos é acessível como simples *faktum*, tais como seriam as relações em uma instalação industrial concreta e determinada. Em virtude disso, nessa passagem ao todo, exigida pelo próprio fenômeno para que seja compreendido, sempre há também, em princípio, um momento de arbitrariedade especulativa, ou seja – para exprimi-lo de maneira positivista –, um momento de não cientificidade. Aqui, vocês podem estudar de maneira muito precisa a função intelectual, a função prática da dialética. Pois a dialética não é // a tentativa de se aproximar de um todo como que de fora, de maneira esquemática e, mais uma vez, mecânica, a fim de então compreender o fenômeno, uma vez que este, afinal, não pode ser compreendido a partir de si mesmo. Pelo contrário, ela consiste na tentativa, isto sim, de iluminar de tal maneira o fenômeno particular, de se demorar junto ao fenômeno particular, de determinar o fenômeno particular de tal modo que ele, precisamente por meio dessa determinação em si, vá além de si mesmo, tornando-se transparente diante daquele todo, daquele sistema dentro do qual ele encontra unicamente seu valor relativo [*Stellenwert*]. Portanto, esta é, falando de maneira concreta, a exigência que um pensamento dialético realmente nos faz, se posso dizer assim, enquanto cientistas ingênuos: de um lado, que nós não permaneçamos parados, como obstinados especialistas, nos fenômenos particulares que nos são dados, mas antes que os reconheçamos no interior da totalidade, dentro da qual em geral assumem uma função e adquirem seu sentido; de um outro lado, que nós também não hipostasiemos essa totalidade, esse todo no qual nos encontramos inseridos, que não nos aproximemos dele dogmaticamente, como que de fora, mas antes que tentemos perfazer essa passagem sempre a partir da própria coisa.

Porém, seria evidentemente uma ingenuidade[42] acreditar que poderíamos chegar a esse todo – seja o que ele for – de maneira realmente pura, a partir somente do fenômeno particular, se não tivéssemos já um conceito acerca desse todo. Isso está expresso na *Fenomenologia* da seguinte forma: há propriamente sempre um movimento duplo, a saber, de um lado, um movimento do objeto, do conceito objetivo, e, de outro lado, um movimento do sujeito cognoscente. Se eu não faço aproximar dos fenômenos um tal conceito do todo, um conceito da coisa – em última instância, uma intenção em relação à própria

---

42 "*Naivetät*", em vez de "*Naivität*", é uma peculiaridade idiomática de Adorno, que faz presente nas obras completas, assim como nos escritos póstumos.

verdade [poderíamos quase dizer, uma intenção prática acerca de como a verdade deveria se fazer efetiva] –, então o fenômeno também não começará a falar. E eu não gostaria de iludir vocês com uma espécie de mística dialética, dizendo que // o fenômeno efetivamente falaria, mesmo que eu não estivesse lá escutando atentamente. Porém, a arte dialética autêntica, que vocês aprendem com Hegel, consiste em que nós devemos, por um lado, nos deixar seguir pela coisa, a fim de ir além das rígidas determinações particulares e, por outro lado, ter a força novamente para, por meio da experiência por nós deflagrada acerca do particular e determinado, modificar em seguida esse mesmo todo, cujo conceito necessariamente precisamos ter, a fim justamente de apreender o conceito do singular, de tal modo que ele perca seu caráter rígido e dogmático. Em outras palavras, o processo dialético é algo que se refere a ambas as coisas: refere-se às partes, ou seja, aos momentos particulares, dos quais precisamos ir além a partir da força do todo; e refere-se ao todo, pois o todo, o conceito, que sempre já possuímos e que, ao fim e ao cabo, deverá ser a verdade, deve modificar-se continuamente segundo critérios advindos da experiência do particular. Não há receita de como isso pode se realizar efetivamente, mas a essência da dialética é precisamente não ser uma receita, e sim a tentativa de permitir que a verdade se designe a si mesma.

// 4ª aula [22/05/1958][43]

Minhas senhoras e meus senhores,

No último encontro, concluí propondo-lhes uma interpretação da sentença "o todo é o verdadeiro" e tentando, ao mesmo tempo, lhes dizer algo sobre a posição do conceito de sistema na filosofia dialética – e na versão idealista, hegeliana. Vocês poderiam então pensar – e se deveria dar relevância a isso – que o conceito mesmo de sistema seria exatamente aquilo que não conviria à dialética, como tentei lhes explicar, mas conviria antes a uma "filosofia do originário" [*Ursprungsphilosophie*], a uma filosofia, portanto, na qual a totalidade é desenvolvida a partir de algo absolutamente primeiro. Pois, se falamos de sistema, então pretendemos com isso nos referir em geral a uma estrutura conceitual completamente fechada e destituída de lacunas – aquilo, portanto, que na linguagem da lógica se

---

[43] Na primeira página da transcrição do áudio da quarta aula (rubrica Vo3050), encontra-se uma anotação escrita à mão: "gravação difícil de entender".

chamaria "nexo dedutivo fechado" [*geschlossenen Deduktionszusammenhang*]. E esse nexo dedutivo costuma em geral consistir na ideia de que, a partir de uma proposição fundamental superior, todo o resto seja derivado com os meios da inferência. Se, em vez disso, vocês pensarem de maneira indutiva – portanto, não deduzindo a partir de uma tal proposição fundamental, mas antes tentando avançar do particular ao universal – então, de acordo com a doutrina tradicional da lógica, jamais ficarão inteiramente seguros do tema em questão. Por exemplo, se até hoje todos os seres humanos têm morrido e, a partir disso, extrapolamos para a ideia de que os seres humanos são mortais, então a conclusão de que nenhum ser humano jamais morrerá não está a princípio assegurada, já que, visto de maneira puramente lógica, é possível que, ao menos uma vez, pelo menos um ser humano deixe de morrer. Em contrapartida, se no próprio princípio "ser humano" estiver contido algo que possa nos assegurar de seu caráter necessariamente mortal, então poderíamos ficar tranquilos quanto àquela conclusão lógica, uma vez que se poderia enunciar tal proposição // como uma pertencente ao âmbito daquilo que é puro *a priori*. A representação tradicional do sistema consiste precisamente na derivação fechada a partir de uma proposição determinada e, por isso, configura o contrário daquilo que eu lhes disse acerca da filosofia hegeliana.

Na aula de hoje, eu gostaria, então, de lhes mostrar inicialmente, recorrendo a uma passagem da *Fenomenologia*, que o conceito hegeliano de sistema – ou, para dizer de maneira menos escrupulosa e também menos precisa do ponto de vista histórico-filosófico –, que o conceito dialético de totalidade é propriamente o exato contrário disso; e gostaria também, ao fazer isso, de lhes apresentar, sob uma perspectiva ligeiramente

Introdução à dialética

diferente, o motivo central da dialética enquanto tal, a saber, o motivo segundo o qual, como mencionado antes, a verdade somente pode ser compreendida como resultado. Recordemos que tal resultado não somente é o que aparece à determinada altura, mas o que inclui em si o processo como condição necessária de sua própria validade, de seu próprio sentido. A passagem que eu gostaria de ler nesse contexto provém igualmente do prefácio à "Fenomenologia" e aqui é particularmente apropriada, pois realiza, com especial agudeza, uma reviravolta contra o conceito tradicional de sistema e, consequentemente, contra a representação estática da verdade:

> Entre as várias consequências decorrentes do que foi dito, pode-se ressaltar esta: que o saber só é efetivo – e só pode ser exposto – como ciência ou como *sistema*. Outra consequência é que uma assim chamada proposição fundamental [ou princípio] da filosofia, se é verdadeira, já por isso é também falsa, à medida que é somente proposição fundamental ou princípio.[44]

Tais colocações, do ponto de vista histórico-filosófico, se dirigem expressamente contra a "Doutrina-da-Ciência" de Fichte,[45] contra a primeira versão dela, de 1794,[46] obra que constitui de

---

44 Hegel, *Phänomenologie des Geistes*, p.16. (Cf. Hegel, *Werke*, Bd.3: *Phänomenologie des Geistes*, p.27) [Ed. bras.: p.33].
45 Johann Gottlieb Fichte (1762-1814) foi, a partir de 1794, professor de filosofia em Jena, Berlim, Erlangen, Königsberg e, finalmente, novamente em Berlim.
46 Cf. Johann Gottlieb Fichte, *Grundlage der gesamten Wissenschaftslehre als Handschrift für seine Zuhörer* (1794), Introdução e registro de Wilhelm G. Jacobs, Hamburg 1988. [Ed. bras.: Fichte, *A Doutrina-da-Ciência*

certa maneira o pressuposto para o sistema hegeliano e na qual efetivamente se busca derivar a filosofia inteira a partir de uma proposição fundamental semelhante.[47] Ora, tais colocações encontram-se, portanto, em contradição direta com aquilo que dissemos, pois o critério para o nexo dedutivo — ou seja, para uma dedução fechada a partir de um // princípio superior — é

---

de 1794. Trad. Rubens Rodrigues Torres Filho. Coleção "Os Pensadores". São Paulo: Abril Cultural, 1984]. Apesar de Fichte ter considerado sua *Doutrina-da-Ciência (Wissenschaftslehre)* como concluída, ele a reelaborou diversas vezes.

47 De acordo com Fichte, a filosofia tem a incumbência de fundamentar todo o saber de todas as ciências a partir de uma única proposição fundamental (*Grundsatz*) ou de um princípio e, assim, expô-lo como *um* sistema unificado. Por esse motivo, para ele a filosofia teria de ser doutrina-do-saber, ou seja, a ciência de uma ciência enquanto tal. Unicamente a proposição "eu sou eu" preenche, segundo Fichte, a condição para ser um princípio absolutamente primeiro, e isso, em primeiro lugar, porque é conhecido imediatamente; em segundo lugar, porque ele, enquanto originário estado-de-ação (*Tathandlung*), não recorre a algo previamente dado, mas possui, antes, a estrutura de uma autofundamentação produtiva: *"aquilo cujo ser (essência) consiste meramente em que ele próprio se põe como sendo* é o Eu, enquanto sujeito absoluto." (Fichte, *Grundlage der gesamten Wissenschaftslehre*, p.17). *"O eu põe de modo originário, pura e simplesmente, seu próprio ser."* (ibid., p.18). *"Eu sou porque eu sou."* (Johann Gottlieb Fichte, *Über den Begriff der Wissenschaftslehre*, editado por Edmund Braun, Stuttgart, 1981, p.61) [Ed. bras.: Fichte, *Sobre o conceito da Doutrina-da-Ciência*. Trad. Rubens Rodrigues Torres Filho. Coleção "Os Pensadores". São Paulo: Abril Cultural, 1984]. E o princípio (*Grundsatz*) primordial é, em terceiro lugar, o princípio absoluto de todo saber possível, porquanto ele põe, com a posição do seu eu enquanto algo que é, uma estrutura sujeito-objeto na qual o eu é, por um lado, sujeito-objeto absoluto; por outro lado, contudo, é o objeto em si mesmo e, por conseguinte, na posição de objeto como que fornece previamente, por assim dizer, o ambiente onde também os objetos da experiência, diferenciados em relação ao eu (o não-eu), encontram seu lugar ou podem ser postos.

justamente a ausência de contradição [*Widerspruchslosigkeit*]. Se um momento contraditório se insinua a certa altura, então, segundo as regras da lógica tradicional, parece ter sido violado o nexo dedutivo. Vocês poderão com isso perceber que, por um motivo determinado, a filosofia hegeliana está em oposição não apenas à filosofia e à metafísica tradicionais, centradas na ideia do permanente e imutável, mas em oposição até mesmo à lógica tradicional. Isso significa que a filosofia hegeliana não reconhece o princípio de não contradição, na medida em que sustenta a posição de que o próprio pensamento não tem garantida sua verdade apenas por transcorrer em ausência de contradição, mas, em vez disso, tem sua verdade garantida apenas enquanto se vê obrigado, por sua postura consequente, à contínua contradição, alcançando assim sua unicidade lógica, ou seja, sua ausência de contradição [*Widerspruchlosigkeit*], apenas e tão somente como totalidade levada a cabo, e não nos passos específicos que é levado a executar. Essa é uma exigência ainda mais intensa que o pensamento dialético nos impõe, um desafio do qual vocês já podem vislumbrar, se compreenderem corretamente esta sentença: "que uma assim chamada proposição fundamental [ou princípio] da filosofia, se é verdadeira, já por isso é também falsa, à medida que é somente proposição fundamental ou princípio."[48] A fim de efetivamente elucidar de uma vez por todas, consideremos o seguinte: se para a filosofia idealista o pensamento da absolutez [*Absolutheit*] do pensar se encontra no início, ou seja, não há nada que não seja pensamento e, consequentemente, tal como se encontra expresso em Fichte, o princípio pensante, o Eu, consiste num absoluto que põe a si mesmo, então poderíamos dizer [e esse passo já

---

48 Ver a segunda nota desta aula.

foi dado por Fichte], e dizer em termos hegelianos, que esse primeiro princípio já é necessariamente falso. Porque no conceito desse pensar que se põe a si mesmo está necessariamente contido o momento ao qual se refere tal pensar. Não há pensar, não há pensamento, que não tenha em vista algo pensado, ao qual se dirige. Portanto, não há pensamento que não seja, à medida que pensa, mais do que meramente pensamento. Quando se concebe isso // dessa maneira – e Fichte já havia dado, com a mais intensa ênfase, esse passo que acabei de lhes indicar aqui –, quando nos damos conta disso, podemos de fato dizer que o princípio com o qual a filosofia se desencadeia – e os princípios com os quais trabalham Fichte e Hegel são, neste ponto decisivo, idênticos – é, ao mesmo tempo, verdadeiro, na medida em que de fato nada há que não seja mediado, em que nada sabemos que não saibamos por meio do pensamento, e falso, pois nessa origem aparentemente absoluta está igualmente [presente] o próprio contrário dele, uma vez que, no pensamento de um Eu absoluto e produtor, ou seja, na ideia pura, já está posto conjuntamente [*mitgesetzt*] o pensamento daquilo ao que o pensar se refere, isto é, o pensamento de um Não-Eu.

Por isso é fácil de refutar [esse princípio fundamental [*Grundsatz*]]. A refutação consiste em indicar-lhe a falha [*Mangel*]. Mas é falha por ser universal apenas, ou princípio, por ser o começo. Se a refutação for radical, nesse caso é tomada e desenvolvida do próprio princípio, e não estabelecida através de asserções opostas ou inspirações [*Einfälle*] aduzidos de fora.[49]

---

49 Hegel, *Phänomenologie des Geistes*, p.16. (Cf. Hegel, Werke, Bd.3: *Phänomenologie des Geistes*, p.27) [Ed. bras.: p.33]. A tradução brasileira foi ligeiramente modificada.

Vocês podem depreender, apenas dessas poucas sentenças, duas determinações decisivas para o método dialético no todo: em primeiro lugar, para Hegel, "refutação" não tem aquele sentido habitual de dizer, a respeito de uma proposição, que ela seja simplesmente falsa. Antes, a partir da proposição, tal como ele o expressa, "se indica sua falha", ou seja, mostra-se, acerca de cada conhecimento finito, que ele, enquanto é conhecimento finito – e apenas como algo finito podemos em geral expressar algo determinado –, necessariamente ainda não é de fato o todo. No entanto, já que somente o todo há de ser a verdade, então todo e qualquer pensamento é falso – mas falso não no sentido de um juízo equivocado, acidental e a ser retificado, como se fosse, sob determinado aspecto, devido a uma falha no raciocínio; e sim falso por causa da natureza própria de um juízo finito. Pois todo juízo finito possui justamente essa propriedade, bastante evidente, de não ser aquele todo a partir do qual unicamente o conceito de verdade, de acordo com Hegel, // pode ser derivado em geral. Por isso, aliás, essa falsidade não é meramente acidental, isto é, não é algo exterior à filosofia e ao movimento do conceito, mas, ao contrário, iremos cair nessa falsidade de maneira necessária.

Esse pensamento já é, na realidade, um pensamento kantiano, ainda que, em Kant, não se apresente com toda a consequência e precisão que adquiriu mais tarde com Hegel. Trata-se do pensamento – isso é expresso ainda desta forma em Kant, de maneira assaz limitada – de que há tipos específicos de proposição, por exemplo, aqueles que vão além da experiência positiva, nos quais, portanto, aplicamos nosso aparato conceitual além do ponto em que poderíamos preenchê-lo com o material empírico, de tal maneira que logo necessariamente nos enredamos em contradições. Kant procura, ao mesmo tempo, na segunda divisão da Lógica Transcendental da *Crítica da razão pura*, fornecer uma instrução acerca de como nós, apesar disso, podemos resolver essas contradições necessárias, de como podemos nos desvencilhar delas. É notável que, em Kant, um pensamento como esse esteja apresentado assim, desse modo, e não seja desenvolvido. De um lado, sustenta-se a todo momento, na *Crítica da razão pura*, que nós nos enredamos necessariamente nessas contradições, e mesmo a reflexão epistemológica não pode nos "curar" disso. De outro lado, porém, Kant acredita poder oferecer uma solução para isso precisamente com a diferença de aplicação dos *noumena* e dos *phaenomena*, para os quais deveriam valer, segundo ele, leis distintas.[50]

Como podem ver, também em Kant há uma espécie de contradição. Porém, em Hegel a coisa segue de tal maneira que a

---

50 "*Phaenomena*" são para Kant "as manifestações (*Erscheinungen*) sensíveis na medida em que são pensadas como objetos, segundo a unidade das categorias." (Immanuel Kant, *Crítica da razão pura*. Conforme a primeira e segunda edições originais, reeditadas por Raymund Schmidt, Hamburgo, 1956, p.298 [Ed. port.: Kant, *Crítica da razão pura*. Trad. Manuela Pinto dos Santos e Alexandre Fradique Morujão. Lisboa: Calouste Gulbekian, 2001]), isto é, as coisas na medida em que elas são constituídas pelas formas da intuição (espaço e tempo), assim como pelo entendimento humano e suas categorias; "*noumena*" são, por outro lado, as coisas em si mesmas, isto é, as coisas de tal maneira consideradas ou pensadas como se mostrariam numa intuição não sensível, a qual permanece, contudo, inacessível ao conhecimento humano, que se mantém dependente, por sua vez, da intuição sensível e do entendimento discursivo. Nessa medida, o conceito de "noumenon" para Kant é também "meramente um conceito-limite (*Grenzbegriff*) para se delimitar a pretensão da sensibilidade e, portanto, (um conceito) apenas de uso negativo" (ibid., p.305) [Ed. port.: A249/B305]

contradição, que em Kant – poderíamos dizer, *malgré lui-même* – ainda permanece, é agora elevada, ela mesma, à consciência e transformada, coloquemos assim, em *órganon* do pensamento filosófico enquanto tal. Dito de outro modo, a razão, por um lado, necessariamente se enreda em contradições, // mas ela, ao mesmo tempo, também tem a força de ir além dessas contradições e de retificar-se a si mesma – isso é, de acordo com Hegel, a essência em geral do movimento do conceito, a essência propriamente dita da filosofia. Vocês deveriam reter ambas as coisas, se pretendem entender a dialética corretamente: por um lado, a inevitabilidade das contradições; por outro, o impulso recebido dessas contradições para ir além delas próprias, que conduz então à sua superação [*Aufhebung*] numa forma mais elevada da verdade e também – tal como é pensado em Hegel, ou seja, de maneira correlativa – numa forma mais elevada de realidade. Pois a verdade e a realidade são pensadas, em Hegel, não como pura e simplesmente diversas, mas como dois momentos dinâmicos inter-relacionados, que dependem um do outro e que se constituem apenas de modo recíproco.

O segundo ponto que eu gostaria de mostrar nessas sentenças já foi antecipado, em certa medida, pelas considerações que empreendi, a saber: que a refutação da verdade de uma proposição ou a negação dessa proposição, ou ainda – para lhes dar, de uma vez por todas, aquela palavra-chave que provavelmente estavam esperando – que a antítese de uma tese não é algo acrescentado de fora, mas é antes aquilo que decorre da postura consequente do próprio pensamento. Creio que, se vocês quiserem ter um conceito filosófico de dialética e se desvencilhar do conceito pré-filosófico, prosaico e trivializado de dialética, que se resumiria a dizer, por exemplo, algo como "pois bem, para tudo aquilo que é dito, pode-se, de algum modo, sempre se dizer o contrário", então encontrarão nessas sentenças de Hegel a oportunidade para isso. Pois é contra essa sabedoria prosaica e relativista que se volta de fato aquilo que aqui é desenvolvido por Hegel, a saber: que a antítese não é algo contraposto à proposição a partir de fora, como se fosse uma réplica. Para ele, isso não passaria de uma controvérsia sofística de opiniões. Antes, o que ocorre é que // o oposto [*Gegensatz*] da proposição sempre se depreende da própria proposição, de sua própria consequência, como tentei sumariamente lhes indicar na relação entre o Eu e o Não-Eu, a qual fornece, a propósito, justamente a decisiva temática para a *Fenomenologia* de Hegel. Pensar dialeticamente não significa, portanto, contrapor, digamos, a uma proposição qualquer uma outra opinião a partir de fora, mas sim impelir o pensamento até o ponto em que ele se aperceba, de certa maneira, de sua própria finitude, de sua própria falsidade e, por meio disso, se impulsione para além de si mesmo.

Ainda devo ler o restante do parágrafo, mas antes gostaria de chamar a atenção para o fato de que Hegel desqualifica expressamente a oposição externa, que se contrapõe a um pensamento desde fora, em vez de ser criada a partir do próprio pensamento, lançando mão das expressões "asseverações" [*Versicherungen*] ou "inspirações" [*Einfälle*]. Vocês podem, caso lancem um olhar panorâmico sobre a filosofia hegeliana como um todo, depreender dessas duas palavras nesta passagem muito mais do que aquilo que elas dizem isoladamente. Ocorre que Hegel confere uma ênfase extraordinária ao pensamento enquanto tal, a ponto de chegar a lhe consignar a pretensão de desenvolver o absoluto a partir de si próprio. Contudo, isso deve ser entendido, ao mesmo tempo, como significando que esse pensamento se

Introdução à dialética

constitui, por sua vez, na objetividade. Se podemos dizer, num sentido superior, que a dialética hegeliana é uma dialética subjetiva, já que o absoluto, como Hegel diz a certa altura, é efetivamente sujeito,[51] então isso significa precisamente, em cada nível específico do pensamento, que o sujeito tem seu padrão de medida na própria objetividade. E o *pathos* de toda essa filosofia dialética consiste sempre em reprovar o juízo do sujeito, enquanto se trata de um sujeito reflexionante e raciocinante, ou seja, na medida em que se lança à objetividade, sem se submeter à disciplina do objeto, à violência, ao peso do objeto, com o qual ele teria, por sua vez, realmente de se ocupar. O *pathos* consiste em que, por meio disso, ao sujeito se lhe reprova sempre a arbitrariedade que lhe é peculiar, a // contingência que lhe é própria, ou – tal como se o denomina muito frequentemente em Hegel – sua vaidade.[52] A contradição que não é haurida a partir

---

[51] A formulação "o absoluto é sujeito" se encontra em Hegel, precisamente nessa forma, apenas no registro de conteúdos da *Fenomenologia do espírito*, embora designe o título de uma divisão na qual esse pensamento é expressamente desdobrado. Hegel, *Fenomenologia do espírito*. (Cf. Hegel, *Werke*, Bd.3: *Phänomenologie des Geistes*, p.7, 20ss.) [Ed. bras.: p.32]. A sentença diz respeito naturalmente, em sua amplitude, à doutrina hegeliana do absoluto enquanto tal.

[52] Na introdução à *Fenomenologia do espírito*, Hegel fala do desenvolvimento que a consciência, de início natural, tem de fazer no decurso da experiência com seus objetos, e cuja meta é a correspondência entre conceito e objeto. A esta altura, o conhecimento não mais é pensado como um meio ou um instrumento exterior, posto como apartado do verdadeiro objeto, mas se tornou, antes, idêntico com a verdade da coisa. Esse desenvolvimento inflige à consciência natural, a princípio, o medo. Em vez de censurar a compreensão de conhecimento como instrumento ou meio enquanto "representações contingentes e arbitrárias" (Hegel, *Werke*, Bd.3: *Phänomenologie des Geistes*, p.70ss.) [Ed. bras.: p.65], e se pôr

da coisa e que não perfaz, assim, a contradição na qual a coisa incorre por si própria, mas é antes a oposição acrescida à coisa partir de fora, tal contradição é, em certo sentido, imputada simplesmente ao sujeito contingente em sua finitude, torna-se a mera opinião dele, justamente aquela δόξα que vocês já encontram criticada em Platão. E o itinerário pelo qual vocês chegarão à ideia de que a verdade se torna sujeito, sujeito absoluto, será sempre o itinerário da retificação da opinião meramente individual conforme a objetividade com a qual a subjetividade pensante[53] se depara em cada um de seus níveis.

> Ela [a refutação] seria propriamente seu desenvolvimento – o desenvolvimento do princípio, do começo [TWA] – e seria, desse modo, o preenchimento de seu caráter deficiente [*Mangelhaftigkeit*], caso aí não se desconheça, focalizando exclusivamente seu agir *negativo*, sem levar em conta também seu progresso, o resultado segundo seu aspecto *positivo*.[54]

> com isso propriamente à experiência com o objeto, ela se refugia numa postura intelectualista cética, em cujo bojo "o medo da verdade poderá ocultar-se de si e dos outros por trás da aparência de que é um zelo ardente pela verdade, que lhe torna difícil e até impossível encontrar outra verdade que não aquela única vaidade de ser sempre mais arguto que qualquer pensamento – que se possua vindo de si mesmo ou de outros. Vaidade essa capaz de tornar vã toda a verdade, para retornar a si mesma e deliciar-se em seu próprio entendimento; dissolve sempre todo o pensamento, e só sabe achar seu Eu árido em lugar de todo o conteúdo. Esta é uma satisfação que deve ser abandonada a si mesma, pois foge ao universal e somente procura o Ser-para-si" (ibid., p.75) [Ed. bras.: p.68].

53 Corrigido, por suposição, de "entra em cena" para "se depara com".
54 Hegel, *Phänomenologie des Geistes*, p.16ss. (Cf. Hegel, *Werke*, Bd.3: *Phänomenologie des Geistes*, p.27ss.).

Introdução à dialética

Essa passagem conduz de maneira muito profunda à fisiognomonia do pensamento dialético, tal como pretendo dar a vocês. Em primeiro lugar, reside nesse pensamento o peculiar reconhecimento de que, ao falarmos de refutação na dialética, essa refutação não significa o mesmo que se denomina por refutação na lógica tradicional – quando, por exemplo, se demonstra simplesmente que um pensamento seja de fato falso. Pois a refutação em questão para Hegel procede não contra o pensamento, mas antes com o pensamento, ou seja, em virtude da própria força do pensamento, uma vez que, de modo geral, o pensamento dialético hegeliano – e também o marxiano, a propósito –, na medida em que é um pensamento crítico, envolve sempre crítica imanente. Quando se realiza uma crítica a um construto, então essa crítica pode – e essa é uma maneira popular de se falar – ou ser uma crítica transcendente, isto é, ela pode avaliar o construto, a realidade ou o que quer que seja segundo um pressuposto qualquer que, embora pareça àquele que julga estar bem estabelecido //, não se baseia, contudo, na coisa [*Sache*] enquanto tal; ou pode se tratar de uma crítica imanente, isto é, lá onde a crítica se realiza, ela pode avaliar levando em consideração seus próprios pressupostos, a própria lei formal [*Formgesetz*]. O caminho dialético é sempre aquele da crítica imanente, ou seja, não se deve, no sentido em que procurei explicar a vocês, abordar a coisa com base num critério que lhe seja exterior, nem "asseveração" [*Versicherung*] nem "inspiração" [*Einfall*]; mas sim a coisa deve, para chegar a si mesma, ser avaliada em si mesma, em seu próprio conceito. Quando alguém como Marx, para lhes dar um exemplo proveniente da dialética materialista, realiza uma crítica à sociedade capitalista, isso jamais ocorre contrapondo a ela uma sociedade por

129

assim dizer ideal, talvez a assim chamada sociedade socialista. Em Marx, isso é cautelosamente evitado a todo momento, da mesma maneira que Hegel nunca se incumbiu de imaginar a utopia ou a ideia efetivada. Acerca disso predomina, em ambas as versões da dialética, um severo tabu. Quando Marx realiza uma crítica à sociedade, ele procede de tal maneira que a avalia por aquilo que ela, a partir de si mesma, reivindica ser, dizendo por exemplo: "esta sociedade pretende ser uma sociedade da troca livre e justa. Ora, nós queremos justamente ver se ela corresponde a essa pretensão que lhe é própria". Ou ainda: "ela pretende ser uma sociedade de sujeitos livres que trocam, que se apresentam uns aos outros como contraentes; nós queremos ver, então, o que propriamente acontece com essa pretensão". Todos esses momentos – que justamente caracterizam o método marxiano e que, aliás, tornam bastante difícil compreender o método marxiano no sentido adequado e não naquele sentido distorcido de uma doutrina da sociedade ideal, doutrina da qual Marx estava consideravelmente afastado – todos esses momentos estão delineados nessa passagem do texto de Hegel.

Entretanto, agora eu gostaria de avançar um pouco mais. Vocês viram então, inicialmente, que a negação dialética não é a mera correção, não é oposição de um pensamento a outro que seria considerado falso; mas é, caso desejem, a ampliação, // ou ainda, tal como sustenta Hegel de maneira bastante consequente, o desenvolvimento do pensamento e, com isso, a complementação de sua insuficiência. Trata-se, então, de uma autêntica retificação, e não de algo que desativaria o pensamento. Portanto, quando – e retomo uma vez mais o exemplo de Marx – criticamos o pensamento de uma sociedade livre e justa, não é que estariam dissolvidas, pelo método dialético, a ideia da liberdade e da justiça. Na verdade, quando confrontamos a realidade com tais ideias, percebemos, isto sim, que ainda não foram realizadas. E, nessa confrontação, os próprios conceitos de liberdade e justiça válidos até então passam a ser modificados, isto é, deixam de ser apenas aqueles conceitos abstratos que tínhamos a princípio, tal como se apresentavam ao pensamento, e passam a ser concretizados. Isso tudo soa bastante inofensivo, de tal forma que vocês poderiam, a esta altura, respirar aliviados e até dizer: "ora, a dialética não é, no fim das contas, tão assustadoramente ruim. Na verdade, aquilo que se pretende com contradição não é nada assim tão sério; ao contrário, tudo parece resultar um pouco daquela regra do *common sense*, de acordo com a qual não devemos permanecer tão fechados, mas, sim, ampliar pensamentos limitados, indo além deles e, dessa maneira, chegando ao todo." Algo desse *common sense* reside de fato na dialética. Mas a coisa não é realmente tão tranquila e linear assim. E com isso chego novamente a um ponto crítico na concepção de dialética, um ponto que eu lhes peço para reter de maneira bem precisa na memória. Hegel diz que tudo estaria muito tranquilo e muito bem, caso o pensamento realmente apenas se desenvolvesse e não precisasse ser refutado. Só que a coisa sucede de tal maneira que o pensamento crítico – portanto, o pensamento que avalia a coisa por si própria, confrontando-a consigo mesma e impelindo-a a ir além de si – "leva em conta apenas seu fazer negativo e não toma consciência de seu progresso e resultado também segundo seu lado positivo."[55] Isso significa, em primeiro lugar, que a refutação seria extraordinariamente grave, ou seja, que não

---

[55] Ver a nota anterior.

possuímos aquele todo e que, sendo assim, não podemos, de maneira soberba, como se fosse um edito divino, por assim dizer, que atribuiria a todas as coisas o seu devido lugar, // exceder a limitação do próprio pensamento, conduzindo-o ao seu lugar correto; mas significa, antes, que o pensamento, de bom grado ou não, tem efetivamente de se entregar à dialética, de maneira inexorável. Tudo isso é consequência do que tentei lhes dizer no último encontro, a saber, que o todo realmente não está dado previamente, que a verdade não é algo fixado, que já estivesse para nós garantido de antemão; antes, a verdade é algo que se produz, que se origina, um resultado. Isso também quer dizer que não podemos lançar mão da verdade aproximando-nos dela a partir de fora – como se, em certo sentido, ao pensar dialeticamente, já fôssemos capazes de nos elevar, por força dessa verdade abstrata, acima da dialética. Ao contrário, devemos antes, de certa maneira, submergir nesse processo dialético. E quase poderíamos dizer que, a fim de alcançar o todo, não nos resta nada a não ser a estreiteza do ponto de vista parcial, uma vez que justamente não possuímos o todo de antemão. Apenas se nós nos entregarmos a essa estreiteza, se nós, portanto, perseverarmos nessa limitação – o que significa propriamente considerar o movimento crítico, enquanto tal, como sendo já a verdade –, apenas assim nos será possível chegar à verdade. Porém, por outro lado – e aí vocês podem perceber quanta seriedade carrega de fato o conceito de dialética em Hegel –, isso significa que o próximo passo deve ser dado também de maneira muito séria, não devendo ser relativizado, na medida em que se vê como um momento apenas parcial do todo. Como o próximo passo, justamente essa negatividade reflexionante que atribui sua falibilidade ao finito, não é ainda a verdade propriamente dita, por isso mesmo esse próximo passo, no necessário desconhecimento de si, se torna uma inverdade, o que o leva a ir além de si próprio. E essa necessária inverdade, na qual recai, é propriamente o que o impede de se comportar como simples ampliação ou retificação do falso; antes, confere-lhe, necessária e inevitavelmente, a aparência [*Schein*] de uma contradição absoluta. // Nessa relação, vocês podem ver que, apesar daquela limitação [do ponto de vista], o conceito de contradição é extraordinariamente sério. A fim de conduzir mais uma vez a discussão a temas históricos: se, na Revolução Francesa, as pessoas que provocaram a libertação [*Befreiung*] da sociedade burguesa não tivessem considerado, com toda a seriedade, essa mesma sociedade burguesa como a efetivação [*Verwirklichung*] da sociedade absoluta e justa; se o próprio caráter limitado desse pensamento não tivesse, ao mesmo tempo, sido tão eficaz como força explosiva, então não teria chegado à Revolução Francesa. Porém, ao mesmo tempo, justamente por causa dessa falibilidade, é reintroduzida a limitação que fez dela mesma algo meramente relativo do ponto de vista histórico.

Eu gostaria agora de talvez dar a esse pensamento uma outra inflexão, que o colocará em relação com o tema que tentei expor no início, a saber, o tema do núcleo temporal da verdade.[56] Com isso, vocês provavelmente alcançarão o ponto mais profundo do pensamento hegeliano, a partir do qual poderão compreender esse tópico de maneira mais ampla. Esse ponto indica, realmente, que nenhum pensamento pode ser pensado dissociado do tempo, do seu núcleo temporal. Por conseguinte, um pensamento, um pensamento político – e, de fato, a *Fe-*

---

56 Ver as páginas //26// em diante.

nomenologia do espírito, em um sentido eminente, foi concebida politicamente – que se referisse ao absoluto de maneira não mediada, que se referisse a uma justiça para além do tempo, em vez de florescer a partir das condições concretas do seu próprio tempo e de se medir por elas, tal pensamento não seria decerto superior a tais condições concretas de sua época, mas seria, antes, ainda mais abstrato e, em virtude desse caráter abstrato, sucumbiria à impotência, não possuindo assim a força para se tornar realidade efetiva, o que, no sentido do princípio dialético, é propriamente o atestado de verdade para qualquer pensamento. Essa é, por assim dizer, a guinada prática ou política da ideia // do núcleo temporal da verdade, segundo a qual não existe uma verdade universal, repousando estática em si mesma, tampouco uma verdade acima da sociedade; ao contrário, de acordo com a ideia de núcleo temporal, a verdade sempre decorre apenas e tão somente da situação concreta. E, no instante em que ela se desprende das situações concretas, ou acredita poder elevar-se acima delas, estará condenada à nulidade e à impotência, provocando o exato oposto do que acreditava produzir a partir de si.

Intercalei essa consideração com a exposição anterior a fim de lhes demonstrar ao mesmo tempo, a partir de um modelo, algo um pouco diferente, mas que é também extraordinariamente importante para a atmosfera geral do pensamento dialético, a saber: a ideia de que existe uma contínua interação entre o pensamento extremamente teórico e a orientação para a prática. Também nesse quesito o pensamento dialético é fundamentalmente diverso do pensamento tradicional, pois nele não existe um sistema teórico dado de antemão, a partir do qual se depreenderiam "consequências práticas", tão logo tivermos estabelecido tranquilamente a teoria como um todo; ao contrário, o que ocorre é que, em todos os estágios desse pensamento, cintilam faíscas, poderíamos dizer, que irradiam do polo extremo da contemplação teórica até o polo oposto da conduta prática. E se até agora lhes mostrei a estrutura lógica da concepção de uma inevitabilidade da restrição da contradição – ou ainda do papel central da práxis política frente, digamos, à utopia política abstrata –, é porque se trata de algo absolutamente central para o pensamento dialético enquanto tal. Temos de nos acostumar mesmo com o fato de que a unidade entre teoria e prática, tal como foi pensada ao longo de toda tradição dialética – já em Fichte, mas certamente em Hegel e em Marx –, é efetivamente uma unidade de um modo tal que não surge apenas no final, mas consiste, antes, na contínua interação entre ambas, como mencionei acima. E justamente isso é também // consequência do núcleo temporal da verdade, ensinado por Hegel; pois o núcleo temporal significa que a própria verdade não é algo que se encontra contraposto ao tempo de maneira contemplativa, mas, ao contrário, a verdade, ao possuir uma configuração [*Gestalt*] temporal que lhe é própria, preserva sempre uma relação bastante enfática com a práxis possível.

O parágrafo da *Fenomenologia* que estamos discutindo se encerra da seguinte maneira:

> Em sentido inverso, a atualização positiva, propriamente dita, do começo é, ao mesmo tempo, um comportar-se negativo a seu respeito – quer dizer, a respeito de sua forma unilateral de ser só imediatamente, ou de ser fim. A atualização pode assim ser igualmente tomada como refutação do que constitui o fundamento

do sistema; porém, é mais correto considerá-la como um indício de que o fundamento ou o princípio do sistema é de fato só o seu começo.[57]

Isso resume, mais uma vez, aquilo que já tínhamos ouvido na última aula, a saber: que a determinação da zoologia como uma doutrina "dos animais", por exemplo, não é idêntica à zoologia [como ciência] consumada, ou seja, que vocês não possuem ainda, com essa proposição, a zoologia propriamente dita, mas apenas a possuirão quando concretamente entrarem na derivação de cada animal de acordo com seu desenvolvimento a partir dessa determinação ou do seu conceito. Porém, nessa passagem está dito algo mais. Pois, quando vocês ouvem que a primeira proposição ou que a proposição fundamental é apenas um começo, então, mais uma vez, isso irá soar inteiramente inócuo num primeiro momento. Poderíamos compreender isso da seguinte maneira: "ora, caso se tenha uma primeira proposição, tal como talvez o princípio fichtiano, seria preciso desenvolvê-lo a fim de que lhe seja acrescentado gradualmente mais conteúdo." Todavia, também aqui tenho mais uma vez que lhes recordar de que essas expressões conceituais, tais como "somente um começo", possuem em Hegel considerável peso e devem, portanto, ser tomadas bem mais a sério do que talvez pareça ser o caso. Ou seja, não se trata apenas de dizer que tal proposição deve, de certa maneira, ganhar cores, ganhar contorno, preenchimento, ou expressões do tipo, conforme a fraseologia típica do pensamento tradicional e não dialético; mas

---

[57] Hegel, *Phänomenologie des Geistes*, p.17 (Cf. Hegel, *Werke*, Bd.3: *Phänomenologie des Geistes*, p.28) [Ed. bras.: p.33].

antes se trata de dizer que essa proposição, de fato, enquanto for simples começo, ou, assim como diria Hegel, // enquanto ela for simplesmente abstrata, será de fato falsa. O abstrato em Hegel também não significa inteiramente o mesmo que a expressão "caráter abstrato" [*Abstraktheit*] significa no pensamento convencional. Em Hegel, abstrato é, na verdade, não simplesmente o universal, mas antes o isolado, a determinação singular, na medida em que se encontra apartada ou, em sentido literal, "abstraída" do todo ao qual pertence. E o movimento do pensar mesmo, como um movimento em direção ao todo, no sentido dado a isso por Hegel, é um movimento em direção ao concreto, ou seja, em direção àquilo que "cresceu em conjunto"[58] – tal como, a propósito, sustenta de fato uma das determinações da verdade que encontramos em seu pensamento, a saber: a de que a verdade é o concreto.[59] Aqui,

---

58 Adorno se refere aqui à etimologia da palavra "concreto" (*das Konkrete*), formada a partir do particípio passado do verbo latino *concresco*, literalmente "crescer junto, ao mesmo tempo, conjuntamente". (N. T.)

59 "Em todo caso, a forma da proposição ou, mais determinadamente, a forma do juízo é inapta para exprimir o concreto – e o verdadeiro é concreto – e o especulativo. O juízo é, em virtude de sua forma, unilateral e, nessa medida, falso." (Hegel, *Werke*, Bd.8: *Enzyklopädie der philosophischen Wissenschaften I*, p.98) [Ed. bras.: p.93-4]. Acerca do conceito de concreto, Hegel escreve também no §164 da *Enciclopédia*: "Nada se ouve com mais frequência do que se dizer que o conceito é algo *abstrato*. De uma parte, isso é correto, enquanto o elemento do conceito é o pensar em geral e não o sensível empiricamente concreto; e, de outra parte, enquanto não é ainda a *ideia*. Nessa medida, o conceito subjetivo é ainda formal; contudo, de modo algum, como se jamais devesse ter ou receber um outro conteúdo que a si mesmo. O conceito, enquanto é a forma absoluta mesma, é toda a *determinidade* (*Bestimmtheit*), mas tal como ela é em sua verdade. Embora seja

o abstrato significa, portanto, efetivamente o singular, aquilo que ainda está isolado, e o começo é falso porque é abstrato, porque é isolado, porque ele ainda não passou em direção ao todo, ou porque ele ainda não chegou a si mesmo. Eis por que a relação entre a execução e o começo não é a mesma relação estabelecida entre a execução de um esboço a pinceladas e seu delineamento prévio sobre a prancheta. Ao contrário, essa relação significa, enquanto tal, essencialmente o processo por meio do que a verdade alcança a si mesma. Essas são as coisas que eu queria dizer-lhes hoje a título de propedêutica à dialética.[60]

---

também abstrato, o conceito é o concreto; certamente o pura e simplesmente concreto, o sujeito como tal. O absolutamente concreto é o espírito (ver nota §159), o conceito, enquanto *existe* como conceito, diferenciando-se de *sua* objetividade, mas que, apesar do diferenciar, permanece a sua objetividade. Qualquer outro concreto, por rico que seja, não é tão intimamente idêntico consigo, e portanto não é nele mesmo tão concreto; muito menos ainda o que se entende comumente por concreto, uma multiformidade exteriormente congregada." (ibid., p.314) [Ed. bras.: p.299].

60 Adorno volta a falar, na 11ª aula, de uma maneira mais pormenorizada, do conceito de "abstrato" em Hegel, p.159ss. da edição original.

// 5ª aula [03/06/1958]

Minhas senhoras e meus senhores,

No nosso último encontro, tínhamos nos ocupado com uma primeira tentativa de compreender, de maneira um pouco mais precisa, o conceito de negação dialética e, com isso, de explicitar o que se quer dizer com a noção dialética de contradição. Creio que uma das principais consequências do que eu disse seria a rejeição de uma dentre as mais frequentes e vulgares representações que se tem acerca da dialética, a saber: a de que a dialética seria o mesmo que uma completa intelectualização do mundo e, ligada a isso, também a harmonização (forçada) do mundo. O argumento prossegue da seguinte maneira: caso se tente, tal como realmente a dialética estaria se esforçando por fazer, compreender tudo que existe a partir do movimento de seu caráter contraditório, submetendo então tudo aquilo que há a um esquema intelectual e portando-se como se o mundo fosse em si totalmente racional – pois apenas e tão somente sob essa pressuposição seria possível, tal como se diz, construí-lo de maneira integral –, então se estaria negligenciando, conclui-se, o momento do irracional. Recentemente, em meu estudo sobre Eichendorff, tive a oportunidade de fazer referência à passagem na qual ele – que pertence, aliás, à tradição do grande idealismo alemão – já censurava, de modo um pouco sumário, toda a filosofia pós-kantiana por ter ela supostamente negligenciado o obscuro, o dissonante, aquilo que não condescende propriamente com a clareza racional.[61] Nesse tipo de pensamento, faz-se uma objeção à dialética que é, a propósito, similar àquela geralmente levantada, em conexão com certa tradição alemã – que, de minha parte, não considero propriamente como a mais insigne –, contra o espírito francês, principalmente contra o cartesianismo. As reflexões que empreendemos até aqui deveriam tê-los já tornado capazes de perceber quão inapropriada é essa representação [da dialética]. Pois a filosofia hegeliana, graças à dialética – e, portanto, graças à assimilação // do momento da negatividade –, justamente se contrapõe a essa representação de uma construtibi-

---

[61] De acordo com a periodização da história do espírito, e em virtude de sua própria postura, Eichendorff pertence já à fase do declínio do romantismo alemão. Certamente, ele conheceu muitos da primeira geração, dentre eles, Clemens Brentano, mas o enlace parece ter se esgarçado. De maneira não fortuita, ele confundiu o idealismo alemão – de acordo com as palavras de Schlegel, uma das grandes tendências da época – com o racionalismo. Aos sucessores de Kant – sobre quem, a propósito, ele encontrou palavras sensatas e respeitosas – censurou, demonstrando a mais completa falta de compreensão, o fato de supostamente terem sido "uma espécie de pintura decorativa chinesa sem qualquer sombra, a qual unicamente é capaz de tornar de fato a imagem verdadeiramente viva", criticando-os, assim, "por terem negado, sem mais, como perturbador e supérfluo, o misterioso e insondável que penetra no recôndito de toda existência humana." (Adorno, *Zum Gedächtnis Eichendorffs*, in: *GS* 11, S.86f.).

lidade [*Auskonstruierbarkeit*] sem fissuras, por meio da *ratio*, de tudo que existe e pode existir. Poderíamos expressar isso mais diretamente sustentando que se trata mesmo, de fato, da tentativa de construir a realidade, só que não sem as fissuras, mas sim precisamente por meio das fissuras, com ajuda das próprias fissuras que são inerentes à realidade. E se me permitem revelar algo sobre o fascínio que a dialética tem exercido desde há muito sobre mim, bem como sobre minhas investidas intelectuais, e que talvez ainda possa exercer sobre muitos dentre vocês, então posso dizer que esse fascínio reside na circunstância de que a dialética promete – e certamente não apenas promete – uma espécie de quadratura do círculo, ou seja, promete construir pela razão precisamente aquilo que, todavia, não se deixa assimilar à racionalidade: o não idêntico, aquilo que também não se deixa construir de modo imediato. Dizendo de outro modo, ela promete compreender – portanto, com a própria consciência – o que é, não obstante, irracional; ou ainda, caso eu possa aplicar uma figura hegeliana de linguagem a um par muito mais moderno de opostos: a dialética promete elevar-se, por meio da própria *ratio*, por sobre a oposição entre racional e irracional.

Como eu lhes disse da última vez, o negativo não é um suplemento aos posicionamentos do pensar, não é algo que se contrapõe ao pensamento a partir de fora; do mesmo modo, aliás, a antítese dialética tampouco é apenas uma posição contrária à tese, posta a partir de fora e com a qual o pensar teria, digamos, simplesmente de lidar. Ao contrário, a essência do procedimento dialético consiste em que a antítese seja obtida a partir da própria tese, de tal maneira que o que existe seja compreendido como idêntico consigo mesmo e, ao mesmo tempo, como não idêntico a si. Entretanto, pelo fato de que esse momento de negação está contido na própria tese particular, não sendo simplesmente contraposto a ela desde fora; pelo fato de que, por conseguinte, para que se possa em geral manejar tais momentos, não devemos agir de maneira reducionista com eles, a dialética acaba adquirindo aquela seriedade que expus no último encontro e que também poderia talvez ser expressa assim: o pensamento dialético consiste numa tal forma de pensar que não determina o singular // restringindo-o ao seu conceito superior [*Oberbegriff*], subsumindo esse singular sob conceitos simplesmente mais universais. O pensamento dialético é, na verdade, a tentativa de compreender o singular não por meio da classificação, mas sim, de certa maneira, revelando-o a partir de dentro, buscando desencadear, por assim dizer, uma espécie de fissão do átomo, por meio da qual possamos tentar alcançar a oposição entre particular e universal latente em cada um dos objetos do pensamento. Entretanto, diante da potência ínsita em tudo que existe, penetra também no raciocínio subjetivo – portanto, na razão que alegadamente tudo domina – ao mesmo tempo o seu próprio contrário. Refiro-me aqui ao momento daquilo que, no singular, não se permite exaurir, do não-idêntico, daquilo que é algo outro e que apenas posso trazer à consciência por meio da detida observação, e não, digamos, por meio da *raciocinatio* e, por conseguinte, tampouco por meio simplesmente da inferência de conclusões. Nessa medida, o pensamento dialético não é, de fato, um pensar racionalista, pois sua crítica em geral se relaciona tanto ao inexaurível e opaco quanto ao caráter limitado de cada posição racional singular.

Introdução à dialética

A fim de que essa discussão não permaneça tão formal, já que tive a princípio de encaminhá-la dessa maneira, talvez seja o momento de lhes dizer algo sobre a controvérsia em torno do racionalismo [*Rationalismusstreit*], a qual realmente – desde as querelas que se seguiram à filosofia de Jacobi[62] e, mais tarde, desde a polêmica de Hegel contra Schelling[63] – não cessou de desempenhar um papel significativo para o pensamento filosó-

---

62 Friedrich Heinrich Jacobi (1743-1819) foi escritor e filósofo. A partir de 1805, tornou-se membro da Academia Bávara de Ciências, da qual veio a ser presidente a partir de 1807. Jacobi se voltou contra a posição crítica de Kant, acerca da autolimitação do conhecimento humano, com a tese de que todo conhecimento intelectual e discursivo tem necessariamente de ser precedido por um conhecimento racional intuitivo, tanto da realidade empírica quanto também da realidade suprassensível. De acordo com Jacobi, esse conhecimento garantiria a cognoscibilidade das coisas em si, da liberdade humana e de Deus. Cf., em relação a isso, por exemplo, o escrito *"Von den göttlichen Dingen und ihrer Offenbarung"*, Leipzig, 1811. Sua filosofia da crença e do sentimento, assim como a renascença espinosana desencadeada por ele, constituíram importantes pontos de partida para o idealismo pós--kantiano. Adorno chega a falar, na 11ª aula, mais pormenorizadamente sobre Jacobi.

63 Os lugares nos quais, em sentido estrito, Hegel se volta polemicamente contra Schelling se limitam àquelas passagens nas quais ele fala do absoluto de Schelling como sendo a noite na qual todas as vacas são pardas (Cf. Hegel, *Werke*, Bd.3: *Phänomenologie des Geistes*, p.22) [Ed. bras.: p.29]. Em contrapartida, muito mais polêmico foi o tom adotado pelo Schelling tardio em relação a Hegel. Cf. sobre isso, por exemplo, Friedrich Wilhelm Schelling. *Zur Geschichte der neueren Philosophie*. Münchener Vorlesungen (1827), in: *Schellings Werke*, editadas por Manfred Schröter, Bd.5: *Schriften zur geschichtlichen Philosophie 1821--1854*, München, 1928, p.196-234 [Ed. bras.: Schelling, *História da filosofia moderna: Hegel*. Trad. Rubens Rodrigues Torres Filho. Coleção "Os Pensadores". São Paulo: Abril Cultural, 1984].

fico.[64] De um lado, o pensamento racional no sentido corrente, no sentido em que, de uma maneira um pouco derrogatória, é designado por Hegel como "filosofia da reflexão", permanece um pensamento que lança mão exclusivamente das formas lógicas usuais – da definição, da classificação, da inferência, do ordenamento conceitual, da diferenciação, em suma, de todos esses momentos – e só se dispõe a aceitar como válido o conhecimento enquanto possa suceder de acordo com essas formas.[65] Do outro lado, ficam todas as filosofias que se colocam,

---

64 A expressão "controvérsia em torno do racionalismo" não era de modo nenhum, tal como aqui aparenta ser, nem na época de Adorno, nem na época do idealismo alemão, um termo corrente para o debate designado por Adorno com essa denominação. Entretanto, num ensaio mais longo, Max Horkheimer havia anteriormente tratado da problemática em questão sob o título de "controvérsia em torno do racionalismo". Por conseguinte, pode ser que a expressão tenha sido corrente ao menos entre os frankfurtianos, sendo aqui projetada retrospectivamente por Adorno (Cf. Max Horkheimer, *Zum Rationalismusstreit in der gegewärtigen Philosophie*; in: *Zeitschrift für Sozialforschung* (3), 1934; agora in: Max Horkheimer, *Gesammelte Schriften*, editado por Alfred Schmidt und Gunzelin Schmid Noerr, Bd.3: *Schriften 1931-36*, editado por Alfred Schmidt, Frankfurt a.M., 1988, p.163-220).

65 Com a expressão "filosofia da reflexão", Hegel classifica também, por exemplo, a filosofia kantiana. Ele vê nela em ação um modo de pensar que designa como "exterior", ou também como "reflexão exterior", e sob o qual ele entende um movimento do pensar "que vai além de uma representação imediata, procurando determinações universais para a mesma e as comparando (entre si)" (Cf. Hegel, *Werke*, Bd.6: *Wissenschaft der Logik II*, p.30). A crítica à filosofia da reflexão, enquanto crítica apenas a um tipo determinado de reflexão, precisamente à reflexão exterior, permite a Hegel destacar-se radicalmente da crítica mais difundida à reflexão, como era corrente em sua época (próximo da qual ele havia estado mais nos escritos do juventude do que na *Lógica*): "A reflexão exterior era também visada, tanto quanto a reflexão

segundo a visão tradicional e um pouco grosseira, sob o título de "filosofias do irracional", cujo último grande e significativo expoente foi certamente Henri Bergson.[66] São filosofias que se encontram fundamentalmente no ponto de vista que, pela primeira vez, foi formulado por Schelling. Trata-se de um ponto de vista segundo o qual o conhecimento meramente finito do entendimento, tal como se diria na linguagem do idealismo alemão, permanece simplesmente exterior aos seus objetos, revelando realmente muito pouco da vida da coisa enquanto tal. E isso faz com que o verdadeiro conhecimento seja considerado

---

em geral, tal como demonstra o tom adotado por um bom tempo na filosofia moderna. Foi-lhe atribuído todo o mal, e ela foi considerada, em virtude de seu determinar, como o antípoda e arquirrival do modo absoluto de consideração" (ibid., p.31). Em vez de censurar a reflexão como tal e de lhe contrapor um tipo de pensar constituído de uma maneira totalmente diferente — talvez uma intuição intelectual imediata, Hegel modifica o conceito de reflexão de tal modo que ele se torna a verdadeira estrutura do absoluto. Por conseguinte, ele contrapõe à reflexão exterior uma estrutura de reflexão que não apenas inere ao pensar, mas também aos seus objetos, a qual, portanto, em vez de partir de determinações previamente consideradas como dados imediatos (*Gegebenheiten*), põe-nos a partir de si; e que não compara exteriormente tais determinações com referência a um universal previamente dado, mas antes conhece o próprio universal refletido adentro de si enquanto estrutura interna de determinação, atuante em cada determinação singular, assim como também da efetividade objetiva como um todo.

66 Henri Bergson (1859-1941) a partir de 1900 foi professor de filosofia no Collège de France. Trata-se do expoente mais importante da filosofia da vida (*Lebensphilosophie*). Adorno ofereceu várias vezes, entre 1949 e 1958, conferências sobre Bergson na Universidade de Frankfurt.

um conhecimento que vê a coisa a partir de dentro, em vez de apenas ordená-la e apreendê-la a partir de fora; porém sacrificam-se, em nome disso, aqueles critérios de controlabilidade, de necessidade e de universalidade, que a ciência ocidental transformou, desde os primórdios cartesianos, em seus mais elevados critérios. Creio que o discurso de Hegel, ou antes, o discurso da própria dialética acerca do elevar-se acima das oposições, que é realmente um dos motivos mais essenciais do pensamento dialético como tal, deixa-se exemplificar muito bem na assim chamada controvérsia em torno do racionalismo – controvérsia que encontrou seu lugar no próprio pensamento de Hegel, pois também foi diretamente tratada por ele. De um lado, Hegel faz a mais enfática crítica a todo pensamento meramente mecânico e classificatório – creio que já chamei a atenção para o fato de que aquele pensamento que procede, digamos, por meio de tabelas e que hoje chega a um predomínio quase total na ciência já havia sido hostilizado numa passagem da *Fenomenologia do espírito*.[67] Por outro lado, ele atacou de maneira

---

67 Adorno cita, apenas um pouco mais à frente, uma passagem do prefácio à *Fenomenologia* na qual a tabela como forma é criticada. Em conexão com a presente passagem, Hegel escreve ainda o seguinte sobre esse tema: "Revestindo tudo o que é celeste e terrestre, todas as figuras naturais e espirituais com um par de determinações do esquema universal, e dessa maneira organizando tudo – o que esse método produz não é nada menos que um informe claro como o Sol sobre o organismo do universo, isto é, uma tabela semelhante a um esqueleto, com cartõezinhos colados, ou uma prateleira de latas com suas etiquetas penduradas num armazém. A tabela é tão clara quanto os exemplos acima; mas como no esqueleto a carne e o sangue foram retirados dos ossos, e como nas latas estão escondidas coisas sem vida, assim também na tabela a essência viva da Coisa está abandonada ou

ainda mais intransigente o pensamento que, como "num tiro de pistola",[68] como num estampido, crê poder se apoderar do absoluto sem qualquer mediação, tal como na sua época se encarnara sobretudo no pensamento de seu amigo e, mais tarde, adversário, Schelling. De modo geral, poderíamos compreender justamente a primeira obra principal de Hegel, a genial *Fenomenologia do espírito*, como uma tentativa levada ao extremo de fazer com que esses momentos entre si contraditórios se esgotassem mutuamente, de tal maneira que, ao fim e ao cabo, havendo sido reciprocamente criticados, fossem então reunidos num plano superior.

// O que se deveria dizer em relação a isso tudo, caso nos fosse permitido, por um instante, considerar essas alternativas tomando uma distância um pouco maior delas? Por um lado, o pensamento de fato não dispõe de outras formas que não as formas conceituais, e nós, uma vez que estamos, de modo geral, em posse de técnicas classificatórias e definidoras, da ma-

---

escondida." (Hegel, *Werke*, Bd.3: *Phänomenologie des Geistes*, p.50ss.) [Ed. bras.: p.49].

68 "Como um tiro de pistola": trata-se aqui de uma alusão implícita de Adorno a uma expressão utilizada de várias formas por Hegel. Assim consta, a propósito, na divisão "Com o que tem de se dar o começo da ciência?", pertencente à *Lógica*: "Mas o moderno embaraço em torno do início surge de uma carência ulterior, a qual ainda não conhecem aqueles para quem há que se proceder dogmaticamente na prova do princípio, ou ceticamente na procura por um critério subjetivo contra o filosofar dogmático, e que renegam totalmente aqueles que, como se estivessem com uma pistola, iniciam a partir da crença, da intuição intelectual e assim por diante, pretendendo serem superiores ao método e à ciência." (Hegel, *Werke*, Bd.5: *Wissenschaft der Logik I*, p.65ss.; Cf. Hegel, *Werke*, Bd.3: *Phänomenologie des Geistes*, p.31).

neira como a lógica formal as constituiu, não somos capazes, digamos, de saltar para fora dessas mesmas formas. E a própria pretensão de racionalidade, daquilo, portanto, que em geral se chama "razão" – em outras palavras, a questão acerca da organização racional do mundo – não pode ser separada dessa razão entendida como ordenamento conceitualmente transparente do próprio conhecimento. Em relação a isso, ocorre também na filosofia hegeliana que a lógica tradicional – a qual Hegel reconhecidamente criticou em seu ponto mais central, a saber, no princípio de contradição – que essa mesma lógica tradicional não é, a bem dizer, simplesmente retirada de circulação pela lógica dialética. Creio que seja muito importante que vocês, caso queiram entender a dialética corretamente desse ponto de vista, tenham clareza a respeito de que pensar dialeticamente não significa, digamos, pensar de maneira não lógica, tampouco significa negligenciar as leis da lógica; mas, antes, significa pensar que as determinações [lógicas] singulares, ao entrarem em contradição consigo próprias, apontam para além de si, ou seja, ao serem em certo sentido fluidificadas, e isso graças à aplicação das próprias categorias lógicas a elas. Sob esse aspecto, vocês poderiam considerar toda a *Lógica* [de Hegel] como uma espécie de autocrítica da racionalidade lógica, ou seja, como uma crítica que a lógica exerce sobre si mesma. As formas lógicas tradicionais são todas mantidas na *Lógica* hegeliana – vocês as encontram, tratadas em sua integralidade, na terceira divisão principal da grande *Lógica* de Hegel, a *Lógica do conceito*. Porém, ao mesmo tempo, mostra-se aí, com extraordinária perspicácia, que na sua forma usual essas estruturas da lógica tradicional, apesar de serem imprescindíveis, quando tomadas de maneira isolada, ou seja, enquanto determinações singulares, não perfazem propriamente o todo do conhecimento.

63 // Por outro lado, aquilo que em geral se denomina por "irracionalismo" tem também seu momento de verdade. Trata-se da recorrente tentativa de conferir, no pensamento, validade àquilo que é amputado pelo próprio pensamento – àquilo que, por causa da razão que domina a natureza e a si mesma, fica perdido na experiência do efetivo. Trata-se, portanto, em certa medida, da tentativa de ajustar as contas na filosofia em prol das vítimas do processo de esclarecimento. O irracionalismo como um todo abriga a tendência de permitir que se dê lugar àquilo que, coloquemos assim, foi negligenciado no decurso do próprio processo europeu de progressivo esclarecimento e que foi subjugado pela dominação racional. Refiro-me ao elemento mais vulnerável, impotente, àquilo que há de meramente existente, ao que foi esconjurado como transitório e que não poder ser conservado em formas eternas. Permite, assim, que se conceda novamente lugar, no próprio pensamento, àquilo que o pensamento proscreveu. E o fato de que essas filosofias irracionalistas tenham sido, em geral, restauradoras ou reacionárias provavelmente não é nenhum acaso, tampouco apenas uma classificação atinente à sociologia do conhecimento [*wissenssoziologisch*], mas, antes, esse fato está ligado, de maneira profunda, com a própria essência dessas filosofias. E aqui utilizo essas palavras sem qualquer ranço depreciativo, mas no sentido de que elas quiseram, por assim dizer, emprestar voz àquilo que veio a se tornar vítima da história, sem com isso compreender dentro de si mesmas, porém, a necessidade contida nesse sacrifício, nesse desbarato. [No irracionalismo re-

side, então, a recordação de que],[69] enquanto de um lado os seres humanos em geral só foram capazes de se desvencilhar da cega subordinação à natureza com auxílio da racionalidade e do pensamento que domina essa mesma natureza, e que teriam reimergido na barbárie se tivessem renunciado à racionalidade, por outro lado, no entanto, reside também a recordação de que o processo de progressiva racionalização do mundo vem sendo, concomitantemente, um processo de progressiva coisificação [*Verdinglichung*] – tal como igualmente, se quisermos ser mais diretos, coisificação do mundo. Portanto, a paralisação do mundo em uma objetualidade [*Gegenständlichkeit*] // estranha aos seres humanos e a intensificação da subjetividade não são simples opostos, não perfazem uma contradição simples; são antes de tal maneira correlativos que, quanto mais subjetividade há num mundo, mais coisificação haverá também nele, e é justamente contra isso que se insurge o irracionalismo.

Quando um pensamento descobre tal fatalidade, a qual, fundamentalmente, é a própria dialética do processo de esclarecimento, não poderá se entregar nem a uma, nem à outra via. E muito menos trilhar um caminho, digamos, intermediário, desse tipo lastimável que sustenta que, ao lado da *ratio*, seria preciso porventura reservar espaço também ao inconsciente ou ao irracional; pois uma irracionalidade como essa, tratada com tal zelo e tolerada pela *ratio* como se formasse uma espécie de área de proteção ambiental, estaria de fato, justamente por isso mesmo, já abandonada à ruína e não conteria em si mais força alguma, seria completamente impotente. E os esforços da dialética começam precisamente aí, em não se permitir ser im-

---

69 A transcrição do áudio sinaliza aqui uma lacuna no texto.

Introdução à dialética

potente nos pensamentos, mas, sim, pensar de tal maneira que o pensamento também compreenda, ao mesmo tempo, dentro de si, a possibilidade de sua própria efetivação. A consequência que Hegel tirou dessas alternativas foi justamente evitar contrapor as assim chamadas potências do irracional aos poderes da racionalidade. Aliás, a tal expediente se recorre muito hoje em dia, sob a égide dos atrozes hábitos intelectuais administrativos, típicos do tempo presente, os quais impõem tudo sob conceitos burocráticos classificatórios, inclusive a assim chamada irracionalidade, separando-a assepticamente, como se fosse um setor, do setor da racionalidade. Justamente esse expediente deplorável foi desdenhado por Hegel, ele que, em vez disso, fez aquilo que me parece, na verdade, a única coisa consequente a ser feita: com ajuda da própria consciência, com ajuda do desdobramento da logicidade [*Logizität*] e, caso queiramos, por meio da força do esclarecimento, chamar o próprio esclarecimento pelo nome, determinando nele mesmo, por um recurso a meios racionais, aqueles momentos da coisificação, do estranhamento e da extrusão [*Entäusserung*] // – momentos que, de outro modo, somente poderiam ser determinados a partir de fora e, portanto, de maneira impotente. Em outras palavras, trata-se de acolher no pensamento o momento da irracionalidade, retê-lo na própria *ratio*, acolhê-lo nela enquanto um momento que a contradiz imanentemente, em vez de dispô-lo contra o pensamento como se fosse exterior a ele, atinente simplesmente a uma visão de mundo [*weltanschaulich*]. Poderiam também formular do seguinte modo: por um lado, compreender a irracionalidade enquanto tal, isto é, como algo que por si mesmo se subtrai à razão; e, por outro lado, estender, também com a razão, a crítica à razão muito além do que faz a crítica kantiana, mostrando que ela, a razão, ao enredar-se necessariamente em contradições, sempre comete injustiça contra aquilo que não é idêntico a ela, aquilo que não é razão, e que, ao proceder dessa forma, acaba sempre malogrando. Essa é propriamente a situação em que se encontra o pensamento dialético no que concerne ao conflito em torno do racionalismo.[70] Na verdade, parece-me sintomático dessa lamentável trivialização da dialética quando alguém, que precisava saber disso melhor do que qualquer outra pessoa e cujo nome é Lukács, em seu *A destruição da razão*,[71] livro que seria melhor que nunca tivesse sido escrito, de fato simplesmente rotula tudo que se associa à filosofia supostamente irracionalista com o clichê "fascismo". Nisso, ele inclui Nietzsche e até mesmo Freud, que foi completamente mal compreendido. Ao fazer isso, Lukács parece não perceber que justamente uma tal dialética, para a qual o momento contraposto à *ratio* cognoscente não vale como momento substancial, suspenderia em geral seu próprio conceito, tornando-se exatamente aquele pensamento mecânico contra o qual se voltaram, tão energicamente, os grandes inauguradores da filosofia dialética.

Gostaria de lhes mostrar, em pelo menos uma passagem do texto de Hegel, quão pouco apropriada é a representação usual que se tem do intelectualismo por parte do pensamento dialético. Porém, antes de fazer isso, gostaria de adverti-los, uma vez mais, acerca de uma compreensão equivocada que é

---

70 Modificado por suposição de "conflito em torno do irracionalismo" para "conflito em torno do racionalismo".

71 Georg Lukács, *Die Zertörung der Vernunft. Der Weg des Irrationalismus von Schelling zu Hitler*, Berlin, 1953 [Ed. bras.: Lukács, *A destruição da razão*. Instituto Lukács: São Paulo, 2020].

Introdução à dialética

de tal maneira disseminada que eu não posso evitar, apesar de todo seu caráter subalterno, de chamar-lhes a atenção sobre ela. Trata-se daquele equívoco que se apoia // na ideia de que deveríamos censurar a filosofia, justamente quando utiliza os meios da razão – como se, por Deus, tivessem-lhe sido fornecidos outros meios a não ser esses –, por estar supostamente intelectualizando [*intellektualisieren*] o mundo inteiro. Enquanto que, naturalmente, o pensamento em geral, no momento em que começa, tem de ser pensamento, não devendo consistir em meras assertivas, em simples rasgos entusiásticos por aquilo que não seja o pensamento propriamente dito; por outro lado, porém, o pensamento possui essa capacidade peculiar que lhe é profundamente ínsita – a capacidade de chamar pelo nome e determinar aquilo que não é, enquanto tal, o próprio pensamento. A passagem seguinte provém novamente do prefácio à *Fenomenologia*: "Assim, a vida de Deus e o conhecimento divino bem que podem [como o fizeram os teólogos, TWA] exprimir-se como um jogo de amor consigo mesmo; mas é uma ideia que baixa ao nível da edificação e até da insipidez quando lhe falta a seriedade, a dor, a paciência e o trabalho do negativo."[72]

Vocês podem novamente, nessa passagem, sentir o clima da dialética, o seu sabor, na medida em que nessa formulação está suspensa a separação corrente entre a esfera da logicidade, tal como indicada no conceito de "negação" ou "negatividade", e a esfera da experiência propriamente humana, implícita em expressões como "seriedade", "dor", "paciência" e "trabalho". Pois essas categorias em Hegel não são mantidas separadas

---

72 Hegel, *Werke*, Bd.3: *Phänomenologie des Geistes*, p.13 (Cf. Hegel, *Werke*, Bd.3: *Phänomenologie des Geistes*, p.24) [Ed. bras.: p.30]. Tradução brasileira levemente modificada.

uma da outra de maneira enfática e asséptica, como faz o pensamento classificador. Em Hegel, dá-se sempre o contrário. Por exemplo, quando nele o assunto é a contradição como tal, reside aí, ao mesmo tempo, aquele momento tipicamente "humano", da experiência, do sofrimento, da negatividade, naquele sentido segundo o qual nós padecemos em virtude de um estado negativo [de coisas]. Isso se explica porque, de acordo com Hegel, esse "trabalho do conceito", do qual devemos padecer, é sempre, ao mesmo tempo, também trabalho do sujeito. Em outras palavras, trata-se de uma realização do sujeito cognoscente, e nessa realização entra não apenas a intelectualidade divorciada do conteúdo concreto, // mas também a experiência completa, poderíamos quase dizer, a história integral da humanidade. De tal maneira que todo processo intelectual é um sofrimento ou uma felicidade; e toda a separação entre pensamento e felicidade, ou entre pensamento e sofrimento – e a dimensão do sofrimento e da felicidade é a mesma – deve ser superada [*aufgehoben*] por um pensamento que se torna cônscio de suas próprias condições históricas e que as possui na totalidade. Quando formulei, em meus breves escritos sobre Hegel, que toda a filosofia hegeliana é, na verdade, a própria vida novamente, que nessa filosofia se retém realmente, mais uma vez, a vida [em conceitos], mas agora num resplendor multifário e colorido,[73] o que eu queria dizer era exatamente isso: que na

---

73 "É incomparável a riqueza da experiência de que o pensamento se alimenta em Hegel: ela é posta dentro do próprio pensamento, nunca como simples matéria, como 'material' ou como exemplo e prova exterior a ele. O pensamento abstrato é transformado novamente em algo vivo por meio daquilo que é experimentado, assim como a simples matéria é transformada pelo ímpeto do pensamento. Isso poderia

filosofia hegeliana inteira, embora o processo cognitivo seja completamente um processo lógico, ele é, ao mesmo tempo, um processo que, segundo sua logicidade, remete para além de pensamentos abstratos e somente se satisfaz com aquelas experiências nas quais nos encontramos propriamente inseridos. Portanto, se porventura quiséssemos dizer que a filosofia kantiana representa a grandiosa tentativa de salvar mais uma vez a ontologia, mas partindo agora da posição nominalista, então [para a dialética] poderíamos dizer que aquilo que há de mais excruciante, todo o esgotamento provocado por uma situação metafisicamente esvaziada de sentido, afluiria adentro do esforço empreendido por Kant na lógica – e seria até mesmo uma condição desse esforço enquanto tal. E talvez eu possa, para a elucidação até mesmo de minhas próprias investidas na dialé-

---

ser demonstrado em cada sentença da *Fenomenologia do espírito*. Aquilo que se elogia nos artistas, muitas vezes de modo injusto, havia de fato sido concedido a Hegel: sublimação. Ele verdadeiramente tomou a vida em seus reflexos coloridos, em sua repetição no Espírito. Mas não se deve representar a sublimação em Hegel como idêntica à interiorização (*Verinnerlichung*). Sua doutrina da alienação, assim como a crítica da subjetividade "vã" e cega que existe para si, uma crítica que partilha com Goethe e que o impele para além do idealismo, é oposta à interiorização, e sua própria pessoa não traz nenhuma pista dela. O homem Hegel, assim como o sujeito de sua doutrina, assimilou a ambos no espírito, sujeito e objeto: a vida de seu Espírito é em si novamente a vida completa." (*GS* 5, p.293ss.). O escrito *Aspekte der Hegelschen Philosophie*, ao qual Adorno aqui faz referência, tinha sido publicado no ano anterior a esta *Introdução à dialética* e reapareceu então, junto com dois outros textos sobre Hegel, em 1963. (Cf. Theodor W. Adorno, *Drei Studien zu Hegel*, Frankfurt a. M., 1963) [Ed. bras.: Adorno, *Três estudos sobre Hegel*. Trad. Ulisses Razzante Vaccari. São Paulo: Editora Unesp, 2007, p.130].

tica, dizer-lhes que, segundo minha compreensão, o que importa não é logicizar [*logisieren*] a linguagem, tal como querem os positivistas, mas antes, inversamente, trazer a lógica à linguagem. Essa seria exatamente aquela intenção de Hegel de que o sofrimento e a felicidade sejam, de certa maneira, revelados como uma condição imanente, como conteúdo imanente do pensamento; de que o pensamento e a vida sejam, digamos, redefinidos, e que isso deva, com toda seriedade e consequência, ser levado em conta. Evidentemente, esse momento é distorcido pela tradicional resistência contra a dialética, que crê ver aí puro intelectualismo //. Todavia, considerando-se os limites do pensamento tradicional, praticado ainda hoje, a dialética oscila, naturalmente, entre Cila e Caríbdis; ou seja, de um lado é acusada de excessivamente intelectualista, de que ela logiciza [*logisiere*] todos os assim chamados momentos irracionais da experiência; por outro lado, todo lógico mediano, mesmo um que esteja improvisando na função, poderia retrucar tais colocações e dizer o seguinte: "ora, mas isso é algo emocional, pois o que tem a ver o pensamento com a seriedade, a dor, o trabalho e o sofrimento em geral? São categorias completamente diferentes". A essência da dialética consiste precisamente em tentar fazer, por meio do próprio pensamento, retroceder aquela separação das esferas, tal como se expressa sobretudo nos clichês generalistas relativos às faculdades do pensar, sentir e querer. E a célebre concepção da unidade entre teoria e prática é, enquanto tal, apenas a mais elevada expressão da tentativa, caso queiram, de revogação [dessas clivagens]. Isso não significa, naturalmente, o restabelecimento, a restauração daquilo que uma vez fora inseparável, mas significa, por meio da separação, a unificação do separado a partir de sua própria força.

Introdução à dialética

Prossigo com a leitura do seguinte trecho:

> Decerto, a vida de Deus é, em si, tranquila igualdade e unidade consigo mesma; não lida seriamente com o ser-Outro e a alienação [*Entfremdung*], tampouco com o superar dessa alienação. Mas esse *em-si* [divino] é a universalidade abstrata, que não leva em conta sua natureza de *ser-para-si* e, portanto, o movimento da forma em geral.[74]

Eu gostaria neste momento de aproveitar a oportunidade para esclarecer duas expressões necessárias e incontornáveis para a compreensão de Hegel. Não posso deixar de lhes chamar a atenção sobre tais conceitos, que não são, na verdade, de maneira nenhuma fáceis de se apreender no pensamento hegeliano, ao menos não segundo seu significado lógico preciso; apesar disso, penetraram na linguagem cotidiana, já que, ao que parece, a influência ou autoridade de uma determinada filosofia e // a sua compreensibilidade em geral não apresentam, muitas vezes, qualquer relação direta uma com a outra. Trata-se dos conceitos do ser-em-si, do ser-para-si e do ser-em-si-e-para-si. Costumamos usar essas palavras, ainda que não tenhamos ouvido absolutamente nada sobre dialética e tampouco sobre Hegel; dizemos isto é "em si" assim, ou isto é "em si e para si". Nessas ocasiões, realmente não nos damos conta de que, com tais expressões, nós nos entregamos a um processo do qual sabemos certamente como começa, mas em relação ao qual é difícil de se vislumbrar como dele possamos sair. O ser-em-si é

---

[74] Hegel, *Werke*, Bd.3: *Phänomenologie des Geistes*, p.13 (Cf. Hegel, *Werke*, Bd.3: *Phänomenologie des Geistes*, p.24) [Ed. bras.: p.30].

a determinação de uma coisa tal como ela é, enquanto ela não fez ainda reflexão dentro de si mesma. O conceito de ser-para-si podemos compreender, por seu turno, de maneira relativamente simples, caso o tomemos em sentido bastante literal. "Para si" significa aí não apenas aquilo que é apartado do todo, separado — ainda que esse momento de separabilidade [*Getrenntheit*] desempenhe neste contexto um papel essencial —, mas também efetivamente aquilo que se pretende dizer, por exemplo, quando alguém afirma o seguinte: este homem é em si um cafajeste, porém para si é muito decente, isto é, ele simplesmente não acha que é um cafajeste, não sendo nem mesmo capaz de perceber, por pouco que seja, seu mau caráter e vilania; ao contrário — por narcisismo, diriam os psicólogos — continua a se achar um ser humano maravilhoso. Ele é para si, portanto, um ser humano maravilhoso, mas em si é um cafajeste, quer dizer, segundo sua determinação objetiva, tal como ela se expressa, digamos, em sua função social. A filosofia hegeliana, a qual trata essencialmente, como toda dialética, do sujeito e do objeto, ou seja, que considera que o subjetivo e o objetivo estão separados um do outro, incumbe-se da tarefa de comprovar justamente essa diferença entre ser-em-si [*Ansichsein*] e ser-para-si [*Fürsichsein*], embora possa para isso trilhar caminhos diversos. Na *Lógica*, trata-se do caminho que consiste em avançar do ser-em-si, passando pelo ser-para-si e se colocando, finalmente, na direção do ser-em-si-e-para-si [*Anundfürsichsein*]; na *Fenomenologia*, o caminho é precisamente o inverso, isto é, consiste em partir da subjetividade, a qual chega então à consciência de si mesma, // ao ser-para-si e, apenas atravessando essa consciência e todas as reflexões que lhe são vinculadas, chega-se ao ser-em-si e ao ser-em-si-e-para-si. Nisto, a saber, que essa oposição de ser-em-si e ser-para-si esteja posta aqui com toda essa seriedade, reside já o tema real e altamente decisivo da determinação objetiva, segundo o qual os seres humanos – e a filosofia hegeliana é, segundo sua origem, uma filosofia humanista –, pela função que objetivamente desempenham na sociedade, não são ainda idênticos consigo mesmos. Dito de outro modo, o papel social, caso eu possa exprimi-lo de uma maneira mais moderna, enquanto ser-em-si das pessoas, e a consciência delas, o ser-para-si, divergem um do outro. E mesmo essa divergência, por conseguinte, essa não identidade dos seres humanos com seu próprio mundo – que justamente por isso não é ainda, de maneira nenhuma, seu mundo propriamente dito –, tal é precisamente o fundamento daquela situação conflituosa, daquele sofrimento, daquela negatividade, a qual, tal como eu lhes disse anteriormente, somente pode ser ultrapassada pelo trabalho, paciência, seriedade e esforço do conceito.

Assim, vocês podem ver aqui como de fato a concepção lógico-metafísica de Hegel se associa imediatamente com aquelas expressões aparentemente sobrecarregadas de emoção ou, pelo menos, saturadas de experiência humana – expressões tais como "seriedade" e outras que se poderiam mencionar. Dito isso, creio que vocês não se surpreenderiam caso eu removesse agora uma parte considerável daquela imagem pré-concebida que se tem de Hegel, ao dizer o seguinte (e pode ser que isso choque alguns dentre vocês): o célebre esquema triádico – ou seja, a diferenciação entre tese, antítese e síntese – não desempenha, nem mesmo remotamente, na filosofia de Hegel, o papel que a consciência mais popular lhe atribui. E eu já ficaria bem satisfeito, se conseguisse despertar em vocês, nestas aulas, sob os mais diversos aspectos, um conceito de dialética capaz de se libertar desse automatismo típico de perguntas de exame escolar. Naturalmente, nesse esquema, há também algo a ser levado em conta. Contudo, se vocês continuarem pensando // que se precisaria ter, primeiramente, uma tese, uma afirmação, uma proposição e, em seguida, uma proposição de certa maneira contraposta a ela, para que, finalmente, ambas sejam novamente reunidas de forma mais ou menos exterior – se pensarem assim, possuirão uma representação completamente exterior do que ocorre [na dialética]. E a seriedade da dialética reside precisamente nisto: não se trata de jogo simplesmente conceitual de contradições colocadas externamente; antes, reside sim em que a contradição provenha da própria tese, ou seja, em que a contradição se revele pelo fato de que a própria proposição dialética seja sempre – e ao mesmo tempo – verdadeira e falsa. De resto, o próprio Hegel sempre se voltou energicamente contra o uso do conceito de dialética nesse sentido de um esquema triádico. Importa muito mais que vocês aprendam o que significa comportar-se espiritualmente diante da realidade de maneira dialética, e que não precisem se perguntar por tese, antítese e síntese acerca de todas as coisas de maneira mecânica. A propósito, tenho de lhes confessar que a palavra "síntese" é para mim completamente suspeita. E se tenho uma ideia correta de vocês, a maioria dos presentes aqui também sentirá certa aversão a esse conceito de síntese.

A passagem do texto de Hegel relacionada especificamente a isso – e que eu gostaria de ler agora – diz o seguinte:

> O conceito da ciência surgiu depois que se elevou à sua significação absoluta aquela *forma triádica* que em Kant era ainda ca-

rente-de-conceito, morta, e descoberta por instinto. Assim, a verdadeira forma foi igualmente estabelecida no seu verdadeiro conteúdo. Não se pode, de modo algum, considerar como científico o uso daquela forma [triádica], onde a vemos reduzida a um esquema sem vida, a um verdadeiro fantasma. A organização científica [está aí] reduzida a uma tabela.[75]

Aqui vemos já antecipada a crítica àquele pensamento tabelador [*tabellarisches Denken*] que hoje em dia, na era do mundo administrado, tornou-se realmente // a forma universal da ciência enquanto tal, ante a qual a própria linguagem se encontra, mais do que nunca, num desolador estado autodefensivo. Em outras palavras, o pensamento dialético não pode, sob nenhuma circunstância, seduzir-nos a forçar os objetos a esse esquema. Ao contrário, pensar de modo dialético significa, efetivamente, tomar os objetos singulares, não limitá-los, como aquilo que eles são para si, nem colocá-los, igualmente limitando-os, sob seus conceitos superiores; trata-se, antes, de tentar fazer justiça à vida que vigora nas próprias coisas singulares e que foi, de fato, considerada por Hegel como algo contraditório, como algo antagônico. Demonstrando extrema argúcia a esse respeito, Hegel já tinha percebido isso que lhe é, todavia, frequentemente censurado, a saber, o perigo de que a dialética seja deturpada, tornando-se algo mecânico; e quem se dá ao trabalho de estudar as grandes obras de Hegel, sobretudo a *Fenomenologia*, vai se dar conta do quão pouco desse elemento mecânico pode ser encontrado ali.

---

75 Hegel, *Werke*, Bd.3: *Phänomenologie des Geistes*, p.33 (Cf. Hegel, *Werke*, Bd.3: *Phänomenologie des Geistes*, p.48) [Ed. bras.: p.48].

A bela formulação que eu gostaria de lhes apresentar agora, à guisa de conclusão, é a seguinte: "O truque de tal sabedoria [a saber, da dialética como método, TWA] é tão depressa aprendido como é fácil de aplicar; mas sua repetição, quando já está conhecido, é tão insuportável como a repetição de um truque de prestidigitação já descoberto."[76] Caso me seja permitido dar a isso uma expressão mais universal, prefiro dizer que realmente todos estes conhecimentos que já se deixam pressentir no instante em que o pensamento se desencadeia, quer dizer, todos esses conhecimentos que nos provocam aquela reação do "eu já sabia" – todos esses, os quais fundamentalmente já estão contidos em seu conceito superior – não têm, sobretudo para a filosofia, nenhum valor. E justamente é um *index* da verdade, ou um *index veri et falsi*, quando o pensar é capaz de topar com algo que, no instante mesmo em que o pensamento entra em cena, já não esteja contido nesse próprio pensamento como algo evidente e que simplesmente // resultaria dele. Nesse sentido, não há nenhuma verdade – poderíamos mesmo dizer – que seja meramente previsível pelo fato de que o pensamento acerca dela esteja já formulado. E dentre os terríveis fenômenos de degeneração pelos quais passa hoje a dialética sob o título de "Diamat", o sintoma mais fidedigno de que ela tenha se transformado em pura inverdade provavelmente consiste em que, de fato, tal como num truque de prestidigitação, são lançadas do alto palavras de ordem e diretrizes prontas e

---

76 Hegel, *Werke*, Bd.3: *Phänomenologie des Geistes*, p.34 (Cf. Hegel, *Werke*, Bd.3: *Phänomenologie des Geistes*, p.50) [Ed. bras.: p.49]. As edições mais recentes trazem "*erlahmen*" (extenuante) em vez de "*erlernt*" (aprendido).

acabadas, segundo as quais, por sua vez, julgamentos e subsunções são feitas, sem que o trabalho e o esforço do conceito, exigidos pela dialética, sejam sequer realizados. Podemos também expressar isso dizendo que aqui a dialética esqueceu aquilo que ela essencialmente é, ou seja, que ela cessou de ser uma teoria crítica e que ela neste caso se deteriorou em mera subsunção mecânica. Contra isso, nenhum pensamento fica imune. Mesmo o princípio da dialética, contraposto ao pensamento mecânico, caso não seja manejado dialeticamente, ou seja, em íntima proximidade com seu objeto e adaptando-se de maneira flexível a ele, pode a qualquer instante recair num modo mecânico de pensar – ou, dito de outra maneira: a própria dialética não possui nenhum salvo-conduto que a impeça de se tornar, por seu turno, também ideologia.

// 6ª aula [10/06/1958]

Minhas senhoras e meus senhores,

No último encontro, nós nos ocupamos com o problema do assim chamado intelectualismo, ou seja, daquilo que se denominava outrora de problema do panlogismo na dialética.[77] Assim,

---

77 O conceito de "panlogismo" foi empregado em 1853 pelo hegeliano Johann Eduard Erdmann como caracterização geral, que se pretendia bastante positiva, da filosofia de Hegel. "A descrição apropriada para a sua (de Hegel) doutrina será panlogismo. Ela não estatui como efetiva outra coisa senão a razão, ao passo que reivindica para o irracional apenas existência passageira, que suspende a si mesma." (Johann Eduard Erdmann, *Geschichte der neueren Philosophie*, Bd.III, n.2, Leipzig, 1953, p.853) – O conceito de "panlogismo" experimenta, em seguida, com Eduard von Hartmann, uma inflexão, adquirindo o sentido de crítica a Hegel; Cf. *Schellings positive Philosophie als Einheit von Hegel und Schopenhauer*, Berlin, 1969, especialmente o capítulo *"Die Unzulänglichkeit des Panlogismus"*, p.7-12. Para Benedetto Croce, finalmente, o panlogismo da dialética hegeliana é uma "degeneração doentia", a qual, já no próprio Hegel, conduziu à sua falsa aplicação – degeneração que se pode, contudo, conter, a fim de preservar as partes verdadeiras da filosofia de Hegel. (Cf. Benedetto Croce, *Lebendiges und Totes in Hegels*

creio que me seja permitido agora retirar daí algumas implicações que talvez lhes auxiliem um pouco na direção de uma representação mais determinada do que seja dialética e de uma retificação determinada daquela concepção de dialética com que a maioria dentre vocês se aproxima dessa orientação da filosofia. Eu não gostaria de ser indelicado com ninguém, mas realmente acredito que a maioria aqui – na medida em que vocês não são, tal como se costuma chamar pomposamente, "filósofos profissionais" –, ao ouvir falar em dialética, manifestaria a princípio a seguinte reação, mesmo que seja algo feito de maneira automática: dialética é o mesmo que tese, antítese e síntese. Não pretendo dizer que não haja nesses conceitos absolutamente nada de pertinente, ou que eles sejam pura e simplesmente insignificantes para a dialética. Porém, vale para eles realmente aquilo que encontra, via de regra, sua consumação na própria teoria dialética, a saber: que semelhantes proposições *in abstracto* – como "a dialética consiste em tese, antítese e síntese" –, enquanto não tiverem sido implementadas, não constituirão de fato nada verdadeiro. Eu diria ademais que não se comete nenhum grande pecado contra o espírito da dialética, caso se diga que esses conceitos, na medida em que se tornam, em certo sentido, enrijecidos, ou um tipo de instrução de como se deve pensar dialeticamente, transformam-se precisamente no contrário daquilo que o próprio Hegel havia pretendido. A propósito, posso aqui reportar-me a ele: essa limitação do significado daquilo que se

---

Philosophie. No alemão, tradução de K. Büchler, edição ampliada pelo autor, Heidelberg, 1909, p.155). Para a crítica de Croce a Hegel, ver nota 90, p.182.

pode denominar o "esquema triádico", ou seja, precisamente aquela tríplice articulação dos estágios da tese, antítese e síntese, sucede na própria *Fenomenologia* de Hegel e, na verdade, em palavras das quais bem que se poderia ainda extrair // muito mais:

> O conceito da ciência surgiu depois que se elevou à sua significação absoluta aquela forma triádica que em Kant era ainda carente-de-conceito, morta, e descoberta por instinto. Assim, a verdadeira forma foi igualmente estabelecida no seu verdadeiro conteúdo. Não se pode, de modo algum, considerar como científico o uso daquela forma [triádica], onde a vemos reduzida a um esquema sem vida, a um verdadeiro fantasma. A organização científica [está aí] reduzida a uma tabela.[78]

Eu já lhes tinha chamado atenção para isso. Gostaria, então, de acrescentar a essa discussão uma segunda formulação e, assim, digamos, acender uma luz de advertência contra um uso da dialética que se me afigura questionável; pois quando lançamos mão do esquema da tríade de maneira tão aleatória, precipitamo-nos, isto sim, inevitavelmente em inverdades. "O arremate de tal sabedoria [a saber, da dialética como método, TWA] é tão logo aprendido quanto é fácil de se o exercitar. Sua repetição se torna, quando ele é conhecido, tão insuportável quanto o é a repetição de um truque de prestidigitação que já se descobriu."[79] Assim, o pensamento em questão consiste,

---

78 Hegel, Werke, Bd.3: *Phänomenologie des Geistes*, p.33 (Cf. Hegel, Werke, Bd.3: *Phänomenologie des Geistes*, p.48) [Ed. bras: p.48].

79 Hegel, Werke, Bd.3: *Phänomenologie des Geistes*, p.34 (Cf. Hegel, Werke, Bd.3: *Phänomenologie des Geistes*, p.50) [Ed. bras.: p.49]. As edições mais recentes trazem *"erlahmen"* (extenuante) em vez de *"erlernt"* (aprendido).

primeiramente, em que até mesmo um método que, considerado *in abstracto*, é o mais avançado método de pensamento, acarretará em algo de falso, quando aplicado mecanicamente, isto é, quando os fatos são simplesmente subsumidos a ele, sem que a experiência ou a intelecção [*Einsicht*] dos próprios fatos interrompa esse processo de subsunção. Quase incorrendo num paradoxo, poderíamos dizer que, no instante em que a dialética é praticada como um tipo de ofício manual, tal como se estivéssemos seguindo uma receita e, portanto, quando está, enquanto método, sendo manipulada, que então ela terá já se convertido necessariamente em inverdade – e bem no sentido dialético estrito de que ela mesma com isso terá entrado em contradição com seu próprio conceito. Pois, de fato, pensar de modo dialético significa justamente pensar por rupturas, por assim dizer. E isso significa pensar de tal maneira que o conceito encontre em cada caso sua crítica, num sentido enfático, por meio daquilo que ele pretende ter compreendido sob si e que, de modo inverso, a mera facticidade seja justamente medida a partir de seu próprio conceito. Assim, no instante em que nos distanciamos disso, em que não // mais empreendemos aquilo que noutra passagem fora chamado de "trabalho e esforço do conceito";[80] no momento em que, então, acreditemos estar em posse definitiva do método, já o teremos distorcido e condenado ao malogro. Trata-se, de resto, de algo bem generalizado, tal como se pode encontrar, por exemplo, de maneira recorrente, na arte, aquilo que Kandinsky certa vez formulou de maneira elegante em seu livro *Sobre o espiritual na arte*, a saber:

---

80 Ver a p.66 da edição original dessas aulas.

Introdução à dialética

que um artista, no momento em que acredita ter encontrado a si mesmo, em que crê estar definitivamente em posse de seu estilo, geralmente já o terá perdido.[81] Vocês podem, nesse ponto, perceber de novo algo da atmosfera da dialética que é muito importante: dito concretamente, aquela oposição à necessidade de segurança, oposição da qual, a propósito, já lhes falei anteriormente.[82] Um dos desafios postos pelo pensar dialético, e talvez não o menor, é justamente aquele segundo o qual, quando pensamos dialeticamente, não podemos simplesmente falar como um professor escolar de estilo kantiano: "agora eu possuo o método, e uma vez o tendo em mãos, então nada mais pode me acontecer". Foi justamente contra essa representação

---

[81] A essa manifestação de Kandinsky, Adorno já se referiu de várias formas, e em seu escrito sobre Schönberg (Cf. *GS* 10-I, p.172), assim como num aforismo não publicado durante a sua vida e constante em *Minima Moralia* (GS 4, p.293), ele cita a passagem literalmente. "O artista pretende que, depois de 'ter finalmente encontrado sua forma', possa agora criar tranquilamente outras obras de arte. Infelizmente, de hábito não nota que, a partir desse momento (da 'tranquilidade'), ele muito rapidamente começa a perder essa forma que havia sido finalmente encontrada." A citação é, de fato, de Kandinsky, mas não se encontra em *"Über das Geistige in Kunst"*, e sim numa pequena contribuição que consta num escrito comemorativo dedicado a Arnold Schönberg, o qual foi, por sua vez, publicado em 1912 por Alban Berg: Wassily Kandinsky, *Die Bilder*; in: Alban Berg (editor), Arnold Schönberg, Wassily Kandinsky. *Briefe, Bilder und Dokumente einer aussergewöhnlichen Begegnung*, editado por Jelena Hahl-Koch, com um ensaio de Hartmut Zelinsky, Salzburg und Wien, 1980, p.154ss.

[82] Anteriormente, Adorno havia acenado apenas indiretamente para a necessidade de segurança (Cf. p.28 e seguinte da edição original). Mais à frente nas aulas, contudo, ele retorna recorrentemente a esse tema; Cf. páginas 155, 214, 254, 260, 274(ss.), 281, 294 da edição original.

do método, a de que se pode simplesmente continuar acochambrando as coisas, perseguindo o método de maneira em certo sentido automatizada, cega, em vez de levar a termo, a todo instante, o esforço contido no pensamento — foi justamente contra isso, eu dizia, que Hegel se voltou energicamente. Mas tais percepções [*Einsichten*] são naturalmente bastante modestas e comedidas, embora seja extraordinariamente mais difícil comportar-se realmente de acordo com elas ao se pensar concretamente do que quando se as toma assim, em abstrato. Não há a menor garantia de que, também quando se pensa dialeticamente, esse mesmo pensar dialético não se transforme em uma embaraçosa repetição do truque de cartas acerca do qual Hegel adverte tão insistentemente. E é muito importante que, como seres humanos pensantes, nós de antemão nos condicionemos a atuar obstinadamente contra toda aplicação mecânica das nossas próprias categorias — em outras palavras: que nos disponhamos continuamente a refletir sobre nossas próprias categorias, a verificar // se tais categorias ainda são, de fato, apropriadas às coisas a serem pensadas por meio delas.

Nesse contexto, aquilo que é o mais grandioso no pensamento de Hegel, e a que eu gostaria de chamar-lhes a atenção agora, consiste em que ele não se dá por satisfeito com a mera constatação do problema e com a simples polêmica contra o uso mecânico do pensamento dialético, contra seu enrijecimento; antes, tal como aliás procede recorrentemente com respeito a todos os elementos negativos que surgem ao longo de sua exposição, chega ao ponto de propor inclusive a compreensão dos motivos por trás de tal fenômeno. Em termos mais precisos, Hegel tenciona deduzir isso, até mesmo essa peculiar aberração, esse enrijecimento e coisificação do pensamento, a

Introdução à dialética

partir do processo vivo do próprio pensamento. E eis aqui algo extremamente característico para a dialética em geral, uma vez que ela possui, sim, como mais íntimo impulso vital, o intuito de dissolver o coisificado, solidificado, enrijecido – e isso não simplesmente contrastando-o com aquilo que é pretensamente vivo e imediato; mas, antes, lançando mão justamente do que se tornou enrijecido, e percebendo nele igualmente a vida que foi coagulada, o trabalho que aí se petrificou, aquilo que dentro dele se sedimentou. Apenas assim, a dialética logra ultrapassar o que se enrijeceu e se fixou, colocando-o em movimento a partir de sua própria força, por conseguinte, a partir da própria vida que se depositou nas coisas e nos conceitos que se nos defrontam, estranhados de nós. "Mas o que é excelente não pode escapar ao destino de tornar-se assim sem-vida e sem espírito, tendo sua pele esfolada desse modo por um saber carente-de-vida e pela vaidade dele".[83] A propósito, vocês podem aqui ter também acesso a algo do grandiloquente linguajar de Hegel, geralmente preterido por ter sido um filósofo dotado de estilo supostamente ruim, quando comparado a alguém como Schopenhauer, por exemplo, que supostamente seria um exímio estilista da linguagem. Tal avaliação é feita, evidentemente, por pessoas que, com maior ou menor ilegitimidade, creem ter sido investidas da posição de juízes acerca da competência linguística, sustentando, assim, poder julgar a linguagem nos filósofos de acordo com o critério de se porventura tal linguagem se comunica, sem qualquer mediação,

---

[83] Hegel, *Werke*, Bd.3: *Phänomenologie des Geistes*, p.35 (Cf. *Werke*, Bd.3: *Phänomenologie des Geistes*, p.51) [Ed. bras., com tradução ligeiramente modificada: p.51].

com o senso comum e com a linguagem mais coloquial // – o que definitivamente não é o caso em Hegel. O mais extraordinário em relação à linguagem em Hegel reside numa espécie bastante peculiar de sensibilidade de segunda ordem, ou de imediatidade de segunda potência, em que, nesta grandiosa arquitetura de pensamento, os conceitos se preenchem intrinsecamente com a vida, movimentando-se, então, de maneira tão intensa que, por mais que pareçam ser conceitos inteiramente abstratos, absorvem dentro de si, uma vez mais, toda a variegação de cores e plenitude da vida, e chegam com isso a resplandecer de um modo notável. Falta até hoje uma efetiva análise da linguagem de Hegel. Creio que um estudo sobre Hegel, do ponto de vista da análise da linguagem, não somente viria a calhar, como ainda faria despontar camadas extraordinariamente mais profundas do teor filosófico do pensamento hegeliano. Numa frase como essa citada acima, vocês poderão captar Hegel, por assim dizer, como um todo: a simples representação de uma pele, da qual a vida teria se evadido, é aplicada de maneira totalmente imediata a algo aparentemente tão abstrato como o saber, a consciência. Eu já havia lhes falado, nos últimos encontros, da peculiar envergadura da filosofia de Hegel, a qual tem seu movimento trilhado não por um trânsito contínuo, mas antes pelo descomunal vigor com o qual o pensamento salta do polo da concreção ao extremo da abstração, ligando o mais sensível e próximo com o mais longínquo e remoto: em vez de se estabelecer uma ligação, digamos, em algum ponto intermediário entre ambos, o que antes ocorre é que os extremos, o universal e o particular, se tocam. Isso se vincula o mais profundamente, para retomar o ponto, com o teor da filosofia hegeliana, pois se trata aqui, na verdade, da quintessência da própria doutrina dialética, a saber: a ideia de que o universal é sempre, ao mesmo tempo, o particular, e o particular, o universal. Vocês veem, então, quão intensamente o teor dessa filosofia se transferiu para a ousadia de semelhante construção linguística. Nesse contexto, posso dizer-lhes, sobretudo àqueles dentre vocês que se ocupam com poesia alemã, que, a partir dessas complexidades presentes na linguagem hegeliana, é provável que pudesse advir uma luz inteiramente nova sobre a poesia de Hölderlin, // que talvez, até agora, não foi percebido de maneira tão esclarecedora.

> Antes, há ainda que se conhecer nesse mesmo destino [portanto, no destino em cujo contexto as pessoas creem em certo sentido possuir, nesta pele morta, a coisa mesma, TWA] a violência que ele exerce sobre os ânimos, senão até sobre os espíritos, tal como também a formação para a universalidade e determinidade da forma, na qual consiste sua completude e que é o único elemento que torna possível que essa universalidade seja utilizada como superficialidade.[84]

Hegel diz nesta passagem algo extraordinariamente profundo, a saber: que o próprio pensamento tem de chegar àquela forma de objetivação [*Objektivation*], de objetificação [*Vergegenständlichung*], caso queira se desvencilhar da pura contingência de uma inspiração [*Einfall*] que ocorre ao sujeito – caso queira, portanto, desvencilhar-se do caráter discricionário da subjetividade; mas que também, justamente porque acolhe esse tipo de universalidade, de determinidade conceitual, o pensa-

---

84 Ibid.

mento acaba criando, dentro de si, o risco de ser coisificado [*verdinglicht*], de se tornar uma espécie de receita, de ser mal utilizado. Em outras palavras, o abuso do qual Hegel nos adverte, que consiste, por exemplo, na utilização superficial do esquema triádico, esse abuso não é, enquanto tal, exterior ao pensamento, mas antes algo que é desencadeado quando o pensamento cumpre aquilo que ele tem realmente de fazer, quando é precisamente o caso de se elevar acima da simples arbitrariedade do *hic et nunc*, ou seja, quando pretende tornar-se, ele próprio, verdade objetiva. Dito de outra maneira, a inverdade, o tornar-se não verdadeiro naquele sentido do enrijecimento, é inseparável do caráter de objetivação [*Objektivierung*] da própria verdade. Não se pode ter uma e, ao mesmo tempo, não ter a outra — algo que é, a propósito, um dos mais importantes princípios dialéticos. Isso significa que não se pode, de um lado, conferir ao pensamento sua objetividade, seu poder, sua obrigatoriedade, sem que, justamente por isso, o pensamento sempre corra o risco, por outro lado, de se autonomizar e de ser utilizado, perante as coisas, como exterior a elas, violentando-as de maneira inflexível, mecânica. Vocês têm aqui, nessa advertência em relação ao uso mecânico da dialética, um // caso exemplar para o próprio pensar dialético, no sentido de que vocês podem reconhecer aqui, de maneira perfeitamente clara, aquilo que constitui o ponto nevrálgico da dialética: que a verdade e a inverdade não são extrínsecas uma à outra, que a verdade e a inverdade não se contrapõem uma à outra, perfazendo simplesmente uma antítese abstrata; dá-se, antes, que é inerente à própria verdade a passagem para a inverdade, como seu destino, como sua maldição, como signo dos nexos de culpa nos quais ela se encontra inserida. De modo inverso, o caminho trilhado em geral pela verdade – e a verdade é, sim, um processo – consiste precisamente naquele que atravessa completamente a inverdade. Vocês podem, então, verificar aqui como o pensamento dialético se apodera até mesmo da advertência em relação ao abuso de si próprio.

Nessa advertência ante o mau uso do esquema da triádico, esconde-se uma percepção [*Einsicht*] que, a esta altura, certamente não merece ser desprezada por vocês, na medida em que constitui outra noção fundamental da dialética. Em uma formulação que confere ao pensamento discutido anteriormente uma expressão diferente, trata-se da ideia de que não há nenhum pensamento que, ao ser isolado – e "ser abstrato", em Hegel, sempre significa isolar, desprender algo da conexão que tem com o todo –, não possa ao mesmo tempo se tornar também falso. Hegel manifestou isso na passagem que comentei antes, aquela que se referia à declaração sobre o caráter processual do mundo [*Weltprozeß*] como sendo um jogo de Deus consigo mesmo, e a respeito do qual ele havia dito se tratar de algo em si verdadeiro, mas que, quando não se acompanha o próprio processo, vê-se rebaixado à inverdade, isto é, à insipidez e à indiferença.[85] Creio que se possa ir aqui muito além e dizer que não há, em geral, absolutamente verdade alguma, nem a teoria mais verdadeira, nem mesmo a própria teoria dialética, que, caso esteja separada de seu contexto e, acima de tudo, caso esteja a serviço de alguma conjunção particular de interesses, não possa também, imediatamente, ser convertida em inverdade. Não há nenhum construto no mundo, nem o mais elevado construto da filosofia, nem as mais elevadas // criações da arte,

---

85 Ver p.66 da edição original.

que não possam ser mal utilizados, caso sejam mantidos firmemente como isolados, a fim de manter as pessoas afastadas de outras coisas, ou para iludir as pessoas acerca de outras coisas, ou até para proporcionar-lhes falsa satisfação, uma satisfação não verdadeira, digamos, um contentamento espúrio. E se, neste ponto, vocês esperam de mim uma aplicação prática da dialética, então ela consistiria precisamente no seguinte: o pensamento dialético é aquele que se comporta de maneira extremamente desconfiada ante ser de tal forma isolado a ponto de servir a propósitos deturpados. Ou seja, quando um conhecimento singular [*Einzelerkenntnis*], um conhecimento finito – e todo conhecimento a respeito da totalidade é realmente, enquanto conhecimento, sempre ainda um conhecimento singular – passa a se considerar como se fosse o próprio todo, arvorando-se como o próprio absoluto, torna-se passível de ser posto a serviço da inverdade, convertendo-se assim em ideologia. Vocês podem naturalmente constatar isso hoje em dia, e da maneira mais categórica, em boa parte do bloco oriental, onde a dialética foi realmente elevada a uma espécie de religião de estado. É verdade que até se tentou, sob certas circunstâncias, tornar determinadas partes da teoria dialética compreensíveis a pessoas num círculo mais amplo, e ocasionalmente isso foi feito até mesmo de maneira honesta e bem-intencionada; em geral, contudo, não quero dizer que eles a repetem de maneira automática, embora seja essa, na verdade, a expressão que aqui me ocorre. Trata-se, com efeito, de uma tentativa na qual, via de regra, a dialética, tal qual justamente uma espécie de religião de estado, somente serve à justificação de uma práxis que não desemboca em outra coisa senão na perpetuação da opressão – contra a qual, a bem da verdade, o impulso da dialética se opõe completamente. Acerca disso, não deveríamos deduzir a conclusão inversa, a de que pelo fato de que se fez da dialética essa coisa sem sentido [*Unsinn*], a dialética seria então não verdadeira. Bem ao contrário – e isto a dialética tem em comum com tudo que até hoje se estabeleceu como verdade na história e, certamente, também com a verdade que foi encarnada pelo cristianismo – seria o caso de sustentarmos que ela foi ali deturpada em nome de todo tipo de infâmia, de atos de violência e de toda espécie de tortura. Por isso, penso que não passa de uma perniciosa falácia quando alguém imagina que // galimatias desse tipo, que no Leste europeu se chama *"Diamat"*, esteja enunciando algo consequente acerca da teoria dialética enquanto tal.

Eu gostaria agora de retornar à questão acerca da considerável irrelevância do esquema triádico. E creio que vocês poderão constatar facilmente essa relativa irrelevância, cujo fundamento consiste naquilo que tenho dito até aqui, ao se recordarem de que a dialética não é realmente um método em sentido convencional, ou seja, um mero procedimento do espírito para se apoderar de seus objetos. Naturalmente, tal circunstância se encontra muitas vezes em oposição àquilo que sucede literalmente, *hic et nunc*, no texto de Hegel, mas acredito se tratar de algo que pertence ao espírito da filosofia hegeliana. Digo isso porque o movimento da dialética deve, sim, ser sempre tanto um movimento da coisa quanto, do mesmo modo, um movimento do pensar. Se esse é o caso, ou seja, se o movimento dialético é um movimento da coisa, somente podendo ser levado a termo a partir da coisa, então resulta disso que toda espécie de reflexão dialética que é imposta às coisas, metodicamente – portanto, como se viesse de fora delas –, atenta de antemão contra a dialética. Vocês talvez possam constatar isso, de maneira ainda mais convincente, ao perceberem a insensatez e a superficialidade da visão convencional de dialética, essa que a considera como um jogo de tese, antítese e síntese. Se nos colocarmos no lugar de uma consciência pré-filosófica, quando se ouve falar de dialética e de tese, antítese e síntese, então logo se imagina: "pois bem, primeiramente se apresenta uma proposição, em seguida se coloca diante dessa proposição uma outra que é o contrário dela; em ambas há algo em comum e, na sequência, vem a síntese, a qual consiste, então, em extrair o melhor de ambas as proposições, contrapostas uma à outra, produzindo, a partir disso, o assim chamado momento sintético [*Synthese*]". Eu não pretendo suscitar em vocês, sem uma discussão mais aprofundada, a aversão ao conceito de síntese que me acomete desde a minha mais tenra juventude. //Entretanto, em todo caso, essa descrição certamente não é condizente com a dialética. Pois o movimento dialético consiste justamente em não se acrescentar a partir de fora a uma proposição algo que lhe seja contraposto; o movimento dialético surge quando o momento contraditório é descoberto na própria proposição que vocês inicialmente enunciaram, o que significa que se mostra que a proposição, mesmo que pareça estável e cristalizada, é em si mesma um campo de tensão, possui dentro de si própria um certo tipo de vida. Significa que a filosofia tem a tarefa de reconstruir, de certa maneira, essa vida que reside na proposição. Do mesmo modo, a síntese não é a retenção do que há de comum a duas proposições. Hegel designou a síntese precisamente como o contrário disso, a saber: uma forma ulterior de negação, como a negação da negação. Isso quer dizer, portanto, que a antítese, na medida em que é o contrário da proposição,

Introdução à dialética

aquilo que foi desemaranhado a partir dela, está igualmente dentro dela, pois se trata aqui de uma proposição finita e, dizendo mais uma vez, não verdadeira. E ao se determinar, na proposição mesma, essa não verdade, torna-se novamente válido o momento de verdade dentro da proposição, que havia sido originalmente negado. A essência do pensamento dialético enquanto tal reside, sob esse ponto de vista, no contrário de um pensar que trabalha meramente com abstrações ou seguindo a lógica extensional – que estabelece oposições a partir de fora e, em seguida, vê apenas uma unidade abstrata de atributos como resultado. Hegel não considerava o esquema triádico como tão relevante, pois esse esquema consiste na contrapartida puramente subjetiva e, portanto, em certa medida, na descrição da atitude subjetiva com a qual se aproxima da coisa; essa atitude subjetiva é apenas um momento, que Hegel então corrige por meio daquele outro momento que ele denomina o "puro observar" [*das reine Zusehen*],[86] portanto, por meio daquele abandonar-se completa e irrestritamente à coisa.

---

86 Hegel fala acerca do "puro observar" numa passagem-chave da "Introdução" à *Fenomenologia do espírito*. Nessa passagem, discute-se – acerca do método do conhecimento – primeiramente sobre a questão do critério de acordo com o qual o saber pode ser avaliado no que tange a correção; e, em segundo lugar, acerca do papel que nisto desempenha a consciência que está sendo observada: "Uma achega de nossa parte se torna supérflua segundo esse aspecto, em que conceito e objeto, o padrão de medida e o que deve ser testado estão presentes na consciência mesma. Aliás, somos também poupados da fadiga da comparação entre os dois, e do exame propriamente dito. Assim, já que a consciência se examina a si mesma, também sob esse aspecto, só nos resta o puro observar." (Hegel, *Werke*, Bd.3: *Phänomenologie des Geistes*, p.77). Simplificando de maneira bastante rudimentar, Hegel quer

Tenho claro para mim que essas considerações um pouco formais, // que estamos empreendendo no presente momento, ainda não são capazes de satisfazer vocês – e é por isso que aguardo dos presentes uma objeção que me fará sem dúvida recordar do momento em que eu, pela primeira vez, entrei em contato com a filosofia dialética. Por que, então, tudo tem de estar enredado em contradições? Só há porventura contradição por toda parte? Não haveria também simplesmente diferenças [*Differenzen*]? Não seria um ato arbitrário – e com isso chegamos, num sentido marcante, à questão de como conceitos podem se tornar camisas de força –, não seria um coercitivo "violentar a realidade a partir do método", quando se deseja reconduzir tudo que há em geral a contradições – a contradições internas, caso se queira, mas ainda assim a contradições? Não seria isso arbitrário, na medida em que há, por outro lado, uma

---

dizer que, com o processo de avaliação (*Prüfung*) do saber em conformidade com um determinado critério – em que uma consciência remete ao seu objeto –, trata-se de um processo objetivo, porquanto as diferenciações epistemológicas – de um lado, entre objeto e conceito, de outro lado, entre o ser-em-si do objeto e seu ser para o conhecimento – perfazem diferenciações instauradas pela própria consciência que está sendo observada, portanto, recaindo nela. A consciência tem, então, em cada caso, o critério da verdade dentro de si mesma, e a prova acerca de se o objeto e o conceito correspondem um ao outro recai sobre ela mesma, como incumbência sua, uma tarefa de acordo com a qual, no caso de uma não correspondência – reflexivamente apreendida – entre ambos, a consciência é conduzida por si mesma à experiência de uma alteração tanto do seu saber quanto de seu objeto. "Esse movimento *dialético* que a consciência exercita em si mesma, tanto em seu saber como em seu objeto, *enquanto dele surge o novo objeto verdadeiro* para a consciência, é justamente o que se chama *experiência*." (Ibid., p.78).

abundância de qualidades, que estão dispostas como contíguas umas às outras e que são tão diversas como o verde, o vermelho ou o azul? E não seria um procedimento de nivelamento – em razão, digamos, da beleza da escala de cores – precisamente o momento desse abstrair, do complanar, quando se pretende conduzir todas as coisas à forma da contradição *partout*?[87] Essa objeção foi, evidentemente, levantada muito amiúde na história da filosofia, e creio que não seria bom se eu simplesmente a desprezasse com um gesto pomposo e arrogante: ao contrário, creio que se deva enfrentá-la. Ela foi formulada, pela primeira vez e com todo o rigor, a partir da lógica tradicional – na verdade, da lógica aristotélica e, mais especificamente, pelo aristotélico Trendelenburg,[88] que, na primeira metade do século XIX, fez dela o fundamento de sua crítica a Hegel;[89] e então, final-

---

87 "A principal coisa a ser notada consiste em que não apenas se encontra a antinomia nos quatro objetos particulares, tomados da cosmologia, mas sim, antes, em *todos* os objetos de todos os gêneros, em *todas* as representações, conceitos e ideias." (Hegel, *Werke*, Bd.8: *Enzyklopädie der philosophischen Wissenschaften I*, p.127) "Todas as coisas são em si mesmas contraditórias." (Hegel, *Werke*, Bd.6: *Wissenschaft der Logik II*, p.74).

88 Friderich Adolf Trendelenburg (1802-1872) se tornou, a partir de 1837, professor de filosofia prática e pedagogia em Berlim.

89 Trendelenburg lida criticamente com a lógica hegeliana e com a dialética principalmente em dois escritos: num capítulo propriamente dedicado à dialética hegeliana em sua obra principal, *Logische Untersuchungen* (Berlim, 1840; segundo capítulo: "O método dialético", v.I, p.23-99); e em dois escritos polêmicos menores, que foram publicados sob o título *Die logische Frage in Hegel's System* (Leipzig, 1843) [Ed. bras.: Hegel, *A questão lógica no sistema de Hegel: Dois panfletos*. Trad. Luiz Gustavo Onisto de Freitas. São Paulo: Edições Loyola, 2018] e nos quais ele resume brevemente, num determinado momento, os pontos essenciais de sua crítica (ibid., p.12-9) – A teoria hegeliana da con-

mente, foi retomada mais uma vez, num sentido consideravelmente diferente, no livro de Benedetto Croce sobre Hegel,[90]

---

tradição dialética, assim segue sua crítica, repousaria sobre a confusão entre negação lógica e oposição real. Para Trendelenburg, a negação é um fenômeno puramente lógico, sem força real. Ela existiria apenas no pensamento e somente poderia ser absolutamente universal, porque ela mesma seria sem qualquer conteúdo positivo e, com isso, completamente indeterminada. A oposição real, em contrapartida, seria um fenômeno da efetividade passível de ser intuído. Seus lados opostos seriam princípios reais com conteúdo positivo, o qual lhes caberia não apenas por meio da contraposição, mas também fora de seus limites. Apoiando-se nesse fundamento constituído pela diferenciação entre negação lógica e oposição real, Trendelenburg argumenta da seguinte maneira: a *Ciência da lógica* tencionaria, conforme a pretensão de Hegel, engendrar uma identidade do pensar e do ser a partir de si mesma. Porém, os meios lógicos à disposição de Hegel não estariam absolutamente em condição de permitir isso: a partir da negação lógica não se deixaria, de modo algum, explicar a determinidade, a passagem, a alteração ou o automovimento dos conceitos. Na verdade, a cada vez que pretende alcançar na *Lógica*, com os meios da negação e da contradição dialética, um progresso, Hegel recorreria à intuição e às oposições reais da efetividade, e apenas por meio de inconfessável recurso à efetividade extralógica, passível de intuição, e a seu movimento, chegar-se-ia à identidade, pretensamente produzida pela lógica dialética, entre ser e pensar.

90 Benedetto Croce (1866-1952) foi um filósofo italiano, historiador, teórico da literatura e político. Seu livro *Ciò che è vivo e ciò che è morto della filosofia di Hegel* apareceu em 1907, em Bari. (Cf. *Lebendiges und Totes in Hegels Philosophie*, ver a primeira nota a essa aula). O ponto de partida de sua crítica é formulado por Croce no quarto capítulo, "Die Verknüpfung der Unterschiede und die falsche Anwendung der dialektischen Form" (ibid., p.64-81). O erro fundamental da dialética hegeliana, do qual se seguiriam todos os outros "equívocos", consiste, de acordo com Croce, na "confusão da teoria das diferenças com a teoria das oposições" (ibid., p.80 e seguinte). A diferença é para

livro que deu ensejo à assim chamada *Renaissance* hegeliana. No entanto, Croce se aproximou de Hegel como se estivesse padecendo intensamente de consciência de culpa, tencionando realmente estabelecer, de maneira semelhante a Trendelenburg, uma certa concordância de Hegel com o pensamento positivista, ou com a assim chamada "filosofia da reflexão" [*Reflexionsphilosophie*].// E foi precisamente por isso que, com esse

---

ele o princípio estruturante de um ordenamento plural, o qual se diferencia na figura de estágios e se desdobra organicamente, sem que suas partes entrem numa relação antagônica umas com as outras, e cuja unidade inicial permanece como princípio unificador, subjacente também ao todo enquanto algo desdobrado. A oposição, que ocorre entre dois termos, significa, em contrapartida, a relação antagônica de lados opostos, a qual somente pode ser superada numa unidade superior por meio do princípio de síntese da oposição. Ao que parece, diferença e oposição constituem para Croce dois lados subsistindo ao mesmo tempo na efetividade, aspectos que são passíveis de diferenciação em cada fenômeno. "O organismo é luta de vida contra a morte, mas os membros do organismo não estão, apesar disso, numa luta de um contra o outro – a mão contra o pé, ou o olho contra a mão! O espírito é desenvolvimento, é história e, com isso, ao mesmo tempo, ser e não ser, um vir-a-ser. Porém, o espírito *sub specie aeterni* que a filosofia pretende é *história eterna ideal*, existindo fora dos limites da temporalidade: ele é a sequência das formas eternas de um surgir e perecer – o que, como diz Hegel, não é, enquanto tal, nem surgir, nem perecer" (ibid., p.76). A crítica à dialética hegeliana consiste, portanto, mais especificamente, em que ela compreende a "conexão de estágios (constituída por meio da diferença,) *dialeticamente a partir do tipo de relação preconizado pela dialética das oposições*" (ibid., p.78), com o que a validade da dialética é estendida de maneira irregular a âmbitos ontológicos não dialéticos da efetividade e, por meio disso, a efetividade como um todo é comprimida num esquema dialético da oposição e de sua síntese.

renascimento introduzido por Croce, tal assunto permaneceu um tanto quanto problemático.

Para que todo esse complexo seja colocado numa perspectiva correta, creio que tenho, primeiramente, de dizer algo sobre o modo como o pensamento procede em geral, isto é, o modo como se me afigura realmente o mais apropriado para o pensar enquanto tal. Especificamente, gostaria de sustentar que não é, de modo algum, tarefa do pensamento trazer sob um denominador comum tudo aquilo que há para se conhecer em geral. Ora, precisamente essa necessidade foi criticada pela dialética; e, na medida em que, nesse aspecto, a dialética tornou-se consciente, poderíamos dizer, da ingenuidade de toda filosofia que pretende, como se carregasse uma rede de pegar borboletas, realmente açambarcar toda a plenitude da experiência, ela também em certa medida nos facultou, com isso, o ponto a partir do qual podemos dizer algo bastante contundente contra ela mesma. Se a dialética procedesse realmente assim, a saber, como um pensamento meramente redutor, o qual tencionasse, portanto, abranger todas as diferenças existentes sob a fórmula da contradição, então ela seria, sim, efetivamente uma tentativa para explicar tudo a partir de um único princípio – algo que ela, todavia, como vimos, efetivamente recusou. Eu creio que o papel que o pensamento dialético deva em geral desempenhar, o significado que o pensar dialético – ou que o pensamento filosófico em geral – propriamente deve possuir, tem de ser muito mais aquele de constituir uma espécie de força contra-atuante e disciplinadora diante da experiência viva. Pensamos propriamente de maneira dialética, portanto, quando atuamos no sentido de uma autolimitação determinada; pois, se observamos somente diferenças, se somente somos cônscios do diverso enquanto tal, sem encontrar no diverso a unidade – e, para encontrar sua unidade, é forçoso que se constate também o caráter de contradição que se esconde no meramente diverso –, então o pensamento, por assim dizer, se dissolve, já que não possui mais a forma da teoria e porque, assim como não se pode absolutizar a teoria, tampouco se pode, por outro lado, // ter sem a teoria aquilo que se poderia chamar de conhecimento. Manifesta-se aqui, então, uma relação paradoxal. A teoria que acredita ter o todo em mãos, que acreditasse ser a chave com a qual se poderia explicar tudo, tal teoria já estaria degenerada em função de uma péssima *hybris*. Contudo, se esse momento da teoria – esse momento, portanto, da homogeneização [*Vereinheitlichung*], ou mesmo daquela objetivação do conhecimento, sobre a qual falamos hoje no início da aula – estiver completamente ausente do pensar, então, no fundo, a própria teoria não será propriamente um conhecimento, mas somente a constatação de fatos contíguos uns aos outros, mais ou menos ordenados – fatos desorganizados e díspares. E é propriamente na necessidade de atuar contra isso, sem cometer excessiva violência às coisas, que reside a concepção especificamente dialética de filosofia. É verdade que isso ainda não é inteiramente satisfatório, pois vocês poderiam redarguir: "Ora, você lança mão da dialética como se fosse uma espécie de dietética para a alma ou para o conceito, porque ela seria salutar e porque seria, em certo sentido, propício ao pensamento possuir tal método, reter nas mãos algo de firme; por outro lado, você mesmo não acredita realmente nisso e não sustenta que exista algo assim absoluto." Nesse ponto, sinto estar, de fato, diante da obrigação de dizer algo decisivo sobre o método dialético e sobre o conceito de contradição. Não se deve hipostasiar o conceito de contradição, assim como também não se o deve fazer com nenhum outro conceito. Isto quer dizer que o conceito de contradição não é o conceito-chave para a dialética, como tampouco o é qualquer outro conceito específico [*Einzelbegriff*]. Ao contrário, a dialética consiste, com efeito, somente na relação entre os conceitos, e não na atribuição de dignidade absoluta a um conceito específico qualquer.

Contudo, vocês certamente têm direito de saber o motivo pelo qual, na dialética, o conceito de contradição desempenha esse papel tão central e, na verdade, não por motivos relativos, digamos, à "dieta intelectual", mas por qual motivo concreto // esse é realmente o caso. Eu começaria dizendo o seguinte: cada juízo finito, na medida em que por meio de sua forma enquanto juízo reivindica ser uma verdade absoluta, pura e simples – portanto, na medida em que ele simplesmente afirma "A é B" –, entrará em conflito com sua própria finitude, ou seja, com o fato de que nenhum juízo finito, justamente por ser finito, pode constituir toda a verdade enquanto tal.[91] E se o conceito de contradição desempenha na dialética um papel tão primordial, se ele é o conceito que mais sobrecarrega o atento observar [*Zusehen*], o ajustar-se às coisas; e se se trata, finalmente, do conceito sobre o qual se pretende, por outro lado, algo a mais – a saber, que ele seja o princípio propriamente dito para a dialética –, então é precisamente no contexto de que estamos tratando que encontraremos a razão para isso. O conceito de contradição, ou antes, aquilo que marca a origem da doutrina moderna da dialética, provém na verdade da *Crítica da razão pura*. E eu realmente creio que vocês proce-

---

91 Ver nota 59, p.137.

derão bem – caso queiram seguir corretamente a parte da aula que estamos vendo hoje, mas que não poderemos infelizmente concluir –, em se familiarizar, seja indo direto à fonte, seja por meio de apropriadas introduções na literatura secundária, com aquilo que em Kant se denomina "dialética transcendental". A ideia fundamental consiste no seguinte: no instante em que nós aplicamos os conceitos fundamentais de nossa razão – portanto, nossas assim chamadas categorias – além das condições de possibilidade de nossa experiência, de preenchimento sensível delas – com outras palavras, quando nós enunciamos juízos infinitos –, então estaremos neste caso nos expondo ao risco de resvalar em juízos que entram em contradição entre si, os quais parecerão, por seu turno, dotados do mesmo grau de evidência. Assim, por exemplo: "todo acontecer tem um início no tempo", ou seja, "todo acontecer no tempo apresenta uma série infinita".[92] Ou ainda o análogo para o espaço. Ou também: "tudo o que existe pressupõe a causalidade" ou "há ainda uma causalidade pela liberdade", isto é, "há um ponto onde a sequência causal se interrompe".[93] Todas essas proposições, em

---

92 As antinomias são construídas de tal maneira na *Crítica da razão pura* que uma tese é contraposta a uma antítese, e para ambas – tanto para a tese quanto para a antítese – são em seguida apresentadas provas. A primeira antinomia diz: "TESE: O mundo tem um começo no tempo e é também limitado no espaço. ANTÍTESE: O mundo não tem nem começo nem limites no espaço; é infinito tanto no tempo como no espaço." (Kant, *Crítica da razão pura* op. cit., p.454*ss*.) [Ed. port.: Kant, *Crítica da razão pura*. op. cit., A 426/27 B 454/55].

93 A terceira antinomia diz: "TESE: A causalidade segundo as leis da natureza não é a única de onde podem ser derivados os fenômenos do mundo no seu conjunto. Há ainda uma causalidade pela liberdade que é necessário admitir para os explicar." "ANTÍTESE: Não há liberda-

contradição umas com as outras, surgem quando nossas categorias – as quais, de acordo com Kant, // existem somente para que organizemos nossa experiência – se tornam em certo sentido indômitas, passando, digamos, a girar no vazio [*leerlaufen*] quando afirmam possuir o absoluto a partir de si mesmas; enquanto que elas somente valem em sua relação com aquilo que se coloca diante delas. Com isso, Kant reintroduziu, de maneira inovadora, o conceito de contraditoriedade [*Widersprüchlichkeit*] no conhecimento e, na verdade, com grande veemência, ao dizer, por exemplo, que nossa razão tem necessariamente de se enredar nessas contradições, uma vez que não podemos fazer outra coisa a não ser prosseguir com nosso pensamento. E na medida em que está incutido na organização de nosso pensamento ir além da finitude, somos sempre induzidos a formular esse tipo de proposições; e não nos ajuda em nada tampouco o fato [como se diz numa passagem da *Crítica da razão pura*] de que somos capazes de descobrir as origens de tais contradições e de resolvê-las.[94] Vocês poderiam realizar a simples ope-

---

de, mas tudo no mundo acontece unicamente em virtude das leis da natureza." (Kant, *Crítica da razão pura*, op. cit., p.462ss.) [Ed. port.: A 444/45 B 472/73].

94 Na introdução às antinomias da razão pura, Kant escreve: "Quando não nos limitamos a aplicar a nossa razão, no uso dos princípios do entendimento, aos / objetos da experiência, mas ousamos alargar esses princípios para além dos limites desta experiência, surgem teses sofísticas, que da experiência não têm a esperar confirmação, nem refutação a temer, e cada uma delas não somente não encerra contradição consigo própria, mas encontra mesmo na natureza da razão condições da sua necessidade; a proposição contrária, porém, infelizmente, tem por seu lado fundamentos de afirmação igualmente válidos e necessários. [...] Uma tese dialética da razão pura deverá, por consequên-

Introdução à dialética

ração proposta por Hegel, que diria assim: "ora, se você está nos contando que todas essas contradições são realmente contradições necessárias, das quais nosso pensamento de maneira nenhuma pode escapar, nas quais, portanto, nós sempre haveremos de novamente nos envolver; e se sua pretensa solução para essas contradições em absolutamente nada nos ajuda, por que, então, você realmente não chega até o final desse caminho proposto e não incorre, você também, nessas contradições de fato inevitáveis? Por que você não está exposto a essas contradições que você mesmo diz serem incontornáveis? E por que você não tenta, então, atravessando esse movimento das contradições, chegar realmente à verdade?" Tal exigência colocada pela filosofia hegeliana se embasa, de fato, numa modificação epistemológica essencial em relação à filosofia kantiana, a saber: que em Hegel não se compactua mais com a antiga oposição entre sensibilidade e entendimento, entre pensamento e experiência, assim como fora exposta por Kant, de maneira relativamente ingênua e drástica. Pois Hegel diria: "a rigor, eu realmente não sei de que maneira eu posso chegar a algo // como "a sensibilidade" enquanto tal, pois não há absolutamente nada sensível que não tenha sido mediado pelo entendimento e *vice-versa*".

---

cia, possuir algo que a / distinga de todas as proposições sofísticas e é o seguinte: que não se ocupe de uma questão arbitrária, levantada apenas por capricho, mas de um problema que se depara necessariamente à razão humana na sua marcha; e, em segundo lugar, que apresente, como proposição contrária, não uma aparência artificial que logo desaparece desde que como tal se examina, mas uma aparência natural e inevitável que, mesmo quando / já não engana, continua ainda a iludir, embora não a enredar, e que, por conseguinte, pode tornar-se inofensiva sem nunca poder ser erradicada." (Kant, *Crítica da razão pura*, op. cit., p.449ss.) [Ed. port.: A 421/22 B 449/50].

E, em virtude disso, toda essa separação rígida entre sensibilidade e entendimento, sobre a qual repousa em geral a doutrina kantiana das antinomias e que poderia, em certo sentido, precaver-nos de cair em contradições, não pode ser de maneira nenhuma preservada. Ao contrário, precisamente porque não há sensibilidade sem entendimento, e nenhum entendimento sem sensibilidade, tal movimento, que Kant considera como um mero ato falho [*Fehlleistung*] da consciência, é ele próprio um dos atos necessariamente prescritos pela essência do espírito e, precisamente por isso, o pensamento se movimenta essencialmente em contradições.

// 7ª aula [12/06/1958]

Minhas senhoras e meus senhores,

No último encontro, tínhamos começado a nos ocupar com a objeção que foi levantada relativamente cedo contra a filosofia hegeliana e que, em muitos sentidos, possui um caráter radical. Refiro-me à objeção de que essa filosofia, em vez de levar em consideração simplesmente a diferença [*Differenz*], teria como preocupação central sobretudo a contradição. Não é difícil perceber que nessa objeção se encontra fundamentalmente reformulada – aliás, de maneira mais precisa – aquela outra objeção da qual falei anteriormente em conceitos mais gerais, a saber: a objeção acerca de uma camisa de força dos conceitos, que alegadamente a filosofia hegeliana imporia a todo existente [*das Seiende*]. Ainda assim, vocês poderiam dizer – e não seria a primeira vez em que isso seria alegado – que se trata, em alguma medida, de uma discussão um tanto estéril. A dialética, na formulação rigorosa que recebeu da filosofia hegeliana, seria em certa medida como que um exoesqueleto por meio do qual essa filosofia teria logrado entrar na história, certo tipo de dispositivo auxiliar do qual poderíamos agora prescindir, sem nos expor ao risco de abdicarmos dos elementos mais relevantes. E esse foi precisamente o caso daqueles que, sob impacto principalmente do positivismo, em inumeráveis contextos de discussão, acreditaram poder assim preservar ou salvar alguma coisa diante de Hegel. Uma célebre formulação afirma que o Hegel, que normalmente qualificamos como um idealista absoluto, teria sido, na verdade, também um grande realista. Chega-se a propor que tudo aquilo que ele teria a oferecer em termos de conhecimento – assim expressou Nicolai Hartmann, por exemplo – teria sua proveniência na própria experiência, cujo conceito, por seu turno, de fato teria, em Hegel, um caráter bastante enfático. Finalmente, pretende-se que nele se trate menos de uma dialética especulativa e construtiva do que – como se denomina com uma expressão também suspeita – de uma dialética real [*Realdialektik*].[95] Se esse fosse o caso, então poderíamos nos poupar do empenho que estamos fazendo aqui // e até mesmo nos eximir de qualquer esforço no sentido de um exame mais minucioso das principais obras sistemáticas de Hegel, ou seja, de uma incursão mais detida, por exemplo, pela *Fenomenologia do espírito* e pela *Lógica*. Poderíamos, na verdade, concentrar-nos sobre partes em que, assim se poderia também dizer, o sistema seria posto em execução, dentre as quais as mais célebres, e também as mais repletas de consequências, seriam a filosofia da história[96] e a filosofia do

---

95 Nicolai Hartmann (1882-1950) foi professor de filosofia em Marburg, Colônia, Berlim e Göttingen. A passagem atribuída a Hartmann não pôde ser encontrada. Acerca do conceito de dialética real, ver nota 11, p.74.
96 Hegel, *Werke*, Bd.12, *Vorlesungen über die Philosophie der Geschichte*.

Introdução à dialética

direito[97] – e dentre as mais frutíferas, talvez a estética.[98] Ora, a razão mais elementar por que isso não seja possível repousa em que, caso de fato se retire da filosofia hegeliana o rigor de sua construção, ela então deixaria de ser uma filosofia propriamente dita. Caso fizéssemos isso, então ela se tornaria a mera compilação rapsódica de uma sequência de descobertas [*Einsichten*] materiais, mais ou menos dotadas de sentido, nas quais faltaria, contudo, o célebre nexo *[Band]* espiritual – tal como ocorre com a atividade científica tradicional, contra a qual, aliás, a própria filosofia hegeliana se voltou. Em outras palavras, ao compreender Hegel como não possuindo um conceito corretamente implementado e rigoroso de dialética, faríamos dele, na verdade, um polímata, tal como Wundt[99] ou, no melhor dos casos, Dilthey.[100] Procedendo-se dessa maneira, e isto talvez seja o mais importante, seria desprezada a força por meio da qual Hegel precisamente obteve suas descobertas [*Einsichten*] específicas. Pois creio que – e isso pode ser dito sobre a filosofia hegeliana – na medida em que pretende ser ciência da experiência da consciência, sua filosofia deve ao princípio dialético a capacidade para compreender em geral a realidade da maneira como logrou compreendê-la, a saber: como uma realidade que se encontra essencialmente em desenvolvimento. Com efeito, sem esse princípio dialético,

---

97 Hegel, *Werke*, Bd.7, *Grundlinien der Philosophie des Rechts*.
98 Hegel, *Werke*, Bd.13-5: *Vorlesungen über die Ästhetik*.
99 Adorno se refere aqui a Wilhelm Wundt (1832-1920), filósofo e psicólogo, e não ao filho deste, Max Wundt (1879-1963).
100 Wilhelm Dilthey (1833-1911) fundamenta a teoria do conhecimento das ciências do espírito, numa delimitação em relação aos métodos adotados pelas ciências da natureza, como teoria da compreensão (hermenêutica).

concebido em toda sua agudeza, também aquilo que resta propriamente de Hegel na consciência mais difundida – a saber, o pensamento acerca do desenvolvimento, da dinâmica enquanto categoria alçada acima de todos os demais conceitos – será inevitavelmente perdido, tornando-se algo a ser constatado como contingente. Naturalmente, não se pode derivar dessa necessidade, isto é, do fato de que essa filosofia // postule um nexo espiritual, a fim de ter uma aceitação obrigatória, que tal construção, pretensamente obrigatória, permaneça incólume e tenha, apenas graças a esse postulado, sua dignidade garantida como irrefutável. E de fato, na crítica do século XIX, insistiu-se recorrentemente nesse aspecto da filosofia hegeliana. Nossa tarefa consiste aqui, por outro lado, precisamente em compreender aquela problemática que se conecta ao cerne da construção dessa filosofia, em vez de nos permitirmos, de maneira inconsequente, descartar o tema da contradição, voltando-nos simplesmente à assim chamada plenitude das descobertas [*Einsichten*] concretas, que de fato procedem do cerne da filosofia hegeliana. E esse cerne do pensamento de Hegel – e aqui jaz o motivo pelo qual lhes convido a empreender comigo uma série de reflexões não exatamente triviais –, dito enfaticamente, é o princípio da negação ou o princípio da contradição. A respeito da filosofia hegeliana, é principalmente Kroner[101] quem sustenta, com grande ênfase, em seu livro *De Kant a Hegel*,[102] [...][103]

---

101 Richard Kroner (1884-1974) foi professor de filosofia desde 1919 em Freiburg im Breisgau, em seguida em Dresden, Kiel e Berlin. Exilado em 1938, em 1941 se tornou professor em Nova York.
102 Cf. Richard Kroner, *Von Kant bis Hegel* (dois volumes) (De Kant a Hegel). Tübingen, 1921-1924.
103 Lacuna no texto.

Introdução à dialética

Na última aula, nós tentamos agarrar o touro pelos chifres, quer dizer, tentamos primeiramente derivar o conceito hegeliano de contradição, ou ainda – deixem-me dizer diretamente – o conceito hegeliano de dialética, a partir da dialética kantiana. Lembro a vocês que a lógica kantiana se compõe de duas grandes partes – a saber, a "analítica transcendental" e a "dialética transcendental" – e que, nessa divisão, a dialética [transcendental] apresenta o assim chamado lado negativo da lógica [transcendental]. Dito de forma bastante direta, trata-se do seguinte: a *Crítica da razão pura* realmente tenta explicitar a possibilidade do conhecimento necessário e universalmente válido – ou, como Kant o denomina, dos "juízos sintéticos *a priori*" – e faz isso analisando a consciência e mostrando que algo como um conhecimento necessário e universalmente válido vem a ser possível justamente em virtude das formas constitutivas de nossa consciência. Contudo, a *Crítica da razão pura*, precisamente por ser uma crítica, diz algo duplo. Por um lado, pretende conduzir à comprovação dos limites que circunscrevem o âmbito em que nós somos capazes de um conhecimento tal como esse a que me referi. // Por outro lado, porém, ela pretende indicar o ponto a partir do qual nós deixamos de ser capazes de tal conhecimento. Pretende-se, portanto, que a razão empreenda crítica à própria razão, a fim de evitar que ela mesma dê voltas confusamente, tornando-se, por assim dizer, irrestrita e nutrindo a presunção de enunciar afirmações consideradas como absolutas, necessárias e universais, as quais são efetivamente apenas meras invenções – na verdade, criações de nosso próprio espírito. Em outras palavras, tal crítica tenciona não apenas fundamentar a metafísica em sua própria necessidade, mas também, ao mesmo tempo, rejeitar a metafísica.

Ao fazer referência, assim tão seriamente, a esse pensamento fundamental, tanto do ponto de vista metodológico quanto sistemático, da *Crítica da razão pura*, de Kant, talvez se imponha a muitos de vocês uma questão que, todavia, pode-se até mesmo perder o hábito de levar em consideração – como sói acontecer, aliás, com muitas questões sensatas, quando as pessoas, em virtude de terem se familiarizado intensamente com um assunto, acabam perdendo um adequado distanciamento em relação a ele. Trata-se de algo bastante simples – na verdade, de uma reflexão que talvez nos faça entrar naquela sequência necessária de reflexões que conduziram o próprio Hegel à sua concepção de dialética. Pois vocês poderiam dizer: "Isto é, de fato, algo bastante curioso – a razão deve criticar a si mesma, a razão deve conferir à própria razão limites dentro dos quais ela pode se expressar de modo seguro, sem qualquer risco, com pretensão à aceitação obrigatória e universal do conhecimento. No entanto, ao mesmo tempo, deve advertir: alto lá! Se você for além deste ponto, então as coisas se tornarão sem sentido [*Unsinn*], já que a partir daí estará se ocupando com ficções, ou então fazendo, no melhor dos casos, declarações que de fato não podem, de maneira nenhuma, serem feitas de um ponto de vista teórico, ou seja, no sentido de enunciados de conhecimento; antes, somente poderão ser feitas em sentido normativo, como reguladoras de nosso agir. "Sim," poderíamos dizer ainda, "mas se você aqui confere à razão tais limites, procedendo racionalmente como se fosse um juiz emitindo uma sentença, você não estaria, na verdade, por isso mesmo, já indo além desses limites? A pretensão da razão de diferenciar, dizendo algo como 'você pode ir até esse ponto e jamais além dele' – não é implicitamente a pretensão de que a razão já se encontraria além dos

94 limites // que ela própria estabelece?". De onde deve a razão – poderíamos também dizer, e assim de fato foi formulado por Hegel –, de onde propriamente a razão toma o direito de criticar o conhecimento? Pois essa crítica, essa crítica da faculdade de conhecimento pela razão, não é, por outro lado, um conhecimento dotado de conteúdo, não é uma cognição material sobre coisas que de antemão possuiríamos; mas sim, isso não seria outra coisa senão aquilo que Kant denomina como uma cognição [*Einsicht*] transcendental, por conseguinte, uma cognição que se relaciona com a mera possibilidade e da qual Kant afirma, apesar disso, que ela deve ter validade absoluta para a constituição de nossos conhecimentos enquanto tais. Porém, se esse é o caso, então nosso conhecimento possui realmente, dentro de si mesmo, uma espécie de força por meio da qual ele se torna capaz de ir além da assim chamada possibilidade da experiência. Ou seja, ele seria capaz de fornecer conhecimentos que, por seu turno, não dependem de serem preenchidos pela sensibilidade, pela matéria. Em outras palavras: conhecimentos que, em última instância, não dependam de mera sensação. Se esse argumento, bastante simples até, é apropriado, um argumento que também poderíamos enunciar – e assim foi formulado por Georg Simmel[104] – dizendo que estabelecer li-

---

104 O sociólogo e filósofo Georg Simmel (1858-1918) pertence aos fundadores da sociologia como ciência independente. Em 1914, tornou-se professor em Strassburg. Sua compreensão, pautada pela filosofia da vida, acerca da natureza do limite é explicitada pormenorizadamente por ele no primeiro dos "Quatro capítulos metafísicos", *A transcendência da vida*, de 1912. (Cf. Georg Simmel, *Lebensanschauung. Vier metaphysische Kapitel* in: Georg Simmel *Gesamtausgabe*, editado por Otthein Rammstedt, Bd.16: *Der Krieg und die geistigen Entscheidungen*,

mites significa, ao mesmo tempo, justamente ultrapassar esses limites, então já aparece de outra maneira a diferença que a

---

editado por Gregor Fitzi e Otthein Rammstedt, Frankfurt a. M., 1999, p.209-425) – Acerca do pensamento de Simmel aludido aqui por Adorno, deixam-se elencar numerosas passagens. Simmel descreve a transcendência da vida, enquanto ultrapassar-do-espírito-por-si-mesmo, tal como segue: "Nossa vida concreta, imediata, impõe-nos um âmbito que repousa entre um limite inferior e um superior. Porém, a consciência, a justificação acerca disso, depende do fato de que a vida, tornando-se uma (vida) abstrata, abrangente, repele o limite ou passa por cima dele e, com isso, acaba constatando-o como limite. Todavia, a vida se atém firmemente ao limite, ficando aquém dele e, no mesmo ato, além dele, vendo-o assim, ao mesmo tempo, de dentro e de fora. Ambos os pontos de vista pertencem igualmente à sua constatação e, assim como o próprio limite possui parte no aquém e no além, da mesma maneira o ato unificador da vida inclui o estar-limitado e o ultrapassar do limite, indiferentemente em relação a se isso, pensado precisamente como unidade, parece significar uma contradição lógica" (ibid., p.214ss.). Porém, o fato de tais formulações não serem completa e literalmente comensuráveis com a formulação de Adorno, mas favoreçam, antes, outra nuança, talvez não seja fortuito: Simmel realmente não tem qualquer conceito dialético de limite, no sentido de que *o limite ele próprio* traria dentro de si o princípio de sua ultrapassagem. Aquilo que ele tem aqui em vista fica evidente na sua teoria do tempo (ibid., p.218ss.). Quanto a esse tema, subjaz, como estrutura essencial da vida, uma ultrapassagem (ou transcendência) do eu por si mesmo, enquanto extensão vivida, primária, contínua e imediata do passado para o futuro, na qual primeiramente, num ato de objetivação lógica consciente, um limite é marcado como umbral entre o agora e o instante posterior. Isso se dá de tal maneira que, por causa da unidade primária subjacente, nós sempre já nos encontramos aquém e além desse limite. O ultrapassar do limite se fundamenta, portanto, num "prévio tê-lo já ultrapassado". "Tão somente esta indicação de tal limite já mostra que nós podemos de algum modo ultrapassá-lo, que nós de alguma forma, na verdade, já o teremos ultrapassado" (ibid., p.214).

Crítica da razão pura faz entre suas divisões. Refiro-me ao fato de que haveria a parte positiva da *Lógica transcendental*, que mostra os conceitos que dão origem [*Stammbegriffe*] à nossa experiência, e uma parte negativa, ou seja, uma na qual se mostra onde nós podemos nos enredar em contradições. Com efeito, essa separação não parece mais ser legítima, de modo que, então, a segunda parte – aquela em que se mostra que necessariamente nos enredamos em contradições – pertence tanto ao conhecimento quanto a outra parte, aquela positiva. Pois se nossa razão, na medida em que reflete sobre sua capacidade cognoscente, não tivesse precisamente a força para ajuizar sobre algo incondicionado e absolutamente obrigatório, então ela não conseguiria emitir aqueles juízos restritivos, tal como ela faz na dialética transcendental. // Em outras palavras, a razão tem sempre de procurar assimilar dentro de si mesma, como um elemento positivo, justamente aquelas contradições, aquelas antinomias que são tratadas na dialética transcendental, transformando num órgão do conhecimento precisamente aqueles momentos em que a razão atinge seus próprios limites e os ultrapassa. Em outras palavras: a incumbência crítica da razão e sua assim chamada tarefa positiva devem ser amalgamadas, o que significa que o conhecimento positivo do existente tem de acolher em si aquele elemento crítico e negativo; e, inversamente, aquele elemento meramente negativo de modo algum permanece meramente negativo, mas, antes, tem de ser desenvolvido de tal maneira que se torne, dentro de si mesmo, um momento positivo.

Esse é certamente um dos aspectos mais essenciais das ponderações fundamentais de Hegel que conduziram à radical formulação da dialética. Talvez me seja permitido ler aqui uma passagem bastante famosa e eloquente de Kroner, que afinal resume mais uma vez esse pensamento:

A crítica kantiana da razão descobriu a relação de interdependência entre o abstrato e o concreto, o formal e o conteudista, o racional e o empírico, entre o pensamento apriorístico e o pensamento *a posteriori*, na medida em que o concreto, conteudista, empírico, *a posteriori* reflete-se nela, submete-se à análise, divide-se em si, critica-se.[105]

Posso ainda acrescentar que o conceito decisivo, ao qual se vinculam essas ponderações de Hegel que conduzem para além de Kant, é o conceito de reflexão. Gostaria de propor algumas elucidações que talvez esclareçam definitivamente a diferença crucial da filosofia hegeliana em relação às suas predecessoras. E se trata justamente do conceito de reflexão. "Reflexão" não significa, a princípio, outra coisa senão "espelhamento". Em outras palavras, a reflexão em Kant significa, num primeiro momento, que nossa razão toma em consideração a própria razão, comportando-se diante da razão de maneira propriamente crítica. Aquilo que Hegel e, em geral, // os idealistas pós-kantianos fazem, aquilo que caracteriza de modo crucial sua diferença em relação a Kant, reside no fato de que para eles essa reflexão não se realiza de forma inconsciente, tal como nos empiristas ingleses. Ou seja, nesses filósofos alemães, a razão, por assim dizer, não apenas se olha no espelho; antes, esse ato de reflexão, ou essa capacidade de reflexão, torna-se ela mesma um tema para a filosofia. Isso significa que, a partir de então, sustenta-se de modo enfático que aquela força, pela qual a razão se torna capaz de conhecer-se a si mesma, ao mesmo tempo consiste e tem de necessariamente consistir na força por meio da

---

105 Kroner, *Von Kant bis Hegel*. Op. cit., Bd.2, p.231.

Introdução à dialética

qual ela pode ir além de si mesma em sua própria finitude. E precisamente por meio dessa força, ela volta, por fim, a si mesma, tornando-se justamente por isso uma [razão] infinita. Podemos dizer que se trata aqui da reflexão da reflexão, tal como Schlegel certa vez o formulou;[106] ou seja, trata-se da consciência que se tornou infinita em si mesma, a consciência refletida infinitamente em si mesma, a qual perfaz propriamente o pressuposto dessa filosofia enquanto tal. Se vocês desejam ter agora uma definição simples – caso eu possa aqui empregar tal expressão –, uma determinação simples do conceito central da filosofia hegeliana, que a diferencia da filosofia kantiana – a saber, o conceito de especulação –, então a consciência especulativa seria, em oposição à consciência simples ou à consciência simplesmente reflexionante [*reflektierend*], aquela

---

106 No célebre fragmento 116 de *Athenäum*, Schlegel escreve o seguinte: "A poesia romântica é uma poesia universal [...] Somente ela pode se *tornar*, como a epopeia, um espelho de todo o mundo circundante, uma imagem da época. E, no entanto, é também a que mais pode oscilar, livre de todo interesse real e ideal, no espaço intermediário entre o exposto e aquele que expõe, nas asas da reflexão poética, sempre novamente potenciando e multiplicando essa reflexão, como numa série infinita de espelhos." A locução literal que descreve a razão como "reflexão da reflexão" não pôde ser rastreada em Schlegel. Porém, deixa-se certificar, em contrapartida, a expressão "reflexão da reflexão" em Kierkegaard, o qual a utiliza, assim como Adorno, como característica da ironia romântica de Schlegel (Cf. Sören Kierkegaard, *Gesammelte Werke*, Düsseldorf, Köln 1950, Bd.31: *Über den Begriff der Ironie mit ständiger Rücksicht auf Sokrates,* com a colaboração de Rose Hirsch e tradução de Emanuel Hirsch, Düsseldorf 1961, p.246) [Ed. bras.: Kiekegaard, *O conceito de ironia*, constantemente referido a Sócrates. Apresentação e tradução: Álvaro Luiz Montenegro Valls. Petrópolis: Vozes, 1991].

em que esse momento da reflexão da consciência se torna tema para ela mesma, o ponto em que ela alcança sua própria autoconsciência. É por causa disso que, já no princípio da análise do conhecimento, ela se depara com aquilo que então resultará no objeto por excelência [*Hauptgegenstand*] dessa dialética, a saber: a diferença entre sujeito e objeto [*Objekt*], a qual, nessa duplicação que lhe é característica, encontra-se já presente na reflexão. Pois, de um lado, vocês têm realmente aqui o pensar como objeto [*Objekt*], como aquilo que é tomado em consideração, que é analisado, tal como se denomina em Kant; de outro lado, vocês têm também o pensar como sujeito, isto é, o pensar que toma a si mesmo em consideração. Trata-se, caso queiram, do princípio propriamente transcendental, o princípio da síntese da apercepção, o princípio sintético propriamente dito. // E ambos os princípios estarão, dessa maneira, conectados um ao outro.

Essa posição completamente nova e central do conceito de reflexão é aquilo que constitui o órgão dessa filosofia, e nós veremos que esse momento da reflexão realmente é idêntico – e esta é a resposta que lhes darei à questão que nos propusemos aqui –, que esse princípio da reflexão que se sabe a si mesma é de fato idêntico ao princípio da negação. Esse princípio – e se trata também aqui, em Hegel, assim como em muitas outras coisas, da retomada de um motivo antigo, aristotélico, a saber: o *νόησις νοησεως*[107] –, o pensar do pensar, não é ele mesmo, em

---

107 No nono capítulo do 12º livro da *Metafísica*, Aristóteles escreve o seguinte: "A si mesma, portanto, pensa a razão na medida em que ela é o mais excelente, e o pensar é pensar do pensar (*νόησις νοησεως*)" (Aristóteles, *Metafísica*, 1074 b33-35, in: Aristóteles, *Metaphysik*, traduzida por Hermann Bonitz, editada por Héctor Carvallo e Ernesto

Introdução à dialética

Hegel, outra coisa senão o princípio da negatividade posto em execução [*ausgeführt*]. Mas me permitam dar continuidade à leitura da passagem de Kroner:

> Ela [a crítica kantiana da razão, TWA] fundamenta a validade da empiria na síntese de ambos os momentos [ou seja, do apriorístico e do a posteriori, do formal e do conteudista, TWA] no pensar ou no sujeito cognoscente, cuja *identidade* torna compreensível e garante a conjunção [*Zusammen*] complementar de ambos.[108]

Em outras palavras: por meio da unidade da consciência, cujos fatos são justamente aqueles fatos-da-consciência [*Bewusstseinstatsachen*] reunidos nela pela síntese, por meio dessa identidade da consciência pessoal, surge algo como a unidade do mundo, a unidade da experiência, a identidade e, ao fim e ao cabo, também a identidade lógica em Kant. Então, Kroner

---

Grassi, Hamburg 1966, p.284). Enquanto pura e eterna atualidade, a determinação da razão como pensar do pensar convém ao conceito aristotélico de Deus. Na atividade teórica, podem os seres humanos, com sua faculdade racional, dele participar numa forma atenuada, no modo temporal. Como se sabe, Hegel expressou sua admiração pelo conceito aristotélico de razão também ao concluir sua *Enciclopédia* com uma longa citação do 7º capítulo do mesmo livro da *Metafísica* – citação na qual o pensamento da autorreferencialidade do pensar é ligado com a ideia da identidade entre o pensar e pensável (inteligível). Hegel, *Werke*, Bd.10: *Enzyklopädie der philosophischen Wissenschaften III*, p.395. [Ed. bras.: Hegel, *Enciclopédia das ciências filosóficas em compêndio* (1830). Volume 3: *A filosofia do espírito*. Trad.: Paulo Meneses. São Paulo: Loyola, 1995, p.365].

108 Kroner, *Von Kant bis Hegel*. op. cit., Bd.2, p.331.

indica de forma elegante e elucidativa justamente aquela diferença em relação a Kant sobre a qual eu lhes tinha falado:

> Mas ela [a crítica da razão, TWA] procede aí, por seu turno, de maneira "ingênua", enquanto a reflexão nela permanece "meramente" crítica [e, por isso, conforme se o considere, "meramente" empírica ou "meramente" lógica, analítica]; ou seja, é ingênua na medida em que a conjunção dos momentos, a síntese, é deduzida apenas para o conhecer *empírico*, enquanto que seu *próprio* conhecer, por outro lado, // contrapõe-se ao [conhecer] empírico como "mera" reflexão, como conhecer "meramente" formal e, por conseguinte, não como conhecer, mas antes como um "mero" pensar, como lógica não cognoscente, isto é, lógica não metafísica. Portanto, ela se comporta para com a metafísica de maneira "meramente" negativa, vendo nela apenas um pensar que se contradiz, o qual justamente por isso é desprovido de conteúdo, um pensar que se aniquila a si mesmo, nulo – exatamente como o pensar empírico vê as contradições que nela surgem.[109]

O que ele quer dizer é o seguinte: de um lado, há em Kant algo como a forma do conhecimento; de outro lado, há o conteúdo. O conteúdo é referido ao conhecimento, em todo caso, de uma maneira contingente, digamos, como vindo de fora. Ele mesmo está – poderíamos quase dizer – propriamente subtraído do alcance da reflexão. Em seguida, Kroner caracteriza a posição de Hegel assim:

---

109 Kroner, *Von Kant bis Hegel,* op. cit., Bd.2, p.331ss.

[...] toda essa separação tem realmente algo de excessivamente rígido. Eu pressuponho que há, de um lado, formas e pressuponho que há, de outro lado, conteúdos, decretando, de maneira algo arbitrária, que essas formas devem valer apenas para os conteúdos, mas não em si. Porém, ao refletir sobre elas, eu mesmo as transformo, caso queiram, em conteúdo, mostrando com isso que essa diferenciação entre forma e conteúdo, da qual eu parti, não é de maneira nenhuma possível como uma diferenciação absoluta. Tal ocorre exatamente da mesma maneira como, inversamente, os assim chamados conteúdos, isto é, conteúdos provenientes dos dados sensoriais, não me poderão ser dados independentemente de minha consciência, independentemente da identidade do pensar.[110]

Ele está dizendo então, com outras palavras: embora Kant já tenha exposto o princípio da síntese, o princípio da síntese transcendental ou da apercepção, ele o expôs de maneira apenas abstrata e permaneceu, na realidade, nas oposições não-mediadas entre forma e conteúdo, concreto e abstrato, a priori e a posteriori. E a tarefa propriamente dita da filosofia seria desenvolver essas oposições uma a partir da outra, e não deixá-las ficarem como estão, dogmaticamente dispostas uma diante da outra. Entretanto, Hegel vai além de Kant na medida em que ele não se limita a escamotear a tensão que existe entre esses momentos // – portanto, de que a forma não desvanece no conteúdo, de que formas, caso estejam sem conteúdo,

---

[110] Não se deixa precisar, na edição original da *Introdução à dialética*, se essa caracterização da posição de Hegel por Kroner corresponderia a uma reprodução *ipsis verbis*, ou se se trataria de uma reconstrução por parte de Adorno. (N. T.)

realmente se enredam nessas dificuldades, ou dito de maneira sumária, em todas as dificuldades que Kant expõe na dialética transcendental. Hegel, ao contrário de Kant, encara essa tensão. Só que ele diz: não posso estabelecer aqui nenhuma espécie de limite, ainda mais depois de já ter incorporado à minha reflexão o fato de que cairei nessas dificuldades, caso lance mão das formas para além dos conteúdos. Então eu não posso de súbito simplesmente dizer "alto lá", mas preciso, antes, tentar realmente considerar tais dificuldades não como atos falhos [*Fehlleistungen*] extrínsecos ao meu conhecimento, mas sim compreendê-las como sendo, elas mesmas, um princípio endógeno do conhecimento em geral, já que não posso escapar delas, isto é, não posso realmente proferir juízos – e não posso pronunciar sequer uma frase como filósofo, como teórico do conhecimento – sem justamente ultrapassar o limite. Caso eu não ultrapassasse o limite, caso eu, portanto, já não possuísse conhecimento absoluto como alguém que está refletindo sobre a razão, então não se poderia de maneira alguma falar desse limite. Assim, o limite tem de ser posto e, ao mesmo tempo, tem de ser ultrapassado. E neste momento – em que o limite é reconhecido com toda seriedade como um limite inapelavelmente posto e, malgrado isso, como um limite que tem de ser transposto –, vocês têm a forma simplificada da contradição lógica com a qual esse pensamento se depara, tão logo não se mova ingenuamente no terreno do conhecimento, seja do conhecimento lógico-formal, seja do meramente empírico, ou melhor, tão logo se torne efetivamente filosofia da reflexão [*Reflexionsphilosophie*], tão logo, portanto, passemos a nos mover no terreno em que o momento empírico e o momento formal são conhecidos como mediados um pelo outro.

Isso é importante porque vocês podem aqui observar que Hegel, ao contrário do que sempre lhe foi acusado de maneira tão vulgar, não agiu como se porventura tivesse abandonado a lógica formal e filosofasse sem qualquer tipo de controle, como se não houvesse princípio // de contradição. Isso significaria virar Hegel de cabeça para baixo. Primeiramente, Hegel de fato presume o princípio de contradição para o âmbito do conhecimento usual baseado no entendimento [*die übliche Verstandeserkenntnis*], tanto para conhecimentos empíricos mais básicos quanto para a lógica formal, como também para qualquer outro pensamento. Contudo, quando me comporto como quem reflete [*Reflektierender*], isto é, quando não me oriento apenas, por assim dizer, pela atenção direta [*in gerader Einstellung*][111] a proposições formais ou conteúdos, mas penso, antes, de modo penetrante, a própria relação entre os momentos, então eu chego, de fato, ao resultado de que a forma, sob a qual eles podem ser compreendidos, é precisa e unicamente a própria forma da contradição, e não a forma entendida como identidade vazia. Assim, não se trata de renegar [*verleugnen*] a contradição entre forma e conteúdo ou qualquer outra contradição: ao contrário, ela permanece vigente para o conhecimento finito e limitado. Mas, quando esse conhecimento exige sua autoconsciência, refletindo-se a si próprio, ele chega ao resultado de que a contradição, que ele precisa ter em mãos como critério da correção, é simultaneamente o *órganon* da verdade, isto é, que cada conhecimento singular somente se torna propriamente conhe-

---

[111] O modo peculiar de falar *"in gerader Einstellung"* é uma tradução da expressão *"intentio recta"*, proveniente da fenomenologia de Husserl (assim como também da tradição escolástica).

cimento ao atravessar a contradição. Eis aí então em que consiste a derivação desse princípio negativo, desse princípio da contradição, a partir da doutrina kantiana das antinomias, tal como aparece em Hegel.

Vocês poderiam com razão reivindicar de mim, a esta altura, que eu esclareça um pouco mais tais coisas, digamos, a partir de um modelo [*Modell*]. Eu não gostaria de me subtrair a esse desiderato, porém gostaria igualmente de dizer que, ao aceitá-lo, eu passaria a distorcer Hegel em um sentido bem estrito. Hegel foi extraordinariamente cético em relação ao conceito de exemplo. Há, na *Enciclopédia*, algumas passagens em que ele rechaça, com certo gesto de superioridade, a exigência de que deveria fornecer exemplos.[112] Por que motivo Hegel acabou por proceder assim, por que é que ele se recusa a dar exemplos – e há certa dificuldade para a consciência pré-dialética em compreendê-lo // corretamente a esse respeito –, isto vocês poderão perceber facilmente. Pois o exemplo sempre pressupõe que exista uma extensão conceitual geral que seria segura, dada positivamente, enquanto resultado e valendo como uma coisa, que poderia ser, portanto, exemplificada por um particular. No entanto, para Hegel, as coisas se passam de tal maneira que essa relação de uma extensão lógica geral, sob a qual o particular é pensado, encontra-se em suspensão [*suspendiert*]. De todo modo, estamos aqui no plano do conceito especulativo, onde isso justamente se manifesta: não há aqui nenhuma extensão conceitual geral que compreenda sob si tais e tais coisas. Ao contrário, em Hegel, a extensão conceitual geral consisti-

---

112 As passagens na *Enciclopédia* às quais Adorno se refere não puderam ser encontradas.

ria na própria vida do particular pensado sob ela; ela se preenche por meio do particular, não sendo para ela simplesmente o caso de o estar abarcando, mas origina-se do particular tendo nele sua vida e, portanto, nenhum particular é capaz de ser propriamente considerado como uma ilustração [*Exempel*] simplesmente morta, como que derivada dela. E é isso, na verdade, que torna tão extraordinariamente difícil, sempre que se exige de alguém que pense dialeticamente, reivindicar que forneça um exemplo da dialética.

Contudo, apesar disso – e na consciência de todas essas dificuldades – eu gostaria de tentar fornecer aqui um exemplo e, na verdade, um exemplo o mais simples e elementar possível – ou talvez, caso assim o desejem, um exemplo o mais chocante possível. Considerem a proposição "X é um ser humano". A esse respeito há que se dizer, a princípio, que tal proposição, tão logo se trate de subsumir o senhor X sob o gênero "ser-humano", será obviamente uma proposição correta, pressupondo que se trate neste caso de um ser humano, o que, por sua vez, enquanto gênero, diferencia-se de outros – no caso, gêneros biológicos. Mas reflitam mais uma vez o que significa propriamente isto: "X é um ser humano". *Um* ser humano, nós dissemos. Se vocês dissessem em geral "X é um ser humano", assim como é o caso da forma lógica usual "A é B", então se insinuaria aí, a princípio, certo problema; pois o A que aí deve ser um B não é realmente B como um todo, mas antes B é um universal, e A é somente // um determinado representante dele. Existe, na verdade, uma identidade na medida em que o fenômeno, ou o A singular, é subsumido sob o conceito B, mas, mesmo assim, a equiparação aqui não é uma identificação completa. Com efeito, apesar da proposição "X é um ser humano", quando vocês a vertem na forma lógica "A é B", A não é inteiramente B, pois se trata apenas e tão somente de um representante de B. Hegel diria, então, que isso, formalmente, tem um significado seríssimo. Mais precisamente, ele diria que – e isso, creio eu, pode mostrar o rigor e a peculiar liberdade, a quase lúdica superioridade que está contida no pensamento dialético –, quando subsumo o X sob o conceito de humano, então no conceito de humano se pensa todo um rol de possibilidades que esse X singular efetivamente não é. Ele não se conformaria, portanto, com uma definição biológica rudimentar de ser humano, mas diria, ao contrário, que se estamos falando do conhecimento acerca do humano em geral, conhecimento levado a termo de maneira profundamente vital, então pensamos também com categorias tais como liberdade, individuação, autonomia, especificidade [*Bestimmtheit*] do uso da razão, assim como toda uma vasta gama de outras coisas. Essas categorias estão contidas implicitamente no conceito de humano enquanto sua determinação objetiva e são tais que não podemos, portanto, simplesmente negligenciar de modo arbitrário, como quando definimos operacionalmente que um ser humano é justamente um indivíduo que tem as características [*Merkmale*] biológicas do gênero. É preciso, creio eu, que realmente apenas escutemos uma vez com atenção uma expressão como "ser humano", e prontamente se reconhecerá que nela estão contidas outras coisas que não meramente a *differentia specifica* em relação ao gênero biológico mais próximo, ou seja, em relação aos demais hominídeos. Com efeito, diria Hegel, se no conceito de "ser humano" sempre está posto juntamente tal [elemento] enfático, precisamente esse momento que se relaciona à ideia de que alguém é um ser humano verdadeira-

Introdução à dialética

mente, então a proposição "X é um ser humano", ao mesmo tempo, não é verdadeira; pois esse elemento enfático, que nela está posto sem que tenha precisado aparecer sequer implicitamente, tal elemento enfático não está, realmente, aqui // e agora, efetivado em nenhum ser particular. Poderíamos quase dizer que simplesmente não há ainda algo assim como o ser humano, ou antes, algo como aquilo que o conceito de humano propriamente compreende, a partir de si, de maneira objetiva. Em outras palavras: a proposição "X é um ser humano" é correta, tal como eu lhes disse, e falsa ao mesmo tempo. Na verdade, estou convicto de que bastaria apenas aplicar, por uma vez que seja, essa proposição a um humano qualquer, [afirmando] que este a quem nos referimos é um ser humano, e prontamente reconheceremos esta diferença [*Differenz*], isto é, reconheceremos que ele ainda não satisfaz propriamente ao conceito de humano em sentido enfático e, portanto, ao conceito de humano no sentido da verdade absoluta. Pois isso pressuporia, sem dúvida, que ele justamente pudesse portar em si próprio tal conceito enfático de humano, ou seja, um conceito verdadeiro de ser humano e, ao fim e ao cabo, também um conceito da correta e verdadeira organização do mundo enquanto tal. Quando dizemos "ser humano", a expressão nos diz, mesmo que subjetivamente nós não o percebamos desse modo, mais do que o simples gênero.[113]

Eu creio talvez ter mostrado algo daquilo, daquele clima ao qual nos referimos com o conceito dialético de contradição. Poderíamos dizer que a dialética, na medida em que é a doutrina da contradição, critica a logicidade [*Logizität*] simples do mun-

---
113 Cf. nota 316, p.507.

do, pois a contradição ou a ausência de contradição – e ambos são conceitos correlativos – seriam propriamente os critérios lógicos em questão aqui. Pode-se reduzir – aliás, já se fez isso – a lógica inteira à ausência de contradição [*Widerspruchlosigkeit*]. Se atribuímos ao conceito de contradição um papel tão central, como é o caso na filosofia hegeliana, então isso significa algo que desenvolvi para vocês num contexto totalmente diferente, a saber: que não se reconhece simplesmente a logicidade do mundo, que não se aceita simplesmente, sem mais, que o mundo e nosso pensamento sejam idênticos um ao outro, que o mundo e o pensamento estejam fundidos um com o outro, mas antes que ambos sejam divergentes entre si. Diante disso, nos deparamos com o // paradoxo de que a divergência entre o mundo e o nosso pensar é, por sua vez, mediada pelo próprio pensar. O pensar tem ele mesmo, portanto, de buscar compreender [*begreifen*], de certa maneira, aquilo que ele mesmo não é. Eis aí o paradoxo: que ele tenha de fazer algo que na realidade não pode fazer, e isso se revela em cada juízo singular que o pensar formula, fazendo-o remeter ao nexo da totalidade, para onde o pensar, em sua contraditoriedade [*Widersprüchlichkeit*], deve precisamente desenvolver-se. Poderíamos dizer, à guisa de conclusão, que a ideia hegeliana de contradição decorre do próprio conceito enfático de verdade.

// 8ª Aula [16/06/1958]

Minhas senhoras e meus senhores,

Nos dois últimos encontros, sobretudo no último, tentei mostrar por que a dialética não lida meramente com diferenças [*Differenzen*], ou seja, com a especificação do objeto [*Gegenstand*] singular, que é certamente uma condição incontornável de todo conhecimento. Tentei mostrar também, por outro lado, por que a dialética tem a ver predominantemente com a contradição, e tentei também desenvolver o próprio princípio da contradição a partir do núcleo da filosofia hegeliana. Poderíamos dizer que o conhecimento da diferença nos expõe [*darstellen*] uma espécie de utopia, ou melhor, não o conhecimento da diferença, mas a própria diferença. Pois que heterogêneos [*Verschiedene*] possam coexistir lado a lado, sem se aniquilarem, que tais heterogêneos reservem espaço um ao outro a fim de que possam encontrar cada qual seu desdobramento, e que – poderíamos ainda acrescentar – possam amar-se, tais coisas corresponderiam, sem dúvida, ao sonho propriamente dito de um mundo reconciliado; o signo de um mundo imerso em culpa, de um mundo agrilhoado aos nexos do infortúnio, é tal que, neste mundo, aquilo considerado heterogêneo não pode ser tolerado em sentido forte. Essa intolerância com respeito ao que é heterogêneo é precisamente o signo de toda e qualquer [situação] totalitária, sendo em virtude disso que se pode empregar a palavra "totalitário" de múltiplas maneiras. E a dialética é, por seu turno, a expressão negativa dessa situação, na medida em que ela[114] perfaz, na verdade, o pensar que se ajusta à medida de uma efetividade na qual a contradição — portanto, aquilo que aponta, a partir de si mesmo, de seu princípio intrínseco, na direção de sua própria aniquilação — tomou o lugar da felicidade da diferença enquanto tal. Ademais, eis por que devamos frisar que resulta daí uma decorrência importante, a de que tanto na filosofia hegeliana quanto na versão materialista da dialética, não se deduziu, ao menos não exaustivamente, sob todos os aspectos // e em todas as consequências, que o pensar dialético ajusta-se em geral a um estado negativo do mundo e chama tal estado negativo pelo seu próprio nome. Já expressei isso, anteriormente, ao dizer que a dialética é essencial e necessariamente crítica, mas que ela se torna falsa no instante em que se põe e afirma a si própria como uma filosofia positiva, ou mesmo como uma assim chamada visão de mundo [*Weltanschauung*], com a pretensão de que seria, ela própria, imediatamente uma manifestação da verdade. No que concerne a Hegel, tais relações se configuram de maneira extraordinariamente complexa. Vocês poderiam me objetar aqui e dizer que a filosofia hegeliana sustenta em seu conjunto, ao fim e ao cabo,

---

114 Alterado, por suposição, para "ela", referindo-se a *Ausdruck*, substantivo masculino traduzido aqui por "expressão". (N. T.)

a ideia absoluta, a absoluta identidade e que, nessa medida, ela teria sucumbido àquele veredito de direcionamento positivo da dialética, contra o qual lhes apresentei. Contudo, eu gostaria realmente de pensar que a força que anima a filosofia hegeliana consiste, na verdade, na força da negação, portanto, a força crítica se encontraria nela em cada momento singular; e que, em contraposição a isso, o célebre momento afirmativo de Hegel – aquele momento, portanto, segundo o qual, enquanto totalidade, sujeito e objeto seriam o mesmo – ficaria essencialmente para trás em termos de força, de poder, quando comparado àquele momento negativo.

A resposta que fundamentalmente lhes forneci à questão sobre por que a dialética tem a ver com a contradição, e não somente com a mera diferença, consistia em que, justamente por ter sobretudo a ver com a contradição, o pensar logra fazer valer seu elemento não idêntico [*Nichtidentisches*], aquilo que não é ele próprio pensamento, sem com isso ter de se entregar à contingência do que meramente se dá em cada caso. Muito ao contrário: ele preserva com isso, ao mesmo tempo, a força para ainda construir o âmbito desse não idêntico, ou seja, para pensar aquilo que, por seu turno, não é simplesmente o pensamento como tal. Isso que nós habitualmente denominamos de lógica não é senão a doutrina da absoluta identidade, e seu cerne propriamente dito – e, na verdade, o cerne de todas as regras da lógica – reside em que os conceitos ou signos, // introduzidos pela lógica, sejam fixados como idênticos a si mesmos. A lógica não é, dessa maneira, outra coisa senão a doutrina completamente desdobrada das regras que resultam da identidade absoluta, tal como esta é conservada na própria lógica ao custo de todo e qualquer conteúdo.

No entanto, o conteúdo, por sua vez, sempre e continuamente, tal como Hegel nos ensinou, não apenas se insere nas formas, mas também – justamente na medida em que ele não é a própria forma – entra em oposição a elas. Por conseguinte, apenas sob esses termos seríamos capazes de algo no sentido de construir o princípio lógico de identidade. E é por causa disso que se coloca como inteiramente consequente o fato de que o grande tabu erigido pela lógica tenha sido o princípio de contradição, isto é, a prescrição – e se trata antes de uma prescrição do que de um enunciado – segundo a qual de duas proposições contrapostas e contraditórias entre si somente uma pode ser verdadeira, e de que em toda parte onde isso não for observado, as leis do pensamento estarão sendo violadas. Pode-se dizer que a prevalência da contradição, tal como predomina na dialética, é a tentativa de romper com aquele primado da lógica, isto é, com a pura ausência de contradição [*Widerspruchslosigkeit*], fazendo referência, portanto, ao fato de que o mundo não é mero pensamento, não consiste apenas nessa mera operação do pensar, tal como ela nos é representada segundo leis da lógica; fazendo referência, em outras palavras, ao fato de que o mundo não é lógico, mas sim permeado de contradições [*widerspruchshaft*]. Dialética é crítica à logicidade [*Logizität*] do mundo, à pretensão de assimilar a logicidade em nossos conceitos sem mediações e, justamente por isso, a dialética torna o próprio princípio da contradição, menosprezado pela lógica, seu *medium* ou seu *órganon*, em virtude dos motivos que procurei detalhar nas últimas aulas. Entretanto, isso significa não apenas que o mundo não se esgota em nossos conceitos, mas significa ainda que também nossos conceitos não se esgotam por aquilo que existe. Em outras palavras, aquela origem da dialética, que eu inicialmente desenvolvi pelo lado do pensar, da forma, do sujeito – e isso de fato Hegel empreendeu detalhadamente – deixa-se desdobrar inteiramente, de maneira similar, pelo lado objetivo. Se vocês desejam tomar conhecimento, de maneira bem direta, // da experiência que inspirou o pensar dialético enquanto tal e que, em certo sentido, em comparação com os momentos lógicos e especulativos, com os quais nós temos nos ocupado ultimamente, encontra-se subjacente a ele como uma camada mais profunda, então haveria de se indicar simplesmente o saber acerca do caráter contraditório, antagônico, da própria realidade. Em outras palavras, trata-se aqui da experiência do dilaceramento [*Zerrissenheit*], tal como ela se encontrava no centro das preocupações em plena era do romantismo, a cujo período Hegel também pertence. E o específico na solução hegeliana para essa questão consiste em que ele não teve a tendência, em face desse dilaceramento, de adotar o ponto de vista limitado e unilateral do sujeito voltado para dentro de si; consiste em que ele também não tencionou, tal como tentou o classicismo, aplainar essa contraditoriedade, nem tampouco procurou, tal como o fez o Goethe tardio, entrar numa espécie de acordo com o dilaceramento. Ao contrário, dito de maneira bastante direta, Hegel agarrou o touro pelos chifres, isto é, conduziu o pensamento de que a reconciliação do mundo não pode suceder por meio de uma compensação que paire acima do caráter objetivamente contraditório do próprio mundo, mas apenas atravessando essa contraditoriedade. Esse caráter, segundo o qual o desenvolvimento da conciliação [*Versöhnung*], o que a impulsiona – mas também aquilo que tem como meta –, seria algo que está propriamente preso ao dilaceramento, ao negativo, ao sofrimento presente no mundo: tal caráter, exatamente como experiência da efetividade, constitui um motivo significativo da dialética hegeliana. Do mesmo modo, porém numa direção inversa, aquelas coisas com as quais nós ultimamente temos nos ocupado – por exemplo, que nenhum conceito é idêntico à sua coisa – motivam a dialética a partir do simples pensamento. E se poderia dizer que o elemento mais grandioso da filosofia hegeliana consiste, falando realmente sobre a essência dela, em que essas duas raízes do pensar dialético – de um lado, a lógico-especulativa e, de outro lado, a raiz da experiência, que eu justamente expus com o conceito de dilaceramento ou de estranhamento [*Entfremdung*] // – em que essas duas raízes permanecem reunidas e que, finalmente, essa unidade fica evidenciada no interior da própria dialética.

Se vocês aplicarem agora, sobre esse momento da experiência, aquilo que lhes disse a respeito da necessidade enfática de construção da totalidade a partir da contradição, então, ao fazer isso, chegarão a uma proposição especulativa na qual – conquanto ela não se encontre, para falar seriamente, desta forma em Hegel – talvez a verdade desta filosofia esteja melhor preservada do que poderia ser no caso daquela outra proposição singular de que o mundo – e com a expressão "mundo" eu pretendo me referir ao mundo com que a experiência hegeliana se relacionou em sentido substancial, a saber, o mundo social-espiritual, o mundo mediado – é na verdade repleto de contradições [*widerspruchsvoll*], sendo porém, ao mesmo tempo, também um sistema. Eis aqui o caráter mais intrigante da filosofia hegeliana e da dialética em geral: ela, ao mesmo tempo que empreende a construção de uma grandiosa unidade, procura, contudo, essa mesma unidade no momento da cisão [*Entzweiung*] e, assim, no momento da contradição. Tal circunstância, a mais paradoxal de todas, está presente tanto na experiência da qual parte a filosofia hegeliana, na experiência da realidade, quanto também nos motivos logicamente especulativos, com os quais nós nos vimos às voltas nas últimas aulas. Poderíamos formular isso dizendo que o mundo é amalgamado até [formar] uma unidade, tornando-se assim uma totalidade socializada [*vergesellschaftet*], unificada até em seu último momento singular, e isso justamente por meio daquele princípio que é, ao mesmo tempo, o princípio pelo qual ela mesma se cinde. E bem neste ponto a versão materialista da dialética se mostra extraordinariamente próxima da vertente idealista, na medida em que tenta determinar, agora segundo o lado objetivo, aquele princípio unificador, mas que porta em si próprio, ao mesmo tempo, a contradição. Mais especificamente, alcança esse propósito justamente enquanto o concebe como princípio da troca [*Tausch*], o qual traz em si propriamente tanto o caráter antagônico quanto também o caráter da unidade de um mundo dominado pela troca [de mercadorias].

// Eu retorno mais uma vez à célebre e apreciada objeção contra a dialética segundo a qual ela seria uma camisa de força intelectual, um sistema dedutivo e, portanto, a tentativa de desdobrar a efetividade puramente a partir de conceitos. Vocês provavelmente estarão, depois do que lhes disse, capacitados a ter uma visão melhor dessa complexidade e a pensá-la de maneira mais penetrante do que lhes tenha sido possível anteriormente. Ou seja: a afirmação acerca do caráter dedutivista, ou do caráter sistemático da dialética,[115] é correta e incorreta; da mesma ma-

---

115 Na transcrição do áudio, foi alterado, por suposição, de "realidade" para "dialética".

neira como podemos dizer que o mundo no qual vivemos é um sistema e, portanto, em si unificado [*in sich Einheitliches*] e que, apesar disso, também seria uma infindável dissonância em si, algo em si infinitamente repleto de contradições. Dialética é, na verdade, sob o ponto de vista que venho lhes indicando, a tentativa de desenvolver não somente a lógica do pensamento em sua relação com a objetividade, mas também, ligada a isso, a lógica da própria objetividade – não enquanto lógica meramente forjada a partir do sujeito, mas como uma lógica da coisa mesma. Naturalmente, Hegel aqui se serviu do aparato conceitual idealista, na medida em que para ele, em última instância, tudo pode ser considerado como produzido pela subjetividade. Nesse sentido, ele trazia completamente dentro de si, por assim dizer, o mais radical dos idealistas, Fichte, e realmente estaríamos atenuando excessivamente os propósitos de Hegel, se simplesmente extraíssemos dele esse subjetivismo fichtiano que, apesar de tudo, nele está contido. E, na medida em que toda a realidade é compreendida por Hegel como algo produzido pelo sujeito, foi então possível, sem mais, prescindir de certa maneira do aspecto contingente dado pela consciência individualmente singular ou limitadamente subjetiva. Com efeito, já que o sujeito está presente na objetividade como sua essência propriamente dita, tornou-se viável descobrir a unidade no próprio objeto, em vez de compreendê-la como uma [objetividade] primordialmente instituída pelas disposições subjetivo-conceituais. Porém, isso é relativamente fácil de compreender, e eu não gostaria de me deter, ao menos não agora, neste ponto. Permitam-me, entretanto, mais uma vez // recordar-lhes de que a filosofia hegeliana é igualmente uma filosofia da experiência, de que ela, portanto, leva a sério a famosa frase de Fichte de que a filosofia tenha

Introdução à dialética

de ser unidade do *a priori* e do *a posteriori*, e não mera doutrina dos elementos aprioristicos, tal como ela aparecera em Kant.[116] No próprio Fichte, contudo, isso permaneceu apenas como um programa ambicioso, de maneira que vocês procurariam em vão por uma implementação[117] dessa concepção de experiência; enquanto que em Hegel o conceito de experiência é assustadoramente substancial, constando inclusive no título original da

---

[116] "Na medida em que, por um lado, veem-se aqueles últimos resultados do idealismo, enquanto tais, como consequências do raciocínio, eles estão *a priori* no espírito humano; na medida em que, por outro lado, caso raciocínio e experiência efetivamente concordem um com outro, vemos as mesmas coisas como dados na experiência, e isso quer dizer que se trata de algo *a posteriori*. O *a priori* e o *a posteriori* não são, para um idealismo completo, de modo nenhum, duas coisas diferentes, mas sim uma coisa só. Estão sendo apenas considerados a partir de dois lados diversos, e o que neste caso propriamente diferencia um do outro é o modo como se acessa cada qual. A filosofia antecipa a experiência como um todo: se ela *pensa* a experiência apenas como necessária, então, nessa medida, em comparação com a experiência efetiva, tal é *a priori*. O número é algo *a posteriori*, na medida em que ele é considerado como dado. O mesmo número é considerado *a priori*, enquanto é obtido como produto a partir de seus fatores. Aquele que sobre isso pretende algo diferente do que acabei de dizer não sabe, na verdade, sequer sobre o que está falando." (Johann Gottlieb Fichte, *Versuch einer neuen Darstellung der Wissenschaftslehre*; in: Johann Gottlieb Fichte, *Gesamtausgabe der Bayrischen Akademie der Wissenschaften*. Editada por Bernhard Lauth e Hans Gliwitzky, Bd.I, 4: *Werke 1797-1798*, Editada por Bernhard Lauth e Hans Gliwitzky, com a colaboração de Richard Schottky, Stuttgart-Bad Cannstatt 1970. p.206 [Ed. bras.: Fichte, Tentativa de uma nova apresentação da doutrina-da-ciência. Tradução Parcial: Rubens Rodrigues Torres Filho. Coleção "Os Pensadores". São Paulo: Abril Cultural, 1984].

[117] Alterado, por suposição, de "contabilização" (*Buchführung*) para "implementação" (*Durchführung*).

primeira e mais genial de suas obras principais, a *Fenomenologia do espírito*.[118] E se vocês levarem em consideração especificamente a *Fenomenologia*, perceberão que o conceito de experiência nela aparece em sentido bastante enfático, a saber, como o modo pelo qual a consciência, ao considerar-se a si mesma, experimenta-se como uma espécie de objeto; e no progresso dessa experiência, tal como acontece, por exemplo, no progresso da experiência de nossa vida, tanto o objeto considerado quanto o sujeito que o toma em consideração modificam-se a si mesmos, alteram-se a si próprios. E se vocês tomarem essa ideia de experiência de maneira suficientemente séria, como deve ser tomada em Hegel, depois de termos nos assegurado dessa seriedade do momento especulativo em Hegel, podemos, sem risco, reputar a Hartmann uma compreensão equivocada.[119] Poderíamos dizer que a doutrina do caráter objetivo da realidade enquanto sistema – enquanto um sistema ao mesmo tempo inconsistente em si – é em Hegel precisamente fruto de tal noção de experiência. Isso significa que essa doutrina emana, na verdade, propriamente do olhar sobre a realidade, do mesmo modo que se originou da reflexão do conceito sobre si mesmo.

---

118 Hegel concebeu seu escrito originalmente como a primeira parte de seu planejado "Sistema da Ciência", e no título da obra constava, a princípio, "Primeira parte: ciência da experiência da consciência". A partir de então, contudo, já na publicação em 1807, o título se tornou "Primeira parte: ciência da fenomenologia do espírito". Em 1831, ele anunciou, por ocasião da revisão da *Lógica*, que iria extrair do título os dizeres "Primeira Parte do Sistema da Ciência", de tal maneira que por fim há que se aceitar que o título desejado por ele fora mesmo *Fenomenologia do espírito*.

119 Ver a p.90 da edição original das aulas.

E creio que aqui alcançamos então a percepção de que Hegel pela primeira vez se deu conta de algo que talvez se possa enunciar também de forma independente das implicações especificamente idealistas de seu sistema. // E, já que meu propósito consiste em lhes fornecer um conceito de dialética que seja um conceito rigoroso, o qual, porém, não venha a se esgotar nas teses idealistas que entrementes se tornaram tão problemáticas, então, creio eu, ponderações sobre esse ponto talvez não sejam totalmente inoportunas. Eu acredito que a experiência, da qual se trata em Hegel aqui — para formulá-la de maneira mais específica do que fiz até agora — consiste em que o ordenamento [*Ordnung*] do mundo, que cremos ser em geral o produto de nossos conceitos, algo forjado por nós no sentido de uma organização científica e subjetiva operada sobre uma multiplicidade caótica, dada mais ou menos em sentido kantiano, que esse ordenamento conceitual reside, ao contrário, para Hegel, já na própria coisa. Vocês poderiam objetar quanto a isso que se trataria aqui, porém, do mais extremo idealismo, na verdade, do idealismo subjetivo, pois estamos lidando de fato com a ideia de que toda realidade estaria, enquanto tal, contida no ordenamento conceitual, com a ideia de que a realidade seria um produto do sujeito e de que, em virtude disso, não se encontraria no objeto, mais uma vez, nada a não ser aquilo que, em certa medida, foi nele inserido pelos constituintes aprioristicos, como condição transcendental do conhecimento. Não é isso que estou querendo dizer. E creio ser muito importante, para que vocês compreendam o específico da dialética, que apreendam a diferença [*Unterschied*] que tenho em vista especialmente neste momento. Aquilo de que se trata aqui são os elementos conceituais no interior da constituição da realidade, que pertencem a uma dimensão inteiramente diferente do registro em que se encontram os elementos conceituais do ordenamento científico, com os quais nós, por assim dizer, impregnamos as coisas. Estamos lidando com algo realmente diferente – e esse é um momento que também se encontra na dialética materialista, mas sobre o qual nela, estranhamente, nunca se refletiu teoricamente a fundo. Refiro-me à ideia de que na dinâmica fundamental [*Grundgeschehen*] de nossas vidas, no próprio acontecer social fundamental, já se insere propriamente algo conceitual, aquilo que, caso desejem, tem muito menos a ver com nosso conhecimento do que // com o decurso dos próprios processos sociais. Caso me seja permitido por um instante dar um salto, lembrando daquele momento da troca como o momento da unidade em si antagônica, momento do qual também se trata em Hegel – ou seja, momento da troca que foi indicado pela dialética materialista como justamente esse princípio de unificação –, então se torna bem mais claro entender que no princípio da troca, que determina amplamente os processos sociais objetivos e que também não é, de forma nenhuma, um acréscimo do sujeito, mas antes algo efetivamente presente na coisa, está propriamente inserido o elemento conceitual. Pois eu apenas posso realizar trocas, na medida justamente em que seja capaz de abstrair dos momentos específicos dos objetos que estão sendo trocados e de reduzi-los a uma forma abstrata, a uma forma que lhes seja comum – a "forma equivalente", como se denominou tal forma –, por meio da qual eles se tornam, em certo sentido, comensuráveis. Assim, o princípio que domina a vida inteira da sociedade burguesa, à qual responde propriamente a filosofia hegeliana segundo seu teor próprio, é em si mesmo determinado por algo conceitual, isto é, por meio daquela abstração [*Abstraktheit*] no âmbito das relações entre os seres humanos, a qual deixa de fora, de certa maneira, tanto a participação dos seres humanos na produção dos bens como as carências deles pelos mesmos, permitindo que remanesça entre os bens apenas um denominador comum, sob o qual eles são subsumidos – por meio do qual eles se tornam, portanto, comensuráveis e, com isso, transformados em objetos intercambiáveis. E este é precisamente o momento concernente ao tempo abstrato, o qual, a propósito, desde a filosofia kantiana foi considerado, paralelamente – aliás, com grande profundidade –, também como fundamento último dos assim chamados problemas metafísicos ou lógicos de constituição. Vocês verão, sem grandes dificuldades, que esse momento da objetividade, devido a um elemento conceitual inserido na coisa mesma, tal como podem perceber claramente na troca – ou seja, como se fosse o trabalho conceitual do gênero humano –, é algo completamente diverso daquela representação de conceito, tal como ocorre na tradicional lógica científica e mesmo na filosofia kantiana, // na qual o conceito efetivamente nada mais é do que um princípio de ordenamento que nós impomos às coisas. E eu creio que a experiência decisiva de Hegel consistiu precisamente em ver que o próprio mundo que conhecemos não é, como a filosofia idealista quis nos fazer acreditar, algo caótico, ao qual nós primeiramente conferimos uma forma. Na verdade, Hegel foi capaz de perceber que as formas conceituais estão já contidas, por seu turno, enquanto sedimento da história humana, nesta própria realidade a ser conhecida. Isso pressupõe, contudo, que se capte a realidade, tal como ela é apreendida pela filosofia, como uma realidade essencialmente determinada pelo ser humano – porém, não no sentido do objeto de conhecimento constituído, de maneira meramente científica e abstrata, pelo sujeito transcendental, e sim de maneira prática, no sentido de que o mundo, a ser conhecido pela filosofia, deve ser apreendido como um mundo essencialmente mediado pelo trabalho humano. O conceito de espontaneidade, da produção da apercepção originária, o qual desempenha um papel essencial em toda filosofia idealista desde a *Crítica da razão pura*, recebeu já em Hegel a configuração segundo a qual o mundo em si mesmo, no qual os seres humanos vivem, passa a ser propriamente um mundo do trabalho. E não se pode abstrair esse momento do trabalho, isto é, não há propriamente uma natureza na qual, mesmo que de maneira meramente negativa, não se possa detectar rastro do trabalho humano. E se agora vocês me questionarem acerca de como interpretar o conceito hegeliano de mediação – no sentido da experiência discutida anteriormente e sobre o qual eu hoje ainda gostaria de mencionar algumas coisas –, então poderia dizer que aquilo que para Hegel significa mediação, aquilo que pretende dizer com aquela frase de que "não há nada sob o céu que não seja mediado",[120] significa que, já para Hegel, não há propriamente nada humano que, num sentido determinado, não esteja impregnado pelo momento do trabalho.

Se vocês continuarem a perseguir, por mais um instante, esse pensamento acerca da determinidade [*Bestimmtheit*] objetiva da realidade, a qual não tem a ver com um acréscimo subjetivo que possa ser desconsiderado, // então poderão relacioná-lo inteiramente à censura, sempre levantada de modo superficial

---

120 Ver a 9ª nota à segunda aula.

Introdução à dialética

contra Hegel, com respeito ao caráter coercitivo do sistema dedutivo proposto por ele. Quando um filósofo desenvolve uma filosofia que, sobretudo aos seus olhos, parece se tratar da filosofia que realmente merece esse nome, creio que não é sua tarefa fazer apologia dessa filosofia e dizer algo mais ou menos assim: "a dialética realmente não é tão ruim como a tomam os malvados antidialéticos; ao contrário, ela preserva espaço para a multiplicidade da experiência como um todo, e sabe-se Deus para quantas coisas mais". Creio que a dialética realmente reserva esse espaço e penso ter mostrado isso, na medida do que foi possível até aqui. Contudo, pretendo sustentar também que se deva aqui realizar um extraordinário esforço para evitar fazer com que a dialética se torne inócua, ou ainda, tal como Hegel o exprimiu em sua linguagem, para evitar que a pitada do sal dialético seja deixada de fora.[121] Eu estaria, antes, muito mais disposto a confessar que, de fato, a filosofia dialética – e, na verdade, em suas duas versões – possui algo que tem essencialmente a ver com o caráter coercitivo de um sistema dedutivo, embora eu admita isso, a bem dizer, sob certa restrição: ela

---

121 A expressão "o sal da dialética" não pôde ser rastreada como pertencendo aos textos de Hegel. Presumivelmente, Adorno se refere aqui a palavras de Lênin que vieram a se tornar bastante conhecidas. Em seu "Sumário da *Ciência da Lógica*", Lênin marcou um trecho copiado, em que Hegel fala da negatividade absoluta como "ponto de inflexão do movimento do conceito", com a seguinte anotação: "o sal da dialética". (Cf. W. I Lênin, *Werke*. Editado pelo Instituto para o Marxismo-Leninismo no Comitê Central do Partido Socialista da Unidade Alemã, Berlin, 1968, volume 38: Philosophische Hefte, p.220). [Ed. bras.: Lênin, *Cadernos sobre a dialética de Hegel*. Introdução: Henri Lefebvre e Norbert Guterman. Tradução: José Paulo Netto. Rio de Janeiro: Editora da UFRJ, 2011].

não faz violência à efetividade imediata, "ah, tão verde!", "ah, tão viva!", "ah, tão espontânea!", mas sim, ao contrário, ela é propriamente o *medium* do conceito, o meio para expressar em conceitos o próprio caráter coercitivo que a efetividade exerce realmente sobre nós. Poderíamos de fato falar da dialética lançando mão do antigo adágio francês, dizendo que ela "responde a uma esperteza com uma esperteza e meia".[122] Quer dizer, a construção coercitiva que ela nos parece desafiar a fazer não é, realmente, nenhuma outra senão a construção da compulsão objetiva, exercida sobre nós por um mundo que se encontra sob os grilhões da culpa. E apenas em contraponto a isso se deixa propriamente compreender, da maneira correta, o que há de lastimável nessas reclamações acerca da camisa de força dos conceitos, pois fica parecendo, então, como se alguém estivesse exclamando um "pega ladrão!"; isto é, o que se censura à dialética é que ela desvelaria o mundo neste seu caráter coercitivo e, por causa disso, ficaria preservado, de maneira ideológica, precisamente esse caráter coercitivo que ele possui. // O irracionalismo que se contrapõe a Hegel desemboca então numa apologia, enquanto que, justamente pela denúncia desse caráter compulsivo, evidenciado na coerção da construção conceitual, seria feita justiça àquilo que poderia vir a ser de outra maneira, àquilo que não está desde sempre sujeito a esta coerção, à diferença, no lugar do mero sistema. Vocês poderiam formular isso também da seguinte maneira: sem esse caráter coercitivo, realmente nada mais haveria senão a mera facticidade [*Faktizität*]. Sem teoria – e dialética, em sentido abrangente, é justamente o protótipo daquilo que se pode chamar de teoria – não haveria

---

122 Ditado francês: *A farceur, farceur et demi*.

Introdução à dialética

em geral nenhum conhecimento, e sim apenas meras constatações; e, se permanecermos apenas nessas constatações, não apenas ficaremos detidos num mesmo lugar – portanto, não apenas fracassaríamos na tentativa de avançar em direção à verdade –, mas também já teremos começado a sustentar inverdades, simplesmente porque essas constatações, que nos aparecem como se fossem mera imediatidade, como se estivessem simplesmente aí, são todas elas já mediadas. Isso significa, portanto, que propriamente carregam no interior de si mesmas a totalidade social, e apenas se pode dar em geral expressão a isso justamente por meio da construção dialética, por conseguinte, por meio da teoria. A organização sistemática da dialética seria, de acordo com isso, exatamente a organização do sistema que conforma a efetividade, ou seja, a dinâmica do sistema que, num certo sentido, desenvolve-se como uma fatalidade, e cujo caráter fatídico, por seu turno, cada particular pode comprovar em si mesmo, a todo instante. Nesse sentido, a filosofia dialética é infinitamente mais realista, é infinitamente menos propensa a extravagâncias conceituais do que as teorias mais inocentes, que procedem como se o mundo não tivesse em si uma configuração determinada, e que, precisamente por isso, passam ao largo de ver aquilo que unicamente importa: a coerção que o próprio mundo exerce sobre nós.

Vocês podem, a partir desses motivos, tais como desenvolvi agora há pouco, compreender melhor como é que uma teoria que originalmente pareceu conservadora – como se ela // quisesse defender o mundo enquanto sistema –, ao mesmo tempo, pelo fato de que nela esse sistema foi caracterizado propriamente como um sistema negativo, criou o pressuposto para a concepção revolucionária do socialismo, a qual se desenvolveu então vinculada a ela. Sim, vocês podem bem ver como ambos os momentos se comunicam entre si, e seria uma tarefa muito interessante acompanhar minuciosamente como, nas suas sutilezas mais polêmicas, na rejeição a determinados temas – por exemplo, à concepção medíocre e excessivamente harmonizadora propugnada pelo individualismo –, ambas as versões da dialética, a hegeliana e a marxiana, de fato concordam uma com a outra. Trata-se de um trabalho que até hoje ainda não foi iniciado, embora seja ainda em altíssima medida necessário para a autocompreensão da teoria dialética.

Creio ter mostrado com isso em que sentido o sistema deve ser entendido, na dialética, como um conceito crítico, isto é, no sentido de que, justamente o momento da unidade, que é designado por esse sistema e que nada negligencia, seja prontamente determinado como momento coercitivo, ao qual os seres humanos que nele vivem estão submetidos e do qual eles deveriam se libertar; por outro lado, porém, também no sentido de que esse momento de unidade, enquanto um [momento] dinâmico e que se desdobra em si mesmo, tem o potencial de avançar na direção de seu próprio colapso. Algo assim foi formulado pelo próprio Hegel, que percebeu tais coisas com assustadora sobriedade e clareza naquelas célebres passagens da *Filosofia do direito* nas quais diz que, necessariamente e a partir de seu próprio princípio, na sociedade civil-burguesa [*bürgerliche Gesellschaft*] com sua riqueza cresce, ao mesmo tempo, sua pobreza.[123] Talvez me seja permitido até mesmo acrescentar ainda que o cé-

---

123 "Quando a sociedade civil atua com eficácia desimpedida, ela está empenhada no interior de si mesma num crescimento progressivo da população e da indústria. Por um lado, graças à *universalização* da conexão

lebre papel apologético que Hegel conferiu ao Estado tem exatamente aqui seu lugar, isto é, que ele, com uma espécie de salto desesperado para fora da dialética — poderíamos dizer —, colocou o Estado como uma espécie de árbitro que deveria trazer ordem àquilo que, na própria dialética, por meio

---

entre os seres humanos por meio das suas carências e dos modos de preparar e pôr à disposição os meios para satisfazê-las, aumenta a *acumulação das riquezas*, — pois dessa dupla universalidade tira-se o maior lucro, — assim como aumenta, por outro, o *isolamento* e o *caráter restrito* do trabalho particular e, com isso, a *dependência* e a *penúria* da classe atada a esse trabalho, ao que se conecta a incapacidade de sentir e de fruir as demais liberdades e, particularmente, as vantagens espirituais da sociedade civil" (Hegel, *Werke*, Bd.7: Grundlinien der Philosophie des Rechts, §243, p.389). "O decair de uma grande massa abaixo do nível de um certo modo de subsistência, que se regula *per se* como o modo necessário para um membro da sociedade — e, por conseguinte, o decair até perder o sentimento do direito, da retidão e da honra de subsistir pela própria atividade e pelo próprio trabalho — produz a geração da *plebe*, geração que, por sua vez, traz consigo, ao mesmo tempo, uma maior facilidade de concentrar riquezas desproporcionadas em poucas mãos" (Ibid., §244, p.389). Mesmo se se quisesse "manter a massa que se encaminha à pobreza", por meio do trabalho, "no estado do seu modo de vida regular", "a quantidade de produtos aumentaria, em cujo excesso, junto com a falta de um número de consumidores eles próprios produtivos, consiste, precisamente, o mal, que, de ambos os modos, só pode ampliar-se. Aqui torna-se manifesto que, no *excesso de riqueza*, a sociedade civil *não é rica o suficiente*, isto é, que, na riqueza patrimonial que lhe é peculiar, ela não possui o suficiente para obviar ao excesso de pobreza e à geração da plebe" (Ibid., §243, p.390). Hegel qualifica essa conexão interna de pobreza e riqueza na sociedade civil--burguesa ao longo de todo o texto como sendo "sua dialética", aquilo que justamente a impeliria para além de si própria (Ibid., §243, p.391) [*Linhas fundamentais da filosofia do direito*. Tradução, apresentação e notas de Marcos Lutz Müller. São Paulo: Editora 34, 2022, p.515-8]. (N. T.)

da intensificação [*Anwachsen*] de oposições, não poderia senão se despedaçar. // Porém eu, ao dizer isso agora, tornando manifesta, a partir de Hegel, uma posição divergente da sua própria, ou seja, ao sustentar que ele teria aqui empreendido uma espécie de construção violenta, a fim de salvar a positividade de seu sistema, sou obrigado a dizer que também nessa passagem, que à primeira vista parece um *sacrificio dell'intellecto*, e a respeito da qual toda medíocre imbecilidade desde sempre se indignou, possui ao mesmo tempo, em seu interior, a mais profunda percepção [*Einsicht*], a saber: a de que a sociedade civil-burguesa, tão logo queira se conservar em suas próprias condições como sociedade civil-burguesa, no momento de seu apogeu, vê-se forçada a produzir, a partir de si mesma, formas de tipo conservador e autoritário, as quais, de modo violento e sob a contínua recusa em se entregarem ao jogo imanente de forças, resultam em certa medida na contenção da dinâmica e na recondução da sociedade ao estágio da simples reprodução. Poderíamos dizer, portanto, caso se quisesse falar de maneira bastante arrojada, que a teoria do Estado em Hegel, e do consequente cumprimento do espírito absoluto no Estado, seria inteiramente correta, se tivesse sido apresentada por ele como uma teoria negativa, isto é, se tivesse se encaminhado para mostrar que, de fato, a sociedade civil-burguesa, em seu apogeu, na medida em que deseja permanecer como sociedade burguesa, terá necessariamente a tendência de desembocar no fascismo e no estado totalitário; e que uma sociedade civil-burguesa que permanecesse *ad infinitum* ligada de maneira imanente ao seu próprio sistema, não poderia mesmo sequer ser imaginada. No entanto, essa consequência grandiosa, que se encontra implíci-

Introdução à dialética

ta na filosofia hegeliana do Estado, nunca foi extraída, sob nenhum aspecto, e isso devido a motivos apologéticos.

Por ora, isso era o que eu tinha a dizer sobre a justificação da dialética enquanto nexo dedutivo ao qual nós estamos efetivamente sujeitos em nossa vida. Por outro lado, a dialética não é um nexo dedutivo imediato, ininterrupto, isto é, não opera com a pura identidade, não deriva tudo sem interrupções a partir de uma única proposição. Aliás, é justamente pelo fato de que ela não procede assim que a função central // da contradição nela tem de ser considerada a partir da coisa. Isso significa que, ao desdobrar a coisa [*Sache*] como sendo em si mesma contraditória, ela a desdobra, ao mesmo tempo, como coisa cindida consigo mesma, como coisa não idêntica a si, e, nesse sentido, a dialética é teoria crítica. Portanto, pertence à dialética o fato de que o verdadeiro conceito filosófico tem de ser ambos: deve tanto possuir o elemento dedutivo, como também, igualmente, o elemento da experiência.

Permitam-me dizer-lhes, à guisa de conclusão, que, tal como todos os conceitos em Hegel, naturalmente também o conceito de experiência não pode ser tomado de maneira primitiva e imediata. Se eu aqui falo de experiência, então vocês não podem pensar em experiência no sentido, por exemplo, da noção de experiência sensível, excessivamente restrita, tal como aparece nos assim chamados filósofos empiristas; ao contrário, sempre quando Hegel fala de experiência, pretende ele com isso algo como a experiência da consciência. Isso significa a maneira como um ser humano, detentor tanto de seu próprio pensamento quanto da continuidade de toda a sua vida e da realidade, justamente experimenta essa realidade como um todo, tentando obedecer àquilo que Hegel designou, numa passagem da *Propedêutica*, como sendo "a liberdade com respeito ao objeto" [*Freiheit dem Objekt gegenüber*].[124] Isso quer dizer que, nessa tentativa, ele tem a soberania não de imprimir brutalmente a essa realidade os momentos que lhes são próprios, mas antes de se abandonar a essa realidade e, por assim dizer, aconchegar-se ao objeto, de seguir o objeto.[125] Essa espécie de aconchego, de passividade produtiva, ou de receptividade espontânea, é propriamente aquilo a que, enquanto postura do pensar, Hegel se refere com o conceito de experiência – e, na verdade, de maneira mais específica, de experiência da consciência acerca de si mesma. Porém, o que cai nessa experiência é a efetividade social plena e completa, e quem faz essa experiência não é senão o ser humano detentor de todas as suas capacidades, integrais e explícitas, e de nenhuma maneira meramente um sujeito transcendental, ou simplesmente um sujeito experimental, que apenas se limita a registrar os dados sensíveis e particularidades. Assim como, para Hegel, // no conceito de espírito sempre se encontra implicitamente o conceito de experiência, de modo inverso, o conceito de experiência apenas adquire plenamente seu sentido em Hegel, caso vocês o apreendam essencialmente enquanto aquilo que talvez pudesse ser simplesmente denominado de experiência espiritual.

---

124 A expressão "liberdade com respeito ao objeto" (*Freiheit dem Objekt gegenüber*), que em Adorno se torna o importante motivo da "liberdade com relação ao objeto" (*Freiheit zum Objekt*), não pôde ser atestada nos textos de Hegel, nem na *Propedêutica*, nem em qualquer outro escrito.

125 Alterado, por suposição, de "conectar" (*zu verbinden*) para "seguir" (*zu folgen*).

// 9ª Aula [24/06/1958]

Minhas senhoras e meus senhores,

Se estão lembrados da definição segundo a qual a dialética seria a tentativa de fazer justiça àqueles momentos que não se dissolvem em nosso pensamento – portanto, ao não idêntico –, porém fazendo isso no próprio pensamento, então fica evidente que reside nessa proposição uma contradição. Pois a "identidade do não idêntico", se pudermos enunciar isso de maneira tão simples como acabo de fazer, não passaria de uma proposição falsa. Isso significa que então uma tarefa se impõe. A dialética poderia ser interpretada, a partir dessa proposição, como o esforço para sobrepujar esse paradoxo que marca a situação do pensamento enquanto tal. Percebe-se claramente, no entanto, que tal dificuldade não pode ser suplantada por uma simples proposição. E aqui reside propriamente a compulsão ao caráter sistemático, extensível, que marca no conjunto a dialética. Ou seja, o paradoxo contido na tentativa que acabo de lhes caracterizar compele a dialética a desdobrar-se a si mesma; e, em certo sentido, vocês poderiam considerar a dialética, de fato, como uma tentativa simples, embora comportando diversos aspectos, de empreender, por meio do desdobramento dessa contradição, uma tarefa que está dada na condição do próprio conhecimento. Vocês talvez possam compreender melhor esse pensamento, em sua necessidade, se tiverem clareza sobre o fato de que a abordagem paradoxal, de que falei agora há pouco, não diz respeito a um paradoxo meramente inventado, mas antes encerra em si propriamente a tarefa do conhecimento em geral. Pois se percebe claramente que pensar, ou melhor, que conhecer só é realmente conhecer quando é mais do que a mera consciência de si mesmo – quando, portanto, dirige-se a um outro, ou seja, quando não permanece na mera tautologia. Se pretendemos conhecer algo, então queremos – caso possam me perdoar a sutileza didática e professoral – // justamente conhecer *algo*, e não simplesmente permanecer às voltas apenas com o ato de conhecer. Em outras palavras, queremos ir além do âmbito de nosso mero pensar. Entretanto, de outro lado, justamente pelo fato de que pretendemos conhecer esse algo, ele se torna também um momento do nosso pensar, torna-se ele mesmo conhecimento e, portanto, torna-se propriamente também espírito. Conhecer significa sempre tanto quanto acolher, em nossa própria consciência, aquilo que se nos contrapõe como estranho [*fremd*], não idêntico [*unidentisch*] e, assim, significa, em certa medida, nos apropriarmos dele, fazer dele nossa própria coisa. E esse paradoxo, segundo o qual conhecer significa, por um lado, verter algo numa identidade [conosco], mas, ainda assim, relacionar-se a algo que não nos é idêntico – justamente porque, se assim não fosse, não se trataria aqui realmente de conhecer – esse paradoxo, de outro modo insolúvel, compele propriamente ao esforço do conceito, àquele processo da verdade que se desdobra a si mesma, assim como também, paralelamente, do pensar que se desdobra a si próprio – processo que aqui nos referimos com o nome de "dialética".

Creio que já estejamos suficientemente avançados na discussão para poder esperar que compreendam essa derivação teórica e, ao mesmo tempo, essa determinação da dialética. A isso se vincula também – talvez não de maneira totalmente espontânea, mas, ainda assim, de forma plausível – a determinação dos dois tipos essenciais de dialética que existem hoje. Não desejo aqui sustentar o caráter exclusivo desses tipos – por exemplo, estou bastante ciente de que, justamente em movimentos teóricos de orientação ontológica, bem como no pensamento católico mais recente, em particular, estão presentes fortes tendências para a formação de uma filosofia dialética.[126] Eu não gostaria de entrar muito nessa questão agora, pois já falei a vocês, sob a forma de teses esparsas, algo a res-

---

126 Adorno pensa aqui, provavelmente, nas correntes do neotomismo, bem como da neoescolástica, nas quais, depois de terem a princípio se orientado energicamente de maneira conservadora, considerando a filosofia moderna como um itinerário equivocado, numerosas tentativas foram empreendidas, ao longo da primeira metade do século XX – talvez primeiramente com a Maréchal-Schule –, para se lidar produtivamente com Hegel. (Cf. Lakebrink, *Hegels dialektische Ontologie und die thomistische Analektik*, Köln 1955; A. Marc, *Dialectique de l'agir*, Paris 1949; mesmo autor, *Dialectique de l'affirmation. Essai de métaphysique réflexive*, Paris 1952) Max Horkheimer tinha entrado anteriormente em contato com o neotomismo, bem como com a neoescolástica, no segundo capítulo ("*Gegensätzliche Allheilmittel*") de *Zur Kritik der instrumentellen Vernunft*. (Cf. Horkheimer, *Gesammelte Schriften*, op. cit.), Volume 6: *Zur Kritik der instrumentellen Vernunft und Notizen 1949-1969*,

peito da relação entre dialética e ontologia, e, hoje e no próximo encontro, poderei complementar com enunciados muito mais precisos sobre a posição da dialética diante do conceito de "ser". Creio que posso me encarregar disso a contento, se puder antes descrever esses dois tipos essenciais de dialética: a dialética idealista, tal como foi // sustentada e minuciosamente construída sobretudo por Hegel, embora o pensamento de Fichte e de Schelling, principalmente o de Fichte, já possuísse traços dialéticos muito proeminentes; e, de outro lado, a dialética materialista, a qual está, quanto à sua origem, essencialmente ligada ao nome de Marx. Bem, se vocês tiverem em mente as determinações da dialética que venho lhes fornecendo até agora, então quase poderiam derivar daí – para mim é difícil resistir a essa tentação e receio não conseguir deixar de ceder a ela – os dois tipos principais de dialética. De um lado, vocês encontram, como um dos tipos de dialética, um pensar no qual o momento da identidade é, dentre os dois momentos que determinam essencialmente a dialética, de fato o predominante, um pensar no qual, entretanto, cada identidade singular é contestada; ou, para dizê-lo em outras palavras, trata-se de um tipo no qual, em todos os seus momentos singulares, o pensar destaca o momento da não identidade na identidade – contexto no qual, contudo, acaba por ter lugar uma espécie de reconciliação [*Versöhnung*]. Torna-se evidente, sem mais, que esse tipo de dialética tem de ser o tipo idealista, pois nele se afirma realmente o primado do pensar sobre o ser. Trata-se

---

editado por Alfred Schmidt, p.75-104). Adorno chega a falar mais uma vez acerca dessas correntes na 11ª aula.

mesmo de um pensar no qual, a despeito de toda não identidade no singular, ao fim, o não idêntico é transformado, no interior da totalidade [*Ganzheit*], em algo idêntico. E já que a dialética sempre teria início com a autorreflexão [*Besinnung*] da faculdade cognoscente – portanto, do espírito –, então justamente o espírito, enquanto fundamento com o qual é posto o idêntico, transforma-se em princípio dominante nesse tipo de dialética. Caso eu possa expressá-lo de maneira rudimentar e um tanto superficial, eu diria que a dialética hegeliana como um todo, percebida a partir de uma distância considerável, é realmente uma filosofia do espírito, e mesmo ainda mais: é uma metafísica do espírito. O espírito é nela o absoluto. Tudo que em geral existe se revela, afinal, como determinação do espírito. Eu realcei, em meu próprio escrito sobre Hegel,[127] essencialmente um outro momento presente em sua obra //, aquele que se pode designar como o momento crítico, ou como o momento negativo. Porém, gostaria de dizer que se tratava ali de uma ênfase tendenciosa, na medida em que os pensamentos explanados em meu livro não são realmente pensamentos que vocês possam tomar, sem mais, como uma apresentação [*Darstellung*] da filosofia hegeliana, do modo como seriam referidas as coisas segundo Hegel; ao contrário, tratava-se antes de uma tentativa, por assim dizer, de salvar Hegel e, na verdade, caso queiram, de uma tentativa que acabava por entrar em certa contradição com determinadas intenções mais fundamentais do próprio Hegel. Pois é claro que em tal projeto filosófico, como o desenvolvido por Hegel – em que o não idêntico deve encontrar seu direi-

---

127 Ver nota 73, p.154-5

to, para então, por fim, se dissolver inteiramente no espírito absoluto, se superar [*aufheben*] nele –, é claro que em tal pensamento não se leva realmente a sério o não idêntico, ou seja, tudo aquilo que em nossa experiência não é espírito. E eu tentei salientar os momentos em Hegel que, em contraposição a isso, ainda preservam a tendência de manifestar aquela dignidade do não idêntico, aquela seriedade da contradição em sua filosofia. Porém, vale para Hegel aquela sentença que certa vez o falecido Max Scheler[128] manifestou sobre Martin Buber,[129] quando ouviu dele uma conferência sobre religião: sério, muito sério, mas não completamente sério. Não quero com isso dizer que a filosofia de Hegel não deva ser tomada completamente a sério. Creio estar de alguma maneira resguardado de semelhante má compreensão. O que eu gostaria de dizer, na verdade, é que o pensamento da não identidade em Hegel, que ele ressaltou de maneira tão grandiosa, não teve reconhecida, mesmo assim, com toda seriedade, a sua devida dignidade; antes, sua filosofia conservou o primado do momento afirmativo, reconfortante

---

128 Max Scheler (1874-1928), filósofo e sociólogo. A partir de 1919, tornou-se professor em Colônia e, em seguida, em 1928, foi cofundador, em Frankfurt, da antropologia filosófica (*Die Stellung des Menschen im Kosmos*) – A declaração de Scheler aludida por Adorno não pôde ser rastreada.

129 Martin Buber (1878-1965) foi um filósofo de origem judaica que atuava nas áreas de filosofia da religião e filosofia social. Entre 1938 e 1951, foi professor de filosofia social na Universidade Hebraica de Jerusalém. No centro do pensamento de Martin Buber, encontra-se o princípio dialógico da relação recíproca entre os seres humanos, e entre seres humanos e Deus. Cf. acerca disso, seu escrito *"Ich und Du"* (1923).

e, caso queiram, apologético. E isso se relaciona estreitamente, sem dúvida, com aquele aspecto de seu pensamento que foi criticado tanto por Kierkegaard quanto por Marx – de modo independente um do outro – com a mais intensa perspicácia.

// Frente a isso, a dialética materialista, ao partir das determinações que fornecemos – principalmente da determinação de que a dialética não é um mero processo intelectual, mas um processo da própria efetividade –, sustenta que aquela tendência ínsita à dialética de tornar de fato decisivo o momento da não identidade, da contradição, deve ser perseguida no sentido de que não afirmemos, sobre o mundo tal como ele é, ou seja, sobre o objeto de conhecimento, uma identidade acabada entre pensar e ser. Vocês poderiam enunciar isso também do seguinte modo: no interior da dialética marxiana, a experiência a partir da qual ela é propriamente construída – tomando-se aqui a expressão "experiência" tal como tentei lhes expor quase ao término da última aula – ocupa um lugar central, qual seja, o de reconhecer que o mundo com o qual lidamos e o mundo com o qual a humanidade teve até hoje que lidar é um mundo em si repleto de contradições [*widerspruchsvoll*], e que aquela identidade, que o conceito especulativo em Hegel afirmava, por assim dizer, ter assegurado, identidade que é buscada na totalidade do sistema, seria antes uma identidade que precisa ser produzida. Em outras palavras, trata-se de reconhecer que a produção de uma efetividade constituída de modo não contraditório é uma questão para a práxis humana, e não um problema simplesmente para a filosofia.

Nas determinações feitas anteriormente, vocês podem ver claramente, creio eu, de que maneira, a partir da essência da própria dialética, originam-se ambos os tipos. Tais tipos poderiam também, naturalmente, ser derivados das posições dos pensadores que os desenvolveram: por um lado, da mais avançada posição já alcançada pela classe burguesa e, por outro lado, a partir da primeira posição, até então nunca ocupada, que foi transcendente à sociedade burguesa. (Da perspectiva de uma determinação geral da dialética, tal como essa que lhes forneci anteriormente, mostra-se além disso)[130] que, se por um lado eu lhes disse antes que a dialética idealista acaba por se enredar numa extraordinária dificuldade, já que, apesar de a princípio realçar o não idêntico, // ela afirma, ao mesmo tempo, a identidade absoluta como totalidade; por outro lado, mostra-se que o conceito da dialética materialista também é acometido por dilemas muito sérios e bastante consideráveis, dificuldades que pertencem, na verdade, ao mesmo domínio que indiquei há pouco. Pois se, de fato, no conhecimento do mundo, confere-se o primado ao não idêntico, portanto, àquilo que não é espírito, então, em certo sentido, acaba se tornando extraordinariamente difícil compreender porque é que se deve chegar a uma dialética nesse caso, já que o próprio princípio dialético, quer dizer, o princípio da negação e da reflexão, é necessariamente um princípio espiritual. E no instante em que quiséssemos efetivamente desenvolver – e com todo o rigor necessário – a ideia de que o espiritual é mera superestrutura [*Überbau*], de que o ser determina *radicalement* a consciência, então não se poderia de maneira nenhuma entender como é que se chegaria a uma dialética. Isso porque aquilo justamente a que se confere o primado neste contexto não passaria de *rudis indigestaque moles*

---

130 Lacuna na transcrição do áudio.

Introdução à dialética

(massa confusa e informe),[131] algo que em si não é rompido pela reflexão, mas que permanece, ao contrário, mera imediatidade. Assim, o conceito de uma dialética materialista conduz àquela dificuldade que se relaciona com o sentido mais simples da palavra "dialética", a saber: a dificuldade de que uma representação do mundo que consiste essencialmente no movimento dos conceitos, num διαλέγεσθαι (dialégestai),[132] num decompor de estruturas intelectuais, é hipostasiada de tal maneira como se não tivesse nada a ver com isso. Eu não posso, neste exato momento, propor-lhes uma solução para essa dificuldade, mas gostaria ao menos de sugerir algo nesse sentido, sobretudo porque justamente neste ponto está a paralisação da dialética materialista transformada em religião de estado e dogma — paralisação que sempre ocorrerá quando o pensamento não se puser a enfrentar com toda seriedade suas dificuldades imanentes. Gostaria de pelo menos assinalar que a solução para essa contradição // estaria em não assumir o conceito de

---

131 *Rudis indigestaque moles*: uma massa confusa e informe. Cf. Ovídio, *Metamorfoses*, Livro I, verso 7. Ovídio descreve com essa expressão, no início das *Metamorfoses*, o estado primevo em que se encontra o mundo. "Antes do mar, da terra e céu que tudo cobre, a natureza tinha, em todo o orbe, um só rosto a que chamaram Caos, massa rude e indigesta; nada havia, a não ser o peso inerte e díspares sementes mal dispostas de coisas sem nexo" (Ovídio, *Metamorphosen*, editado e traduzido por Gerhard Fink, Düsseldorf/Zürich 2004, versos 5-9, p.9). [Tradução em português de Raimundo Nonato Barbosa de Carvalho].

132 O sentido literal originário de "διαλέγεσθαι (dialégestai)" era propriamente "conversar". Adorno tem manifestamente em vista o significado que o conceito adquiriu em Platão, lá onde se trata da formação de conceitos universais e de sua diaerese, bem como da composição na definição. Cf. acerca disso, nota 4, p.67.

dialética, que subjaz ao fundamento [da discussão], como um conceito puramente teórico, mas sim constatar que nele o próprio momento da práxis desempenha um papel determinante, ainda que não se possa dizer que possua um primado. A relação entre teoria e prática na dialética materialista é extraordinariamente complexa e intrincada. Em todo caso, porém, a práxis aqui se faz valer com toda a seriedade, e se não estivéssemos dispostos a incluir [em nossas reflexões] o conceito de práxis – em outras palavras, da transformação do mundo pela ação –, então o pensamento de que as relações materiais ou de que o meramente existente [*bloß Seiendes*] possam ser em si mesmos dialéticos não poderia sequer ser cogitado. Ainda que essa ideia não seja concebida por Marx como meramente contemplativa – ou, do ponto de vista teórico, como simplesmente explanatória –, trata-se certamente para ele de uma teoria. Eis aí uma estrutura complicada. Espero que, até o término do presente curso, possamos chegar a desdobrá-la de modo mais detalhado.[133] Gostaria, no entanto, ao menos de lhes chamar a atenção para o seguinte: caso simplesmente aplicássemos, à versão materialista de dialética, o conceito de uma filosofia, isto é, de uma forma internamente consistente de explicação do mundo, ou mesmo, tal como sucede no Leste, o conceito de uma espécie de ciência, então já teríamos nos enredado em enormes dificuldades. E, em virtude mesmo dessas dificuldades, seríamos impelidos justamente a adotar o procedimento contrário ao pensar dialético, ou seja, fazer daquilo que é o pensar que se move a si mesmo e [se volta] criticamente contra si próprio,

---

133 Adorno não retorna mais, nestas aulas, a esse tema.

algo como uma visão de mundo [*Weltanschauung*] a ser repetida de maneira automática.

Creio que agora posso me dedicar à tarefa de lhes expor, mais uma vez, as autênticas dificuldades que o pensar dialético suscita, para então fornecer-lhes também certas determinações que poderão ajudá-los mais à frente, quando quiserem tentar pensar dialeticamente por si próprios. Pois a tarefa de um curso de introdução à dialética, além daquela // de facilitar o estudo dos grandes textos dialéticos, deveria ser sobretudo assinalar os pontos nos quais propriamente residem as dificuldades. O objetivo aqui não é o de se furtar a tais dificuldades, por meio de deduções conceituais prolixas, e menos ainda o de fazer esse modo de pensar passar por inofensivo, mas sim o objetivo deveria ser o de convencê-los sobre a motivação desse pensar, justamente quando este pensar nos coloca diante das maiores dificuldades. E para ter êxito nisso, vou lhes fornecer determinações acerca das quais nutro a esperança de que possam ser, ao mesmo tempo, também proveitosas no sentido de instruir mais um pouco sobre os traquejos do pensamento dialético. A primeira das dificuldades consiste em que, no pensamento dialético, todo e parte sempre têm de ser referidos um ao outro. Eis aí uma proposição que a princípio soará familiar àqueles dentre os presentes que são psicólogos e psicólogas, uma vez que a teoria da *Gestalt* [*Gestalttheorie*] – ao menos a noção de *Gestalt* hoje em dia mais academicamente difundida pelo pensamento psicológico contemporâneo – também diz aproximadamente isso.[134] Contudo, aqui se pensa essencialmente em

---

134 A teoria da *Gestalt* foi fundada na Alemanha por Christian Ehrenfels (1859-1932), desde 1896 professor em Praga (Cf., desse autor, *Über*

relação ao âmbito perceptivo e se assume, digamos, tacitamente o primado do todo sobre a parte. Sustenta-se, além disso, que entre o todo e suas partes predominaria de fato uma relação em geral harmônica, ou ao menos que a relação entre todo e parte não seria, em todo caso, uma relação de tensão. Aliás, gostaria de me corrigir e dizer que a teoria da *Gestalt* de fato conhece, sob o conceito de "forma ruim" [*schlechte Gestalt*], também o momento da não-identidade entre todo e parte, muito embora o *pathos* dessa doutrina científica do primado do todo sobre a parte seja incomparavelmente menos antagônico do que na dialética.[135] Acerca dessa questão, gostaria de dizer que o pen-

---

Gestaltqualitäten. Vierteljahreszeitschrift für wissenschaftliche Philosophie 14 (1890), p.249-292), Max Wertheimer (1880-1943), Adhémar Gelb (1887-1936), Kurt Goldstein (1878-1965) – cujas aulas Adorno tinha frequentado durante sua época de estudos em Frankfurt –, e outros a desenvolveram na primeira metade do século XX. Ela forneceu as bases teóricas para a terapia de *Gestalt*.

135 Com o conceito de "*Gestalt* ruim" designa Max Wertheimer o ponto de partida para um problema com que o pensamento produtivo deveria ter seu desencadeamento, para somente então – por força de uma tendência à pregnância (*Pregnanz*) que lhe é inerente – descobrir, por meio do processo da reestruturação, uma forma inteiriça, a qual lhe permitiria completar a passagem da configuração ruim para a boa. (Cf. Max Wertheimer, *Drei Abhandlungen zur Gestalttheorie*, Erlangen 1925 – Max Wertheimer foi, entre 1929 e 1933, professor catedrático de psicologia em Frankfurt. – De maneira mais clara do que ocorre aqui, Adorno formulou, na *Metacrítica da teoria do conhecimento*, sua crítica à teoria da *Gestalt*. "Com razão, criticou-se a teoria da *Gestalt* por ter buscado descobrir um sentido imediatamente metafísico no *Datum* do arranjo experimental positivista. Ela se apresenta como ciência, sem pagar o preço do desencantamento. Por isso, serve à turvação ideológica da realidade fragmentada, que ela afirma conhecer como não fragmentada, como "inteira", como "saudável"

Introdução à dialética

samento a respeito da prevalência do todo sobre a parte veio efetivamente ao mundo, pela primeira vez, com Hegel, e isso ocorreu por meio daquela proposição da qual lhes falei detalhadamente, aquela que afirma que "o todo é o verdadeiro".[136] Com Marx se deu, em seguida, a inversão real ou a interpretação dessa proposição, de acordo com a qual a totalidade constituída pela sociedade seria a chave // para se compreender todos os processos sociais singulares, e não caberia a tais processos sociais específicos qualquer autossuficiência. Porém, a concepção dialética da relação entre todo e parte é, de fato, consideravelmente mais complicada do que a proposição, bastante familiar, de que o todo seja mais do que a soma de suas partes; pois, embora seja exigido que as partes sejam continuamente compreendidas a partir do todo, e o todo, por sua vez, tenha de ser compreendido a partir da interação [*Zusammenspiel*] entre as partes, ao mesmo tempo, na dialética se afirma uma relação de tensão entre esses momentos, entre todo e parte, entre universal e particular, relação de tensão que torna, por sua vez, extraordinariamente problemático e difícil o esforço de trazer ambos os momentos à unidade. A dificuldade a que me refiro e da qual gostaria que vocês ficassem conscientes é a de que, para a dialética, todo e parte somente poderão ser compreendidos por meio de sua referência mútua. Isso significa que quando

---

(*heile*), em vez de indicar as condições da fragmentação (*Spaltung*)." (*GS* 5, p.164) [Ed. bras.: Adorno, *Para a metacrítica da teoria do conhecimento. Estudos sobre Husserl e as antinomias fenomenológicas*. Tradução: Marco Antônio dos Santos Casanova. Revisão técnica: Eduardo Socha. São Paulo: Editora Unesp, 2007, p.262]

136 Ver p.30*ss*. da edição original das aulas.

vocês tiverem a parte, o todo não estará dado positivamente; e, inversamente, quando pensarem o todo, de maneira nenhuma suas partes estarão dadas positivamente. De modo que terão de se perguntar, de forma incessante, como propriamente reunir ambas as coisas. Pois – e isso eu já procurei, creio, esclarecer suficientemente – na dialética a relação entre todo e parte não é nenhuma relação de mera subsunção e, portanto, nenhuma relação lógico-extensional [*umfangslogisches*], de maneira que as partes pudessem estar de tal modo abarcadas no todo assim como os segmentos de um círculo estão contidos nesse círculo. Trata-se, antes, de uma relação dinâmica. Esses dois momentos produzem-se reciprocamente, mutuamente, e não existem, por assim dizer, como elementos intemporais, coisais, como simultâneos um ao outro. Eis porque se pode dizer que a dialética em geral – acolhendo aqui uma diferenciação kantiana – estendeu tão amplamente o âmbito dos assim chamados princípios dinâmicos que mesmo aquilo que em Kant aparece sob o título de princípios matemáticos – portanto, os princípios lógicos – assume também um caráter dinâmico.[137] // Portanto, o problema – e trata-se aqui de uma das maiores dificuldades que a dialética impõe – consiste em entender como posso conceber a parte a partir de um todo, que nunca está, enquanto tal, completamente dado.

A fim de lhes mostrar como tais coisas parecem se dar no trabalho teórico propriamente dito – quando há o esforço de produzir conhecimento –, talvez eu possa lhes dizer algo acerca da controvérsia que tive há quase vinte anos com

---

137 Cf. Kant, *Kritik der reinen Vernunft*, p.206.

Introdução à dialética

Walter Benjamin, enquanto ele escrevia seu trabalho sobre Baudelaire.[138] Trata-se de uma primeira parte não publicada desse trabalho sobre Baudelaire e, na verdade, da interpretação de um poema de Baudelaire que consta no ciclo "O Vinho", chamado "Le vin des chiffonniers", "O vinho dos trapeiros [*Lumpensammler*]".[139] À época em que Baudelaire escrevia, os trapeiros tinham um significado chave, enquanto represen-

---

138 Cf. Walter Benjamin, *Charles Baudelaire. Ein Lyriker im Zeitalter des Hochkapitalismus*; in: Walter Benjamin, *Gesammelte Schriften*, op. cit., Bd.I.2, editada por Rolf Tiedemann e Hermann Schweppenhäuser (1974), p.509-690. A controvérsia da qual Adorno fala e que ele explicita a seguir está documentada nas cartas trocadas entre ele e Benjamin nos anos de 1938/39. (Cf. Theodor W. Adorno, *Briefe und Briefwechsel*, editada por Theodor W. Adorno Archiv, Volume 1: Theodor W. Adorno/Walter Benjamin, *Briefwechsel* 1928-1940, editado por Henri Lonitz, Frankfurt a.M. 1994, páginas 364ss.) Benjamin havia enviado ao Instituto de Pesquisa Social para publicação a parte intermediária de um planejado livro sobre Baudelaire, o qual permaneceu, todavia, inacabado. Essa primeira versão foi submetida por Adorno, em sua carta de 10 nov. 1938, a uma crítica meticulosa e que concernia aos fundamentos, a qual, no seu cerne, corresponde à crítica que ele formula no decurso da aula, e que levou Benjamin a uma reformulação abrangente – contudo, apenas de partes do segundo capítulo, "O flâneur" – de sua interpretação. A primeira versão do texto de Benjamin está publicada nos *Gesammelte Schriften* sob o título de "*A Paris des Second Empire em Baudelaire*". Walter Benjamin, *Gesammelte Schriften*, op. cit., Bd.I.2, editada por Rolf Tiedemann e Hermann Schweppenhäuser (1974), p.511-604). A versão reelaborada foi publicada sob o título de "*Sobre alguns motivos em Baudelaire*" (Ibid., p.605-53) [Ed. bras.: Benjamin, *Sobre alguns temas em Baudelaire*. Tradução: José Eduardo Martins Barbosa e Hemerson Alves Baptista. In: *Obras Escolhidas III*. Charles Baudelaire. Um lírico no auge do capitalismo. São Paulo: Brasiliense, 1989, p.103-49].
139 Ibid., p.519-23

tantes extremos do lumpemproletariado, para a exposição [*Darstellung*] da mais pronunciada miséria, a qual, em toda literatura francesa desse período – pensem, por exemplo, em *Les Misérables*[140] –, desempenhou um papel verdadeiramente central. Com respeito à interpretação desse poema, Benjamin levou em consideração a ideia de um imposto municipal sobre o vinho, em vigor naquela época em Paris e que obrigava os trabalhadores a se deslocarem até os portões da cidade, para fora dos limites da *banlieue*,[141] a fim de poder consumir ali seu vinho, pressupondo, é claro, que eles pudessem pagá-lo. E alguns escritores franceses contemporâneos sugeriam – isso não parece lá muito plausível – que esses trabalhadores, depois de terem bebido um pouco, ao retornarem à cidade, exibiam sua embriaguez de maneira um tanto provocativa, a fim de demonstrar que tinham conseguido, por uma espécie de ato de contestação, proporcionar-se aquilo que, de outro modo, não teriam sido capazes

---

140 Victor Hugo (1802-1885), *Les Misérables* (1862); alemão: *Die Elenden*, tradução de Paul Wiegler, Zürich 1998. [Ed. bras.: Victor Hugo, *Os miseráveis*. Tradução, adaptação e apêndice: Silvana Salerno. São Paulo: Penguin Books, 2017].

141 *Banlieue*: palavra francesa (mais exatamente, "cercanias da cidade") para subúrbio, arrabalde. Adorno diz, a propósito, *ausserhalb der banlieue*, mas quis dizer *ausserhalb der barrière*, ou seja, além dos limites fronteiriços da cidade. Se se trata de um erro na transcrição ou de um equívoco de Adorno, isso não mais pode ser determinado indubitavelmente. Concreto é, contudo, que justamente não se trata na discussão do subúrbio como tal, mas sim dos limites de divisa que separavam os arrabaldes da cidade, e em relação aos quais o imposto sobre o vinho era aumentado. Walter Benjamin, *Gesammelte Schriften*, op. cit., Bd.I.2, editada por Rolf Tiedemann e Hermann Schweppenhäuser (1974, p.511-604), a versão reelaborada sob o título de *"Sobre alguns motivos em Baudelaire"*, p.520.

Introdução à dialética

de alcançar materialmente, a saber, embebedar-se.[142] E Benjamin acreditava poder encontrar no ciclo "O Vinho" alguns motivos dessa espécie. Eu gostaria de deixar em aberto se isso está ou não correto. Numa mais recente análise do material,[143] que empreendi nos últimos dias tendo em vista justamente esta aula, a argumentação de Benjamin se me afigurou // mais plausível do que naquela época em que se estabeleceu entre nós a controvérsia em torno do tema. Em todo caso, a tendência dele era reconduzir a questão acerca da determinidade [*Determiniertheit*] materialista da realidade como um todo – posto que ela possui na poesia de Baudelaire, de acordo com sua teoria, um caráter fundamental – de maneira completamente imediata a experiências específicas, tais como o imposto sobre o vinho, os locais baratos para se beber, os trapeiros etc. Obviamente, eu não gostaria de diminuir o significado dessas experiências específicas. Porém, quando vocês consideram a ideia de uma dialética materialista, o que implica, portanto, a pretensão de uma explicação teórica de fatos [*Tatsachen*] sociais a partir de condições materiais, então naturalmente não basta, para uma teoria como essa, recorrer a tais fatos [*Fakten*] não mediados, como o imposto sobre o vinho ou a *banlieue*, por mais concreto que isso pareça ser, por mais convincente que tal concreção seja – e por mais intenso que seja o entusiasmo do pensamen-

---

142 Pretende-se aqui fazer referência a Honoré-Antoine Frégier, *Des classes dangereuses de la population dans les grandes villes, e de moyens de les rendre meilleures*, Paris 1840. Nesse trecho, Adorno se refere ao percurso argumentativo de Benjamin.
143 Com o termo "material" Adorno está fazendo referência aos textos de Benjamin, bem como à troca de cartas entre ambos acerca do tema (ver nota 138, p.249).

to quando se vê em condições de ligar, de forma imediata, os fatos aparentemente manifestos às categorias especulativas mais elevadas. Justamente em virtude desse pendor, por causa dessa sedução do pensamento dialético, Schelling foi acusado por Hegel – e resguardar o pensamento dessa sedução não foi a menos importante dentre as tarefas de que Hegel se incumbiu em sua polêmica com Schelling. Nesse ponto, Benjamin foi mais schellingiano do que hegeliano. Naquela época, tentei sustentar, em contraste com a posição de Benjamin, que para uma interpretação dialética do teor [*Gehalt*] de uma poesia, não é suficiente indicar os motivos materiais singulares e as tensões materiais desse tipo. Na verdade, a dialética materialista tem – sempre e em qualquer circunstância – de aceitar que os achados específicos, sobre os quais se apoia, são determinados pelo todo, aceitar que são mediados pela totalidade da sociedade. Nesse sentido, portanto, as experiências específicas, por mais que sejam chocantes e tangíveis, em si nunca são suficientes para que se possa depreender consequências teórico-sociais, consequências pertinentes para a teoria da sociedade; // ao contrário, penso que tenhamos de relacionar os momentos singulares experienciados à estrutura da totalidade social, caso não queiramos simplesmente sucumbir à mera designação de fatos manifestos. Com efeito, se é o caso de ver a relação entre a lírica de Baudelaire e o auge do capitalismo [*Hochkapitalismus*] – e tal lírica é de fato o primeiro caso, até aqui ainda não superado, de uma lírica que foi extorquida às condições do capitalismo no seu momento de apogeu –, então não podemos nos conformar em selecionar motivos singulares da efetividade capitalista, tal como Baudelaire tinha em vista, e invocá-los para a explicação do teor de sua poesia; ao contrário, seria preciso derivar o caráter da mercadoria – que desempenha em Baudelaire, na verdade, um papel inteiramente central – a partir da estrutura da sociedade como um todo, para tentar, em seguida, de certa maneira, perceber o espelhamento [*Spiegelung*] subjetivo da forma mercadoria nessa lírica. O que não se deve fazer, de modo nenhum, é se conformar com motivações singulares.[144]

---

144 Na sua carta de 10 de novembro de 1938, Adorno escreveu a Benjamin: "Ou muito me engano ou essa dialética é falha numa coisa: em mediação. Reina soberana uma tendência de relacionar os conteúdos pragmáticos de Baudelaire diretamente aos traços contíguos da história social do seu tempo, e tanto quanto possível aos de natureza econômica. Penso por exemplo na passagem acerca do imposto sobre o vinho (I, p.23), em certos comentários sobre as barricadas ou no já citado trecho sobre as passagens (II, p.2), que me parece particularmente problemático, porque é justo aqui que permanece precária a transição de uma elementar consideração teórica sobre fisiologias para a representação "concreta" do *flâneur*. [...] Eu [...] tento indicar o fundamento teórico de minha aversão a esse particular tipo de concretude e seus laivos behavioristas. Outra não é a razão disso senão que reputo metodologicamente infeliz dar emprego "materialista" a patentes traços individuais da esfera da superestrutura ligando-os de maneira imediata, e talvez até causal, a traços análogos da infraestrutura. A determinação materialista de caracteres culturais só é possível se mediada pelo *processo total*." (Theodor W. Adorno, *Briefe und Briefwechsel*, editada por Theodor W. Adorno Archiv, Bd.I: Theodor W. Adorno/Walter Benjamin, *Briefwechsel* 1928-1940, editado por Henri Lonitz, Frankfurt a.M. 1994, p.366ss.) [Ed. bras.: Adorno, *Correspondência 1928-1940 Adorno-Benjamin*. Tradução: José Marcos Mariani de Macedo. São Paulo: Editora Unesp, 2012, p.401-3]. Para a compreensão da posição de Benjamin, há que se acrescentar, contudo, que a princípio ele teria conscientemente minimizado, na parte que disponibilizou a Adorno para leitura, o destaque filológico de referências concretas e singulares à história social, no sentido da mediação

A propósito, valeria a pena comentar aqui uma diferença da qual vocês terão já ouvido falar, mas que é raramente pensada de modo preciso e é em geral esquecida: a diferença entre materialismo dialético e materialismo vulgar, que podemos agora caracterizar de modo mais apropriado. E com isso vocês poderão talvez, daqui para a frente, entender o que quer dizer assumir uma posição contrária ao materialismo vulgar. Isso não significa que ao materialismo vulgar seria contraposto, digamos, um materialismo mais refinado, mas sim que na tentativa de explicar a partir das condições materiais todo e qualquer processo, formação espiritual ou o que quer que seja, não se pode pressupor, de modo imediato, que os assim chamados motivos materiais sejam os mais autênticos princípios explicativos. Em outras palavras, suponhamos uma teoria econômica vulgar que acreditasse poder deduzir a realidade econômica a partir do assim chamado impulso para o lucro ou da avidez por dinheiro, ou mesmo de outros motivos atinentes às intenções dos capitalistas, ou ainda a partir do chamado impulso para o lucro, mas separado de motivações psicológicas. // Essa seria uma interpretação materialista vulgar, pois não recorreria à totalidade da sociedade, no interior da qual unicamente os impulsos [*Strebungen*] de empresários e trabalhadores adquirem primeiramente seu valor relativo. Ou seja, mesmo que supuséssemos que os capitalistas individuais fossem todos anjos – ou preferencialmente santos –, mas ao mesmo tempo coagidos, sob condições do capitalismo, a exercer suas atividades econômicas, então isso significaria que, apesar dessa in-

---

reivindicada por Adorno, a fim de empreendê-lo na terceira parte, que chegou a ser planejada, porém não foi escrita.

tenção subjetiva, a despeito da completa ausência do chamado impulso para o lucro, nada de essencial se alteraria no decurso dos processos sociais como um todo. E eu creio, caso me seja permitido ainda acrescentar, que realmente muitas das malbaratadas investidas que hoje se apresentam na versão materialista de dialética estejam alojadas precisamente neste ponto: não se esforçam em dar uma explicação dos fenômenos sociais recorrendo à mediação pela totalidade; em vez disso, atribui-se efetivamente ao adversário, isto é, à teoria materialista, a ingenuidade de querer explicar o mundo a partir de algo como o impulso para o lucro ou ainda, como elegantemente se diz, a partir de motivos materiais elementares. E então, depois que se tenha atribuído ao adversário essa tese sem sentido, fica fácil conseguir fazê-lo transitar à ideia de que haveria algo além dos tais motivos elementares – a saber, de que haveria também motivos mais elevados e nobres. Creio que, caso vocês desejem se ocupar com o problema da dialética materialista em geral, aquilo que se coloca primordialmente como imperativo é que tomem esse pensamento com toda seriedade, rejeitando assim todas essas representações – por exemplo, que o mundo deva ser explicado pelos assim chamados motivos elementares, ou seja, pelo impulso para o lucro, hipostasiado agora como a característica fundamental do ser humano. Devem, ao contrário, levar bem a sério o pensamento da totalidade social – portanto, do espírito objetivado do capitalismo – enquanto aquilo que poderia propriamente figurar como o princípio explicativo.

A isso que acabei de dizer, vocês poderiam objetar o seguinte: // "você opera aqui com o conceito de totalidade e diz que não se pode, de maneira nenhuma, compreender [*begreifen*] um tal *Faktum* na sua imediatidade. Porém, de onde você tirou então essa totalidade? O tal Benjamin tinha quanto a isso provavelmente razão: existem sim, de fato, o imposto sobre o vinho e outras coisas mais, existem sim tendências específicas, inteiramente determinadas, de grupos específicos, quando confrontados com uma circunstância qualquer. E, por outro lado, essa sua totalidade da sociedade, que você, como cientista e acadêmico, efetivamente não pode ter nas mãos, não passaria de uma tese metafísica sua." Tal objeção está, diga-se de passagem, no âmago da maior crítica ao materialismo dialético que até hoje já foi desferida nas ciências sociais, a saber, a crítica que Max Weber empreendeu, que acusa – e isso testemunha a visão extraordinariamente aguçada de Max Weber neste assunto – não o fato de que o materialismo ignoraria os bens superiores, os motivos elevados etc., mas sim que a dialética seria propriamente uma metafísica, isto é, que ela – ao afirmar somente poder compreender o particular a partir do todo, mesmo sem nunca possuir o todo como um dado efetivo [*Gegebenheit*] – é sempre forçada a absolutizar um conceito qualquer, a hipostasiá-lo e, por meio disso, fazer afirmações arbitrárias, exatamente como a metafísica, contra a qual, a propósito, a própria versão materialista da dialética havia se voltado.[145] No interior

---

145 Em seu ensaio "A 'objetividade' do conhecimento científico-social e político-social", de 1904, Max Weber explicita sua concepção de "tipo-ideal" e formula aí, ao menos como princípio geral e endereçada a Marx, a censura à metafísica evocada acima por Adorno. "Até este momento, temo-nos principalmente ocupado com os tipos ideais no seu aspecto essencial de conceitos abstratos de relações (*Zusammenhängen*), que concebemos como relações estáveis no fluxo do devir, como indivíduos históricos nos quais se processam desenvolvimentos. Mas se nos apresenta agora uma complicação que o preconceito naturalista, segundo o qual a meta das ciências sociais

da atividade científica, esse problema é tradicionalmente tratado de maneira demasiado trivial. Dizem que o cientista tem de pesquisar, reunir seus fatos, classificar, ordenar, e que só então se acrescenta algo como a intuição [*Intuition*], como se fosse, em certo sentido, uma fonte cognitiva vinda do além. E tão logo sejamos acometidos pela célebre centelha e tivermos iluminado

---

deverá ser a redução da realidade a *"leis"*, introduz na nossa disciplina com grande facilidade, valendo-se do conceito de "típico". É que também é possível construir tipos ideais de *desenvolvimentos* e estas construções podem ter um valor heurístico muito considerável. No entanto, surge neste caso o perigo iminente de que se confundam o tipo ideal e a realidade. [...] O processo não desperta qualquer objeção metodológica, *enquanto* se tiver presente que a *história* e a *construção* típico-ideal do desenvolvimento devem ser rigorosamente diferenciadas, e que a construção apenas serviu como meio para realizar *metodicamente* a atribuição *válida* de um processo histórico as suas causas reais, entre as *possíveis* na situação dada do nosso conhecimento. [...] Intencionalmente, deixou de ser demonstrada a nossa concepção no exemplo de longe o mais importante de construções de tipo ideal: o de *Marx*. [...] limitamo-nos a constatar aqui que *todas* as "leis" e construções do desenvolvimento histórico especificamente marxistas naturalmente possuem um caráter de tipo ideal, na medida em que sejam *teoricamente* corretas. Quem quer que tenha trabalhado com os conceitos marxistas, conhece a eminente e inigualável importância *heurística* destes tipos ideais, quando utilizados para os *comparar* com a realidade, mas conhece igualmente o seu perigo, logo que são apresentados como construções com validade empírica ou até mesmo como tendências ou *"forças ativas"* reais (o que, na verdade, significa metafísicas)." (Max Weber, *Die "Objektivität" sozialwissenschaftlicher und sozialpolitischer Erkenntnis*. In: Max Weber, *Gesammelte Aufsätze zur Wissenschaftslehre*, Tübingen 1922, p.146-214, p.203-5. [Ed. bras.: Weber, "A "objetividade" do conhecimento nas ciências sociais". In: *Max Weber – Sociologia*. Coleção "Grandes Cientistas Sociais". Trad. Gabriel Cohn. São Paulo: Ática, 2003, p.116-8].

os fatos graças a essa espécie de clarão – fatos que a esta altura aparecerão fulgurantes e asseadamente desmembrados uns dos outros –, então aí terá surgido algo como o conhecimento. Encontrar a resposta para isso e dizer, ao contrário, // como tem de se configurar [*gestalten*] realmente a relação entre todo e parte, quando se toma a parte como ponto de partida, pretendendo alcançar um todo que, no entanto, não esteja disponível imediatamente – isto é propriamente a dificuldade e o desafio que a dialética nos coloca neste ponto.

// 10ª Aula [26/06/1958]

Minhas senhoras e meus senhores,

Em nosso último encontro, eu havia começado a fazer observações mais específicas acerca das dificuldades que a relação entre todo e parte implica para a filosofia hegeliana e sobre a possível maneira de resolvê-las. Vimos que tais dificuldades residem no fato de que o singular não pode ser compreendido apenas como singular. Antes, ele também tem sempre de ser compreendido [*begriffen*] a partir do todo, embora, em contrapartida, a lógica tradicional – e, de resto, também a psicologia tradicional – afirme que o todo nunca nos é dado de maneira adequada, mas sim apenas e tão somente suas partes. Colocou-se para nós, então, o problema da antecipação do todo, a partir do qual então as partes singulares podem ser compreendidas enquanto tais. Gostaria de me dedicar agora a pensar como a dialética se comporta ante essa dificuldade, a qual, naturalmente, ela não pode eliminar; pois, se ela pudesse fazê-lo, não haveria nenhum problema relativo ao conhecimento, e o todo seria efetivamente dado de maneira imediata, de forma que, em virtude disso, sujeito e objeto coincidiriam. Contudo, para resolver adequadamente esse problema, tenho de sugerir uma ponderação que os desafiará novamente a ir além dos hábitos intelectuais mais difundidos – uma ponderação, aliás, com a qual igualmente nos confrontamos durante o último seminário sobre sociologia.[146] Eu pretendo aqui levantar a questão sobre se o todo seria efetivamente posterior, ou seja, sobre se nossa experiência teria início, na verdade, com as partes e então, gradualmente, se elevaria ao todo. Por favor, não compreendam equivocadamente o que estou querendo dizer. Aqui, não estou me referindo [a isso] sob a perspectiva perceptivo-psicológica e, portanto, não sob a perspectiva adotada pela teoria da *Gestalt* – no sentido de que tudo se passaria como se nos fosse dado primeiramente um complexo, uma configuração [*Gestalt*], a partir da qual apenas, por meio da reflexão, os momentos singulares seriam destacados. Bem ao contrário. Penso // numa circunstância muito mais abrangente, isto é, num sentido autenticamente filosófico, a saber, na maneira como nossa experiência é propriamente organizada, como nós chegamos ao conhecimento em geral. Então aquela afirmação – feita pela tradicional lógica científica, segundo a qual nós percebemos primeiramente as partes, ordenando então tais partes segundo semelhanças e dessemelhanças, classificando-as em seguida e,

---

[146] Adorno havia lecionado, no semestre de inverno anterior, em 1957/58, um seminário avançado (*Hauptseminar*) sobre o livro *Economia e sociedade*, de Max Weber (Cf. Max Weber, *Wirtschaft und Gesellschaft. Grundriss der verstehenden Soziologie*. Editado por Marianne Weber, Bonn 1922). [Ed. bras.: Weber, *Economia e sociedade: fundamentos da sociologia compreensiva*. Trad. Regis Barbosa e Karen Elsabe Barbosa. Brasília: Editora Universidade de Brasília, 1999].

dessa maneira, elevamo-nos ao conceito universal, chegando, por fim, à teoria geral – tal afirmação dá a impressão de que se trataria de uma construção profundamente afastada da efetividade de nosso conhecimento, ou melhor, da maneira como nós efetivamente conhecemos, para dizer de um jeito mais simples. Trata-se aqui, pois, de uma questão que deveríamos retomar detidamente, ao menos uma vez, a saber: em que medida isso que se denomina teoria do conhecimento faz justiça àquilo que nós realmente fazemos em termos de conhecimento, e em que medida não se trata aí de normas mais ou menos depreendidas da exigência de validade das ciências, as quais, contudo, têm relativamente pouco a ver com nossa experiência viva. Pois a ciência afirma que nossa experiência viva, na medida em que seja válida, deve poder se transformar em proposições científicas. Todavia, essa transformação é algo extraordinariamente problemático, nunca foi empreendida seriamente e, apesar disso, nosso conhecimento vivo é composto de inumeráveis cognições [*Einsichten*], cuja validade ou verdade – permitam-me dizer isso de modo mais veemente – nós então simplesmente aceitamos, e aceitamos até mesmo num sentido bastante enfático, a saber, aceitamos como se fosse nossa própria verdade, a verdade que nos é mais peculiar, mesmo quando sua transformação em proposições científicas não acontece. Permitam-me expor a discussão pensando, tal como Hegel, no essencial de nossa experiência histórica e social, e não na experiência organizada das ciências. Estou me referindo aqui // ao fato de que, em certo sentido, nós fundamentalmente conhecemos antes o sistema no qual vivemos, antes experienciamos a efetividade em nós, a efetividade na qual estamos inseridos; não experienciarmos situações singulares específicas, a partir das quais nós então nos elevaríamos gradualmente a uma perspectiva, a um conceito da totalidade na qual vivemos. Com efeito, por um lado, em face da totalidade de nossa experiência, o singular consiste inteiramente num produto da abstração, assim como, de outro lado – e isto tem de ser objetado criticamente à teoria da *Gestalt* –, frente os momentos singulares que nele estão contidos, o todo também não passa de um resultado da abstração. Não há unidade imediata entre ambos, mas sua relação consiste num processo. Assim, o ordenamento científico põe as coisas de ponta cabeça ao pretender nos induzir a pensar que a hierarquia de classificações produzida por ela – hierarquia que ascende das observações singulares ao conceito geral –, seria idêntica à constituição [*Beschaffenheit*] da própria efetividade. Tal ideia foi autenticamente enunciada pela proposição de Espinosa de acordo com a qual a *ordo idearum idem est ad ordo rerum*[147] – uma proposição que me parece ser dogmaticamente idealista e à qual nós retornaremos, a propósito, em relação com Descartes e na crítica que tem de ser dirigida, sob o ponto de vista da dialética, ao método cartesiano, que consiste no protótipo da metodologia científica.[148]

Eu sei em qual mundo estou vivendo antes de saber de quaisquer dados assim chamados particulares. Sobretudo o

---

147 Na segunda parte da *Ética*, a qual trata da natureza e origem do espírito, consta no 7º Princípio: "*Propositio VII. Ordo, et conexio idearum idem est, ac ordo, et conexio rerum*". "7ª Proposição. A ordem e conexão das representações é idêntica à ordem e à conexão das coisas." (Baruch de Espinoza, *Werke*, em latim e alemão, editado por Von Konrad Blumenstock, Darmstadt 1967). [Ed. bras.: Espinoza, *Ética*. Trad. Tomaz Tadeu. São Paulo: Autêntica, 2009].

148 Ver as páginas 184*ss.* da paginação original.

momento da pressão [social], da não liberdade, aquilo que se designa na sociologia contemporânea com a expressão neutra "papel social", por assim dizer, o "estar no desempenho de funções" — todas essas coisas, caso queiram, relativamente abstratas, impõem-se para a consciência incomparavelmente antes do que as situações específicas, tais como a relação profissional de hierarquia ou o clima entre os empregados numa empresa [*Betriebsklima*], ou o que quer que seja em termos de situações sociais: a situação da equipe, a situação da família, a situação no âmbito de determinado grupo. Naturalmente, vocês podem dizer a esse respeito // que, do ponto de vista ontogenético, caso queiram já falar em termos psicológicos, o protótipo dessas relações deve ser procurado na instituição familiar. Porém, mesmo colocando o genético em primeiro plano, à frente do filosófico, seria preciso dizer que presumivelmente também a criança, na mais tenra infância, não se comporta como se fosse um pequeno cientista, partindo da experiência, digamos, da ameaça concreta do pai a formas gradualmente mais gerais de ameaça. Na verdade, dá-se o contrário, ou seja, experimentará primeiro algo como uma ameaça em geral, a saber, o medo [*Angst*], e aquilo que se poderia denominar concreção da situação específica, isto é, o pai ruim, vai se seguir a isso apenas gradualmente. Porém, quando abstraímos esses momentos genéticos e nos referimos às relações no interior de uma sociedade plenamente desenvolvida, então o que ocorre seguramente é que o imediato, aquilo que nós primeiramente percebemos, consiste muito mais nas relações universais do que nas relações particulares em que eventualmente nos inserimos. Seria um pouco como um cachorro que se comporta da seguinte maneira: quando pessoas bem vestidas entram num determinado cômodo, ele abana o rabo; e, embora se agite um pouco mais quando pessoas não tão bem vestidas entram no cômodo, quando alguém maltrapilho aparece à porta, ele começa a latir. Creio que é desse modo que se organiza em geral a experiência humana. Ademais, estou profundamente convencido de que a diferença entre o ser humano e o animal não é para ser tomada de maneira tão enfática como a filosofia idealista nos induz a pensar, a fim de lisonjear nosso narcisismo e nos exortar aos esforços éticos mais ilimitados.

No entanto, se isso ocorre dessa maneira – se, portanto, num sentido a ser entendido com delicadeza, em oposição à organização proposta pela ciência, o todo é por nós conhecido antes do específico; e se isso que se chama experiência específica é, por seu turno, já um produto da reflexão, então // se poderia encontrar uma formulação para o procedimento dialético na qual se evidencia um momento bastante arriscado para esse tipo de pensamento, e especialmente para a dialética hegeliana. Poderíamos mesmo dizer que a tarefa do pensamento dialético seria a de restabelecer a ingenuidade, ou seja, aquela espécie de intuição do mundo que tínhamos quando ainda não havíamos sido estupidificados pelo pensamento organizador; que, portanto, a tarefa da dialética consistiria em superar [*aufheben*], por meio da reflexão, aqueles momentos da separação, da objetificação [*Vergegenständlichung*], que foram colocados justamente pela reflexão. Disse que se trata de um pensamento arriscado, e quando falo desse risco, não tenho ninguém mais em mente senão o próprio Hegel. Pois para Hegel, esse pensamento, tal como acabei de formular, desempenha um importante papel, e isso por causa de sua visão afirmativa do mundo. Em virtude,

Introdução à dialética

portanto, do fato de que Hegel pretende que o espírito prevaleça, que o espírito seja o absoluto e o unicamente substancial, tal pensamento acaba por adquirir, na verdade, a feição de que, através dos meios da dialética, a ingenuidade mais ou menos anterior à reflexão predomine no sentido de uma mera afirmação [*Affirmation*], ou seja, predomine no sentido da mera aceitação das relações dadas, das intuições positivas dadas, da adesão a religiões dadas. Isso encontraria expressão na controversa proposição de Hegel segundo a qual a filosofia especulativa tem algo em comum com a fé, a saber, o fato de que ambas fazem oposição à reflexão. E tal formulação se encontra de fato literalmente em Hegel.[149] Porém, é evidente que, se abrirmos mão da concepção fundacional da identidade, tal como predomina em Hegel, como falei no último encontro, e se, em seu lugar, tivermos o conceito de uma dialética aberta, interrompida, então claramente aquela exigência deixa de ser procedente. Dentre os temas da dialética, certamente não é irrelevante aquele segundo o qual o pensamento, ao refletir sobre si, ao tornar-se consciente de si como um despedaçar, um estilhaçar, como um senhorial maltrato às coisas, procurará // como que

---

149 A formulação segundo a qual "a filosofia especulativa tem algo em comum com a fé" e que "ambas fazem oposição à reflexão" não foi encontrada nos escritos de Hegel. Além disso, parece ao editor desta *Introdução à dialética* também questionável que Hegel tenha sido realmente capaz de dizer isso desta maneira. Pois nem mesmo nos escritos de Jena – como, por exemplo, em *Glauben und Wissen* –, nos quais reflexão e especulação não se assimilam de fato uma à outra, pode-se falar, de qualquer maneira que seja, de uma relação de *oposição* entre especulação e reflexão. Cf. Hegel, *Werke*, Bd.2: *Jenaer Schriften 1801-1807*, p.287-433; ver também nota 65, p.144.

265

expiar a culpa, ou pelo menos auxiliar na preparação para a expiação da culpa que o próprio pensar desencadeou.

Quando eu disse que se nota primeiramente a pressão (social) [*Druck*] e que, ao perceber tal pressão, percebe-se antes a totalidade e não o específico, e quando eu disse que as situações são exatamente tão abstratas quanto o todo, então vocês poderiam dizer que isso não passaria de uma experiência relativamente vaga, inarticulada, e que não se pode equiparar tal experiência com a tarefa do conhecer, portanto, com o conhecer efetivamente responsável. É claro que eu daria razão a essa objeção e diria ainda que o significado específico que a teoria tem no pensamento dialético reside exatamente neste ponto. Quero dizer que a teoria é propriamente a tentativa de promover a interpenetração dessa consciência do todo, que sempre está previamente presente, assim como das ocorrências [*Gegebenheiten*] singulares e específicas que se seguem e que, por sua vez, estão mediadas por esse todo, de tal maneira que alcancem justamente uma espécie de conformidade [*Übereinstimmung*] entre si. Quer dizer, por um lado – estou aqui tentando conceber a dialética como uma espécie de programa, uma espécie de instrução que vocês poderiam provar em seu próprio pensar, caso queiram pensar dialeticamente – a dialética sempre deve conformar os dados, com os quais ela tem a ver, segundo a teoria, não os acolhendo, portanto, de maneira ingênua, tal como se apresentam, mas, sim, tentando torná-los transparentes a esse todo, que é mediado pela teoria. Por outro lado, porém, a dialética precisa manter a teoria aberta às experiências específicas, das quais ela propriamente se nutre e em relação às quais tampouco deve se constituir como algo fixo e definitivo.

Introdução à dialética

Como estou determinando aqui o significado do todo ou do momento que vai além do conhecimento organizado, mecânico-causal e classificatório, // é preciso dizer ainda duas coisas a esse respeito. E, com isso, procuro traduzir um tópico importante sobre os modos simples de proceder do nosso próprio conhecimento, que em Hegel se apresenta de maneira extraordinariamente difícil. Trata-se do fato de que esse momento, que destaquei há pouco, é efetivamente apenas um momento, que ele não consiste no todo; vocês não deveriam acreditar que o conhecimento seria, em sua totalidade, constituído apenas por tais antecipações teóricas, pela mera teoria. Se esse fosse o caso, ele já seria por princípio aquilo que apenas poderia vir a ser em qualquer instante, ou seja, o conhecimento já seria aquilo cuja posse garantiria proteção *a priori* ante todo e qualquer poder do mundo que fosse, isto é, o conhecimento degeneraria a um sistema desvairado [*Wahnsystem*]. Além disso, gostaria de adverti-los de não seguir aquilo que muitos, dentre eles também Richard Kroner, consideraram a essência da dialética: a equiparação do recurso a esse momento de um todo abrangente, que não se faz presente para mim enquanto algo seguro, algo dado, com o desafortunado conceito de intuição[150] [*Intuition*] – sem contar que esse conceito de intuição,

---

150 "O verdadeiro é o todo, e o todo é o espírito, o qual se separa dentro de si e se põe como idêntico consigo, e apenas nesse automovimento surge e dá surgimento a si. Essa é a posição originária (*Ursetzung*), a posição que se põe a si mesma, contida na metafísica hegeliana – caso se deseje, sua posição antecipada (*Voraus-setzung*), a qual não *é* pressuposta (*voraus-gesetzt*) exteriormente ao sistema, mas uma na qual ele próprio se pressupõe [...] O sistema como todo não se deixa provar, pois cada posição, cada pressuposição (*Voraus-setzung*) que poderia

na medida em que a ele se deva conceder alguma legitimidade, só encontra sua legitimidade como um momento do processo cognitivo, e não como algo isolado. Eu gostaria por ora de desconsiderar aqui uma filosofia da intuição, articulada e pormenorizadamente construída, tal como Bergson a formulou – uma filosofia na qual esse conceito é de tal maneira diferenciado e modificado que aquilo que eu gostaria de dizer agora não lhe corresponderia inteiramente. Na verdade, desejo prepará-los para o tipo de argumentação que vocês encontrarão recorrentemente, como uma espécie de reação automática quando obtiverem quaisquer conhecimentos que vão além daquilo que se estabelece preto no branco e que poderíamos, por assim dizer, levar com confiança para a casa. Vocês escutarão: "Ah sim! Este é o momento da intuição, muito emocionante", dizem com cordialidade. Contudo, aí se esconde certa falta de cordialidade: // de fato, "muito emocionante", mas, embora seja algo de que o cientista sério necessite, se trata ainda de um impulso demasiado pueril. Ou seja, quando não se tem intuição, não pode realmente haver ciência, mas o sentido da ciência então consistirá em transformar, o mais rapidamente possível, essas intuições em moeda de troca, cuidando para que tal momento esteja superado

---

prová-lo, é ela própria posta apenas por meio do sistema. Os conteúdos das posições singulares são, no conjunto, conteúdos do todo, o qual neles se decompõe, neles se explicita. Pode-se, por conseguinte, dizer que o sistema repousa, no todo e no singular, sobre a *intuição* (*Intuition*); mas com isso estaria dito muito pouco, apenas a metade da verdade, pois ele repousa da mesma maneira sobre *reflexão* e *abstração*: ele é intuição que se pensa a si mesma, intuição (*Anschauung*) que se reflete. Ambos os momentos são igualmente essenciais e atuam conjuntamente." (Kroner, *Von Kant bis Hegel*, op. cit., Bd.2, p.342-61)

Introdução à dialética

[*aufhebt*], sem qualquer atrito, na organização sistemática do conhecimento. Eu não quero adentrar demasiado a questão sobre até que ponto existem intuições no processo cognitivo. Todavia, creio que, quando uma ideia ocorre a uma pessoa, isso revela um ser humano com experiência intelectual viva. Se a uma pessoa não ocorre ideia alguma, em geral costuma ser estúpida, ou seja, tal pessoa não teria nenhuma relação com seu objeto, e uma inteligência puramente lógica, como se diz, que não conteria em si esse momento designado como sendo o momento de ter uma inspiração [*Einfall*], seria fundamentalmente um tipo de inteligência que gira ao redor de si mesma, sem estabelecer relação com a coisa. Porém, deixando isso de lado, é inteiramente falsa – e eu diria que esse foi também, de fato, o grande equívoco de Bergson em sua crítica ao pensar puramente reflexionante, a qual ele de resto tem em comum com Schelling e também com Hegel – essa contraposição da intuição a outros modos do conhecer, como se fosse uma espécie de fonte de conhecimento especial, *sui generis*, como se fosse um ramo especial contraposto aos demais modos de conhecimento. Constitui um estranho paradoxo que justamente Bergson, que denunciou incansavelmente a repartição em categorias, em conceitos ordenadores [*Ordnungsbegriffe*], a repartição do pensamento em pequenos compartimentos e em conceitos meramente classificatórios, acabados e mecânicos, que o mesmo Bergson tenha compartimentado, por sua vez, esse tipo de conhecimento que ele considerou como o correto e o tenha tratado como se fosse algo que estivesse inteiramente afastado da totalidade do processo do conhecimento. Creio que essa perspectiva acerca da intuição seja fundamentalmente falsa, já que aquilo que se pode chamar com razão de intuição – se tal noção deve significar mais do que significa no jargão, por exemplo, dos compositores de opereta, // que a utilizam com particular predileção – é uma espécie de conhecimento que se embasa numa experiência não organizada. Se eu puder expressar-me em termos psicológicos: seria uma espécie de conhecimento que se basearia na experiência pré-consciente, sobre a qual incidiria então, de certa maneira, como se fosse um lampejo, o relance de olhos da reflexão, coloquemos assim – algo que, num determinado instante, sobrevém à superfície da consciência e que, no instante mesmo de sua emergência, adquire um caráter determinado do repentino, do abrupto, do brusco, caso o queiram chamar assim. Porém, essa característica do descontínuo, de algo desconectado [do restante], diriam a esta altura os positivistas lógicos, característica daqueles conceitos chamados ou tachados de intuição, não se deve tanto ao fato de que essas intelecções [*Einsichte*] cairiam do céu, mas, muito mais, ao fato de que – e isso foi pensado por Bergson, sem nenhuma dúvida, mesmo que ele nunca o tenha expressado assim – tais intelecções sempre designam os momentos em que a experiência viva ou o conhecimento vivo rompe a crosta dos conceitos e intuições [*Anschauungen*] reificados, convencionais, que estão disponíveis previamente [*vorgegebene*]. São justamente os momentos nos quais conhecemos efetivamente algo, nos quais nosso pensar alcança sua coisa, em vez de se contentar com a cognição [*Einsicht*] já socialmente aceita acerca do objeto, dada desde sempre. Alcança-se então uma espécie de rebentação, de explosão, e desse conflito resulta o imprevisto e o clarão da assim chamada intuição, de que sempre nos relatam. Porém, no que concerne ao próprio processo de conhecimento – ou, caso queiram, no que concerne à origem da intuição –, não se trata de algo assim abrupto. Ao contrário, existe atrás disso todo aquele feixe de experiências que se consuma em nós, de maneira viva, na medida em que não pensamos de maneira controlada, em que preservamos algo como a liberdade de nossa consciência, ou seja, na medida em que nosso pensar ainda não esteja de antemão embotado pelas normas às quais ele deve estar submetido.

45 // Em suma, isso era o que eu pretendia dizer sobre o conceito de intuição [*Intuitionsbegriff*]. Afirmo que o próprio conceito de intuição tem apenas um sentido dialético, propriamente falando. E afirmar isso significa, por conseguinte, que aquilo que a intuição designa como o brusco não é realmente outra coisa senão a transformação dos conceitos paralisados, objetificados, em saber vivo, que acontece ocasionalmente, quando se faz reflexão sobre conceitos da nossa experiência ainda não previamente digerida, ainda não organizada. A própria intuição é, portanto, uma espécie de entrar-em-movimento do objeto justamente em virtude do movimento dos conceitos que sucede por trás dele – movimento que realmente nem sempre se consuma em conceitos pré-estabelecidos e que, segundo sua dimensão psicológica, tampouco é idêntico, sem mais, à *clara et distincta perceptio*, com a qual ele é em geral identificado. Entretanto, eu gostaria de dizer mais uma vez que a teoria, assim como a intuição [*Intuition*], justamente em virtude desse caráter dialético que tentei lhes indicar agora há pouco, não pode também ser colocada como estática. Antes, encontra-se em atividade nela mesma, de modo correspondente, a essência autocontraditória do objeto do conhecimento, de modo que toda teoria é aberta, não devendo ser imaginada como algo pronto – para retornar à temática que constituía nosso ponto de partida. Eis aí uma segunda dificuldade, ainda que talvez

não seja assim tão flagrante como aquela de que eu tratava até agora. De um lado – para trazer mais uma vez o tema à consciência –, só posso conhecer o particular na medida em que tenha também um saber do todo e dimensione esse particular a partir do saber desse todo. Por outro lado, porém, esse todo nunca me é dado como pronto e acabado, como completo, e no momento em que eu o emprego como algo pronto e completo, a partir do qual eu então, como se diz, deduzo as consequências, ele já se converte em algo falso. O todo, por seu turno, como eu lhes disse em oposição à representação do círculo e de seus segmentos, // é para ser derivado, no sentido da teoria dialética, do movimento de suas partes, e não de um conceito abstrato superior.

Parece-me ser um sintoma decisivo do declínio da teoria dialética – lá onde afirmam terem se apropriado integralmente dela, a saber, nos países do Leste – que justamente esse momento tenha sido completamente negligenciado. Digo isso porque lá a dialética efetivamente se enrijeceu em sistema ou em um agregado de teses mais ou menos incontestáveis – na maior parte das vezes, supostamente incontestáveis –, a partir das quais o particular é simplesmente deduzido e é, sobretudo, julgado. Assim, por exemplo, nos escritos tardios de Georg Lukács – o qual, em sua juventude, teve sem dúvida o mérito de reavivar o conceito dialético na versão materialista da dialética –,[151] pode-se constatar que não se alcança mais a dialé-

---

151 Adorno se refere aqui sobretudo ao escrito de Lukács *História e consciência de classe*, o qual exerceu sobre ele uma grande influência, bem como, de modo mais abrangente, sobre sua geração. (Cf. Georg Lukács, *Geschichte und Klassenbewusstsein: Studien über marxistische Dialektik*, Berlin 1923; reimpresso in: Georg Lukács, *Werke*, Neuwied/Berlin 1969,

Introdução à dialética

tica propriamente dita, permanecendo-se atrelado a uma forma que se tornou extremamente dogmática. Bem ao contrário de uma genuína dialética, ela concebe, a partir de conceitos enrijecidos provenientes da dialética, toda sorte de juízos de valor. Um exemplo, apenas para lhes indicar uma dessas estruturas de raciocínio: Lukács tem uma teoria acerca da burguesia em seus momentos ascendente e descendente. E, na medida em que se estabelece uma relação com a arte, dá-se então que as obras da assim chamada burguesia em ascensão são avaliadas como boas e altamente qualificadas; por outro lado, as obras da burguesia em declínio – e isto começaria muito cedo, de acordo com o pensamento de Lukács, já com Flaubert e o impressionismo –, então tudo aí é considerado como realmente ruim e reprovável, exatamente da mesma maneira como avaliaria qualquer secretário de partido do SED.[152] Ele se esquece completamente da categoria que ele próprio certa vez salientou tão enfaticamente, a saber, a categoria da totalidade da sociedade. Ele se esquece completamente de que a sociedade continua a mover-se em si mesma e, acima de tudo, se esquece daquilo que ele certa vez tão drasticamente sublinhou: // que o proletariado como classe, em oposição à classe burguesa, em virtude mesmo de sua exclusão dos privilégios relacionados à cultura e de uma série de outras coisas, não é de maneira nenhuma, ao menos do ponto de vista cultural, a classe mais progressista; de modo que, realmente, tudo que é em geral substancial, sob a perspectiva

---

Bd.2: *Frühschriften*, p.161-517 [Ed. bras.: Lukács, *História e consciência de classe*. Trad. Luiz Repa e Rodnei Nascimento. São Paulo: Martins Fontes, 2009].

152 Sozialistische Einheitspartei Deutschlands (SED) – Partido Socialista Unificado da Alemanha. (N. T.)

do espírito e da cultura, transcorreu no âmbito do desenvolvimento da classe burguesa. E, por mais que assumamos uma postura crítica em relação à sociedade burguesa, essa crítica, na medida em que se relaciona a temas espirituais ou culturais, tem realmente seu objeto e relevância apenas enquanto incide sobre o movimento interno ao espírito burguês, por meio do qual, em certo sentido, também o desenvolvimento da sociedade como um todo se matiza e se revela. Porém, ao não compreender isso, Lukács chega, coloquemos assim, a juízos do tipo que seria formulado por aqueles professores catedráticos, ante os quais as pessoas da minha geração, quando tínhamos então 15 anos de idade, fugíamos correndo. Por exemplo, ele chega a considerar o senhor Walter Scott um grande poeta, e Kafka ou Joyce como agentes do capitalismo monopolista. Creio ter mostrado a vocês, com isso – certamente de um modo um tanto drástico, mas diria que não de maneira injusta – de que modo o enrijecimento da teoria e, mais especificamente, da teoria dialética, em comparação com uma relação viva com o objeto que ela pretende pensar, é falsa e desastrosa, assim como, inversamente, é falso ater-se sem mediação ao assim chamado dado, sem compreendê-lo em seu caráter mediado [*Vermitteltheit*] pelo todo.

Permitam-me dar continuidade à apresentação das dificuldades específicas postas pelo pensar dialético – uma apresentação que tem, ao mesmo tempo, a intenção de direcioná-los para a problemática concreta envolvida na forma dialética de pensar. Creio que uma grande exigência colocada pelo pensamento dialético, que seguramente infligirá dificuldades àqueles dentre vocês que foram formados na teoria da ciência e na lógica tradicionais, é que o proceder dialético não é um pensar passo a passo, tal como nos é familiar nas ciências da natureza, que constituem um modelo clássico quanto a isso, e tal como aparece recorrentemente na ciência tradicional, // de aplicações práticas. Portanto, por mais grotesco que isso possa parecer, sempre haverá alguém que irá fazer objeções a um pensar dialético, no qual os momentos são muito mais intimamente relacionados uns aos outros do que na maneira tradicional de pensar, dizendo que ele seria não científico no sentido de que abriria mão da autêntica sistematicidade. Residiria no fundamento dessa renúncia o fato de que para a teoria dialética não há algo absolutamente primeiro. Claro que se poderia aqui aludir à ideia de que a teoria de Hegel – e isso seria realmente um motivo para crítica – conhece um elemento absolutamente último a partir do qual tudo mais decorreria, a saber, a totalidade plenamente desenvolvida, o sistema consumado. Em todo caso, não existe na dialética um elemento primordial [*ein Erstes*], ao qual tudo tenha de se deixar reduzir, e com isso cai por terra também aquele *pathos* da redução, sobre o qual lhes falei certa vez, aquele segundo o qual a verdade seria uma mera determinação de diferenças, ou melhor, seria uma mera determinação residual, aquilo que sobra depois que, digamos, foram descontados todos os custos do processo do conhecimento. Conforme essa perspectiva banal, seria como que o rendimento líquido do conhecimento – é de propósito que eu continuo a me exprimir dessa maneira trivial –, um absolutamente primeiro, purificado de todo acréscimo proveniente do mero trabalho intelectual subjetivo e de todo artifício intelectual. Hegel nos mostrou que a origem não é o verdadeiro, e sim que ela, a origem, torna-se o próprio engodo no instante em que é tomada como o verdadeiro. Engodo porque afinal não é origem alguma, ou seja, porque tudo o que se afirma ser o absolutamente primeiro é, antes, algo em si mediado. E isso desafia nada menos do que aquela intuição [*Anschauung*] que todos, eu inclusive, originalmente trazemos desde o berço, não importando se nós a conhecemos em sua forma filosófica ou não, a saber: a doutrina cartesiana da *clara et distincta perceptio*, ou seja, a intuição de que cognições singulares, absolutamente claras, em si distintas e diferenciadas de outras cognições, seriam o fundamento de nosso conhecimento, e de que somente poderia ser considerado conhecimento propriamente dito // o que pudesse ser reduzido a tais momentos. Na Alemanha, essa ideia, até mesmo graças à filosofia hegeliana e à filosofia idealista em geral, não foi assim tão predominante como no restante do mundo, e às vezes se gostaria mesmo de lamentar que esse pensamento, como um momento da verdade, seja tão pouco substancial para nós; pois, de fato, apenas com sua crítica, e somente quando de uma vez por todas se fez total e efetivamente a experiência do que é *clara et distincta perceptio*, pode-se completar efetivamente a passagem para a dialética, com toda a significância que isso traz. De resto, eu fico às vezes até mesmo apreensivo se vocês porventura estão acompanhando tranquilamente minhas reflexões dialéticas, porquanto mesmo aquela resistência que subsiste, em todo mundo ocidental civilizado, relativamente a esse ponto, e que se embasa justamente no cartesianismo, não tem na Alemanha, de maneira nenhuma, o vigor que tradicionalmente possui alhures. Em virtude disso, é possível até dizer que uma aproximação com a dialética seria muito trivial, e é provável que isso não tenha sido saudável para a dialética. Em todo caso, há que se dizer ainda assim, contra essa *clara et distincta perceptio*, que não existe de modo algum um elemento último como tal,

Introdução à dialética

algo dado absolutamente e purificado de todas as mediações, seja a pura consciência, seja o puro *datum* sensível. A comprovação disso corresponde ao próprio conteúdo da *Fenomenologia do espírito*, e evoco aqui essas ideias fundamentais da *Fenomenologia* a fim de conduzir adiante esta apresentação abrangente da dialética. Tomara que eu encontre ainda tempo de fazer o esboço do percurso argumentativo da *Fenomenologia* de maneira tão abrangente para que vocês possam ver como esse genuíno motivo fundamental é nela desenvolvido, a saber: que sempre quando o pensamento acredita ter encontrado, enfim, um absoluto ponto de apoio, esse mesmo absoluto, esse ponto de apoio, é mais uma vez dissolvido e, ao fim, essa própria busca por um tal elemento absolutamente fixo e sem movimento dentro de si se prova justamente como a miragem do conhecimento.[153] A verdade, assim aprendemos na dialética, não é de modo nenhum algo dado, ela não é, tal como se lê em Hegel, nada pronto e acabado,[154] mas reside antes, ela própria, no processo, // e o objeto que temos diante de nós é, enquanto tal, um objeto em movimento. Contudo, por ser um objeto que contém movimento em seu próprio interior, ele não permanece unívoco [*eindeutig*]. Ou antes, permitam-me talvez falar de maneira mais precisa, ele não é *apenas* unívoco, o que significa que nós neces-

---

153 Nesta *Introdução à dialética*, Adorno não retorna mais a esses desenvolvimentos.

154 "O *verdadeiro* e o *falso* pertencem aos pensamentos determinados que, carentes-de-movimento, valem como essências próprias, as quais, sem ter nada em comum, permanecem isoladas, uma em cima, outra embaixo. Contra tal posição deve-se afirmar que a verdade não é uma moeda cunhada, pronta para ser entregue e embolsada sem mais." (Hegel, *Werke*, Bd.3: *Phänomenologie des Geistes*, p.40) [Ed. bras.: p.41].

sitamos – e aqui se presta tributo ao momento cartesiano – de sua univocidade, de sua determinidade, do discernimento do específico e daquilo que se estabelece, em seus contornos, diante dos nossos olhos. E justamente ao observarmos esse objeto fixo e determinado bem de perto, deparamo-nos com a circunstância de que ele não é um objeto de tal maneira fixo e determinado. Trata-se aqui, outrossim, do olhar micrológico, que mergulha no particular, aquele olhar sob cuja vigência o paralisado e aparentemente unívoco, supostamente determinado, começa a se mover em si mesmo – e com isso, empreende-se, ao mesmo tempo, uma crítica àquela proposição de Descartes.

Vocês não podem se esquecer de que essa proposição, de fato, procede do racionalismo dogmático. Aliás, é uma experiência bastante curiosa, esta daquele que lida com o pensamento filosófico e, ao mesmo tempo, trabalha nas ciências materiais: a experiência de que inumeráveis representações, que na história da filosofia tiveram sua significância, foram já há muito tempo desprestigiadas por ela ou, em todo caso, relegadas a uma posição secundária; enquanto que, no âmbito das ciências particulares, as quais supostamente as considerariam dotadas de mais seriedade e rigor do que nós, filósofos, esses conceitos desabonados pela filosofia permanecem ainda profundamente influentes. E a isso pertence, certamente, a representação da *clara et distincta perceptio*, com a qual, ainda que levemente escamoteada, podemos sempre estar às voltas quando lidamos com as exigências tanto das ciências racionais quanto das positivistas. Aqui, há que se ter em mente, em primeiro lugar, que se trata da exigência de que um objeto tenha de me estar dado de maneira absolutamente clara e unívoca, como distinto de outros, a fim de que eu possa ter conhecimento válido [acerca dele]; sim, a

Introdução à dialética

151 pressuposição aqui consiste – e este é exatamente o momento dogmático dessa intuição – em que, de fato, o mundo tenha esse caráter da univocidade e da determinidade. // Isso significa que se pode alcançar, em geral, essa *clara et distincta perceptio* apenas quando os objetos do conhecimento são eles próprios estáticos, delineados fixamente em si, unívocos em si mesmos; significa que tais objetos, sem prejuízo à sua própria verdade, podem ser apartados do todo e tratados como objetos singulares. Em outras palavras: em favor da ciência – no fundo, em prol do ideal matemático –, a fim de que eu possa construir uma ciência sistematicamente organizada em seus pormenores, postula-se realmente que os objetos de meu conhecimento seriam já constituídos de tal maneira a serem dados adequadamente sob essas categorias. Porém, isso não é uma afirmação dogmática apenas pelo fato de que, quanto a tudo isso, nós não sabemos se o mundo é efetivamente assim organizado; além disso, a crítica do conhecimento, e precisamente aquela feita por Hegel, provou até os detalhes que justamente essa constituição dos objetos, que tem de ser a pressuposição para que nós percebamos os objetos *clare et distincte*, de fato não existe de forma alguma dessa alegada maneira. Na verdade, os objetos estão, por um lado, em movimento dentro de si mesmos e são repletos de contradição; por outro lado, precisamente em virtude dessa essência contraditória, estão em si mesmos ligados com todos os outros objetos. Em decorrência disso tudo, no sentido de um conhecimento que efetivamente procede de maneira plenamente consequente – que, por assim dizer, não reserve a filosofia apenas para o sermão de domingo, enquanto opera com o senso comum em dias úteis –, a exigência da *clara et distincta perceptio* não pode ser salva.

// 11ª Aula [01/07/1958]

Minhas senhoras e meus senhores,

Antes que eu siga em frente com a discussão sobre as dificuldades que o pensar dialético nos coloca, eu gostaria, a fim de evitar mal-entendidos, de diferenciar um pouco mais alguns pontos, os quais eu, no calor da batalha no último encontro, talvez tenha tratado de maneira muito rude e esquemática. Espero que a diferenciação dessas coisas me dê também a possibilidade de introduzir, a partir de um problema específico e de maneira mais aprofundada, a constituição peculiar do pensamento dialético. Trata-se do tema da última aula, a saber, da relação entre todo e parte. Primeiramente, eu poderia até ter sido acusado de certa incorreção por ter apelado, como ilustração para o tema, ao conceito de papel [social], tal como ele tem se estabelecido na ciência social contemporânea – sobretudo em virtude da influência das teorias do sociólogo norte-americano Talcott Parsons[155] – com uma abrangência cada

---

[155] Talcott Parsons (1902-1979) foi um sociólogo estadunidense, docente a partir de 1927 (a partir de 1944, catedrático) na Universi-

vez maior. Acerca disso, eu disse que nós podemos a princípio perceber, de maneira imediata, o primado do todo em relação à parte no fato de que essencialmente nos sentimos, em uma dimensão decisiva da nossa vida, isto é, em nosso trabalho, como dependentes da sociedade e não como uma parte, quer dizer, como seres existentes por si próprios; e isso precisamente porque nos foi de antemão atribuído um papel pela sociedade. Eu não teria nada a retratar nesse pensamento enquanto tal e continuo com ele, mas também é preciso dizer que a expressão "papel", tal como aparece na sociologia moderna – em oposição talvez ao seu uso no *L'être et le néant*, de Sartre[156] – procura em

---

dade Harvard (Massachusetts). Adorno chega a falar outra vez sobre Parsons na 17ª aula e, nesta ocasião, um pouco mais pormenorizadamente; ver p.253ss. da edição original. Acerca do conceito de papel, Parsons nos escreve: "um papel pode doravante ser definido como uma participação estruturada, isto é, normativamente regulada, de uma pessoa num processo concreto de interação social com determinados parceiros efetivos (*konkrete Rollenpartner*) [...] Como o indivíduo mediano toma parte em muitas coletividades, trata-se de um simples (ainda que importante) truísmo lembrar que um único papel singular poderia esgotar apenas num caso limite todo o comportamento interativo de um indivíduo concreto. O papel é, via de regra, um setor de seu sistema de comportamento e, portanto, de sua personalidade." (Talcott Parsons, *Grundzüge des Sozialsystems*, in: Talcott Parsons, *Zur Theorie sozialer Systeme*, editado e introduzido por Stefan Jensen, Opladen 1976, p.180ss.)

156 Jean-Paul Sartre (1905-1979), filósofo e escritor, escreveu em 1943 *L'être et le néant* (Paris 1943; em alemão: *Das Sein und das Nichts*, trad. Justus Streller, Karl August Ott und Alexa Wagner, Hamburg, 1952), o livro mais importante do existencialismo francês. Em sua descrição – que se tornou célebre – do garçom no café, ele explicita o fenômeno da "má-fé" ou "inveracidade" (*Unwahrhaftigkeit*) (*la mauvaise foi*), segundo a qual o homem tenta enganar-se a si próprio acerca de sua verdadeira determinação – enquanto um ser originalmente

Introdução à dialética

geral designar justamente o contrário disso, a saber: os modos especificamente individuais de comportamento que nós assumimos numa sociedade.[157]

---

livre, "sendo-para-si" – ao desempenhar o papel – por exemplo, de garçom, a cujo desempenho ele é designado na sociedade – como se ele fosse "em si" esse ser-garçom, isto é, como se ele fosse imediatamente idêntico com tal papel. Sartre determina, portanto, o homem que desempenha o papel de garçom como se estivesse numa espécie de exteriorização desfigurada (*Entäusserung*) do eu, uma tal que consiste em "ser aquilo que não sou" (*d'être ce que je ne suis pas*) (*Das Sein und das Nichts*, p.108; *L'être et le néant*, p.96). Já a circunstância de que a apropriação do papel somente é possível como jogo ou representação (*représentation*) implicaria, de fato, uma diferença entre existência e papel – "como se eu, justamente porque não mantenho na existência esse papel (*ce rôle*), transcendendo-o em todas as direções, não me constituísse como um "além"." (*Das Sein und das Nichts*, p.107; *L"être et le néant*, p.96). A análise do fenômeno da má-fé (inveracidade) – comparável ao desesperado "não querer ser aquilo que se é", de Kierkegaard – possui na organização do livro a função de conduzir às estruturas fundamentais do ser-para-si e da transcendência da existência humana [Ed. bras.: Sartre, *O ser e o nada. Ensaio de ontologia fenomenológica*. Tradução e notas: Paulo Perdigão. Petrópolis: Vozes, 1997].

157 O referido pensamento consiste no seguinte: Adorno tinha utilizado, na aula anterior, o conceito de papel no sentido de uma determinidade alheia (*Fremdbestimmtheit*) do indivíduo pela sociedade enquanto todo, quer dizer, ele o tinha utilizado da maneira como tal conceito é desenvolvido na teoria de Sartre. Na sociologia moderna, sob a influência de Talcott Parsons, designam-se com o termo "papel", ao contrário disso, os modos de comportamento característicos da pessoa ou do indivíduo no interior da sociedade. Essa problemática foi claramente formulada por Adorno nas aulas intituladas *Philosophische Elemente einer Theorie der Gesellschaft*, de 1964, e desenvolvida em conexão com o conceito de "máscara de personagem" (*Charaktermaske*), sobre o qual ele vem a falar também nesta *Introdução*, na 12ª aula. Nas referidas aulas, consta o seguinte: "Lá onde nós podemos falar do social em sentido específico, e onde unicamente se justifica, portanto, a constituição em geral de um tal domínio propriamente específico para as ciências

153 // Essa retificação terminológica deve, contudo, somente nos conduzir a um problema objetivo [*sachlich*]. Eu tinha dito no último encontro com alguma ênfase, como vocês talvez se recordem, que fazemos em nós mesmos a experiência de uma

---

sociais, justamente aí tudo sempre aparece – e, na verdade, precisamente em virtude de uma constituição social conjunta, na qual os interesses das pessoas singulares e a construção do todo divergem uma da outra – de maneira tal que as pessoas singulares, mesmo quando pretendem agir como pessoas em sentido psicológico, quando creem ser elas mesmas e estarem agindo livremente, quando creem serem idênticas consigo, justamente aí serão, em ampla medida, como que máscaras de personagem, portanto, de um tal modo que nada mais fazem a não ser o que lhes impõe sua função, sua função objetiva no interior da sociedade. Note-se aqui de passagem o fundamento propriamente dito para o fenômeno que hoje em dia, sob o nome de 'papel (social)', está tão extraordinariamente na moda. Apesar disso, o conceito de papel permanece consideravelmente problemático pelo fato de algo nele ficar hipostasiado, justamente aquilo que deve, enquanto tal, ser derivado da estrutura da sociedade, a saber: que as pessoas têm de fazer algo que elas propriamente não são – e desempenhar um papel significa, sim, a princípio, em sentido literal, que se tenha de fazer algo, ou fingir ser algo que, na verdade, não se é. Com efeito, caso se abstraia desse momento, o conceito de papel fica, em geral, totalmente sem sentido. Esse conceito de papel, o qual, portanto, apenas se deixa em geral explicar propriamente a partir da ideia de que as pessoas imersas na totalidade social vão se comportar agindo de modo diferente daquele pelo qual são determinadas a partir de si – esse conceito de papel, digo eu, um conceito completamente dependente de momentos sociais, é hipostasiado de tal maneira como se se tratasse de uma espécie de qualidade originária do ser social em geral; e isso é mais ou menos algo como se quiséssemos derivar do teatro, de maneira não mediada, a ontologia da efetividade." (*Nachgelassene Schriften* IV-12, p.150ss.; cf. também *GS* 8, p.13). No parágrafo subsequente, Adorno explicitamente aponta Parsons como representante desse conceito criticável de papel. (Sobre a "máscara da personalidade", ver a p.177 do original das aulas e a nota 195, adiante, p.322).

espécie de primado do todo sobre a parte, na medida em que percebemos pressão [*Druck*] social, coloquemos dessa forma, anteriormente à assim chamada situação específica na qual nos encontramos. E, com respeito a isso, eu me voltei particularmente contra a corrente da lógica científica calcada na indução, a qual sustenta a posição de que, partindo de experiências singulares, avança-se gradualmente, de maneira mais ou menos contínua, até a experiência do todo. Eu não gostaria, a esta altura, tampouco de retificar coisa alguma na motivação ou na ideia do que eu então disse. Contudo, pretendo sustentar que a comparação esteja um pouco equivocada, na medida em que eu – e acredito que principalmente os psicólogos e psicólogas dentre os presentes hão de concordar comigo – não posso em geral falar, num sentido forte, de uma experiência do todo como todo, sem também fazer, igualmente, a experiência das partes, e o mesmo vale inversamente. Pois, ao contrário, esses dois conceitos não apenas não devem ser pensados isoladamente, mas não são nem mesmo passíveis de representação (um sem o outro). E isso mesmo constitui um pequeno modelo para a dialética. Nós sabemos propriamente de um todo enquanto todo somente na medida em que percebemos esse todo, ou conhecemos esse todo intelectivamente [*intellektiv*], em relação às partes, frente as quais ele se apresenta como todo; e, inversamente, nós também somente sabemos de partes enquanto partes, na medida em que temos condições de relacioná-las a um todo, digamos, como se estivessem dispostas no campo visual. Sem essa reciprocidade dos opostos, os conceitos de todo e parte ficam completamente destituídos de seu sentido estrito. Vocês poderão, assim, comprovar, num sentido bastante elementar, a verdade da proposição dialética de que tais categorias, que contradizem uma a outra, tal como os conceitos de todo e de parte, são reciprocamente mediadas. A situação que eu quis realçar no último encontro seria então melhor caracterizada, provavelmente de maneira mais precisa e apropriada, do seguinte modo: // nós percebemos algo que, a princípio, não é todo nem parte, mas um terceiro, algo extraordinariamente difícil de se captar em palavras – algo em relação ao que meu antigo professor Cornelius[158] costumava empregar, de maneira aliás não inteiramente isenta de ironia objetiva, o conceito de "desordem numa desordem", expressão pela qual o conceito de "desordem" já pressuporia o seu contrário. Vocês veem, assim, como é difícil apreender tal situação. Nem o todo é percebido inicialmente, nem as partes são percebidas a princípio como articuladas; e isto que nós primariamente percebemos é "algo enquanto tal" [*Etwas überhaupt*] – de certa maneira, algo ainda aquém daquela diferenciação, com o que, todavia, a prioridade, implementada pela lógica científica tradicional, das partes sobre o todo, ao qual devemos alegadamente nos elevar, torna-se obsoleta. Da mesma maneira, torna-se também obsoleta uma representação dogmática de configurações [*Gestalten*] em si totalmente articuladas, as quais nós deveríamos poder igualmente perceber, sem que aí a consciência das partes nos estivesse já disponível. A fim de evitar mal-entendidos, gostaria de acrescentar que essas ponderações, que nós aqui empreendemos quanto aos fundamentos, não se relacionam à questão genético-psicológica acerca daquilo que primeiramente retemos em nosso aparato sensorial ou, caso queiram, de reflexões

---

158 Hans Cornelius (1863-1947), desde 1910 professor catedrático de filosofia em Frankfurt, foi o mentor intelectual de Adorno.

Introdução à dialética

operando ao nível psicológico-intelectual; antes, trata-se neste ponto da questão acerca da prioridade constitutiva, portanto, acerca de se nós, para podermos formular juízos dotados de sentido, temos de partir ou de um elemento primeiro ou de um todo; e, nos limites dessa discussão, a questão acerca da origem psicológico-genética não é, naturalmente, de maneira nenhuma diretiva. Contudo, espero que, a partir das considerações empreendidas, vocês cheguem à conclusão de que aqui, na verdade, pode-se falar tão pouco de um primado das partes singulares como de um primado lógico do todo.

Aquilo que eu gostaria de discutir hoje consiste numa dificuldade da qual vocês talvez estejam bem pouco conscientes, uma dificuldade que, no entanto, se manifesta de maneira tanto mais renitente em todos os nossos hábitos intelectuais. Pois, mesmo se // não fôssemos filósofos, mesmo se não estivéssemos, por assim dizer, já corrompidos pela filosofia, ainda assim estaríamos, como é natural, completamente saturados por toda espécie de possíveis representações filosóficas. E justamente tais representações filosóficas que, sem o saber, aportamos às coisas são propriamente as que carecem de maior reflexão crítica para serem superadas [*aufgehoben*], para serem conduzidas a uma estruturação — mais ainda do que as assim chamadas experiências imediatas ou ingênuas que em geral fazemos. Essa filosofia efetivamente camuflada, com a qual nós crescemos e que nos é, digamos assim, incutida inadvertidamente — insinuando-se, de maneira recorrente, em nossa existência como cientistas —, essa filosofia sustenta que conhecimento vinculante [*verbindlich*] é somente aquele que remonta a um elemento absolutamente primordial. E, neste caso, não é de maneira nenhuma tão decisivo se este elemento primeiro, ao qual ela deve remontar, deve ser o *Datum* sensível, a pura facticidade do dado [*Gegebenheit*] que, digamos, não poderia ser revogada pelo pensamento, aquém do qual não podemos recuar a fim de agarrar algo ainda mais fundamental; ou se esse absolutamente primeiro deve ser o pensamento puro, a ideia, o espírito ou o que quer que seja, algo que, na medida em que faria a mediação de qualquer singular e constituiria, primeiramente, sua própria possibilidade enquanto tal, seria dotado de tal primado absoluto. Essa tese do absolutamente primeiro é idêntica a toda a tradicional representação da filosofia, que não por acaso se chama πρώτη φιλοσοφία,[159] *prima philosophia*, ou seja, "filosofia primeira". Creio que, se vocês prestarem contas a si mesmos acerca dessa tese do absolutamente primordial, ou melhor, acerca dos modos de proceder que utilizam em seus respectivos ramos científicos, sempre se depararão com o fato de que involuntariamente acreditam ter em mãos tal último elemento como um absoluto, firme e indubitável garantidor da verdade. Contudo, deve estar claro, sem ainda precisarmos de considerações adicionais, que essa necessidade [*Bedürfnis*] de um elemento último que se possa ter à mão se relaciona intensamente com a necessidade por segurança, com a qual todo nosso conhecimento está entrelaçado.[160] De todo modo, do ponto de vista filogenético, isso tem origem no fato de que // tentamos vencer o medo pelo qual somos acometidos ante a supremacia da natureza, que nos dominara desde tempos arcaicos, ao nos apropriarmos daqui-

---

159 Sobre o conceito de πρώτη φιλοσοφία (filosofia primeira), ver nota 29, p.97.

160 A palavra traduzida é *verschränkt*. Os editores dizem que foi corrigido, por suposição, onde constava *beschränkt*, limitado.

Introdução à dialética

lo que se nos contrapõe como algo estranho, compreendendo-o de certa maneira como parte de nós mesmos. Essa intenção está viva em toda forma de filosofia da origem [*Ursprungsphilosophie*], pois o imediatamente dado e, portanto, os fatos de nossa consciência, aos quais recorremos como a um último elemento, são realmente apenas fatos de nossa consciência e devem com isso nos serem peculiares, específicos; enquanto que, por outro lado, o espírito ou a consciência, tomados como fonte última de legitimidade de todo ente, representam na verdade uma ideia proveniente de nós próprios – apenas a representação de um ego, por assim dizer, metafisicamente superior, inflado a ponto de se tornar o absoluto. Pode-se, de resto, depreender disso certas consequências para a avaliação dos diversos tipos fundamentais de metafísica – tais como materialismo e espiritualismo, idealismo e empirismo, ou idealismo e realismo, racionalismo e empirismo: sempre que se afirma um tal primeiro elemento, um tal princípio originário [*Urprinzip*] absoluto, estará presente um pensamento idealista,[161] e não importa se as teorias que aí se expressam sabem a si mesmas e se declaram como teorias idealistas, ou se sustentam o contrário disso. Pois tudo se passa como se, em todo caso, nós precisamente já sempre identificássemos conosco aquele primeiro elemento, ao qual reconduzimos, então, tudo o que nos acomete, tudo aquilo que não parece vir de nós mesmos. Assim, fazemos com que se torne um [elemento] absolutamente primeiro, a fim justa-

---

161 Na *Metacrítica da teoria do conhecimento*, Adorno remete com essa ideia ao pensamento de Nietzsche. (Cf. GS 5, p.16) [Ed. bras.: Adorno, *Para a metacrítica da teoria do conhecimento. Estudos sobre Husserl e as antinomias fenomenológicas*, op. cit., p.40].

mente de nos apoderarmos dele. Com efeito, não importa se, ao fazer isso, pensamo-nos esse "si" como pessoa empírica, ou como estando numa forma transcendental, ou ainda, em última instância, tal como na metafísica idealista especulativa, se pensamos a nós mesmos como o espírito absoluto. Tão logo eu indique tal princípio originário, tal [elemento] último, residirá aí a pretensão do espírito de que ele domina tudo aquilo que é, pois esse elemento último é sempre algo pensado pelo espírito e, nessa medida, haverá sempre, mesmo no materialismo dogmático – portanto, no materialismo não dialético – algo idealista, // uma vez que nele se acredita possuir tal princípio originário absoluto a partir do pensamento puro.

Esse princípio originário absoluto é propriamente aquilo contra o qual se dirige o *pathos* de toda filosofia dialética, qualquer que seja sua variante. Trata-se aqui seguramente do mais duro desafio diante dos hábitos intelectuais nos quais fomos criados: abster-se desse princípio e, por conseguinte, abstrair da representação de que a verdade seja o elemento último a que possamos recorrer; e, em vez disso, darmo-nos por satisfeitos com aquilo que, no sentido de uma filosofia do originário, tem propriamente de valer como algo secundário, terciário, como algo meramente derivado e que é, enquanto tal, desvalorizado. Essa hierarquia valorativa é colocada de ponta cabeça pelo pensar dialético e, na verdade, já pelo pensamento hegeliano, embora, como eu lhes disse antes, na construção mais geral da dialética hegeliana seja afirmada, apesar de tudo, a preponderância do espírito. Poderíamos dizer, num sentido bem refinado, que Hegel é dialético justamente na medida em que é, a um só tempo, idealista e não idealista. Eis por que rogo a vocês que recordem por um momento aquilo que lhes apresentei em detalhe acerca da filosofia hegeliana num contexto totalmente diferente: ela não toma como ponto de partida um mote, não considera seu ponto de incidência, aquele com o qual tem início – e que, a propósito, encontra variações nas diversas obras de Hegel –, como se fosse a própria verdade, mas antes vê a verdade propriamente, tal como nela se sustenta recorrentemente, no todo, no processo, na conexão dos momentos e, em contraposição àquela postura, compreende aquela origem, aquele elemento pretensamente absoluto, enquanto o mais pobre e mais tolo que se pode em geral representar. A partir disso, vocês verão que o desafio que a dialética propriamente nos coloca consiste em divisarmos a verdade no processo, no entrelaçamento, na constelação dos momentos, e não na redução a tal princípio [originário]. Isso tem um significado para o posicionamento da dialética perante as duas grandes tendências filosóficas com as quais // já Hegel, de certo modo, não pudera evitar de se confrontar, as quais são ainda características para aquilo que predomina hoje na discussão filosófica, não importando o quanto tal discussão possa se afigurar, mesmo hoje, como inócua.[162] A dialética possui, caso me seja permitido mencionar isso em favor de sua orientação – eu quase diria – estratégica, uma dupla frente de disputa, a saber: de um lado, contra a ontologia, de outro lado, contra o positivismo. E é seguramente uma dificuldade essencial com a qual se depara o pensar dialético, a dificuldade criada por não saber

---

162 Hegel fornece uma apresentação sistemática da relação de sua filosofia com as outras posições filosóficas na divisão "Conceito preliminar" da primeira parte da *Enciclopédia* (§§19-83), que trata das "três posições do pensamento com respeito à objetividade". (Cf. Hegel, *Werke*, Bd.8: *Enzyklopädie der philosophischen Wissenschaften I*, p.67-180).

acomodar-se nessa alternativa, ainda hoje preponderante, sobretudo por se tratar aqui de uma alternativa, ela própria, regressiva.

Creio que seja necessário que eu hoje, primeiramente, agarre o touro pelos chifres e lhes diga algo mais profundo sobre a posição frente a ontologia e, de preferência, com as próprias palavras de Hegel, a fim de que muitos dentre vocês porventura não levantem contra mim a suspeita de que eu, como adversário das restaurações da ontologia hoje em voga, esteja aqui apelando às posições de Hegel de maneira arbitrária, como mero apoio aos meus propósitos. Isso é tanto mais necessário na medida em que, realmente, em diversas posições dentro das correntes ontológicas hoje, também não faltam esforços em reivindicar Hegel como um pensador da ontologia.[163] O próprio Heidegger anunciou semelhante pretensão já num escrito de juventude sobre Duns Scotus que contém algo como uma patética declaração de simpatia a Hegel.[164] Ademais, os *"Holzwege"*, de Heidegger, contêm realmente uma interpretação circunstanciada da "Introdução" à *Fenomenologia do espírito* – que, de resto, faz lembrar um pouco a dupla de sofistas do *"Górgias"*[165] – e, principalmente, uma interpretação do título original dessa obra que tenciona estabelecer definitivamente o elo com Hegel;[166] e há,

---

163 Ver nota 126, p.237.
164 Cf. Martin Heidegger, *Die Kategorien- und Bedeutungslehre des Duns Scotus* (1915) (a teoria das categorias e do significado em Duns Scotus); in: Martin Heidegger, *Gesamtausgabe I. Abteilung: Veröffentliche Schriften 1914-1970*, volume I: *Frühe Schriften*, editado por Friedrich-Wilhelm von Herrmann, Frankfurt a.M. 1978, p.189-412.
165 A alusão feita por Adorno não pôde ser rastreada pelo editor.
166 Cf. Martin Heidegger, *Hegels Begriff der Erfahrung* (1942/43); in: Martin Heidegger, *Holzwege*, Frankfurt a.M. 1950, p.111-204; Cf. [Ed.

Introdução à dialética

outrossim, dentre as diversas posturas atuais nas tencionadas reconstruções da ontologia tomista – ou, em geral, da ontologia escolástica – recorrentemente tentativas de se resgatar Hegel,[167] tentativas que são, de resto, mais do que desprezíveis, já que, por mais que nelas se manifeste o que há de insuficiente numa ontologia paralisada e estática, // são tentativas que dificilmente podem ser compatibilizadas com a intenção própria de Hegel. É verdade que a filosofia de Hegel, ao menos numa de suas mais grandiosas obras – a saber, na *Lógica* – inicia-se com o conceito de ser.[168] E é também verdadeiro que, em certo sentido, pode-se considerar a filosofia de Hegel, na medida em que lógica e metafísica nele devem ser idênticas uma à outra, como uma interpretação [*Auslegung*] do ser em geral – o qual, no entanto, tal como apresentou meu amigo Herbert Marcuse em seu livro sobre Hegel e a ontologia, foi compreendido por Hegel justamente como ser em movimento, como vida.[169] Ainda assim, sou da opinião de que também tal caracterização, embora apropriada do ponto de vista exteriormente formal, é de fato inconciliável com a essência da filosofia hegeliana, porquanto ainda possuiria necessariamente aquele caráter de abstração, isto é,

---

port.: Heidegger, *Caminhos da floresta*. Coordenação da tradução: Irene Borges Duarte. Lisboa: Fundação Calouste Gulbekian, 2002, p.139-239]. Ver também nota 118, p.222.
167 Ver nota 126, p.237.
168 A primeira frase (gramaticalmente incompleta) do texto principal da *Lógica* diz: "Ser, puro ser – sem qualquer determinação ulterior" (Hegel, *Werke*, Bd.5: *Wissenschaft der Logik I*, p.82).
169 Cf. Herbert Marcuse, *Hegels Ontologie und die Grundlegung einer Theorie der Geschichtlichkeit*, Frankfurt a.M. 1932. Marcuse planejava ter se habilitado em 1928 justamente com esse escrito, tendo como seu supervisor Martin Heidegger, o qual, no entanto, recusou o trabalho.

de uma abstração efetuada sobre a universalidade e a particularidade, uma abstração criticada pelo pensamento de Hegel.

A propósito, permitam-me intercalar aqui uma observação terminológica que talvez lhes permita uma compreensão mais diferenciada do pensamento de Hegel. O conceito de abstrato não se limita, em Hegel, àquilo que entendemos sob esse termo.[170] O abstrato em Hegel não é apenas a universalidade vazia em comparação com os conteúdos singulares específicos que a preenchem, muito embora também não falte, na filosofia hegeliana, esse conceito de abstração. Na próxima aula, vamos interpretar uma passagem da *Fenomenologia* na qual aparece justamente tal noção de abstração. Porém, se vocês recordarem agora que, em termos da filosofia hegeliana, o mero isto-aí [*Diesda*], carente-de-conceito [*begriffslos*], ainda não consciente de sua própria mediação, o τόδε τι,[171] é pensado, tal como os

---

170 Adorno já tinha falado, por volta do fim da 4ª aula, sobre o conceito de "abstrato" em Hegel. Ver nota 59, p.137.
171 Com a expressão τόδε τι, Aristóteles designa, no *Escrito sobre as Categorias*, um "este-desta-espécie", tal como, por exemplo, "esta mesa", na medida em que este objeto recai sob o conceito mesa. Para a decisão acerca de se algo é um τόδε τι, são importantes, acima de tudo, critérios de autossuficiência e separabilidade, os quais são a princípio preenchidos por objetos singulares. Na *Metafísica*, designa também Aristóteles o ειδος (a forma, o conceito) como τόδε τι, apesar de que seja controverso determinar em que sentido o ειδος preenche os referidos critérios. – Adorno emprega o termo τόδε τι apenas no significado do objeto singular pré-conceitual (um isto, um algo), para o qual, em certo sentido, apontamos mediante a expressão. "Também esse conceito do τόδε τι é fundamental para o pensamento ocidental como um todo, porquanto todas as indicações à facticidade, o isto-aí, aquilo que não é passível de dissolução no conceito e para o que se procura um nome conceitual, residem nessa expressão τόδε τι. τόδε τι não é

Introdução à dialética

conceitos superiores ou mais vazios, como igualmente vazio e indeterminado, então entenderão que o conceito de abstrato em Hegel às vezes significa justamente o contrário daquilo que se pretende na linguagem cotidiana. Na verdade, significa o isolado, portanto, aquilo que ainda não é // de tal maneira refletido dentro de si que, em virtude mesmo dessa sua reflexão, por meio desse desdobramento das contradições inerentes a ele, poderia saber de si mesmo na sua relação ao todo. Assim, o singular isolado, carente-de-conceito [*das Begrifflose*], o singular apartado [*abgespaltene*] – tal como se constitui aliás, em considerável medida, o conteúdo das ciências positivas – expõe-se tão bem ao veredicto de que seja meramente abstrato quanto o conceito vazio de universal; e surge aqui, para o leitor não iniciado, não instruído no pensamento de Hegel, um impressionante paradoxo. Justamente aquilo que nós frequentemente somos habituados a considerar como o concreto – a saber, os dados singulares, os fatos singulares, com os quais nosso conhecimento começa – aparece em Hegel como o abstrato. Por outro lado, o conceito em seu sentido especificamente hegeliano – a saber, o singular que, segundo essa filo-

---

propriamente – e isto é muito interessante para a complexidade desse pensamento – nenhum conceito, mas um gesto. τόδε τι significa tanto quanto 'isto', ele aponta para algo. E para Aristóteles era evidente, portanto, que para o isto – segundo sua essência própria, não conceitual – algo assim como um conceito de maneira nenhuma poderia ser formado, mas antes somente se poderia expressá-lo através de um gesto; ao passo que em seguida, num momento posterior, a partir desse gesto, teria surgido um termo, o qual então, finalmente, acabou por se sedimentar em conceitos tais como dadidade (*Gegebenheit*), *Datum*, ou também, como na escolástica, *haecceitas*, ou como quer que sejam chamados tais conceitos (Adorno, NaS IV.14, p.57).

sofia, compreende-se a si mesmo – porta, então, propriamente o acento da concreção.[172]

Nesse sentido, pode-se bem dizer que aquela característica pretensamente universal do ser, mencionada antes, é falsa. E isso, claro, mesmo se pudermos realmente dizer que ela seja formalmente apropriada, ou seja, ainda que possamos dizer porventura que em Hegel o ponto de vista do ser como um todo seria precisamente aquele de uma totalidade que abriga em si mesma o movimento – e isso, na verdade, no sentido de uma contradição imanente. E é falsa precisamente na medida em que é falsa toda proposição isolada, em que é falsa toda sentença isolada. E aquilo que Hegel teria fundamentalmente a opor à ontologia – portanto, à filosofia do ser [*Seinsphilosophie*], que acredita ter o absoluto apenas com o conceito de ser ou no ser enquanto tal – não consiste, de maneira nenhuma, em que não se trataria com o ser, afinal, de uma totalidade em movimento. Hegel diria, antes, que aquela determinação do ser seria unilateral, na medida em que não foi ainda desdobrada, ou seja, na medida em que não foi ainda explicitada. Porém, como a explicação, o tornar-se-consciente-de-si-mesmos dos conceitos, é por seu turno, no pensamento de Hegel, um momento da verdade deles próprios, então essa determinação abstrata do ser, mesmo que sempre pareça a princípio correta, mesmo que seja sempre *em si* correta, ela é *para si* insuficiente, conforme a medida de sua reflexão dentro de si mesma, e, por

---

[172] Esse sentido de "abstrato" se encontra no foco de um breve artigo de Hegel com o título "Quem pensa abstratamente?" (Cf. Hegel, *Werke*, Bd2, *Jenaer Schriften: 1801-1807*, p.575-81).

Introdução à dialética

isso, falsa. Esse pensamento, que vai ficar // mais claro para vocês depois daquilo vamos discutir juntos, intensifica-se de tal maneira em Hegel que não se pode deixar de notar, numa série de formulações de extrema agudeza, que o *pathos* peculiar a essa filosofia se volta propriamente contra a ideia de que a filosofia deva ter,[173] em geral, sua concepção de absoluto num conceito universal [*Allgemeinbegriff*], abstrato, isolado e hipostasiado – tal como o [conceito] de ser.

Vou agora fornecer alguns exemplos que podem indicar de que modo esse motivo crítico é intensificado por Hegel. Acerca do ser ele diz o seguinte, na passagem da *Lógica* em que o equipara ao nada: "em sua imediatidade indeterminada ele é idêntico somente a si mesmo [...]".[174] Em outras palavras, enquanto está sendo pronunciado em sua imediatez, ele não contém, de maneira nenhuma, o momento do não idêntico.

> É a pura indeterminidade e vacuidade. Não há *nada* para se intuir nele, caso aqui se possa falar de intuir, ou seja, ele é somente este puro e vazio intuir como tal. Não há tampouco algo nele para pensar, ou seja, ele é igualmente apenas este pensar vazio.

---

173 A palavra traduzida foi *haben* (ter). Os editores avisam que *benutzen* (usar) foi corrigido por suspeição. (N. T.)

174 As citações de Adorno provenientes da *Ciência da lógica* são referidas conforme o texto da edição Glockner, a partir da qual, provavelmente, Adorno fez a leitura em sala. (Cf. Hegel, *Sämtliche Werke. Jubiläumausgabe in zwangig Bänden*. Auf Grund des von Ludwig Boumann u. a. besorgten Originaldrucks im Faksimileverfahren neu herausgegebenen von Hermann Glockner, 1927-1930, Bd. 4: *Die objektive Logik*, S. 87f. Cf. Hegel, *Werke*, v.5: *Wissenschaft der Logik I*, p.82. Trata-se aqui da primeira metade da segunda frase do texto principal da *Lógica do ser*.

O ser, o indeterminado imediato é, de fato, *nada*, e nem mais nem menos do que nada.[175]

Antes, creio que, para maior elucidação, é preciso acrescentar o seguinte: devemos ler Hegel de maneira bastante diferenciada e, acima de tudo, com uma renitente prontidão para percorrer pelo pensamento [*mitdenken*] todas as possibilidades de um conceito – assim como Nietzsche, com enorme razão, desejou mais tarde de seus leitores.[176] Se vocês lerem essa passagem como se ela estivesse, digamos, num tratado de lógica – ou seja, caso se diga que, na primeira etapa da dialética hegeliana, o conceito de ser passa ao conceito de nada, precisamente em seu caráter abstrato [*Abstraktheit*] e carente-de-conteúdo [*Inhaltslosigkeit*], em sua imediatidade –, então vocês não terão compreendido a passagem corretamente. Aliás, eis aí a maneira usual como vocês encontram exposta essa questão nos manuais de filosofia, sempre quando a primeira etapa da dialética de Hegel é considerada. E não teriam compreendido corretamente a passagem porque o tom que predomina aqui corresponde, ao mesmo tempo, à ideia de que o próprio conceito de ser, // ao ser utilizado sem que se vá além dele e, portanto, sem que se desencadeie o processo que nele próprio está contido; de que então esse conceito do ser, enquanto conceito, isto é, como *medium* do conhecimento ou mesmo como último substrato da filosofia, seria nulo [*nichtig*]. Em outras palavras: a declaração "o ser é nada" tem uma dupla face em Hegel. De um lado, significa justamente aquilo que eu antes lhes indiquei, a

---

175 Hegel, *Sämtliche Werke*. Bd. 4: *Die objektive Logik*, S. 88f. Cf. Hegel, *Werke*, Bd. 5: *Wissenschaft der Logik I*, p. 82.
176 A passagem não pôde ser rastreada.

Introdução à dialética

saber, que o caráter abstrato [*Abstraktheit*] do conceito de ser é tal que ele não pode ser diferenciado do conceito de nada, passando por isso ao seu próprio contrário. Eis aí, caso queiram, o lado lógico-metafísico do conceito, e a famosa tese de que a filosofia hegeliana seria, ao mesmo tempo, lógica e metafísica talvez não se deixe captar em nenhuma outra parte de maneira mais clara do que precisamente aqui. Por outro lado, vocês têm também de pensar que uma proposição como "ser é nada" é igualmente uma proposição crítica, isto é, que aí reside que, enquanto falamos do ser sem termos desdobrado efetivamente esse conceito em sua própria vida, em seu significado próprio, nosso falar sobre ele é, na verdade, nulo, e o absoluto, que nós cremos ter aí em mãos, não passa de uma imagem enganosa. Também quanto a isso nada acrescentei ao pensamento de Hegel; ao contrário, posso, de maneira bastante precisa, documentar o que disse por meio da passagem da *Enciclopédia* que pretendo ler agora. Trata-se aqui de que essa doutrina não apresenta apenas uma qualidade ontológica do ser, mas antes uma insuficiência do pensar filosófico que meramente encontra nele seu início e seu término. "Se o ser é enunciado como predicado do absoluto, então isso fornece a primeira definição dele" – portanto, o início absoluto, no sentido da filosofia do começo [*Anfangsphilosophie*], da *prima philosophia*. "O absoluto [ou seja, o pura e simplesmente primeiro, TWA] é o ser. Ele é este [no pensamento] que pura e simplesmente dá início, o mais abstrato [que prescinde assim de seu preenchimento através do processo, TWA] e o mais escasso".[177] E, ao introduzir nes-

---

177 Hegel, *Sämtliche Werke*. Bd. 8: *System der Philosophie. Erster Teil. Die Logik*, p.204. (Cf. Hegel, *Werke*, Bd.8: *Enzyklopädie der philosophischen Wissenschaften I*, p.183).

sa passagem o conceito de escassez [*Dürftigkeit*], Hegel mostra, ao mesmo tempo, que ele critica o uso desse conceito, // por mais que seja necessário para o desdobramento dialético, isto é, ele está dizendo que toma uma tal proposição, como "o absoluto é o ser", por falsa. Contudo, como essa proposição é a forma da filosofia da origem [*Ursprungsphilosophie*], pois necessariamente corresponde ao fundamento de toda intenção ontológica, então a falsidade de tal proposição não declara nada menos do que isso: fica descartada a possibilidade da ontologia, uma possibilidade que hoje em dia se acha frequentemente referida àquela proposição.

Para concluir, quero ler uma passagem dirigida contra Jacobi,[178] cuja filosofia da imediatez, calcada no conceito de intuição, correspondia, na época de Hegel, aproximadamente àquilo que significam para nós as atuais "filosofias da origem", na medida em que elas procedem da intuição categorial; e vocês verão quão fortemente resulta, do conceito hegeliano do ser, uma crítica a toda e qualquer ontologia.

> Nessa pureza inteiramente abstrata da continuidade, isto é, [na] indeterminidade e vacuidade do representar, é indiferente chamar essa abstração de espaço, de puro intuir, ou de puro pensar. Tudo isso é o mesmo que o hindu denomina *Brahma*, quando ele, sem movimento do ponto de vista exterior, mas igualmente [sem movimento] na sensação, representação, fantasia, desejo e assim por diante, sem comoção, vê por anos somente a ponta do seu nariz e diz interiormente, a si mesmo, apenas "om, om, om",

---

178 Sobre Jacobi, ver nota 62, p.143.

ou mesmo que não diga absolutamente nada. Essa consciência tola e vazia é, enquanto é apreendida como consciência, o ser [*Seyn*].[179]

Vocês sabem que hoje em dia é corrente, numa espécie de regressão à tradicional ortografia da época de Hegel, escrever o "ser" [*Sein*] com um y [*Seyn*][180] e, por meio disso, desvinculá-lo do âmbito do pensamento discursivo, transformando-o numa palavra mágica, a qual deve designar de maneira imediata o absoluto. Partilho a convicção – e creio não restar nenhuma dúvida a esse respeito – de que para esse "ser" [*Seyn*] Hegel não teria nenhuma outra expressão que não esse "om, om, om", isto é, ele não veria nada nisso a não ser uma recaída na mitologia, uma desistência de – e uma traição a – tudo aquilo a que, em geral, a civilização ocidental foi impelida no desenvolvimento de sua consciência. // E toda investida para conduzir a filosofia hegeliana à concordância com tais filosofias do "om" não me parece ser outra coisa senão uma tentativa sofística de escamotear as próprias e questionáveis manipulações, por meio da

---

179 Hegel, *Sämtliche Werke*. Bd. 4: *Die objektive Logik*, S. 107f. Cf. Hegel, *Werke*, Bd.5: *Wissenschaft der Logik I*, p.101.
180 Heidegger escreve, já nas aulas do semestre de inverno de 1934/35, sobre a noção de "*Seyn*" em Hölderlin, em vez de "*Sein*". (Heidegger, *Gesamtausgabe, III. Abteilung: Vorlesungen 1923-44*, Bd.39, editado por Susanne Ziegler, Frankfurt a.M. 1980, p.6: "*Offenbarung des Seyns*"). Em seu escrito "*Die Kehre*" (A virada), de 1936, ele sinaliza, com esse modo de escrever, uma diferença fundamental em relação à sua própria compreensão primeva daquilo que ele designara com o termo "ser", na medida em que não mais, tal como em *Ser e tempo*, seriam pensados o ser e o ente a partir do *Dasein* do ser humano, mas antes o ser humano e o ente a partir do ser. (Cf. Heidegger, *Die Technik und die Kehre*, Pfullingen, 1962.)

autoridade de um pensador cuja substância é, essencialmente, a substância da própria razão – uma autoridade que se crê poder sujeitar a outras finalidades cuja substância consistiria em renegar a própria razão. Era o que convinha aqui dizer sobre Hegel e a ontologia.

Porém, agora eu gostaria igualmente – e esta talvez seja a maior dificuldade do encontro de hoje – de dizer algo sobre a relação de Hegel com o positivismo. Pois, se minha experiência sobre a situação espiritual hoje – na qual sobretudo a juventude se encontra – não me engana completamente, creio que, a esta altura, predomina entre os jovens, ou ao menos se encontra de maneira latente, uma espécie de pensamento ambivalente. Refiro-me àquele tipo de declaração mais ou menos assim: "tudo bem, isto é metafísica, algo que equivale à ontologia, então tem de haver valores eternos, ou um absoluto, ou um absolutamente primordial, e caso não haja isso, então não haverá simplesmente nada mais do que os meros fatos, ou seja, não haverá propriamente outra coisa senão aquilo de que se certificam as ciências positivas em sua marcha ordenada, e tudo mais há que se evitar como ilusão". A meta mais importante que estou perseguindo com este curso consiste em mostrar que essa alternativa – ou bem a metafísica, e metafísica seria algo como uma doutrina fixa do ser e de valores eternos e invariantes, ou bem a ciência, enquanto um simples e puro orientar-se àquilo que é o caso, e *tertium non datur* – que exatamente essa alternativa fixa é, por seu turno, a expressão da consciência reificada de hoje, que exige de qualquer pensamento uma credencial, que reivindica de todo pensamento que ele responda a algo assim: "então, por favor, você pertence a que ramo? Se você é metafísico, então tem a ver com o ser, mas se você é cientista, então tem a ver com os fatos positivos, um *that is that*." // Exatamente essa maneira de pensar, em alternativas previamente dadas e estabelecidas, parece-me em geral manifestar a calamidade do atual estágio da consciência. Neste curso, eu gostaria de contribuir, ainda que de maneira incipiente, para a compreensão de que, se não nos orientarmos pelo ser, nem por isso temos de nos precipitar no obstinado culto aos fatos científicos; e de que, inversamente, se formos apanhados pelo *taedium scientiae*, se não conseguirmos avançar o bastante com meras constatações de fatos, então não deveríamos necessária e incondicionalmente nos permitir a uma frugal satisfação com a metafísica do ser que vem sendo preceituada e servida hoje em dia. O fato de que, porém, estejamos trabalhando extensamente para criar uma posição intermediária entre essas alternativas requer que vocês não estejam convencidos de que, em certo sentido, essas duas alternativas já estariam prontas, devidamente asseguradas, e que lhes caberia simplesmente, tal como numa eleição, escolher entre, digamos, Adenauer e Ollenhauer,[181] decidir ou pela metafísica ou pelo positivismo. Com efeito, isso requer que vocês reconheçam que é exatamente nisto que consiste em geral o pensar reificado, que é nisto que consiste o poder do mundo administrado sobre nossa própria consciência: que ele nos compele a pensar

---

[181] No ano anterior, no dia 15 de setembro de 1957, realizaram-se as eleições para o terceiro parlamento federal da Alemanha. Como candidatos principais, a CDU (Christlich Demokratische Union Deutschlands, ou União Democrática Cristã da Alemanha) concorreu pela terceira vez com Konrad Adenauer, enquanto o SPD (Sozialdemokratische Partei Deutschlands, ou Partido Social-democrata Alemão) se lançou pela segunda vez com Erich Ollenhauer. Os partidos que compunham a União conquistaram maioria absoluta.

em termos de alternativas previamente dadas. E justamente por isso, creio eu, é deveras importante que a dialética seja, em geral, tão energicamente contrastada em relação ao positivismo quanto também, correspondentemente, em relação àquela depauperada paródia da metafísica que a hodierna ontologia apresenta. Todavia, por favor, não compreendam isso que eu disse como se a dialética se diferenciasse essencialmente do positivismo pelo fato de que, em certo sentido, ela acrescentaria, por assim dizer, ao assado que nos é servido na forma de fatos disponibilizados pelas ciências específicas, o molho da crença, de um sentido, ou de algum outro princípio elevado. Parece-me ser igualmente um incomensurável desconhecimento de toda consciência que não se permite satisfação com simples fatos, quando se representa que cada pensamento // que vai além do mero *Faktum* resultaria repentinamente em algo como dizer: "Sim, isto tudo tem de algum modo um sentido, tudo está arranjado da melhor maneira, e nós temos propriamente de ficar tranquilos e satisfeitos com as coisas dessa forma como estão." Pois se dá justamente o contrário. Aquilo que, na dialética, vai além da mera facticidade e que confere a ela seu metafísico direito à vida é justamente o oposto disso, a saber, é precisamente a rebelião contra a ideia de que o mundo dos fatos, ao qual nós estamos atrelados e que é, ao fim e ao cabo, totalmente sem sentido, deva ter a última palavra em nossa existência. E dialética é a tentativa, justamente por meio da crítica deste mundo dos fatos [*Faktenwelt*] que nos domina, de nos tornarmos conscientes da possibilidade de um outro [mundo], sem que, por meio disso, este mundo dos fatos deva ter, enquanto tal, sua compreensão minimamente transfigurada [*verklärt*] por nós.

Introdução à dialética

Ao que parece, não vou conseguir hoje lhes apresentar a relação entre dialética e positivismo em detalhes.[182] Permitam-me, apesar disso, falar ao menos um pouco mais sobre isso ainda, a fim de elucidar por pouco que seja a diferença entre um pensar dialético e um pensar positivista. O pensar dialético se diferencia do positivista pelo fato de que ele é tudo menos algo naturalizado [*natürlich*]. Em outras palavras, isso significa que, quando se pensa dialeticamente, isso não quer dizer que, impassível diante dos descaminhos da metafísica, simplesmente se esteja seguindo, de forma compenetrada, uma espécie de filosofia do *common-sense*. Antes, dá-se o contrário – e com isso eu chego a uma provocação ulterior relacionada à dialética. Com efeito, o desafio posto por ela, nesse ponto, consiste essencialmente em que vocês tenham de abrir mão dos atávicos hábitos intelectuais com os quais estejam familiarizados e assumam de fato o trabalho e o esforço extenuante do conceito – e no sentido bastante preciso de que percebam que tudo aquilo que uma vez nos tenha sido dado como o natural, de tal maneira que não tivéssemos ocasião para dele duvidar, não é, apesar disso, realmente natural. Trata-se, muito antes, de algo já refletido dentro de si ou – falando de maneira materialista – de algo que já foi em si socialmente mediado, de que aquilo que se nos contrapõe como natureza é, na verda-

---

182 A essa altura, encontra-se na transcrição do áudio uma indicação, manifestamente fornecida aos presentes por Adorno, ao ensaio de Horkheimer, *"Der neueste Angriff auf die Metaphysik"*, o qual apareceu em 1937 na *Zeitschrift für Sozialforschung* e que atualmente se encontra em: Horkheimer, *Gesammelte Schriften*, Bd.4: *Schriften 1936-1941*, editado por Alfred Schmidt, Frankfurt a.M. 1988, p.108-61.

167 de, uma // "segunda natureza",[183] e não primeira [natureza]. Consiste, portanto, em que nós, justamente para permitir que à natureza oprimida e violada seja restituído o que é seu, não devemos consentir em sermos ofuscados por aquela aparência [*Schein*] de naturalidade que, por todos os cantos e em to-

---

[183] O conceito de "segunda natureza" possui uma longa e complexa história, a qual, no que diz respeito ao tema em tela, remonta — para além da expressão como tal, que se permite atestar pela primeira vez em Cícero — à Antiguidade grega. (Cf. o artigo "Zweite Natur" de N. Rath no *Historisches Wörterbuch der Philosophie*, editado por Joachim Ritter e Karlfried Gründer, Bd.6: Mo-O, Basel 1984, p.484-4). O emprego feito por Adorno do conceito em questão contém ao menos três aspectos, os quais já estavam presentes na história do seu significado: primeiramente, a tese de que a natureza primeira não é dada aos seres humanos em si ou imediatamente, mas é, antes, já sempre experienciada como natureza mediada, bem como alterada, quer pelo espírito, quer pelo trabalho, de tal maneira que a primeira e a segunda natureza não se deixariam separar (Hegel, Marx; Cf. p.225-6). Em segundo lugar, está contido aí que o conceito de "natureza", na expressão "segunda natureza", deve propriamente ser rompido de forma crítica, na medida em que ele se impõe em favor da paralisação e estranhamento da sociedade e da história, isto é, em prol da aparência ideológica de um (elemento) naturalizado como primeiro, positivo ou imediato (Marx, Lukács; Cf. *GS* 6, p.48). Em terceiro lugar, Adorno recupera, na sequência de Lukács, Marx e Hegel, a tematização proposta por Rousseau para a relação entre primeira e segunda natureza, quando ele tenciona *permitir que se restitua à natureza danificada e oprimida aquilo que é propriamente seu*. Já no escrito primevo, "Ideia da história natural" (*Idee einer Naturgeschichte*), Adorno tentou pensar dialeticamente a relação entre esses diversos aspectos do significado, de tal maneira que, com a dissolução da aparência da imediatidade naturalizada da segunda natureza, ao mesmo tempo, a historicidade da natureza primeira pudesse ser capaz de emergir, tornando-se com isso passível de ser liberada da relação de exploração, meramente instrumental, do ser humano para com ela. (Cf. *GS* I, p.345-65).

dos os termos, o mundo enrijecido em convenções nos impõe a aceitar. Sobre tais coisas, bem como sobre a intenção crítica ligada a isso, em contraposição ao positivismo acrítico e que meramente a elas se conforma – acerca disso quero lhes dizer algo no próximo encontro.

// 12ª Aula [03/07/1958]

Minhas senhoras e meus senhores,

No último encontro, comecei a lhes dizer algo sobre a relação da dialética com o positivismo, principalmente sob o ponto de vista da dupla tomada de posição da dialética diante de toda e qualquer filosofia assentada num [elemento] primordial. Nesse contexto, pode-se realmente considerar o positivismo – com algum grau de violência interpretativa do qual sou aqui consciente o bastante – como condizente com essa classificação de uma filosofia concentrada sobre a ideia de um primeiro [elemento], na medida em que o positivismo, em qualquer de suas formas, vê nos dados fornecidos pela experiência, sejam os dados da consciência, sejam as assim chamadas "sentenças protocolares", o elemento absolutamente primordial. Eu me vejo obrigado a esta altura a lhes dizer que a equiparação do positivismo com uma filosofia do originário [*Ursprungsphilosophie*] não é inteiramente correta – ou, dito de forma mais abrangente, não é inteiramente justo o nivelamento do empirismo com a metafísica no sentido convencional. E isso porque, embora também nele o princípio de um elemento primordial seja acatado, isto é, o princípio daquela "dadidade" [*Gegebenheit*], por outro lado, este princípio não está preenchido por um conteúdo. Assim, enquanto as filosofias ontológicas – e, num sentido estrito, idealistas e racionalistas – creem poder determinar positivamente o absolutamente primeiro como sendo o espírito, a consciência, a síntese transcendental, o ser, ou como quer que se enuncie tal princípio, o positivismo e o empirismo, por outro lado, declaram que o dado, que os fatos seriam o elemento último e aquilo a que todo conhecimento em última instância teria de se referir. Porém, a essência da questão aqui consiste em que o próprio conceito dessa facticidade [*Faktizität*] não especifique esta facticidade mesma, ou seja, não possa antecipá-la, precisamente porque é mero conceito, de tal maneira que tem, por conseguinte, a capacidade de se preencher a cada vez com um conteúdo diverso, que se altera conforme o caso. E por isso essas orientações positivistas não são passíveis de equiparação // com uma filosofia da origem [*Ursprungsphilosophie*], tanto que elas – como ocorre, por exemplo, na discussão contemporânea – se compreendem em enfática oposição às tendências ontológicas de nossa época. Vocês poderiam, em todo caso, dizer que é um absurdo, e até um despautério, que eu trate, a esta altura do curso, e com considerável acurácia, da posição da dialética contra o positivismo; pois que a dialética seja antipositivista, compreende-se afinal por si mesmo, e foi justamente todo o movimento positivista da filosofia ocidental, tal como ele se disseminou por toda Europa desde a morte de Hegel, que sobretudo pôs fim – pelo menos, historicamente falando – ao modo de pensar especulativo e dialético. Eu não desejo negá-lo. Porém, a relação entre dialética e positivismo também não é tão simples como se apresenta nessas reflexões. Caso eu possa lhes fazer recordar por um segundo que a questão da dialética, considerada a partir de um de seus flancos, é realmente não partir de uma totalidade pensada previamente, mas antes procurar, dentro dos respectivos dados [*Gegebenheiten*] singulares, a força do todo – e isso, por assim dizer, sem que nada adentre pela janela [*fensterlos*], para recorrer aqui à expressão cunhada por uma antiga [forma de] metafísica especulativa;[184] então na verdade reside aí – ou seja, nesta ausência de um conceito superior conclusivo e previamente dado – uma íntima afinidade da dialética com o positivismo. A propósito, não raro me acontece, dentro de meu próprio trabalho teórico, que, quando retiro dessas reflexões tal conse-

---

184 Adorno se refere aqui à doutrina de Gottfried Wilhelm Leibniz (1646-1716). O mundo é constituído, de acordo com a metafísica de Leibniz, por mônadas, isto é, por substâncias simples e inextensas, as quais são encerradas em si mesmas e munidas com representações inconscientes (no caso de minerais e vegetais) ou com representações conscientes (no caso de outros seres vivos). No §7 da "Monadologia", lê-se: "as mônadas não têm janelas através das quais algo poderia entrar ou sair. Os acidentes não podem se desprender ou andar às voltas, fora das substâncias, tal como o faziam outrora as formas perceptíveis dos escolásticos. Nem a substância, nem o acidente vem de fora para dentro de uma mônada." (Gottfried Wilhelm Leibniz, *La Monadologie*, editado por Eduard Erdmann, 1840, §7, p.705; Cf. agora em: Gottfried Wilhelm Leibniz, *Monadologie/Lehrsätze der Philosophie. Letzte Wahrheiten über Gott, die Welt, die Natur der Seele, den Menschen und die Dinge*. Edição com o texto em francês e alemão, traduzido, editado e comentado por Joachim Christian Horn, Darmstadt 2009, p.45). [Ed. bras.: Leibniz, *Os princípios da filosofia ditos. A monadologia*. In: Coleção "Os Pensadores". Trad.: Marilena de Souza Chauí. São Paulo: Abril Cultural, 1983].

311

quência e me ponho a examinar micrologicamente, por assim dizer, problemas singulares, sem colocá-los de antemão sob um conceito superior, a seguinte censura logo aparece: "sim, no fundo, não existe absolutamente nenhuma diferença entre o que você faz aqui e o positivismo". Há aqui, de fato, certos entrecruzamentos [*Übergänge*] entre positivismo e dialética, e tais intersecções também encontraram na história sua condensação em orientações da dialética que, embora eu não queira caracterizar diretamente como positivistas, apresentam, contudo, // certa tendência ao relativismo cético, que de fato está relacionado intimamente com o positivismo. Essa tendência se delineou de modo claro especialmente na escola hegeliana inglesa – por exemplo, com o extraordinariamente significativo pensador dialético Francis Bradley.[185] Aproveito a oportunidade para fazer referência às duas grandes obras de Bradley, *Appearance and Reality* e a *Lógica*,[186] que são provavelmente, no sentido especificamente filosófico e especulativo, as mais originais e radicais contribuições para a teoria da dialética desde Hegel. Trata-se de investigações extraordinariamente difíceis e sutis, que demandam intenso esforço e paciência, mas que, posso lhes garantir, compensarão com seu esplêndido teor esse empenho exigido.

Para voltar à relação com o positivismo, gostaria aqui, no ponto em que mais interessa tratar de questões concernentes

---

185 Francis Herbert Bradley (1846-1924), filósofo inglês, foi professor em Oxford a partir de 1876.

186 Francis Bradley, *Appearance and Reality* (1983); no alemão: *Erscheinung und Wirklichkeit*, Leipzig, 1929. *Principles of Logic* (1883/1922). Uma tradução dos *Princípios de lógica* para o alemão não pôde ser encontrada pelos editores.

ao conteúdo, sobretudo de recordar que a dialética é, em certo sentido, aquilo que a fenomenologia, talvez com injustiça, afirmou de si mesma: ela é, por assim dizer, uma atitude não natural [*nicht-natürlich*], uma atitude que de antemão vai ao encontro, com certo ceticismo, daquilo que se considera como dado, como fato e tem a tendência de procurar, naquilo que é manifestação, naquilo que nos chega como dado, as forças recônditas do todo. A diferença entre essência e manifestação é, de fato, absolutamente constitutiva para o pensamento dialético. Pois dela resulta o fato de que os conceitos se movem ao serem postos em reflexão, o que significa que vem à tona, em certa medida, nos próprios conceitos, por meio dessa reflexão, uma substância que não é propriamente visada e não está referida por seu mero manifestar-se, pelo significado de sua superfície. Se eu falo neste curso justamente das resistências contra a dialética e tento lhes tornar conscientes delas, a fim de, por esse itinerário, lhes facilitar o acesso à dialética, então, creio eu, é preciso ver aqui uma resistência muito disseminada // contra ela. Trata-se da suspeita de sutileza excessiva, a suspeita de que a dialética pratique, por assim dizer, certa dissimulação, de que com ela jamais nos daremos por satisfeitos com aquilo que efetivamente nos seja concedido; e, acima de tudo, a suspeita de que, justamente devido ao momento objetivo da dialética, se quer subtrair das pessoas aquilo que consideram subjetivamente de si mesmas, aquilo que consideram como sua coisa mais própria. De fato, esse momento jaz no âmago da dialética, e seria seguramente falso a esta altura minimizar isso. Todavia, se a partir de motivos inteiramente diferentes – a saber, a partir dos motivos provenientes da experiência social –, chega-se a ver que o mundo no qual vivemos produz seu véu não por meio de quaisquer mentiras e fabulações, mas antes que, devido à sua própria legalidade imanente, dá origem a manifestações que contradizem o que ele propriamente é, então de fato sempre encontraremos ensejo a essa desconfiança; e o dado, o positivo, por seu turno, o qual nos é apresentado, sobretudo pelas ciências particulares, como fonte legítima e última da certeza, não poderá mais, da maneira como se nos apresenta, conformar-se doravante a essa tarefa. Precisamente aquela força necessária para duvidar daquilo que nos é dado parece estar sendo cada vez mais subtraída das pessoas, em função da pressão acachapante das circunstâncias fáticas sob as quais hoje em dia conduzimos nossa existência. E caso exista algo como uma transferência ou um prolongamento das fraquezas do eu [*Ich-Schwäche*] adentro do processo do pensar, então eu a veria exatamente nisto: as pessoas capitulam diante das assim chamadas circunstâncias fáticas [*Gegebenheiten*], sem qualquer espécie de desconfiança, a qual, por sua vez, a partir dessa consciência convencional – portanto, desde a simples aceitação do mundo tal como ele se apresenta – deve sempre nos induzir à impressão do artificioso, do violento e do exorbitante. Creio que seja mais correto confessar isso – é mais correto que se diga que, num mundo completamente estranho, num mundo que é completamente θέσει e // não φύσει,[187] faz-se necessário aquele esforço da consciência, em certa medida não natural, para romper essa superfície da segunda natureza, conquanto não se pretenda com isso simplesmente introduzir, no lugar

---

187 Com a oposição θέσει/φύσει é debatida, desde a antiguidade grega, a relação daquilo que é por natureza (φύσει) com aquilo que é meramente "por convenção humana" (θέσει).

dela, a própria dialética como uma espécie de senso comum. Naturalmente, ela tem de fato muito a ver com o senso comum, e seus passos são, em cada caso específico, sempre os passos da reflexão racional. Não há, e já tentei lhes caracterizar isto, uma espécie de segunda fonte da racionalidade [*Vernunft*], uma fonte especulativa, a qual estaria separada por um abismo[188] daquela fonte conforme o entendimento – daquela fonte, digamos, reflexionante. Porém, pretendo, por outro lado, sustentar de maneira bastante veemente que o modo dialético de pensar se diferencia do uso convencional do entendimento pelo fato de que o primeiro não se dá por satisfeito com tal dadidade [*Gegebenheit*] e que, justamente ali onde o dado se nos contrapõe da maneira mais inexorável, [a dialética] põe primeira e efetivamente em marcha seu trabalho, de maneira a tentar explorar o opaco e impenetrável, a pô-lo em movimento. E se eu não tivesse receio, diante de alguns cientistas naturais dentre vocês, de que pudessem me retrucar dizendo que metáforas típicas das ciências naturais, quando saídas da boca de um filósofo de índole dialética, possuiriam sempre algo de fatal, então eu acrescentaria que o pensar dialético procura algo assim como uma fissão intelectual do átomo. Mas não desejo com isso granjear parte da fama das ciências naturais modernas em favor da dialética, a qual reconhecidamente não tem de exibir resultados tão ofuscantes como as bombas atômicas.

Os dados [*Gegebenheiten*] são, sob a perspectiva do positivismo, o [elemento] último e, por isso, na teoria do conhecimento de orientação positivista, são designados como o imediatamente dado. Eis por que eu havia dito a vocês que a

---

188 Ver p.143 da edição original.

tomada de posição da dialética contra o positivismo está, antes de tudo, no reconhecimento de que tais dados são na verdade algo mediado. E isso significa que se deve mostrar que o elemento último, // sobre o qual o conhecimento pretende se apoiar como sua posse segura, não é, por outro lado, um elemento realmente último, mas pressupõe aquilo que [o conhecimento] acredita poder produzir apenas a partir de si. Tentei desenvolver tal pensamento no terceiro capítulo da *Metacrítica da teoria do conhecimento*.[189] E gostaria agora de remetê-los àquela discussão, pois vocês poderão compreender melhor o desdobramento da tentativa de demonstrar que, por meio de sua correlação [*Zusammenhang*], as categorias singulares da assim chamada teoria do conhecimento, as quais primeiramente devem constituir o mundo objetivo no sentido dos projetos epistemológicos tradicionais, pressupõem, todavia, exatamente esse mesmo mundo objetivo e, portanto, a existência [*Dasein*] das coisas no espaço e no tempo. Inversamente, nenhuma existência espaço-temporal pode ser pensada sem aquelas categorias. Essa reflexão dialética não pode ser plenamente apresentada e desenvolvida nos limites dessas exíguas aulas introdutórias. Não obstante, creio dever a vocês ao menos alguns elementos comprobatórios acerca da diferenciação que proponho entre pensamento dialético e pensamento positivista. E como realmente o conteúdo da dialética, tanto na *Fenomenologia* de Hegel como também em

---

189 O capítulo 3 da *Metacrítica da teoria do conhecimento* se intitula "Sobre a dialética dos conceitos da teoria do conhecimento" (*Zur Dialektik der erkenntnistheoretischen Begriffe*). (Cf. GS 5, p.130-89) (*Para a Metacrítica da teoria do conhecimento. Estudos sobre Husserl e as Antinomias fenomenológicas*, op.cit., p.211-99).

Introdução à dialética

Marx, é essencialmente o conteúdo social; e como eu sei também que muitos dentre vocês estão especialmente interessados em questões relativas às ciências sociais, creio que seja adequado que eu escolha exemplos do campo dessas ciências e do âmbito especificamente positivista das ciências sociais – da assim chamada pesquisa social empírica, na medida em que ela trata de investigar modos de comportamento e opiniões de pessoas, e até mesmo de grupos estatísticos. A propósito, desculpem-me se acabo lhes dando exemplos – sei que não deveria, mas as coisas não são fáceis quando se é um dialético.[190]

Numa pesquisa cujas fases avançadas estiveram sob minha responsabilidade, um estudo com os moradores do município de Darmstadt,[191] // mostrou-se que uma parte considerável da população mantinha uma determinada postura, de caráter hostil, em relação ao serviço público, e que por isso eram recorrentes juízos extraordinariamente negativos sobre os servidores. Num primeiro momento, há que se pensar nas experiências que as pessoas tiveram com o serviço público desta cidade e nas respostas dadas a uma investigação irrefletida, ou seja, a uma investigação em que não se lança luz específica sobre os questionamentos. A propósito, o sentido da dialética, em relação à

---

190 Ver p.100 da edição original.
191 O estudo das comunidades de Darmstadt é constituído por 9 monografias que o *Instituto de Pesquisa em Ciências Sociais* apresentou em conjunto com o *Instituto de Pesquisa Social de Frankfurt*, e para as quais Adorno, em parte com Max Rolfes, escreveu as respectivas introduções. O estudo ao qual Adorno se refere na sequência do texto é a 8ª monografia, com o título de "Repartição administrativa e cidadãos", e data de fevereiro de 1952. A introdução de Adorno foi reimpressa em *GS* 20.2, p.634-9.

pesquisa social empírica, parece-me ser essencialmente, em vez de apenas propor questionários irrefletidos, lançar uma espécie de luz específica sobre os questionamentos, capaz de orientar a pesquisa como um todo. Em uma compreensão apressada do problema, em uma investigação irrefletida, poderíamos sustentar algo assim: "pois bem, na cidade de Darmstadt acontece isso, pois afinal se trata de uma antiga cidade de funcionários públicos, com um centro administrativo antigo, onde as pessoas entraram em conflito com a burocracia, onde tiveram experiências negativas, e isso se exprime em juízos hostis aos servidores públicos." O pensador dialético não se dará por satisfeito com essa tese pretensamente elucidativa, mas antes se perguntará, ao menos uma vez, se a atitude negativa da população dentro de uma cidade diante do serviço público realmente se deixa depreender dessas experiências específicas e dos dados específicos dessa cidade. Assim, ele se colocará o problema de saber se não se trataria aqui daquilo que, na sociologia estadunidense, seria designado pela expressão *"generalized attitudes"*, ou seja, que as pessoas já tinham antes uma opinião negativa em relação ao serviço público e que, em seguida, em sua opinião sobre o funcionalismo desta cidade em questão, adotam essa postura generalizada, tal como nós os tratamos no estudo específico. Talvez me seja permitido mencionar de passagem a maneira incomum pela qual cheguei a essa suspeita, pois isso talvez mostre um pouco do mecanismo pelo qual questionários sociais empíricos e ponderações dialéticas podem // se relacionar. Num trabalho de sociologia da literatura que conheço bem e que se relacionava a um campo completamente diferente de objetos, sobre um romancista não alemão, o autor daquele trabalho mostrara que no romance em questão se encontrava uma oposição específica no interior da pequena burguesia que, embora não esteja, na verdade, desdobrada de maneira teórica ou sociológica, delineia-se ao menos como tendência, a saber: um certo antagonismo entre uma camada mediana de pequenos servidores e funcionários públicos, de um lado, e um grupo de trabalhadores livres, autônomos, sem remuneração fixa, de outro lado.[192] Para os trabalhadores independentes – pequenos negociantes, artífices etc. –, os servidores públicos se apresentavam como uma espécie de parasitas, que não precisavam se esforçar tanto quanto eles e que, além disso, tinham a seu favor ainda a segurança provida por uma aposentadoria, que lhes aguardava ao final de uma vida não muito laboriosa; enquanto que, do ponto de vista dos servidores públicos, os assim chamados subsistentes livres [*freie Existenzen*], graças à possibilidade de grandes lucros que eram capazes de obter, apareciam como um grupo a ser materialmente invejado e, além disso, como grupo não especialmente afeito à ordem, nem tampouco digno de confiança. Isso ficou na minha cabeça e então pensei que possivelmente essa oposição imanente entre dois grupos – a saber, dos servidores e dos não servidores – no interior dos extratos inferior e médio [da burguesia], justamente num âmbito onde a camada de servidores é relativamente expressiva em termos numéricos, consolidava-se na postura das pessoas. E a consequência que tirei disso foi elaborar a pesquisa de tal maneira, ou antes, redirecioná-la de maneira tão ampla que então fosse incluída uma questão, um complexo de questões, por meio do qual se poderia saber se essas pessoas que reportavam uma opinião negativa sobre os servidores da cidade tinham chegado a travar de fato

---

192 Não foi possível averiguar qual era o estudo.

algum contato com os servidores e, em segundo lugar, se tiveram experiências negativas. De acordo com a estratégia da pesquisa social empírica, não se perguntava abstratamente: "Você teve // experiências negativas?"; antes, perguntava-se sobre experiências negativas específicas, pois somente se tais experiências específicas pudessem ser indicadas, seríamos capazes de verificar a base desses posicionamentos. Fiquei orgulhoso de que tenha resultado justamente aquilo que eu havia imaginado, a saber: comprovou-se a hipótese de que havia uma completa discrepância entre as opiniões negativas sobre os funcionários e as experiências com eles. Em outras palavras, estávamos lidando ali com uma ideologia assimilada de fora e, na verdade, com uma espécie de opinião socialmente abrangente, portanto, uma espécie de opinião que de algum modo pairava na sociedade como um todo, sendo então absorvida por pessoas pertencentes a determinados grupos quantitativamente bem numerosos – uma opinião a partir da qual as pessoas faziam suas assim chamadas experiências [individuais]. Isso quer dizer, na verdade, que os dados com que nos deparamos – a saber, a atitude negativa com relação aos servidores –, os quais uma sociologia meramente positivista apenas registraria, aprontaria e interpretaria, apresentam-se aqui, mais uma vez, como função do processo social como um todo, isto é, o singular, o determinado, o concreto se evidencia aqui dependente da totalidade [...];[193] assim como, naturalmente, essa disposição coletiva de ânimo contra os servidores não existiria, caso não se compusesse de inumeráveis atos singulares semelhantes de hostilidade contra os servido-

---

193 A transcrição do áudio sinaliza aqui uma lacuna.

res. Está em jogo aqui uma espécie de interação [*Wechselwirkung*] [entre os momentos].

Um outro exemplo pode lhes mostrar a importância, em termos da teoria social, da assim chamada análise de motivos no interior da sociologia empírica; pois somente por meio da análise de motivos, ou seja, somente ao apurarmos aquilo que motiva tais juízos negativos, torna-se possível romper o nexo geral de ofuscamento [*Verblendungszusammenhang*] acerca daquilo que nos é dado. Em uma outra pesquisa – uma investigação sociológica sobre a indústria[194] –, deparamo-nos com um tipo específico de animosidade de // trabalhadores em relação a seus superiores no interior de uma determinada fábrica. Ao levar em consideração a pesquisa de opinião subjetiva, realmente não nos limitamos apenas à constatação, digamos, dos dados meramente subjetivos acerca da hostilidade, mas antes investigamos também, ao mesmo tempo, os dados objetivos da fábrica em questão; e se evidenciou que os diretores dessa fábrica, conforme as circunstâncias, comportavam-se de maneira extremamente humana, razoável e amistosa. Entretanto, também se evidenciou que, por determinados motivos, as instalações da fábrica como um todo, que eram antiquadas, exerciam sobre os trabalhadores uma pressão constante. A partir disso resultou então, para resumir, que os diretores, ou seja, as pessoas em relação às quais os referidos trabalhadores rea-

---

194 Adorno se refere aqui à pesquisa "O clima na empresa. Uma investigação sociológica sobre a indústria do *Ruhrgebiet*" (Frankfurt a.M., 1955), para a qual ele escreveu um prefácio que, no entanto, não foi publicado junto com o estudo. Encontra-se agora em *GS* 20.2, p.674-84, sob o título "Clima na empresa e estranhamento".

giam com hostilidade eram – para empregar aqui uma expressão utilizada por Marx – meras "máscaras de personagem" [*Charaktermasken*].[195] Em outras palavras, o que importava não

---

[195] Marx emprega o conceito de "máscara de personagem" em *O capital* primeiramente à altura da passagem da análise da mercadoria para a apresentação do processo de troca. Nessa apresentação, torna-se necessária, uma vez que "as mercadorias não vão elas mesmas até o mercado e não (podem) trocar-se a si próprias" (Karl Marx, *Das Kapital*, op. cit., p.99), a inclusão de atores humanos, os possuidores de mercadorias. Quando Marx, neste contexto, deriva a princípio, a partir dos proprietários de mercadorias, o conceito de pessoa, então isso ocorre já numa intenção crítica, a saber: enquanto crítica ao conceito de pessoa próprio ao direito positivo burguês, que é definido a partir do atinente à propriedade, de tal sorte que, com isso, ao mesmo tempo, opera-se a crítica a um conceito de direito que apenas reflete as relações econômicas historicamente dadas. Porém, a partir disso, prolonga-se a inversão já estabelecida com a mercadoria – inversão por meio da qual aos seres humanos se lhes aparecem suas condições especificamente históricas como propriedades naturais e preexistentes das coisas –, chegando até as relações deles uns com os outros. O conceito de pessoa introduzido por Marx responde, portanto, a um modo estranhado de existência, em que os seres humanos somente logram ser "pessoas" enquanto personificações daquelas funções econômicas que lhes são prévias, em cujo exercício, por seu turno, tal como numa peça de teatro, é-lhes conferido um papel (o qual era tornado patente no teatro antigo por meio de uma máscara) pelas relações coisais autonomizadas. Eis por que Marx assim complementa: "As pessoas aqui só existem, reciprocamente, como representantes de mercadorias e, por isso, como possuidores de mercadorias. Veremos no curso do desenvolvimento, em geral, que os personagens econômicos encarnados pelas pessoas nada mais são que as personificações das relações econômicas, como portadores das quais elas se defrontam." (Karl Marx, *Das Kapital*, op. cit., p.99*ss.*) – Sobre a relação entre "indivíduo", "papel" e "máscara de personagem", ver as três primeiras notas à 11ª aula. [Ed. bras.: Marx, *O capital*. Volume I. Livro Primeiro. O processo de produção do capital. Tomo 1. Coleção "*Os Economis-*

Introdução à dialética

eram estas pessoas, mas sim o fato de que os trabalhadores acabaram desenvolvendo uma espécie de hostilidade contra seus superiores, simplesmente porque haviam transferido a essas pessoas uma relação objetiva, a saber, a relação estrutural entre empregados e superiores e, ao mesmo tempo, as relações específicas de produção no interior da fábrica em questão, ainda que, na realidade, essas pessoas fossem somente máscaras das funções que exerciam. Aqui se trata de um processo de alcance extraordinariamente amplo, ao qual eu gostaria ao menos, ainda que *en passant*, de fazer menção: refiro-me ao processo da personificação [*Personalisierung*] – e a percepção das operações dialéticas concretas nele envolvidas talvez auxilie vocês a não sucumbir ao mecanismo dessa aludida personificação. A propósito, com o termo "personificação" não se pretende aqui outra coisa senão a ideia de que, quanto maior se torna o poder das relações objetivas e, acima de tudo, quanto mais anônimas são as relações de poder e de pressão nas quais nós nos encontramos, tanto mais insuportável se nos torna justamente essa estranheza [*Fremdheit*] e anonimidade; e, em consequência disso, // enquanto nós mesmos não refletimos sobre tais coisas, experimentamos uma tendência cada vez mais intensa de projetar em fatores pessoais, na compleição de determinadas pessoas e comunidades, aquilo que efetivamente reside muito mais em tais circunstâncias objetivas. Eu diria até que a paranoia racista do nacional-socialismo somente pôde ter surtido a inacreditável influência que exerceu, porque ia ao encontro dessa carência, isto é, porque atribuía a determinadas pessoas

---

tas". Trad. Regis Barbosa e Flávio R. Kothe. São Paulo: Nova Cultural, 1996, p.198-9].

e comunidades a responsabilidade por um sofrimento que era, efetivamente, um sofrimento anônimo e, como tal, completamente insuportável. Isso também traz, sob a perspectiva psicodinâmica, uma série de vantagens [aos concernidos]. É mais fácil projetar os próprios afetos agressivos em outras pessoas do que nas relações objetivas [*sachliche Verhältnisse*]. Contudo, se permanecermos ingenuamente circunscritos àquilo que as pessoas estão em geral pensando, então nos tornaremos vítimas justamente daquele mecanismo de ofuscamento desencadeado com a personificação, mecanismo que tentei lhes apresentar há pouco, ainda que de maneira não sistemática.

Eu ainda poderia acrescentar, como terceiro exemplo, que eu, já na América, quando intervi no assim chamado círculo das ciências com algumas ponderações dialéticas, vivenciei meus contratempos, embora tenha tido também meus modestos triunfos. Foi o caso quando, por exemplo, contestei a ideia de que as pessoas encontrariam satisfação ao ouvir determinados *hits* musicais, como um processo decorrente do próprio *hit* musical. E as preferências e recusas com as quais nos deparamos na pesquisa – ou antes, os *likes* e *dislikes*, tal como se o denomina no jargão da *communication-research* estadunidense –, no momento em que tentei confrontá-las com os dados, mostrou-se então que, na verdade, os *hits* musicais agradavam as pessoas quando eram muito executados e quanto mais se tornavam familiares a elas; enquanto que aquelas canções que não eram tão conhecidas, tampouco ouvidas tão frequentemente, em geral eram preteridas pelas pessoas.[196] Em relação a isso, po-

---

196 Os resultados e teses, que Adorno evoca na sequência do texto, haviam sido desdobrados num esboço para o ensaio "On popular Music".

dia-se novamente indagar o porquê de serem justamente tais // *hits* os mais executados, e então chegávamos ao resultado de que para isso concorriam certas qualidades e preferências subjetivas. Porém, neste momento, nós nos deparamos com um sistema extraordinariamente complexo de relações recíprocas – algo que é, em todo caso, o contrário dos dados tidos por imediatos a que se dirige, em geral, a assim chamada pesquisa de opinião. Na maioria das vezes, para as pesquisas de opinião interessa muito mais saber, por motivos administrativos ou comerciais, apenas aquilo a que as pessoas são favoráveis ou contrárias; mas tal fixação no mero "ser a favor" ou "ser contra" auxilia, na verdade, a urdir justamente aquele véu em torno do assim chamado dado, do qual lhes falava logo no início desta aula.

Aqueles que, dentre vocês, são cientistas sociais positivistas vão provavelmente levantar contra mim a objeção de que o conjunto de ideias que lhes apresentei até aqui seria de todo compatível com o positivismo e que, ao fim e ao cabo, eu mesmo me vali de tais ideias em pesquisas que, para serem viáveis, tiveram de ser conduzidas, de um modo ou de outro, segundo

---

(Cf. *NaS* I, p.402-10). Com os "contratempos", dos quais Adorno fala um pouco antes, pode ser que esteja se referindo às controvérsias com Paul Lazarsfeld (1901-1976) – controvérsias que ambos, na época em que Adorno trabalhava para o *Princeton Radio Research Project*, dirigido por Lazarsfeld, mantiveram a respeito dos métodos e do estabelecimento de objetivos na pesquisa empírica em sociologia. No projeto de pesquisa no qual Adorno estava envolvido, tratava-se originalmente de conseguir dispor organizadamente, por meio do registro de preferências e rejeições dos ouvintes, programas musicais nos quais a maior quantidade possível de ouvintes deixasse o rádio ligado o maior tempo possível, consumindo, assim, as propagandas difundidas, possivelmente lucrativas aos anunciantes.

as regras positivistas de jogo. Não vou negar isso e queria repetir a esse respeito que o pensar dialético realmente não é um intuicionismo – não é, portanto, um modo de pensar de um gênero completamente diferente, com uma especificidade totalmente distinta, quando comparado ao pensar corrente no interior da lógica científica. Mas, ao contrário deste, o pensar dialético consiste em um pensar refletido sobre si mesmo, tal como expressei anteriormente, um pensar que ergue sobre si mesmo uma espécie de lume, não procedendo de maneira tão cega, digamos, sem qualquer desenvoltura. Dizendo de outro modo, creio mesmo que em cada uma das assim chamadas investigações positivistas, caso esteja efetivamente consciente de si mesma, procedendo de maneira consequente consigo mesma, encontra-se uma passagem para o pensar dialético. A propósito, pudemos constatar, nas últimas reuniões do seminário de sociologia, que um sociólogo como Max Weber, considerado, de acordo com sua própria convicção, como positivista, foi impelido a certas formulações dialéticas que não eram compatíveis com sua posição epistemológica, com sua filosofia, por assim dizer, // simplesmente por força da coerência em relação aos fatos com os quais ele tinha de lidar.[197] Contudo, não quero me dar por satisfeito com essa informação confortável, mas gostaria de lembrar que, quando se recorre nessas investigações a algo como o "todo social", a sociedade como um todo [*Gesamtgesellschaft*], e não apenas o campo social singular, determinado, tangível, sucede então uma coisa totalmente diferente do que no caso do estabelecimento de uma mera hipótese. O motivo é simples: pertence à hipótese a premissa de que seu conteúdo

---

[197] Ver a p.136 da edição original, nota 146, p.260.

Introdução à dialética

principal possa ser comprovado por meio de um *experimentum crucis*, de que vocês poderiam transformar essa hipótese em uma espécie de dado científico. Esse não é o caso, creio eu, ao menos não nos exemplos mencionados acima; pois vocês não poderiam compreender a sociedade como um todo, ou também a ideologia predominante como tal, aquilo que paira como que no ar e que, então, conduz as pessoas a uma determinada decisão – uma postura frente os servidores, em relação a diretores, com respeito aos sucessos de rádio –, vocês não poderiam compreender isso da mesma maneira que os modos específicos e individuais de se portar diante desses fenômenos, modos que não apenas podem ser constatados, mas até mesmo medidos e quantificados. Em outras palavras, o que a teoria, o saber acerca da sociedade como um todo – ou seja, aquilo que se antecipa a essa investigação – permite em termos de abordagem nessa pesquisa consiste, na verdade, numa espécie de força que dispõe os resultados de tal investigação em movimento interno. Porém, não se trata aqui, por outro lado, de um dado [*Gegebenheit*], tal como os dados encontrados aqui e ali acerca dos temas de pesquisa, mas trata-se antes de constituir uma espécie de centro de força que, por seu turno, subtrai-se consideravelmente ao mecanismo unívoco de verificação e falseamento. Além disso, há que se dizer que o sentido de tal recurso às estruturas da sociedade, ou ainda às // ideologias da sociedade como um todo [*gesamtgesellschaftlich*], ou ao que quer que seja, não consiste em contrapor um conhecimento específico, tais como esses conhecimentos determinados que foram aqui criticados, a outros conhecimentos igualmente específicos; mas reside sim apenas em apreender a tendência, descrever a tendência sob a qual esses conhecimentos singulares podem ser compreendidos.

E tal procedimento, que, por sua vez, não é algo para ser aplicado imediatamente, procedimento cuja intenção não é a de ser aplicado por meio de constatações, de um categórico "muito bem, isto aqui é a sociedade como um todo", tal procedimento encontra seu sentido na compreensão desses fatos em seu próprio movimento – e isso entra em contradição com o conceito positivista da construção de hipóteses [*Hypothesenbildung*].

Vocês poderiam contestar da seguinte forma ao que acabei de dizer: "mas como você chegou então a operar, em geral, com tais conceitos, e qual é o caminho que, em seguida, legitima a lidar com eles, caso não se queira cair na mera arbitrariedade, numa espécie de conjectura completamente dubitável?" Creio ter efetivamente encontrado aqui, mais uma vez, a oportunidade de demonstrar, de maneira bem drástica e cabal, aquilo que designei, em termos filosóficos bem gerais, com o conceito de negatividade ou de contradição. O caminho que nos conduz a isso é duplo: primeiramente, tenho de trazer, em certo sentido, algo de fora. Creio que seja um componente essencial do pensar dialético sobretudo a ideia de que se trata de um pensar que sempre está tanto no seu objeto quanto fora dele; pois o movimento que nós percebemos no objeto pressupõe sempre já um saber daquilo que sucede fora dele e, portanto, do contexto no qual o objeto, ele próprio, encontra-se inserido. Se não tenho, por exemplo, a representação de que vivemos numa sociedade em que a relação entre o trabalhador e seu superior possui uma determinada estrutura e envolve um momento específico de perpétua opressão // que constitui, *a priori*, toda relação pessoal, então eu não consigo pensar que o superintendente seria, em certo sentido, a máscara do personagem de sua função. Por outro lado, o caminho que me conduz a pôr dialeticamente em movimento essas constatações consiste em observar que os dados singulares que possuo se revelam em si mesmos contraditórios ou em si mesmos problemáticos. Assim, para dar uma formulação simples e, por isso, rudimentar e insuficiente, posso dizer que predomina uma contradição entre as declarações dos entrevistados em Darmstadt – tais como "eu considero os funcionários todos como pessoas indolentes e como uma lenta burocracia, que não leva a sério nossas necessidades especificamente humanas" – e o fato de que as pessoas que dizem isso ou não tiveram experiência ruim com os funcionários, ou até mesmo não chegaram sequer a ter contato com eles. Essa contradição, com a qual nos deparamos, que está nos fatos propriamente ditos, coage-me então a ir além dos próprios dados e a evocar, no lugar deles, algo mais abrangente e mais geral. Vocês notaram que eu, neste exemplo, mas também em outros, falei da sociedade como um todo; mas notaram também que os elementos probatórios que lhes forneci a esse respeito não são abstratamente tão abrangentes quanto aquilo que de fato pertence ao conceito de "sociedade como um todo" [*Gesamtgesellschaft*]. Isso significa que fui a princípio impelido àquele ponto de vista de uma contradição imanente, no interior de camadas sociais determinadas, entre os servidores, de um lado, e os trabalhadores autônomos, do outro – uma contradição que encontra expressão, por sua vez, naquela contradição entre a experiência e a opinião. E seria um passo avançado e muito mais complicado, que iria além das ponderações mais incipientes que evoquei anteriormente, se por acaso, a partir dessa contradição, chegássemos em questões gerais // acerca da estrutura da sociedade como um todo. Ou ainda: o caminho adotado foi aquele que nos levou a ver, no interior de determinado ramo industrial, tais tensões de trabalho como decorrentes não das características das pessoas envolvidas, mas sim das relações objetivas de hierarquia e também das condições de produção específicas que, por sua vez, determinam essas mesmas relações de hierarquia. E tal caminho não é, de fato, nenhum outro senão aquele em que a contradição entre o juízo dos entrevistados sobre a alegada hostilidade, ou sobre o prazer em abusar da autoridade por parte dos superiores, e a constatação objetiva do papel dessas pessoas e do próprio processo de produção, levou-nos a relativizar aquele dado último com o qual nos deparamos nas entrevistas. Naturalmente, num sentido mais profundo, isso tudo é pré-filosófico e não dialético em um sentido radical, pois a dialética, em seu caminho, em seu progredir, realmente suspende [*aufhebt*] o conceito de facticidade, de constatações singulares e dados imediatos, conceitos de que lancei mão aqui. Entretanto, como não consideramos a dialética como uma estrutura heterônoma contraposta ao saber, mas sim como um saber elevado à consciência de si, então talvez tenha tido serventia mostrar a vocês como o trabalho numa área específica do conhecimento é induzido, por meio de sua própria dinâmica, a chegar na dialética – e assim, por meio dessa discussão, esclarecer a diferença entre a dialética e positivismo.

// 13ª Aula [08/07/1958]

Minhas senhoras e meus senhores,

Parece-me que não posso demonstrar de maneira mais apropriada as dificuldades específicas diante das quais o pensar dialético se encontra, bem como aquilo que caracterizei enquanto desafio colocado por ele – ainda mais depois de tê-lo desenvolvido tomando inicialmente em consideração alguns modelos do questionamento sobre o elemento primordial –, a não ser confrontando-o efetivamente com as regras clássicas do jogo que se encontram até hoje, em ampla medida, na base do modo de pensar científico. E tais regras são, sem dúvida, as quatro regras que se encontram no início do *Discours de la Méthode*, de Descartes. Vocês poderiam dizer que se trata aí essencialmente de uma filosofia racionalista. Contudo, eu não gostaria por ora de me aprofundar na questão sobre a alternativa entre racionalismo e empirismo, que se encontra também envolvida, ainda que implicitamente, na discussão sobre as regras cartesianas; gostaria antes de esclarecer as regras propostas por Descartes a respeito do espírito da metodologia científica enquanto tal, para a qual tais regras são cruciais – e peço a vocês no momento que creiam em mim quanto a isso – bem além da diferença entre escolas filosóficas rivais. Eu talvez possa dizer aqui que a diferença entre racionalismo e empirismo não possui, em geral, aquela feição [*Gestalt*] rígida na qual ela sói aparecer, por exemplo, nos exames oficiais de licenciatura. Se vocês se entregarem a uma leitura mais detida de Bacon[198] e Descartes, encontrarão trechos inteiros a respeito dos quais vocês não saberão ao certo se se trata de um ou de outro, justamente porque o espírito científico enquanto tal se evidencia de maneira muito mais enfática do que o espírito de escolas filosóficas específicas – e, no presente contexto, "espírito científico" significa realmente, em primeiro plano, "espírito metódico".

A célebre exigência cartesiana, indicada pela primeira de suas // regras, é aquela da *clara et distincta perceptio*, ou seja, do conhecimento claro e manifesto – ou, ainda melhor, distinto –, exigência em cuja formulação Descartes propõe que deva se referir a todos os possíveis objetos de conhecimento. Por conseguinte, esse pensamento em Descartes não faz diferenciação entre coisas sensíveis [*Sinnendingen*] e representações conceituais [*Ideenvorstellungen*], ou o elemento espiritual em geral, de maneira que a exigência se relaciona antes, demonstrando assim um alcance extraordinário, ao saber objetivo enquanto tal. Eu procedo agora simplesmente à leitura dessa formulação, tal como aparece em seu texto. Tais regras, ele sustenta, remontariam a uma decisão que ele diz ter tomado a certa altura de sua vida:

---

198 Acerca dos escritos de Francis Bacon, ver a segunda e terceira notas à 15ª aula.

Introdução à dialética

E, como a multidão de leis fornece amiúde escusas aos vícios, de modo que um Estado é bem melhor dirigido quando, tendo embora muito poucas, são estritamente cumpridas; assim, em vez desse grande número de preceitos de que se compõe a Lógica, julguei que me bastariam os quatro seguintes, desde que tomasse a firme e constante resolução de não deixar uma só vez de observá-los.[199]

Eu gostaria, a respeito dessas palavras, de chamar-lhes imediatamente a atenção para o papel que a resolução, o ato de vontade – dir-se-á, na linguagem da filosofia posterior a Descartes: a posição [*Setzung*] subjetiva – desempenha nisso tudo. No cômpito geral, importa nessas regras sobretudo que se proceda de forma consequente no espírito de dominação da natureza, e que se empreguem os meios do espírito de maneira consistente, em consonância consigo mesmos, e não propriamente que o pensar precise, por outro lado, ajustar-se à sua coisa [*Sache*], ao seu objeto. A propósito, nisso me parece residir propriamente o característico do racionalismo – e, na verdade, com muito mais intensidade do que na habitual e corriqueira diferença entre conhecimento racional e sensível, como se pensa. Vocês já poderão ver que a ideia aqui consis-

---

199 Adorno lê aqui manifestamente a partir de seu próprio exemplar. (Biblioteca do Espólio de Adorno 98): René Descartes, *Philosophische Werke*, Bd.I: *Abhandlung über die Methode und andere Schriften*. Traduzido, anotado e editado por Artur Buchenau, Leipzig, 1922, p.14ss. A transcrição do áudio fornece como última palavra da citação "danificar" (*verletzen*) em vez de "faltar" (*verfehlen*). O editor informa ter feito a correção a partir do original. [Ed. bras.: Descartes, *Discurso do Método para bem conduzir a própria razão e procurar a verdade nas ciências*. Trad. Jacob Guinsburg e Bento Prado Jr.. Notas de Gérard Lebrun. Coleção "Os Pensadores". São Paulo: Abril Cultural, 1983].

te em que um método seja determinado essencialmente pela vontade de empreender, de maneira consequente, um ordenamento das coisas a partir do espírito; e que, em contrapartida, o pensamento da passividade, digamos, do aconchegar-se à coisa, do "seguir a coisa mesma", recue de uma maneira inusitada. Ademais, caso me seja permitida uma antecipação a esta altura, // então se poderia dizer que a dialética seria propriamente a tentativa – e, na verdade, de uma maneira totalmente condizente com o racionalismo e a tradição racionalista – de desencadear a força do pensar consequente, mas de tal modo que essa força deva estar também orientada pela diretriz de se dimensionar pela essência [*Wesen*] dos objetos com os quais o conhecimento propriamente se relaciona. É assim que poderia ser formulada a diferença aqui crucial.

"O primeiro preceito" a que ele se propôs "era o de jamais acolher alguma coisa como verdadeira que eu não conhecesse evidentemente [*évidemment*] como tal; isto é, de evitar cuidadosamente a precipitação e a prevenção, e de nada incluir em meus juízos [*Vorurteile*][200] que não se apresentasse tão clara e tão distintamente a meu espírito, que eu não tivesse nenhuma ocasião de pô-lo em dúvida."[201] Eu creio que, se fôssemos aqui nos acercar do que em geral se exige nas ciências respectivamente praticadas por vocês, não apareceria nada tão diverso a esse respeito, e está muito longe de minha intenção querer diminuir os motivos grandiosos que se encontram implicados nesse princípio cartesiano, a saber: motivos que se opõem ao

---

200 Na versão alemã usada por Adorno, trata-se aqui da palavra "prejulgamento" (*Vorurteil*), discutida em seguida por ele. (N. T.)
201 Descartes, *Abhandlung über die Methode*, p.15. A expressão francesa "*évidemment*" foi acrescentada na edição alemã pelo tradutor.

Introdução à dialética

acolhimento meramente dogmático de algo que eu mesmo, enquanto um ser humano autônomo e pensante, não tenha reconhecido. Por conseguinte, se é dito que devo me desvencilhar de quaisquer prejulgamentos, então se pretende com isso naturalmente uma orientação contrária a toda e qualquer tutela por parte da teologia na elaboração do conhecimento, evitando o apoio em proposições estabelecidas dogmaticamente, sem que tais proposições tenham sido antes submetidas à reflexão racional. A expressão "precipitação" [*Überstürzung*], que se note de passagem, faz também menção a uma circunstância bastante característica dessa forma de pensar. "Eu devo pensar sem precipitação", ou seja, eu devo, em certo sentido, permitir-me tempo para pensar – uma intuição eminentemente burguesa que encontrou, aliás, sua expressão depurada na sentença de Keller segundo a qual, de um modo ou de outro, "a verdade não se esquivará de nós".[202] A propósito, também isto

---

[202] É de se supor que Adorno aqui não cite diretamente Gottfried Keller, mas esteja antes pensando numa citação que Walter Benjamin inseriu na quinta de suas teses sobre a filosofia da história. "A verdadeira imagem do passado perpassa, veloz. O passado só se deixa fixar, como imagem que relampeja irreversivelmente, no momento em que é reconhecido. "A verdade nunca nos escapará" – essa frase de Gottfried Keller caracteriza o ponto exato em que o historicismo se separa do materialismo histórico. Pois irrecuperável é cada imagem do presente que se dirige ao presente, sem que esse presente se sinta visado por ela." (Benjamin, *Gesammelte Schriften*. Bd.I.2, ed. Rolf Tiedemann e Hermann Schweppenhäuser, p.695). [Ed. bras.: Benjamin, *Teses sobre o conceito de história*. Trad. Sérgio Paulo Rouanet. In: Walter Benjamin, *Obras escolhidas*, v.1. Magia e técnica, arte e política. Ensaios sobre literatura e história da cultura. Prefácio de Jeanne Marie Gagnebin. São Paulo: Brasiliense, 1987]. Essa suposta citação de Keller, a qual se tornou entrementes documento sacramentado na pesquisa sobre Benjamin – e foi, posteriormente, bem além disso –, não se deixou

eu gostaria de lhes antecipar aqui: esconde-se aí muita coisa, mas muito mais do que se depreende apenas dessas palavras

---

comprovar nos próprios escritos de Gottfried Keller. É completamente possível que Walter Benjamin tenha aqui citado de memória e que, ao fazer isso, tenha caído vítima de uma confusão. A procurada sentença se encontra literalmente – algo que para o editor não pode ser considerado algo fortuito – na tradução para o alemão, feita por Röhl, do romance de Dostoievski *Culpa e expiação* (hoje em dia, *Crime e castigo*), de 1913, o qual Benjamin leu em 1934, em Dragör/Skovsbostrand, ao mesmo tempo que lia o "Poema do Sentido", de Gottfried Keller. (Benjamin, *Verzeichnis der gelesenen Schriften*; in: Benjamin, *Gesammelte Schriften*. Bd.7.1, editado por Rolf Tiedemann e Hermann Schweppenhäuser, com a colaboração de Christoph Gödde, Henri Lonitz e Gary Samith (1989), p.468). (Bd.I.2, editado por Rolf Tiedemann e Hermann Schweppenhäuser, p.695). No primeiro capítulo da terceira parte, Razumíkhin, fortemente embriagado e exaltado, defende a individualidade pessoal em conexão com o humano privilégio de falar coisas sem sentido (*Unsinn*) [ou "mentiras", tal como vertido pelo tradutor em português do texto original do romance russo, N. T.], e o faz com as seguintes palavras: "E o que a senhora acha? – gritou Razumíkhin, levantando ainda mais a voz. – A senhora acha que estou a favor de que eles mintam? Absurdo! Eu gosto quando mentem! A mentira é o único privilégio humano perante todos os organismos. Quem mente chega à verdade! Minto, por isso sou um ser humano. Nunca se chegou a nenhuma verdade sem antes haver mentido de antemão quatorze, e talvez até 114 vezes, e isso é uma espécie de honra; mas nós não somos capazes nem de mentir com inteligência! Mente para mim, mas mente a teu modo, e então eu te dou um beijo. Mentir a seu modo é quase melhor do que falar a verdade à moda alheia; no primeiro caso és um ser humano, no segundo, não passas de um pássaro! A verdade não foge e a vida a gente pode segurar com pregos; exemplos houve." (Dostojewski, *Schuld und Sühne*, traduzido por H. Röhl, Leipzig (1913), p.307). [Ed. bras.: Dostoiévski, *Crime e castigo. Romance em seis partes com epílogo*. Tradução, prefácio e notas: Paulo Bezerra. São Paulo: Editora 34, 2001].

aparentemente inofensivas, já que no fundo se estabelece por meio delas que a verdade // e o tempo nada têm a ver um com o outro. "Eu devo pensar sem precipitação". Isto significa o seguinte: devo pensar imperturbadamente por um certo tempo, até que o núcleo atemporal da verdade venha a se me tornar disponível. E nem mesmo se pressente aí o pensamento de que a verdade, enquanto tal, possa ter algo a ver com o tempo, com o ritmo. Pois também é exigido de mim um ritmo – quem está pensando sabe que os pensamentos de fato têm um ritmo e que um determinado modo de desdobramento do pensamento, por assim dizer, dificilmente se compatibiliza com a intensidade do pensar. Tampouco se ousaria aqui considerar que possa pertencer ao próprio pensamento, essencial e constitutivamente, o fato de não poder permitir-se tempo algum, de que ele não tenha como deixar de ser precipitado, pois, segundo aquela posição, o pensamento poderia tanto ocorrer agora mesmo quanto, como certa vez alguém formulou, apenas daqui a 100 anos.[203]

Estou dizendo tais coisas apenas para assinalar que, em filósofos grandiosos como Descartes – e isto vale naturalmente também para Hegel – encontram-se frequentemente formulações que, embora pareçam óbvias, podendo passar despercebidas na leitura, encerram, todavia, uma incomensurável gama de detalhes, caso as compreendamos em sua diferença específica, isto é, caso sejamos capazes de perceber nelas a significância que possuem, de modo preciso, no interior do pensamento em questão, algo que lhes confere uma força completamente inaudita, uma intenção diferente em comparação com aquela

---

203 A citação não pôde ser rastreada.

que pareciam ter quando lidas de maneira mais linear, sem ligação com o cerne do pensar ao qual justamente estão referidas. Quando se trata do estudo da própria filosofia, e tal é também o caso da dialética – de acordo, aliás, com a forma genérica pela qual tentei caracterizá-la anteriormente –, vocês apenas poderão apreender os momentos singulares se compreenderem o todo. Portanto, somente poderão entender, num sentido mais profundo, algo como essa regra cartesiana, se compreenderem o *pathos*, se já tiverem conhecimento acerca da peculiar e polêmica postura adotada como um todo pela filosofia cartesiana. Se lermos tais proposições de maneira trivial, sem levar em conta suas pressuposições a fim de simplesmente captá-las de forma direta, não se poderá, // na verdade, realmente entendê-las. Não há de fato na filosofia – e estou quase tentado a dizer que não há em geral – algo como um conhecimento destituído de pressuposições [*voraussetzungslos*]. Na verdade, eu não posso deixar de adverti-los de que, por conta disso, nós já não estamos cumprindo aquela exigência cartesiana que acabei de ler, pois naturalmente já há algo nela de prejulgamento. O bom Descartes teria ficado exasperado caso tivesse percebido o que estou lhes exigindo, a fim de extrair uma interpretação acerca dele; e teria dito preferir antes ser compreendido pura e simplesmente na ordem de seus pensamentos, no modo como ele apresenta tais pensamentos, e que se trataria de um prejulgamento se qualquer ingerência fosse feita em tal modo de apresentação. Porém, formulações tais como "sem precipitação" e "sem prejulgamento" só podem ser compreendidas filosoficamente, se vocês tiverem, em certo sentido, o pensamento de Descartes já presente como um todo. E eu diria que, no geral, a arte da compreensão filosófica, e também da leitura filosófica, consiste em que vocês não simplesmente leiam aquilo que se encontra escrito no próprio texto – isso vocês têm, claro, naturalmente de fazer –, mas também que leiam tais coisas em seu peso específico. Assim, por exemplo, se estiverem lendo, digamos, o início da *Ética* de Spinoza,[204] com aquelas suas definições – e isso a partir da convicção que ele, também como os outros racionalistas, quer provocar, segundo a qual vocês necessitariam apenas compreender essas definições para, a partir daí, num processo dedutivo, desdobrar para si próprios a "Ética" como um todo; então provavelmente, se forem sinceros consigo mesmos, vão se deparar com o fato de que tais definições – como as de substância, modo, atributo – aparecerão como consideravelmente arbitrárias, e que no fundo vocês não saberiam, de forma precisa, dizer do que se trata. No entanto, vocês podem também, em contrapartida, referir de antemão essa definição de substância, que está logo no início do texto, ao fato de que Espinosa se encontrava numa situação teórica na qual a doutrina da dupla substancialidade em Descartes havia suscitado inúmeros contratempos, isto é, numa situação em que se lhe tornara impossível supor que ambas as substâncias pudessem enquanto tais interagir entre si. Em outras palavras, // se tiverem em vista que aí se tratava propriamente da tentativa de considerar novamente como unificado, por meio da força da *ratio*, o mundo que havia sido dividido, pela própria reflexão, em interior e exterior, então, por meio de tal compreensão do problema, aquelas determinações [conceituais], que vocês encontram bem ao início da obra, poderão adquirir uma significação totalmente distinta.

---

204 Baruch de Espinoza, *Werke*, em latim e alemão, editado por Von Konrad Blumenstock, Darmstadt 1967. [Ed. bras.: Espinoza, *Ética*. op. cit.].

Porém, gostaria de acrescentar à definição cartesiana ainda o seguinte: que sob a designação "conhecimento claro" se entende que o próprio objeto possa lhes estar dado de modo completamente evidente – ou *"évidemment"*, diz-se também. Em outras palavras: o estado-de-coisas [*Sachverhalt*], acerca do qual vocês formulam um juízo que possa ser verdadeiro, deve estar imediatamente diante dos olhos, sem que tenham de confiar noutra coisa senão naquilo que se lhes oferece nesta pura evidência; enquanto que aquilo que convém traduzir como "distinto" [*deutlich*], o caráter distinto [*Distinktheit*] do conhecimento, refere-se à diferenciabilidade [*Unterschiedenheit*] do objeto, que vocês têm diante de si, na relação dele com qualquer outro objeto. Antes lhes mostrei enfaticamente que o pensar dialético estaria em contradição com qualquer pensamento que considera algo enquanto elemento absolutamente primordial. Esta posição concretiza-se sob o aspecto epistemológico nesta exigência, aparentemente tão autoevidente, que nós também adotamos, contínua e ingenuamente, em nossos próprios procedimentos cognitivos, ao menos enquanto ainda não tivermos sido, digamos, inoculados com a filosofia. Pois aqui nos referimos a algo que me deve estar absolutamente claro e, portanto, deve ser absolutamente distinto em sua, por assim dizer, autodadidade [*Selbsgegebenheit*] e que tenha, por conseguinte, de ser dado, de maneira intelectual ou sensível, com uma diferença absoluta em relação a tudo o mais. Com efeito, isso não é outra coisa senão o absolutamente último, aquilo além do qual não se pode recorrer, porquanto sua evidência – e este é em geral o sentido do conceito de evidência – consiste precisamente em não exigir um recurso semelhante. Pois um recurso semelhante teria, por sua vez, de se dirigir a outras evidências.

Como não há outro critério para a verdade, vocês teriam já alcançado, em certo sentido, ou pelo menos assim diz a lógica tradicional, o fundamento absoluto, além do qual simplesmente não se pode ir.[205] //

A dialética põe em questão essa proposição. Porém, ela a questiona – e isto é, mais uma vez, muito característico do pensar dialético – não de maneira a exigir, como vocês poderiam maliciosamente achar, que se deva pensar, em vez de *clare et distincte*, de maneira obscura e confusa. Eu não quero negar que haja praticantes da dialética cujo pensamento algumas vezes resulte assim, mas vocês podem acreditar em mim quanto a isto: a tarefa da lógica dialética não deveria provocar e promover tal modo [obscuro e confuso] de pensar. Ao contrário, poderíamos expressar esse ponto dizendo a princípio que, ao tomar tal exigência cartesiana de maneira excepcionalmente séria, seguindo-a então de modo extraordinariamente rigoroso, alcança-se a consciência de que ela própria não possui o caráter absolutamente vinculante que atribui a si mesma. Este seria, de fato, o itinerário a ser trilhado pela dialética. O conhecimento dialético de um objeto se diferenciaria do conhecimento em sentido mais primitivo pelo fato de que – tal como acontece de as pessoas falarem, dentre as quais eu de bom grado me incluo – nos posicionamos bem rente ao objeto, de que fitamos o objeto tão demoradamente – gostaria eu quase de dizer – até mostrar que aquela univocidade absoluta, em que se fiou Descartes, não é de maneira nenhuma algo dado. Assim, ao buscar apoio numa

---

[205] Não se deixa perceber se, por causa da troca de fitas de gravação, à qual a transcrição do áudio aqui faz referência, não teria havido a esta altura uma lacuna.

certeza puramente sensível, acessível à consciência – uma certeza de que todo conhecimento ulterior dependeria e a partir da qual, em seguida, pretendessem construir o mundo das coisas [*Dingwelt*] –, vocês talvez percebam então que essa mesma dadidade, segundo seu significado peculiar, seu caráter mais próprio, exige em sua base algo como órgãos do sentido. Por exemplo, vocês não podem, de maneira nenhuma, representar o conceito de percepção óptica – postulado pela tradicional teoria do conhecimento como o imediatamente dado, ou seja, uma figura [*Gestalt*] do que é imediatamente dado – de maneira desvinculada da constituição orgânica do olho e de tudo o que se conecta com isso. Não poderão representar nada de visual sem que pertença ao caráter deste visual uma espécie de saber imediato, sua relação ao olho e, com isso, ao corpo, a órgãos. Por outro lado, // vocês devem, como sustenta a teoria do conhecimento, determinar primeiramente o corpo como sendo um complexo funcional, uma condição que articula de modo regular toda e qualquer percepção sensorial possível. Portanto, como consequência disso tudo, vocês descobrirão que, se de fato se ativerem aqui puramente aos dados [*Gegebenheit*] sensíveis enquanto fonte última de legitimidade, eles já estão mediados justamente por aquilo que deveriam tornar primeiramente acessível. E, de maneira inversa, vocês também não poderão, naturalmente, falar de órgãos sensoriais sem levar em conta este momento da dadidade sensível primária. Por conseguinte, os momentos dos quais se trata aqui estão já, até mesmo neste exemplo trivial, não numa relação entre elementos primário e secundário, mas, isto sim, numa relação em que tais elementos se condicionam reciprocamente. Com isso, declarar a verdade acerca do conhecimento sensível não seria, então, sustentar algo como "conhecimento sensível é conhecimento por meio da visão", tampouco declarar, por exemplo, que "conhecimento sensível é primordialmente sensação de cor". Ao contrário, pertence precisamente à verdade – e a verdade consiste nisso – que seja enunciado o entrelaçamento, a interação dessas relações. No instante em que vocês tiverem se alçado a essa posição, irão constatar que a exigência da *clara et distincta perceptio*, caso seja seguida estritamente, dissolve-se a si mesma em virtude de sua própria observância.

Eu tinha falado na última aula, por ocasião da delimitação ante o positivismo, que a dialética contém dentro de si mesma um elemento positivista, a saber, o elemento do micrológico, portanto, um momento do imergir naquilo que há de mais ínfimo. Vocês podem aqui perceber talvez, no modelo que há pouco lhes apresentei, aquilo que propriamente pretendo dizer com essa expressão. Ou seja, ao nos perdermos nos dados singulares, ao permanecermos obstinadamente diante deles até que eles próprios venham a se apresentar inteiramente à nossa visada, cessarão por meio disso justamente de ser algo estático, de ser algo, por assim dizer, em última instância dado, desvelando-se, enquanto tais, como algo dinâmico, como um processo, como um devir – tal como tentei lhes apresentar há pouco no exemplo da produtividade [*Produziertheit*] recíproca // entre o órgão sensorial e o dado sensível. Há um momento dogmático presente em Descartes, com o qual vocês hão de se deparar por meio desta nossa reflexão, e creio que a crítica às regras propostas por ele – uma crítica que, todavia, somente pode ser empreendida por meio da persecução dessas regras – consista efetivamente nisto. Como eu dizia, jaz na base da representação cartesiana, por mais que esta se nos afigure tão autoevidente, algo dogmático: que os objetos de nosso conhecimento, ou até a própria verdade, tenham em si a configuração que lhes atribuímos por meio do método e, por conseguinte, através da exigência de que nós devamos conhecer tudo clara e distintamente. A regra de que para nós somente seja verdadeiro aquilo que conhecemos clara e distintamente é necessária, a fim de preservar nosso conhecimento ante o engano e a confusão. Porém, tal regra não tem, enquanto tal – e isto, aliás, em contraste com aquilo que continuou sendo pressuposto entre filósofos que se seguirão a Descartes –, nenhum significado ontológico, isto é, não se diz com ela absolutamente nada acerca de que a coisa, ela mesma, tal como nós a conhecemos, seja *clara et distincta*, de que ela seja algo em si mesmo unívoco e diferenciado de tudo mais. Tão logo vocês tenham destacado esse momento segundo o qual o objeto, considerado apropriadamente, abriga dentro de si mesmo o movimento – um momento segundo o qual o rígido começa a se movimentar, como acontece com as coisas sob o microscópio –, então se seguirá disso que a diferenciação dos objetos que se sucedem nessa observação, tal como é exigida pelo postulado da distinguibilidade [*Deutlichkeit*], também não será tão simples como se apresenta de acordo com o pensamento tradicional. Ao contrário: quando o próprio objeto se exibe, sob a visada do conhecimento, como objeto em movimento, como objeto funcional, reside aí já que ele não seja igual a si mesmo, mas que ele seja sempre, ao mesmo tempo, ainda um outro, sempre já a relação com o outro. Ele será diferente dos outros, mas, ainda assim, não absolutamente diferente. O erro que se esconde na regra cartesiana consiste em que ela lida // tacitamente com o ordenamento dos conceitos exigido pela lógica extensional [*Umfangslogik*] – os conceitos classificatórios, a partir dos quais sustentamos que isto é isso, e isto é aquilo, e isto eu tenho de fixar assim, aquilo eu tenho de fixar de outro modo – como se se tratasse aqui propriamente do ordenamento a ser necessariamente trilhado pelo conhecimento como tal. Assim, embora de fato incorrêssemos, sem o método, em confusão e desorientação, temos, por outro lado, de levar essa postura metódica tão longe quanto possível, a ponto de nos aproximar ao máximo do próprio objeto, e a fim de que o pensar faça jus à coisa, em vez de fazer jus meramente a um ordenamento que se satisfaz consigo mesmo. Pode-se efetivamente dizer que a dialética é sobretudo o procedimento que nos faz desconfiar disso, ou que deve nos precaver contra o engano de considerar o ordenamento que lançamos sobre a coisa, com a finalidade de obter paz de espírito, como se fosse a constituição da própria coisa – um procedimento que nos orienta a confrontar tal ordenamento tão longa e insistentemente com o objeto mesmo até que cheguemos a um modo de conhecimento no qual as formas subjetivas do nosso conhecer possam, por seu turno, entrar propriamente em consonância com a essência da coisa mesma.

Vocês me perguntarão a esta altura: "como então se deve pensar?" Creio que não estejam esperando de mim que eu lhes apresente agora uma espécie de versão anticartesiana do *Discours de la Méthode* e lhes diga qual feitio teria de assumir o pensar correto. De fato, tal iniciativa ainda se colocaria – e creio que o motivo para isso esteja claro a esta altura, sem necessidade de explicações adicionais – sob o signo daquela superstição em torno da unicidade de um método benfazejo e redentor, superstição da qual estamos procurando propriamente nos desvencilhar, por meio das reflexões que empreendemos até agora. Entretanto, não nos encontramos totalmente indefesos ante as objeções erguidas contra um pensar que, como o nosso, não se submete a máximas preconizadas por rígidos esquemas de ordenamento. Pois há, sim, também entre nós, exigências no que se refere à unidade da experiência teórica. E o caminho que conduz ao conhecimento não é aquele das ocorrências meramente arbitrárias, nem tampouco o caminho que passa pelo ordenamento abstratamente unissonante dos momentos singulares, // mas justamente aquele da unidade envolvida na formação da teoria. Pode-se, talvez, elucidar adequadamente esse ponto ao dizer que o próprio pensar não consiste numa *tabula rasa* e, portanto, não se trata de algo inteiramente vazio e indeterminado que se aproxima da coisa. O pensar não é afinal, tal como se esforçam em dizer, algo "puro". Justamente por conta dessa alegada pureza, o pensar se torna, na verdade, primeiramente corrompido, porque aí se reivindica um método que deva ser inteiramente independente de sua coisa, tornando-se um instrumento em que teriam sido eliminados, por assim dizer, os momentos devidos ao próprio objeto [*sachliche*]. Pelo contrário, o próprio pensar não é realmente – já que de fato pensamos enquanto seres humanos vivos, ou seja, de maneira concreta – algo isolado, mas sim algo entrelaçado com o processo integral de nossa experiência. Caso me seja permitido fornecer aqui uma instrução geral, mais positiva, de como se teria de pensar, eu diria que o pensar efetivamente compreensivo [*begreifend*] seria, em contraste com o pensar meramente ordenador e classificador, aquele que se dimensiona pela experiência viva que nós mesmos realizamos a partir dos objetos. Por conseguinte, trata-se de um pensar que tem, obviamente, de reter o momento do ordenamento conceitual – pois sem conceitos não posso realmente pensar –, mas que confronta continuamente tal momento do ordenar conceitual com a experiência viva que efetivamente empreendo. Assim, tendo como base a tensão entre esses dois momentos – entre o ordenamento conceitual e a experiência ainda pré-conceitual, a partir da qual se originam, na verdade, sempre também os próprios conceitos –, num processo de contínua reflexão sobre a coisa, o próprio pensamento é conduzido, ao fim e ao cabo, para além daquele mero ocupar-se exterior às coisas.

Era isso que se haveria de contrapor ao primeiro postulado cartesiano. Quanto ao segundo postulado, algumas das coisas discutidas até aqui podem nos ajudar. A segunda regra era "dividir cada uma das dificuldades que eu examinasse em tantas parcelas quantas possíveis // e quantas necessárias fossem para melhor resolvê-las."[206] Eu gostaria, primeiramente, de mencionar aqui aquela experiência cotidiana de que, na verdade, o caminho para a resolução de dificuldades nem sempre consiste em que se faça reconduzir o mais difícil ao que parece mais simples. Reside aqui certamente, no fundamento dessa ideia, algo daquele ódio contra o diferenciado, contra o demasiado complexo – ódio que, de maneira espantosa, tem acompanhado, como uma sombra, o subjetivismo e o racionalismo ocidentais. Considera-se que, quanto mais racional o mundo se torna, tanto menos eu deveria, digamos assim, ter de pensar a respeito dele – o que pretendo ao dizer isso é que, segundo essa suposição, teríamos apenas de converter tudo em elementos inteiramente simples, completamente irrefletidos, totalmente não conceituais. Contudo, tal suposição esquece completamente que, se efetivamente apenas o mais simples e elementar rema-

---

206 Descartes, *Abhandlung über die Methode*, p.215. [Ed. bras.: p.13].

nesce, o próprio objeto, cuja complexidade eu desejo entender, já terá me escapulido das mãos. Por conseguinte, nesse caso, já terei efetivamente falhado em encontrar o objeto, e não terá me restado outra coisa senão as trivialidades nas quais eu decompus a coisa em questão; ao passo que aquilo que propriamente me estimula em geral como objeto do conhecimento, aquilo em cuja direção meu conhecimento tenciona realmente ir, aquilo que constitui como que o sal no objeto, já teria sido dessa maneira eliminado e não estaria mais disponível. É por si mesmo evidente que tampouco posso ter êxito [no conhecimento] sem recorrer à análise elementar. Eu já lhes falei da dialética do todo e da parte, e vimos que, sobretudo quando me deparo com o todo meramente enquanto imediatez, sem que ele se mostre já articulado, não posso me dar por satisfeito. Aquilo que tentei descrever há pouco com o conceito de "pensar micrológico" [*micrologisch*] e, portanto, com a insistência em demorar-se diante de um objeto dado, significa, de certo modo, que a totalidade [*Ganzheit*], aquela que um objeto do conhecimento me presentifica, seja decomposta[207] em elementos; e o movimento, em meio ao qual aquilo que é dado de maneira pretensamente clara e distinta se encontra para mim decomposto, não será, propriamente falando, outra coisa senão este mesmo todo, exibindo-se agora como composto de partes. // No entanto, não se trata mais, neste caso, de mera soma de partes, às quais se poderia reduzi-lo, mas antes – e isto é o ponto decisivo – essas mesmas partes formarão uma relação [*Verhältnis*] recíproca: elas

---

207 Consta no texto a palavra "decomposta" (*aufgelöst*). Os editores indicam que foi corrigida, por suposição, a palavra "desencadeada" (*ausgelöst*).

se encontrarão numa relação [*Beziehung*] mútua e dinâmica, ao passo que, com a mera indicação destas partes o todo estaria, na verdade, tão pouco apreendido quanto seria o caso se tivéssemos, inversamente, permanecido atrelados à perspectiva de um simples todo, digamos assim, procedendo de maneira indiferenciada, sem decompô-lo em seus momentos singulares.

Vocês já terão evidentemente percebido a esta altura que a transposição de ideais específicos das ciências naturais para a filosofia é, portanto, problemática, porque a filosofia supostamente teria ficado – eu gostaria aqui de dizer isto com cautela – atrasada em comparação com aquelas ciências. Quanto a isso, eu gostaria de discutir um pouco a questão das dificuldades envolvidas na compreensão mútua entre o pensar específico às ciências naturais e o pensar filosófico – os quais, desde Hegel, parecem se encontrar separados por uma distância intransponível. Tais dificuldades têm a ver com o fato de que a reflexão filosófica que as ciências naturais empreendem acerca de si mesmas não é condizente com aquilo que elas próprias fazem. Estou querendo dizer que desde Hegel as ciências naturais não encontraram uma forma de refletir sobre si mesmas, e a filosofia da natureza, por sua vez – ao menos aquilo que agora chamamos de filosofia da natureza –, não é outra coisa senão a indicação abstrata de regras e modos de procedimento segundo os quais se pensa no âmbito das ciências naturais; na verdade, importaria precisamente compreender esse procedimento em seu sentido mais íntimo, perscrutando-o obstinadamente. Um preceito como a regra cartesiana da análise elementar provém, naturalmente, do âmbito das ciências naturais matemáticas, isto é, trata-se de uma regra que se relaciona essencialmente ao assim chamado tratamento matemático das secções cônicas, o qual procura conduzir este tipo específico de curvas, por seu turno, a equações e, ao fim e ao cabo, reduzi-las às suas partes elementares. Porém, se minha visão panorâmica acerca das ciências da natureza estiver correta, então eu diria que elas não estão tão convencidas assim, ao menos do ponto de vista ontológico, // de que tudo aquilo que seja complicado e complexo tenha em si de se deixar reconduzir a elementos simples; antes, as próprias ciências naturais consideram esse processo de análise elementar – a que se veem, em determinados casos, espontaneamente direcionadas – realmente apenas como um modelo. E isso significa, portanto, que o consideram apenas como uma tentativa para lidarem de modo seguro com seu objeto específico, por meio de categorias de ordenamento fornecidas pela consciência, sem por isso pretenderem que este simples e este elementar sejam idênticos à essência da coisa mesma. Em contrapartida, os filósofos, que reconhecidamente sempre tiveram a ver com a essência das coisas, apresentam-na como se esses conceitos ordenadores [*Ordnungsbegriffe*], dos quais as ciências da natureza necessariamente se servem, já fossem uma ordem propriamente dita das coisas, isto é, como se o todo fosse simplesmente composto pelas partes; enquanto que, na verdade, o todo e as partes se produzem reciprocamente, da maneira como tentei lhes apresentar.

Eu não venho fazendo outra coisa a não ser tentar mostrar que as ponderações relativamente multifacetadas acerca da relação entre todo e parte, as quais empreendemos no contexto da lógica dialética, não são simplesmente especulações filosóficas, mas trazem antes, de fato, consequências para o método de conhecimento efetivo. Refiro-me ao fato de que uma exigência como essa, a de uma autoevidência da redução em partes, não possui aquela validade universal, aquele caráter absolutamente normativo atribuído, por exemplo, pela filosofia cartesiana. Ao contrário, para a compreensão dessas partes deve-se considerar necessariamente sua relação dinâmica, seu "relacionarem-se umas às outras". Isso me dá a oportunidade de lembrar ainda de outro momento da dialética, que talvez tenha figurado apenas implicitamente até agora, mas que pode lhes dar uma representação melhor acerca do que deve significar a inflexão proposta pelo pensar dialético – não como uma espécie de sistema filosófico abstrato, mas no bojo mesmo do // conhecimento vivo. A dialética, eu diria a este propósito, tem a característica de não reconhecer propriamente a separação entre a filosofia e as ciências particulares. Na postura defensiva que a filosofia manteve em função do desenvolvimento científico nos últimos séculos, estaria a crença de se afirmar como âmbito independente das ciências, estando além delas. Por conta disso, a filosofia foi em si mesma depauperada, como se verifica ainda hoje – aliás, de uma maneira tão enfática no caso da metafísica do ser que se rebaixou, por fim, a uma mera tautologia. É também uma espécie de impotência da filosofia perante o conhecimento, e que vale a pena superar caso deva ainda a filosofia entrar em cena seriamente, com outra pretensão que não seja aquela de uma simples metafísica "dominical" ou de um simples sistema de ordenação. Se a filosofia efetivamente merece este nome, então os próprios motivos filosóficos devem penetrar no conhecimento material das coisas, em vez de tal conhecimento material ficar delegado apenas às ciências particulares – mesmo que sejam tão somente as ciências formais. Se faço uma crítica à ideia de definição em filosofia, então isso não quer dizer que estou convencido, como filósofo, apenas entre as aulas das quatro e cinco da tarde, de que existe algo problemático com a questão da definição, e que, então, quando chegar a um seminário de direito, simplesmente recorra sem mais a definições – por exemplo, do conceito de "circunstância" [*Tatbestand*], ou de quaisquer outros que lá sejam empregados. Ao contrário: tem de estar sempre presente a exigência de que os conhecimentos acerca da relação entre pensar e coisa, ou acerca da problemática da definição – em suma, de que todos esses temas – também sejam integrados aos procedimentos cognitivos das ciências particulares. Por conseguinte, isto significa que a filosofia, a dialética, caso ela deva ter um sentido, não é para permanecer inofensiva. // Ela não deve ser uma mera filosofia, que insiste tão somente na ocupação consigo mesma; antes, a reflexão a que se expõe a assim chamada consciência natural, melhor dizendo, também a consciência convencional e não natural, reflexão que a filosofia consuma, exige em si mesma também que nós nos repensemos, num sentido fundacional, quanto à nossa postura em relação aos conhecimentos provenientes das ciências particulares. Exige-se, portanto, que os conhecimentos adquiridos pela reflexão filosófica também interfiram no conhecimento específico que uma pessoa tem enquanto reflete sobre seu próprio trabalho [científico]. E eu diria que esse movimento, esse movimento crítico, é o que caracteriza propriamente aquilo que, do ponto de vista do cientista individual, a rigor se deve aprender com a dialética – aquilo que propriamente importa.

// 14ª Aula [10/07/1958]

Minhas senhoras e meus senhores,

No último encontro, nós havíamos nos ocupado com a crítica dialética ao princípio da análise de um objeto em elementos. É óbvio que eu não pretendia sustentar que não devamos empreender a decomposição de um objeto por análise. Penso muito mais que ela tenha, de algum modo, de ser sempre perseguida, pois qualquer tipo de determinação do que nos é dado implica simultaneamente uma delimitação e, nessa medida, isso já envolve, sim, necessariamente ressaltar os momentos delimitados; a simples indicação da totalidade abstrata não só é insuficiente, mas não é sequer possível, a princípio, sem essas mesmas delimitações. Se eu tivesse que aplicar o modo dialético de pensar aqui, então poderia até dizer que mesmo a tentativa de se apoderar de um todo – digamos, ao lhe conferir de algum modo um nome –, encerra já um momento analítico, na medida em que, ao fazer isso, não nos detemos no ponto de vista da mera totalidade, mas sim já a referimos a determinações conceituais, as quais não podem ser necessariamente – em todo caso, não imediatamente – idênticas ao todo, pois enfatizam somente alguns momentos nele. Dito isso, creio que possa agora conduzi-los, talvez até mesmo de uma maneira mais apropriada, à compreensão do que eu pretendia realmente dizer com a crítica à análise elementar. Trata-se de uma crítica ao fetichismo do elemento último. Sob certos aspectos, as operações dialéticas não pretendem introduzir alterações nos processos intelectuais que nós de fato realizamos quando conhecemos algo, mas sim propor modificações nas interpretações que realizamos. Num determinado sentido, a dialética nada mais é do que a tentativa de dissolução crítica dos filosofemas com os quais nós, enquanto ainda não pensamos de maneira efetivamente interventora e radical, cuidamos de racionalizar nosso próprio processo cognitivo, // interpretando-o por vezes, em ampla medida, de maneira equivocada. Com isso, quero aqui dizer que o essencial consiste em que nós não nos deixemos orientar pela crença de que, ao nos submetermos à necessidade de decompor uma totalidade, a fim de a compreender, já teríamos com isso dado conta da coisa enquanto tal. Não devemos acreditar que, em virtude da compulsão [Not] exercida sobre nosso conhecimento, já se teria propriamente determinado a coisa mesma. Tal compulsão não permite que nos seja fornecido imediatamente um todo, mas apenas algo mediado pela operação conceitual e, com isso, necessariamente repartido em momentos – os quais são, por sua vez, discriminados conceitualmente em cada caso como unidades de atributos. Creio que isso seja especialmente importante para nossos processos de conhecimento hoje, uma vez que, na atualidade, sob as exigências do pensamento administrador, do pensar burocratizado – exigências que se fazem valer hoje até mesmo nos mais sutis estímulos do espírito –, é grande a tentação de identificar o processo de decomposição do conhecimento, que nós empreendemos, com o próprio conhecimento. Em certa medida, tudo se passa como se o processo de divisão do trabalho – do qual, realmente, tal como provou o falecido Franz Borkenau, depreende-se a decomposição do processo cognitivo em seus elementos[208] de maneira imediata –, ou seja, como se tal modo de divisão do trabalho, e portanto uma forma de organização do processo cognitivo que lhe corresponde, fosse tomado equivocadamente como a determinação da própria coisa. Em suma, cria-se uma situação na qual passamos realmente a acreditar em que esses momentos, oriundos da divisão de trabalho em nosso conhecimento, significariam o mesmo que determinações da própria coisa a ser conhecida.

Eu creio que possa deixar isso mais claro chamando a atenção para um conceito da práxis científica que talvez seja familiar a vocês, sobretudo nas ciências que se designam a si mesmas, com certa ênfase, como ciências empíricas. Trata-se da noção de decomposição [dos fenômenos] em fatores, mas também a decomposição em leis. Vocês vão ter de lidar – e isso se dá também em relação a expoentes teóricos particularmente versados do ponto de vista epistemológico, tal como Mannheim,[209] e até

---

208 Cf. Franz Borkenau, *Der Übergang vom feudalen zum bürgerlichen Weltbild. Studien zur Geschichte der Philosophie der Manufakturperiode*, Paris 1934. (Schriften des Instituts für Sozialforschung, editado por Max Horkheimer, v.4)

209 Adorno se refere aqui ao escrito de Mannheim *"Mensch und Gesellschaft im Zeitalter des Umbruchs"*, Leiden, 1935, o qual ele discute pormenorizadamente em seu ensaio Das Bewusstsein der Wissenssoziologie

202 mesmo em Marx – // com o fato de encontrarem fatores universais e fatores particulares dissociados uns dos outros, como se o universal atuasse e, além disso, certas forças efetivas específicas ou, como também se pode chamá-las, leis específicas de atuação, ainda se fizessem valer. Tal modo de proceder – e a correspondente maneira de decompor, por um lado, em fatores universais e, por outro, em fatores específicos que se acrescentariam aos primeiros – é inteiramente generalizado onde, no âmbito das ciências sociais, deseja-se encontrar algo como motivações ou relações causais em sentido abrangente. Contudo, não resta dúvida de que podemos aí sucumbir muito facilmente à tentação de fazer hipóstase dos produtos de nosso mecanismo de abstração e de nosso ordenamento conceitual e, por conseguinte, de tratá-los como se fossem propriamente a coisa enquanto tal. Tomemos como ilustração para isso – e escolho aqui um exemplo proveniente da teoria de Marx: a afirmação de que há, para a explicação dos processos sociais, algo como a relação entre classes, e que além disso haveria também, consequentemente, condições específicas que resultam do trabalho assalariado livre e da troca da mercadoria "força de trabalho" numa sociedade capitalista. Estabelece-se, então, o seguinte esquema conceitual: primeiramente, o mundo social é visto como um mundo em que desde sempre têm ocorrido lutas de classes; em segundo lugar, viveríamos atualmente em um período determinado, a saber, na sociedade capitalista. Tudo se passa como se, por causa desse esquema conceitual, pudéssemos, em certa medida, derivar duas séries de fatores, os fatores gerais

---

(Cf. *GS* 10.I, p.31-46). A temática tangenciada na aula é discutida nesse ensaio, p.40-2.

e os fatores específicos, os quais então precisariam apenas serem em algum grau coligidos, a fim de promover a explicação do fenômeno em questão. Sei que essa maneira de falar poderá lhes parecer tão ridícula e ingênua que vocês talvez sequer possam captar o esforço que dedico à crítica de tal modo de pensar. Porém, não subestimem, por favor, a tentação que nasce de tais princípios de ordenação, tão arraigados, sempre que for exigido de vocês que forneçam um ordenamento conceitual a um fenômeno qualquer a ser tratado. Isso tem um significado importante especialmente para os cientistas que necessitam fazer classificação, os quais são por isso instados a comparar seus achados, // colocar sob os mesmos conceitos o que é igual nesses achados e separar o desigual por meio de conceitos diversos, tal como aprendemos em algum momento na práxis científica – proceder dessa maneira tem, para o cientista, algo de extraordinariamente sedutor. Contudo, obviamente isso não é válido, uma vez que as leis de movimento, digamos, às quais a moderna sociedade capitalista possa estar sujeita, não são a) leis universais de classes e, além disso, b) leis acrescentadas à forma específica da relação entre classes, tal como prevalece hoje. Tais leis consistem, antes, no fato fundamental de que a sociedade é até hoje uma sociedade cindida, uma sociedade não idêntica consigo mesma, possuindo dentro de si uma dinâmica própria, uma dinâmica constituída de modo determinado, que se revela historicamente e que encontra sua concreção histórica nas relações de classe, tais como as que prevalecem, por exemplo, na sociedade capitalista, isto é, em uma sociedade em que vigoram trabalho assalariado livre e o princípio da troca, cuja extensão chegou ao ponto de se tornar universal. Seria completamente falso procurar, além dessa determinação, outra legalidade [*Gesetzmässigkeit*] mais geral que fosse subjacente aos fenômenos, porquanto, por outro lado, esse universal é, ele mesmo, mediado pela situação específica na qual existimos e que somente vem à tona, em certo sentido, nesta forma enquanto tal. Nós temos, também aqui, de pensar de modo realmente diferenciado. Podemos, por exemplo, dizer de maneira bastante razoável o seguinte: sempre existiu exploração, ou algo como apropriação de trabalho alheio [*fremde Arbeit*], sempre existiu algo como a troca – incluindo, obviamente, situações em que o mais fraco sai perdendo no processo de troca. Todavia, isso não significa que esse elemento invariante, que sempre existiu e sempre existirá, seria algo acrescentado que viabilizasse a mera especificação lógica. O que verdadeiramente ocorre é que ele próprio vem se desdobrando em direção a essa especificação. Quer dizer, quando se leva a sério o conceito da lei do movimento da coisa enquanto tal – como realmente, de acordo com aquilo que vimos discutindo, acaba por se afigurar enquanto preceito necessário para todo pensar dialético –, então perde sentido a suposição de algo que permaneceria invariante, independente de concreções ocasionadas // pelo desenvolvimento. Então podemos dizer que tudo isso ocorre num mundo em que há classes e exploração, mas não há leis gerais para isso e então, além disso, leis específicas para a situação atual: antes, a essência dessas leis mesmas consiste em que se desenvolvam justamente até as leis que são válidas na situação atual. Naturalmente, continua possível, e se trata aqui de um problema muito importante para a dialética material, ou seja, para o conteúdo do pensar dialético, que numa determinada situação histórica ainda sobrevivam elementos do passado. Foi o que vigorou em ampla medida, por exemplo, na Europa e também nos assim chamados países de desenvolvimento tardio, como a Alemanha e a Rússia pré-revolucionária, em que todos os vestígios feudais possíveis permaneceram apesar da vigência do princípio burguês – países nos quais se apresentaram, por sua vez, formas particulares de relações de classe. Porém, não se trata aqui de representantes de um conceito mais geral de relações de classe em comparação com um mais particular, que predomina hoje. Ao contrário, trata-se antes simplesmente de estágios dos processos históricos passados que foram conservados.

Talvez eu possa aproveitar a oportunidade para dizer algumas palavras acerca da posição da dialética em relação ao conceito de desenvolvimento num sentido mais abrangente. Com isso, seremos direcionados a uma questão que talvez possa ter considerável importância para a construção da própria ideia de desenvolvimento. O pensamento dialético, enquanto um pensar por contradições e inversões, é necessariamente contraposto à representação de um desenvolvimento gradual e linear, um desenvolvimento que transcorra de maneira contínua e imediata. Uma vez que os processos – e aqui se trata, antes de tudo, dos processos históricos – são em si mesmos processos repletos de contradição [*widerspruchsvoll*]; e uma vez que consistem precisamente no desdobramento de contradições, fica excluída, de antemão, a ideia de um progresso gradual, linear e ininterrupto, tal como, inversamente, também a representação de uma situação social estática, quer dizer, invariante. // Tem lugar precisamente aqui, diante da realidade histórica efetiva, talvez uma das mais profundas oportunidades, oferecidas ao pensamento dialético, para perceber o não simultâneo, aquilo que ficou para trás, mas não como se se tratasse de um fator de desvio no aplainado caminho do progresso histórico. Temos antes, com a dialética, a chance de compreender, a partir do próprio princípio de desenvolvimento, aquilo que é contraposto ao assim chamado progresso, ou que não se deixa tão facilmente integrar-se a ele. Se a representação da dialética tem, de fato, um núcleo temporal [*Zeitkern*], tal como nós expusemos acima, então isso significa que se trata essencialmente de uma dialética de momentos não simultâneos, ou seja, que ela tem também de compreender, a partir de dentro mesmo do desenvolvimento temporal, justamente aquilo que não transcorre no ritmo da própria história. Com efeito, por exemplo, se determinadas correntes reacionárias puderam ser observadas na pequena burguesia, as quais acabaram por desempenhar um papel importante, digamos, no surgimento do fascismo na Alemanha, então, caso vejamos tais coisas dialeticamente, não deveremos – e, mesmo, não poderemos – considerar tais elementos retrógrados simplesmente como algo que foi deixado para trás ou, em certo sentido, como residuais, como detritos no processo histórico. Estaremos antes colocados, digamos assim, diante da tarefa paradoxal – e, num sentido eminente, dialética – de fazer derivar aquilo que representa o retrocesso a partir do próprio decurso do progresso, se é que posso exprimi-lo de uma maneira tão extrema. Isto significa, particularmente neste caso, que a via do progresso fez com que grupos de pessoas se tornassem despossuídos, grupos que, por seu turno, conforme sua origem e sua ideologia, embora pertencessem completamente ao âmbito da sociedade burguesa, perderam repentinamente a própria base material dessa existência burguesa, à qual se liga sua história bem como sua ideologia. Em consequência disso, esses grupos, que haviam se familiarizado com uma vida para eles melhor, em termos materiais e ideológicos, ou que a experimentaram como possibilidade, ficaram sem poder esperar nada de bom, com razão ou sem razão, de uma mudança na sociedade, pois comparam com o passado. // Como dimensionavam aquilo que seria bom para eles tomando como critério algo vivido no passado, foram transformados, pelo próprio progresso, pela via do próprio desenvolvimento histórico, em *laudatores temporis acti*[210] – aqueles que, portanto, procuravam a salvação no passado e que, então, em conformidade com sua consciência, permaneceram estancados em fases pregressas da história. Essa tendência regressiva em sua consciência cria facilmente, assim, um amálgama com as forças sociais mais intensas que negam, por seu turno, o conceito comum de progresso, pois esse conceito de progresso é um conceito burguês, associado às noções de liberalidade [nos costumes] e de liberdade individual. Tais forças sociais, por outro lado, e por razões que nós aqui não podemos analisar, preferem recorrer a formas autoritárias de governo e se servem desse traço regressivo de grupos numerosos que estão dispostos a lhes seguir. Pode-se dizer, assim, que mesmo os elementos mais reacionários no nacional-socialismo, tais como a "teoria do sangue e do solo" ou a "teoria das raças", e todas essas coisas ligadas aos falsos cultos às origens têm sido, em certo sentido, funções da dinâmica social, do progresso social ou ainda, caso queiram, funções propriamente da intensificação do poder da produção industrial em larga escala. E a tarefa de uma teoria dialética da história tem de ser propriamente não considerar como estático aquilo que não transcorreu junto com o restante, aquilo que ficou preso ao passado, como se tivesse sido simplesmente deixado para

---

210 Exaltadores dos tempos passados (N. T.)

trás, ou ainda como algo ao que se contrapõe o movimento [da história]; ao contrário, se é o caso de os extremos serem efetivamente mediados um pelo outro, como tentei expor a vocês, então o estático e o dinâmico[211] teriam de ser aqui mediados um pelo outro, isto é, os assim chamados setores estáticos da sociedade teriam de ser propriamente derivados da tendência de movimento intrínseca a essa sociedade. Creio que não seria inútil procurar entender bem isso, porque poderão perceber aí precisamente a diferença entre os pensamentos dialético e não dialético. Uma sociologia não dialética // – e Mannheim e outros falaram efetivamente dessa maneira[212] – diria o seguinte: "há, de um lado, grupos dinâmicos, móveis, progressivos. Seriam aqueles ligados ao capital financeiro, em certa medida, à indústria, sobretudo à indústria de transformação e coisas assim; e há, em contrapartida, grupos regressivos, conservadores, estáticos, tais como o campesinato; e a sociedade consiste simplesmente em uma espécie de [mistura][213] entre estática e dinâmica, e as resultantes dessa combinação constituem, então, aquela história, a qual temos de aceitar com resignação." Trata-se aqui de uma concepção fundamentalmente não dialética e superficial, porque ela não só ignora que aquilo que se move historicamente tem dentro de si elementos do passado – isso qualquer pessoa pode reconhecer – mas ignora também precisamente o inverso, isto é, que aquilo que perma-

---

211 Cf. O artigo Über Statik und Dinamik als soziologische Kategorien, GS 8, p.217-37.
212 Cf. Karl Mannheim, *Ideologie und Utopie*, Bonn, 1929, p.134.
213 Na transcrição do áudio, encontra-se a esta altura uma lacuna com um ponto de interrogação.

nece renitente e estático constitui uma função dos princípios dinâmicos.

A esta altura, me permitam talvez lembrar também de outro fenômeno, a saber, o da família. A família é, realmente, uma associação baseada em laços naturais, que de fato contradiz o princípio universal da troca. Isso significa que os serviços que, no interior da família, os membros individuais prestam uns aos outros certamente não podem ser expressos diretamente por meio de relações de troca. Pode-se observar isso de forma mais precisa naquelas circunstâncias em que a família, ainda que em sentido específico, estaria mais intrinsecamente ligada ao processo material de produção, a saber, no meio rural, no qual a família camponesa ainda desempenha a função de força de trabalho [unificada] e no qual as unidades econômicas de produção, bastante reduzidas, só conseguem sobreviver porque em geral dependem, do ponto de vista econômico objetivo, de uma sub-remuneração do trabalho familiar. É fácil dizer que no interior de um mundo completamente atravessado pela racionalização [*durchrationalisiert*] a família seria uma ilha de irracionalidade, da simples naturalidade, do mero tradicionalismo, tal como se, digamos, precisamente na figura // da família, o passado feudal ainda estivesse presente em nosso mundo, já que, afinal, em um sentido enfático, o conceito de família possui algo de feudal. De qualquer modo, seria superficial considerar que a família seria simplesmente um elemento remanescente, uma espécie de resíduo no interior da sociedade de trocas plenamente desenvolvida. Pelo contrário, é necessário que nos perguntemos de que maneira é possível que, apesar dessa racionalidade crescente do mundo, a família se mantenha existindo em nossa época. Por enquanto, eu não gostaria de levar em conta o fato de que, tal como diversos sociólogos – Schelsky[214] e também Baumert[215] – constataram, a própria família esteja passando hoje por uma reconfiguração estrutural e venha perdendo, cada vez mais, seus traços de proveniência natural e, caso queiram, pré-capitalistas. Em todo caso, apesar dessas modificações, ela ainda contém, ao menos em parte, traços pré-capitalistas. A resposta para isso não me parece estar na suposição de que a família teria uma espécie de força de resistência maior – poderíamos até nos perguntar se efetivamente, nos casos concretos, das famílias individuais, essa força de resistência seria assim tão grande, e todo mundo que entende um pouco de psicologia sabe quão problemática é a unidade da família, bem como o potencial de conflitos que a família traz necessariamente consigo para cada um dos seus membros, sem exceção. Ao contrário, para compreender a presença desse elemento arcaico ou anacrônico da família em nossa sociedade, precisamos recorrer à ideia de que nossa sociedade, mesmo com toda a racionalidade que a permeia, continua sendo, ela mesma, consideravelmente irracional, isto é, de que ela, agora como antes, se construiu sob a lei do lucro e não sob a lei da satisfação das necessidades das pessoas, e de que tal irracionalidade coage a sociedade, compelindo-a em certa medida a conservar em si setores irracionais. Pois, se o princípio burguês se realizasse efetivamente na sociedade bur-

---

214 Cf. Helmut Schelsky, *Wandlungen in der deutschen Familie der Gegenwart. Darstellung und Deutung einer empirisch-soziologischen Tatbestandsaufnahme*, Stuttgart, 1953.
215 Cf. Gerhard Baumert (com a colaboração de Edith Hünninger), *Deutsche Familien nach dem Kriege*, Gemeindestudie des Instituts für sozialwissenschaftliche Forschung, Darmstadt, 1954, Monographie 5.

guesa, se ela fosse como que pura e inteiramente perpassada pela racionalização [*durchrationalisiert*], então a própria sociedade burguesa // deixaria de ser – poderíamos dizer – uma sociedade burguesa enquanto tal, já que não haveria mais espaço para aqueles momentos que são, por seu turno, a motivação da atividade econômica nessa sociedade. Assim, na medida em que essa sociedade progressivamente racional permanece vinculada à irracionalidade de poder dispor do trabalho alheio de maneira arbitrária, ela também permanece necessariamente ligada à sobrevivência de instituições irracionais dos mais diversos tipos; consequentemente, tais instituições na sociedade burguesa serão um anacronismo, mas ao mesmo tempo serão requeridas por essa mesma sociedade. Poderíamos até suspeitar que, quanto mais puramente a sociedade burguesa implementa seu próprio princípio, tanto mais necessitará dessas instituições irracionais. Falei apenas da família, mas atualmente seria possível evocar uma série de outras instituições, até mais poderosas e amplas do que essa.

Vocês terão talvez percebido que o conceito da análise elementar se mostra extremamente perigoso, mesmo que apenas no nível conceitual. Pois se vocês fossem decompor, por exemplo, nossa sociedade em elementos, estabelecendo as grandes unidades econômicas [*wirtschaftlich*] e acrescentando, em seguida, outras menores a essas primeiras – unidades econômicas menores, associações menores, não puramente racionais, como a família –, e isso tudo no afã de discriminar todos os tipos possíveis de instituições, então tal representação da efetividade social seria, literalmente falando, uma representação falsa. Estaríamos implicitamente sustentando que a sociedade como um todo seria uma espécie de mapa, dado pela justaposição desses momentos. Ao contrário, gostaria de defender que a sociedade não se compõe de tais elementos, pois eles estão em uma correlação funcional que condiciona a si mesma de modo bastante complexo, correlação da qual tentei aqui lhes desenvolver em um resumido esquema. E vocês terão talvez percebido neste // esquema ao mesmo tempo que tal correlação está efetivamente mediada por antagonismos sociais, de modo que não seria razoável compreendê-la como uma correlação de totalidade [*Ganzheit*] – tal como se o procura eloquentemente denominar – ou uma correlação orgânica. Com efeito, se a questão fosse caracterizá-la assim, então a sociedade é muito mais um sistema do que um organismo, porém certamente um sistema de denominadores desiguais, um sistema daquilo que, conforme sua essência, se contradiz.

A próxima regra de Descartes, à qual nos dedicaremos agora, é a que se relaciona à continuidade. A terceira regra diz: "conduzir por ordem meus pensamentos, começando pelos objetos mais simples e mais fáceis de conhecer, para subir, pouco a pouco, como por degraus, até o conhecimento dos mais compostos, e supondo mesmo uma ordem entre os que não se precedem naturalmente uns aos outros."[216]

O comentário final, iniciado por "supondo", revela muito precisamente certo motivo racionalista, concebido aqui num sentido bastante singelo – a saber, "supor uma ordem" enquanto uma espécie de hipótese de trabalho. Isso significa que, a fim de tornar algo como o ordenamento científico primeiramente possível, supõe-se que no próprio objeto do conhecimento predomine um ordenamento contínuo e sem saltos;

---

216 Descartes, *Abhandlung über die Methode*, p.15. [Ed. bras.: p.13].

pois se eu não fizesse essa suposição, não seria capaz de construir — por assim dizer, com uma consciência tranquila — um ordenamento científico. A esse respeito, ao exprimir tal atitude enquanto um "como se" e, portanto, como uma pressuposição, Descartes ainda manifesta aqui a mais grandiosa honestidade, que se apresenta mais peculiarmente apenas nas fases primevas ou nas mais tardias desse desenvolvimento teórico; enquanto que, por outro lado, os filósofos posteriores a ele, a começar por Espinosa, e eu não excluo quanto a isso tampouco meu próprio Hegel, confiaram de forma muito mais intensa em atribuir à coisa mesma, sob todas as circunstâncias e de maneira dogmática, aquele mesmo ordenamento que Descartes ainda designa[217] aqui abertamente como um princípio para a estruturação racional [das coisas]. Creio que nós, depois do que ouvimos até agora e caso as considerações sobre a contradição dialética tenham sido corretas, podemos estar certos de que aquela ideia do itinerário contínuo e ininterrupto do conhecimento que progrediria // passo a passo não pode mais valer sem ressalvas. O "procedimento do progredir passo a passo" é um procedimento do tipo que conhecemos a partir das ciências da natureza e das formas tradicionais de aplicação prática dessas ciências. E isso se dá principalmente lá onde a ciência tem a ver com um objeto que é ele próprio, de fato, tão completamente subtraído de qualidades [*entqualifiziert*] e, portanto, de tal maneira reduzido a momentos não qualitativos,

---

217 Os editores advertem a respeito de que o trecho em questão foi corrigido, por suposição, em comparação com o trecho anterior: "a qual ele designa ainda, de maneira totalmente aberta, enquanto um princípio racional de ordem".

indiferenciados uns dos outros, que nós, a esse respeito, em comparação com as determinações que lhe impomos por meio de nossos princípios de ordenação, podemos realmente prescindir das determinações que lhes são próprias. Entretanto, em vista do que temos discutido acerca do caráter contraditório do próprio objeto de conhecimento, não se faz necessária uma fundamentação ainda mais circunstanciada para a contestação da prevalência dessa pressuposição de continuidade. Portanto, encontramo-nos aqui diante da questão acerca da continuidade e da descontinuidade, a qual constitui, a propósito, o problema fundamental, ou um dos problemas fundamentais de uma das grandes filosofias racionalistas, a saber, a de Leibniz.[218] E, sob esse ponto de vista, o princípio e o problema da dialética consistiriam, então, não simplesmente em insistir no momento da descontinuidade, mas sim em combinar o momento da descontinuidade com o da continuidade e, portanto, em compreender continuidade e descontinuidade, enquanto tais, como mediadas uma pela outra.

Eu tinha dito anteriormente que nossa sociedade é menos um organismo do que um sistema e que, apesar disso, trata-se, sim, de uma sociedade antagônica. Talvez isso remeta já ao problema dialético ao qual eu gostaria, neste contexto, de lhes chamar a atenção. Por um lado, é tarefa teórica da dialética se assegurar justamente do todo, da totalidade, e sem a ideia de totalidade o conhecimento não seria sequer possível. Por outro lado, essa totalidade não é // uma totalidade contínua, tampouco uma continuidade que se estabeleceria por

---

218 O cálculo infinitesimal foi estabelecido rigorosa e cientificamente, em primeiro lugar, por Leibniz (e por Newton).

meio de um encadeamento dedutivo ininterrupto, isto é, não é uma continuidade lógica. Caso me seja permitido explicá-lo de maneira bem direta, diria que ela é internamente descontínua. E a resposta dialética a isso, ao problema que se apresenta aqui, não consiste em outra coisa senão em sustentar que a unidade da sociedade na qual vivemos é precisamente constituída pela sua própria descontinuidade. Isto significa que os momentos descontínuos do objeto de conhecimento, momentos dissociados uns dos outros, na medida em que são relacionados entre si como contradições, e não tomados como momentos meramente díspares, cristalizam-se, justamente por meio dessa relação, que constituem de modo abrangente, naquele todo que deve propriamente formar aqui o objeto de conhecimento. A propósito, segue-se desse momento da descontinuidade que o ponto de inserção que o conhecimento tem de adotar, ou seja, o lugar onde se tem de começar é em certo sentido indiferente para o pensamento dialético, pois ele não crê realmente poder desenvolver, a partir de um elemento absolutamente primordial e com uma continuidade incondicionalmente válida, tudo o que há; ao contrário, aquela força do todo, da qual nós tratamos anteriormente, predomina como que em cada um dos momentos singulares de igual maneira. Tudo está, caso assim desejem expressá-lo, igualmente próximo do centro, e um pensamento coerentemente dialético pode a este respeito começar pelo fenômeno aparentemente mais efêmero, supostamente mais apócrifo. De fato, recomenda-se até mesmo, sob múltiplos aspectos, que se faça justamente isso. Pois precisamente tais coisas, que não foram ainda sitiadas pelas categorias oficiais do pensamento, podem nos guiar para dentro da essência oculta do todo de maneira muito mais célere do que quando nós, como pensadores que somos, orientamos nossa temática na direção do que já nos foi dado em categorias previamente chanceladas.

Pode-se conferir a isso também a expressão segundo a qual – e com isso realizo uma crítica de cunho "material" ao pensamento tradicional – o problema da posição do pensamento com relação à objetividade,[219] quando se está diante da questão acerca da continuidade e da descontinuidade, torna-se um problema moral. Na representação de que, a saber, o objeto do conhecimento seria um objeto em si ininterruptamente // harmônico, coerente e passível de ser desdobrado de modo continuamente lógico, oculta-se sempre, ao mesmo tempo, a ideia de que aquilo que se desmembra de maneira assim tão repleta de sentido, de forma harmônica, seria propriamente algo positivo. Porém, se pretendemos ser sérios na crítica ao existente, isto é, se tomamos de maneira efetivamente séria o próprio pensamento acerca do caráter antagônico da realidade, então estaremos obrigados a mostrar a descontinuidade na determinação do ente e, com isso, ao mesmo tempo, a conferir necessariamente, também ao nosso próprio pensamento, a forma da interrupção, da descontinuidade. Contudo, isso ocorrerá simultaneamente de tal modo que, por meio dessa descontinuidade – portanto, por meio da contradição mediada consigo mesma –, suceda precisamente a coerência e a unidade daquilo com que nós propriamente temos a ver no respectivo caso. Hoje em dia, um pensamento produtivo seria, sem qualquer dúvida – aliás, com a mais absoluta certeza –, um pensar em

---

219 Sobre a expressão "posição do pensamento com respeito à objetividade" (*Stellung des Gedankens zur Objektivität*), ver nota 162, p.291.

rupturas [*Brüchen*], enquanto que um pensar que, de forma antecipada, somente se ocupa com a unidade, com a síntese, com a harmonia, justamente por isso encobre de antemão algo em que o pensamento teria propriamente de penetrar, e se contenta apenas com repetir em pensamentos a fachada do que já está aí, reforçando-a ainda mais, onde quer que isso venha a ser possível. Creio realmente que, se o pensamento de vocês, enquanto vocês ainda não tiverem sido pré-formados pelo mecanismo científico, resistir àquilo que se poderia denominar "pedantismo", então isso não significará que tal pensamento será equivalente à postura típica de um, digamos, juvenil e incauto doidivanas que deveria, antes de tudo, assimilar a observância da disciplina. Evidentemente, há algo como a disciplina do espírito, mas essa disciplina do espírito, acerca da qual querem nos instruir, desemboca em hostilidade contra o espírito, isto é, desemboca em que a produtividade do pensamento – portanto, a relação do pensamento ao seu objeto – deve ser constrangida, castrada, em prol de que o pensamento se submeta a um decurso determinado e regular; enquanto que, na verdade, não há para o pensamento, de maneira nenhuma, outra regra que não a de que ele tenha liberdade com relação ao objeto [*Freiheit zum Gegenstand*], // tal como Hegel o denomina.[220] A disciplina do pensamento não é outra senão a de que ele se adapte de acordo com a coisa e que, desse modo, faça tanta justiça à coisa quanto lhe seja possível. Porém, não no sentido de que ele imponha a si mesmo, como método, a regra segundo a qual deve

---

220 A expressão "liberdade com relação ao objeto" (*Freiheit zum Gegenstand*) não pôde ser atestada nos escritos de Hegel; Cf. também a nota 124, p.234.

proceder, pois então, por causa dessa assim chamada exigência metodológica, não realizará outra coisa a não ser a própria proibição do pensamento; pois quando pensamos, no sentido mais preciso, pensamos, via de regra, de maneira não metódica.

Eu não pretendo com isso difundir a arbitrariedade das ideias ou a contingência. Antes, tenciono apenas dizer que um pensamento que não é mais capaz de sua própria liberdade – um pensamento que, assim como não tem a liberdade para com o objeto, também não tem a liberdade sobre si mesmo e que, portanto, não se entrega como que livremente ao objeto, mas antes procura, incessantemente, apenas ligações [*Bindungen*] com ele, comprazendo-se tão somente com tais ligações que estabelece – que a um pensamento como esse não poderá ser concedido "seu objeto". O pedantismo do pensamento não consiste noutra coisa senão em que, em nome da segurança daquilo que se tem agora, em nome da diminuta segurança da pessoa privada, do indivíduo apequenado, seja permitido que a relação com a coisa mesma se deteriore. E assim como sucede com essa tal segurança da pequena propriedade, esse tipo de pedantismo está exposto, por assim dizer, à desvalorização numa medida particularmente considerável, isto é, perderá exatamente aquilo que pensava ter – pois vai sempre se provar como prescindível embora acredite ser incondicional e perenemente dotado de valor. Eu creio, assim, que deva pertencer a uma dieta espiritual apropriada que vocês, ao trabalharem cientificamente e ao aprenderem a trabalhar cientificamente de maneira disciplinada, sempre preservem aí também a reflexão crítica contra aquele momento de pedantismo, contra aquele momento, digamos, do "procedimento passo a passo". Porque é neste "avançar passo a passo" que se esconde naturalmente, de maneira imediata, a paralisia da

Introdução à dialética

energia produtiva [*Produktivkraft*] [do pensamento]. Lá onde o pensamento efetivamente // se eleva – por favor, não me tomem por demasiado sentimental – lá onde o pensamento precisamente levanta voo, ele não vai passo a passo. E um pensamento que não é mais capaz de voar vale tão pouco quanto um pensamento que só é capaz de voar e mais nada. Quero dizer que, nesta medida, a determinação platônica de que o entusiasmo seja um momento necessário do conhecimento e da própria verdade[221] não é mera expressão do temperamento [*Stimmung*] filosófico, ou mesmo mera expressão de estilo intelectual, mas designa, antes, um momento necessário da coisa mesma. Quando o pensar se põe a avançar passo a passo, percorrendo as mais ínfimas unidades, acaba apenas repetindo aquilo que já conheceu. E precisamente pelo fato de que o pensar é capaz de dar um salto sobre aquilo que lhe é dado e que já conhece, pode ir além do meramente existente [*das bloss Seiende*] e pode, no fundo, enunciar o meramente existente.

Estou consciente de que, neste ponto, é possível que vocês não concordem comigo em vários aspectos, embora eu também espere, por outro lado, ter falado o suficiente sobre os momentos positivos das formas contínuas do pensar, a fim de me

---

[221] Em seu segundo discurso sobre a essência do amor no *Fedro*, Sócrates determina o amor como uma espécie de delírio divino (Cf. *Fedro*, 243 e10ss.). Esse delírio divino, "o mais nobre de todos os entusiasmos" (αὔτη πασῶν τῶν ἐνθουσιά ἀρίτη) (Ibid., 249 eI), é desencadeado em seres humanos filosóficos quando fitam belas formas no mundo sensivelmente percebido, porquanto eles são então recordados da ideia de beleza, a qual tinha sido, nalgum momento antes de sua encarnação, diretamente avistada por sua alma imortal e racional. Adorno interpreta a passagem do *Fedro* pormenorizadamente no curso sobre estética do semestre subsequente (Cf. *NaS* IV.3, p.139-69).

resguardar perante isso. Porém, creio que, precisamente aqui, quando efetivamente nos encontramos no ponto nevrálgico em que o pensamento dialético se torna exposto a resistências, será recomendável voltar a falar em detalhe, no próximo encontro, sobre esse tipo específico de resistência.

// 15ª Aula [15/07/1958]

Minhas senhoras e meus senhores,

No último encontro, nós tínhamos nos ocupado com a exigência cartesiana de que o processo cognitivo não deva omitir nenhuma etapa em seu decurso, e eu tinha tentado lhes mostrar precisamente em que sentido esse axioma cartesiano é incompatível com o procedimento do pensar dialético. A propósito, a resistência contra isso certamente não foi, de maneira nenhuma, formulada pela primeira vez por Hegel. Na verdade, antes dele, o muito significativo filósofo francês da restauração, De Maistre,[222] havia falado, em sua paródia sobre a antiga doutrina baconiana dos ídolos[223] – que fora recuperada no

---

222 Joseph Marie Comte de Maistre (1753-1821).
223 Francis Bacon forneceu, com sua *"instauratio magna"* (grande renovação) das ciências, o plano de uma fundamentação das ciências naturais modernas na qual entrava, no lugar da mera observação da natureza, o conhecimento dos fatos que apela à descoberta por meio de experimentos. Uma de suas partes, o *"novum organum"* (novo instru-

século XVIII – especificamente do *Idole d'échelle*,[224] quer dizer, do ídolo dos degraus [*Stufen*], da ideia de que realmente apenas devamos nos mover no conhecimento dando um passo a cada vez, e de que o pensamento não deva, por assim dizer, alçar voo. Nisso reside justamente a ideia de que o pensamento

---

mento), é iniciada por Bacon com uma crítica radical (*pars destruens*) da tradição: o espírito humano teria até aqui, em virtude de seus preconceitos, os quais Bacon denomina "ídolos", imposto a si próprio obstáculos no que diz respeito ao conhecimento da natureza. Ele diferencia quatro espécies de preconceitos: os *idola tribus* (preconceitos da tribo), que são devidos à inclinação das pessoas a se tomarem, a si próprias, como critério da natureza; os *idola specus* (preconceitos da caverna), os quais se originam da educação ou do ambiente; os *idola fori* (preconceitos da sociedade), aqueles que a pessoa herda por meio da linguagem; e os *idola theatri* (preconceitos do teatro), com os quais Bacon designa a fixação dogmática de representações legadas pela tradição. Originalmente, os padres da igreja designavam como "idolatria" a adoração de deuses pagãos. [Ed. bras.: Bacon, *Novum Organum ou Verdadeiras indicações acerca da interpretação da natureza*. Tradução e notas: José Aluysio Reis de Andrade. Coleção "Os Pensadores". São Paulo: Nova Cultural, 2005].

224 O novo conceito indutivista de conhecimento, o qual Bacon tencionou estabelecer em *"instauratio magna"*, apoiava-se sobre a diretriz de alcançar as proposições superiores das ciências, passando por múltiplos estágios da experiência. Com a expressão *"Idole d'echelle"* (ídolo da escada), De Maistre dirige o conceito de ídolo, dotado por Bacon de pretensão crítica, contra a própria teoria de uma indução escalonada, defendida por este último. Na *Dialética do esclarecimento*, Adorno tinha se referido a essa expressão de De Maistre (Cf. *GS* 3, p.23) e fornecido também lá a referência. (Cf. Joseph de Maistre, *Les soirées des Saint-Pétersbourg*. 5ième entretien. *Oeuvres Complètes*, Lyon, v.4, p.256) [Ed. bras.: Adorno, *Dialética do esclarecimento: fragmentos filosóficos*. Trad. Guido Antônio de Almeida. Rio de Janeiro: Jorge Zahar Editor, 1985, p.22].

Introdução à dialética

não deva se apressar, antecipar-se em demasia – de que ele não deva, digamos, trazer à baila nada que de algum modo já não possua de antemão. Poderíamos dizer, no sentido do paradoxo da flecha em sobrevoo, que o preceito cartesiano de um pensar que seja em si completamente contínuo, destituído de lacunas, teria de resultar, quando aplicado de maneira consequente, em pura tautologia.[225] Porém, isso não se me afigura tão essencial, se bem que, ao menos sob o aspecto objetivo, me parece poder fundamentar de maneira penetrante a crítica ao pensamento que procede meramente por etapas. Nesse contexto, o momento contra o qual a dialética se insurge consiste no caráter coercitivo do pensamento – em todo caso, ao menos a dialética tal como creio que deva ser entendida e tal como, a partir de uma observação mais detida, foi posta em prática também pelo próprio Hegel na *Fenomenologia do Espírito*. Temos o conceito daquilo que é logicamente coercitivo, ou seja, de uma operação lógica que não deixa nada de fora – uma operação na qual não remanesce possibilidade alguma de desvio em relação ao que fora tencionado. Por outro lado, temos também aquilo

---

[225] Zenão argumenta como segue: uma flecha em pleno voo tem de assumir, a cada instante, um valor espacial definido, o qual é exatamente tão extenso quanto a própria flecha. Porém, com isso a flecha se encontra, neste instante, em repouso, pois num lugar que, em certo sentido, não se lhe permite espaço de locomoção, ela não pode estar em movimento. Por conseguinte, a flecha não pode estar se movendo em nenhum instante, e o movimento é impossível. Se o pensamento deve, portanto, mover-se sempre apenas de um estágio a outro, sem alçar voo, na verdade ele não se move de maneira alguma, mas reproduz antes apenas e tão somente o mesmo pensamento que ele já continha de antemão (entra sempre no mesmo lugar), produzindo, assim, apenas tautologias.

217 que na psicologia se designa com o conceito // do "caráter compulsivo" – por exemplo, aquele da pessoa que, subordinada de maneira compulsiva a um ritual qualquer, atada a determinada ordem das coisas, torna-se incapaz de uma autêntica liberdade. Creio, na verdade, que subsista justamente entre esses dois conceitos de coerção, aquele da coerção meramente lógica e este da coerção ritualística, específica do "caráter compulsivo", uma afinidade extraordinariamente intensa – tal como, aliás, veio a ser caracterizada na peça de Ludwig Thoma, *Die kleinen Verwandten*,[226] a que assisti quando jovem e que me causou uma impressão indelével. Nesta peça, um inspetor da estação de trem de Großheubach visita, de maneira inesperada, alguns de seus parentes acadêmicos, que estavam justamente naquele momento planejando encontrar um marido para sua jovem filha. Eles faziam de tudo para se livrar desse parente pequeno-burguês, a fim de que ele não viesse a atrapalhar o delicado projeto de casamento, mas era inútil. Ninguém conseguia mudar a opinião dele, que ficava insistindo em que tudo tinha de estar sob a "categoria" correta. Para mim, ficou muito marcada essa figura de uma pessoa que insistia que cada coisa deveria estar sob uma categoria fixa, e mesmo mais tarde, enquanto eu lia Kant e a dedução das categorias,[227] não conseguia evitar que me ocor-

---

[226] Cf. Ludwig Thoma, *Die kleinen Verwandten. Lustspiel in einem Aufzug* (Os pequenos parentes. Comédia em um ato); in: Ludwig Thoma, *Brautschau*, Dichters Ehrentag, Die kleinen Verwandten. 3 Einakter, München, 1916.

[227] Adorno pensa aqui provavelmente na "Dedução dos conceitos puros do entendimento", o ponto nevrálgico da primeira parte da *Crítica da razão pura* de Kant (Cf. Da dedução dos conceitos puros do entendimento; in: Kant, *Kritik der reinen Vernunft*, p.126-91).

Introdução à dialética

resse a imagem daquele inspetor de estação de Großheubach. Vou me eximir de dizer se a culpa era de Kant ou minha própria.

De todo modo, existe aí um tipo específico de compromisso do pensar dialético que provavelmente contribui bastante para as resistências de que tratamos agora em detalhe. Ou seja, um tipo específico de compromisso do pensar em favor de uma espécie de mobilidade, de não se deixar fixar num mesmo lugar, de não se deixar coagir por um único posicionamento, de não se permitir constranger à permanência em determinada posição, não importando o objeto escolhido ou a forma de argumentação a ser considerada. Isso se tornou claro para mim numa época em que eu estava ainda distante de associar tão radicalmente as reflexões da dialética, da filosofia dialética, com a práxis efetiva do // pensamento, tal como espero ter conseguido gradualmente. Refiro-me à época em que publiquei uma grande quantidade de material sobre teoria da música.[228] Eis que me ocorreu subitamente que essas ponderações sobre teoria da música, as quais naquela época se amparavam apenas na lei da imanência, da crítica imanente e, sobretudo, da crítica da tecnologia, justamente por isso estiveram expostas ao risco de permanecerem circunscritas à cultura do especialista, da especialidade acadêmica [*Fachschule*]. Foi nesse sentido que, tempos depois, um amigo vienense[229] me falou a respeito de um tipo específico de análise imanente, estritamente concentrada sobre

---

228 Adorno escreveu, entre os anos 1928-1933, inúmeras críticas de concertos e óperas, bem como outras coisas do gênero, inclusive enquanto era redator-chefe da revista *Anbruch* (ver nota 230, p.380).
229 O amigo vienense, aludido aqui, não pôde ser determinado com precisão.

a questão da tecnologia, que sempre remontava à maneira com a qual se pensava a arte na Escola de Música Horak – uma escola da mais extrema rigidez e pedantismo, a qual, porém, logrou estabelecer, talvez por isso mesmo, muitas filiais em Viena, em quase toda parte possível da cidade.[230] Então, querendo me livrar desse risco de um pensamento afeito ao estilo da Escola de Música Horak, fiz o seguinte experimento: tentei empreender reflexões e considerações sobre música, que chamei "música a partir de fora" [*Musik von außen*],[231] entendendo isso tanto em sentido literal quanto metafórico. Em primeiro lugar, em sentido literal, tratava-se de escutar a música tal como ela reverbera não no interior de uma casa de ópera ou numa sala de concerto, mas tal como soa uma ópera quando não conseguimos, após o intervalo, voltar a tempo à sala e somos obrigados a escutar os estrondos do lado de fora – captando com isso, do exterior do auditório, aquilo que é dito por esses ruídos e estrondos. Eu tinha a sensação de que se revelaria um modo, um aspecto específico da música, ao nos colocarmos no exterior do auditório – um aspecto que, de outra maneira, não poderia vir a ser percebido. Falando de maneira mais geral, dei-me conta de que declarar algo sobre um fenômeno apenas é possível se, ao mesmo tempo, em certa medida, nós o vemos também desde fora, e não apenas a partir de dentro, isto é, nos limites do contexto

---

230 Eduard Horak (1838-1893) fundou em 1867, em Viena, as escolas particulares de música batizadas com seu nome. Em 1940, elas foram elevadas ao status de conservatórios.

231 Theodor W. Adorno, *Motive IV: Musik von aussen* (Música a partir de fora); in: *Anbruch* 11 (1929), Caderno 9/10, p.335-38 (Cf. *GS* 18, p.18ss.).

Introdução à dialética

social no qual ocorre.[232] E eu, como se diz, seguindo a ânsia obscura e vaga,[233] naquela ocasião já não tencionava simplesmente combinar uma via com a outra, isto é, as considerações a partir de fora com aquelas de dentro, a fim de produzir, a partir de ambas, aquilo que se poderia chamar de síntese. // Ao contrário, estava já *vaguement* consciente de que esses dois modos de consideração pertenciam um ao outro, mas se encontravam em determinada tensão entre si, de maneira que não se sobrepunham simplesmente um ao outro. E se falo da mobilidade do pensamento diante do fenômeno, tenho propriamente em vista algo na seguinte direção: que temos de considerar o fenômeno tanto desde seu interior, segundo suas exigências, sua origem específica, sua legalidade própria, assim como também a partir de fora, isto é, no sentido do contexto funcional em que se encontra, do lado que se volta para as pessoas, do significado que adquire para a vida delas. Creio não ser preciso recordar, por exemplo, que é completamente pensável – sim, altamente plausível até –

---

232 Adorno retoma aqui o pensamento acerca da crítica imanente, sobre o qual já tinha chegado a falar na 4ª aula. Ver páginas 50ss. da edição original do curso.

233 "Senhor (para Mefistófeles)" "Como queiras. Permito-te que o tentes. / Se lograres caçá-lo, desbatiza-o, / e inferna-o muito embora. Mas, corrido / fiques tu *in æternum*, se confessas / que o bom, dado que, em sua ânsia obscura (*in seinem dunklen Drange*), errar às vezes possa, / nunca nos sai da estrada, a recta, a nossa." (Johann Wolfgang Goethe, *Faust. Eine Tragödie*, v.323-9; in: Goethe, *Sämtliche Werke*, (ver nota 7 à primeira aula), Bd.6.I: Johann Wolfgang Goethe, *Weimarer Klassik 1798-1806*, editado por Victor Lange, München, 1986, p.544.) [Ed. bras. com tradução ligeiramente modificada: Goethe, *Fausto*. Prefácio de Otto Maria Carpeaux. Trad. António Feliciano de Castilho. São Paulo: W. M. Jackson, 1960].

que as obras de arte da mais alta dignidade, aquelas que seriam tudo menos ideologia e consistiriam, para falar como Hegel, efetivamente em uma forma de manifestação [*Erscheinungsform*] da verdade,[234] são aquelas que, por meio do papel que por vezes lhes é atribuído no interior da administração dominante da cultura [*Kulturbetrieb*], podem se tornar, não obstante, ideológicas. Se isso ocorre, vocês talvez possam perceber que há um sentido em conduzir ambos os modos de consideração – o imanente e o transcendente – de certa maneira independentemente um do outro, mantendo a confiança de que, caso o pensamento avance o suficiente em ambos os modos, a relação entre eles ficará demonstrada – uma confiança que até hoje, tenho de confessar, não permiti que fosse abalada. Essa dupla direcionalidade do

---

234 O modo de expressão "forma de manifestação da verdade" (*Erscheinungsform der Wahrheit*) não corresponde à fraseologia hegeliana. Aquilo em relação ao que Hegel questiona, no concernente à obra de arte, é em que medida ela seria apropriada para ser a forma adequada de manifestação da ideia, do absoluto ou do espírito. Nesse sentido, o belo (artístico), enquanto a "aparência sensível da ideia" (Hegel, *Werke*, Bd.13: *Vorlesungen über die Aesthetik I*, p.151), é para Hegel – em sentido estrito – verdadeiro apenas nas obras de arte da Grécia clássica, porquanto nelas a ideia, assim como o conceito, é imediatamente idêntica à forma (*Gestalt*) sensível. Contudo, simultaneamente reside para Hegel, nessa identidade imediata, a falha (*Mangel*) de que ela é realizada tão somente de maneira sensível-imediata, isto é, não ainda conscientemente. Porém, como apenas a autorrealização consciente da ideia pode ser *efetivamente* verdadeira, vale para Hegel em geral "que a manifestação da verdade na forma sensível não é verdadeiramente apropriada ao espírito" (ibid, p.144). E, levando em conta seu momento histórico, Hegel diz: "para nós a arte não vale mais como o mais elevado modo no qual a verdade se proporciona existência" (ibid., p.141). [Ed. bras.: Hegel, *Cursos de estética: Volume 1*. Trad. Marco Aurélio Werle. São Paulo: Edusp, 2001].

pensamento, o qual, portanto, tem de estar no interior da coisa, assim como também fora dela — tal como é, de resto, incutido igualmente no método da *Fenomenologia do Espírito*, de Hegel —, essa bidimensionalidade [*Doppelschlägigkeit*], eu dizia, exprime algo essencial ao pensamento dialético, e somente por isso, e não por força de um *aperçu* qualquer, evoco agora tais ponderações acerca da mobilidade do pensamento. Pois o pensamento dialético significa, realmente, o esforço perene por amalgamar o universal e o particular, o *hic et nunc* e seu conceito, sabendo igualmente que // não há uma identidade imediata — quer dizer, sem qualquer mediação — entre esses dois momentos, mas sim que realmente divergem [*auseinanderweisen*] um do outro.

Eu diria, então, que o preciso lugar dialético-epistemológico daquilo que denominei de mobilidade do pensamento, em oposição aos procedimentos meramente dedutivo ou indutivo, consiste exatamente — pelo fato de ora o pensamento transitar no interior, ora dali irromper em direção ao exterior do fenômeno em questão — na tentativa de reunir o sujeito cognoscente, que se aproxima pelo lado de fora, com o movimento da coisa mesma; algo que tem de estar necessariamente contido no método dialético enquanto tal. E se por acaso realmente tais instâncias devem ser diferenciadas; caso não se ambicione simplesmente alcançar uma identidade pura entre ambas, caso esses dois *genera* possam entrar, em certa medida, num intercâmbio; e ainda, se tal intercâmbio perfaz em geral a especificidade da própria dialética, então isso não se deve, digamos, tanto ao artista, que a cada vez logra pensar de uma determinada maneira e não de outra, mas essa especificidade advém muito mais de um pensamento que estabelece a unidade [*in eins setzt*] da identidade e da não identidade. Porém, está claro que é precisamente contra esse aspecto – esse aspecto que descrevi de maneira tão suspeita, tão sedutora e, por isso, suspeita – que as mais fortes resistências à dialética se farão sentir. Caso se diga que com a dialética se trata de uma espécie de pensar privilegiado, reservado somente àqueles que estejam especialmente aptos a tanto em dado momento; e caso se sustente ainda que não se poderia sem mais traduzir aquilo que eu disse antes num método passível de aceitação universal, então isso seria ainda a forma mais inofensiva dessa resistência à dialética. A suspeita mais difundida contra a mobilidade do pensamento consiste em dizer que este pensar buscaria, na verdade, subtrair-se à responsabilidade, que este pensar seria em certa medida, por assim dizer, escorregadio, que escapa por entre os dedos, não podendo ser fixado e que, por isso, recuaria diante da decisão derradeira acerca do verdadeiro e do falso. // Bem no sentido das observações fundamentais sobre verdadeiro e falso que desenvolvemos anteriormente, há que se reconhecer prontamente que mesmo esta circunstância, ainda que eu a tenha exprimido de maneira tão extrema como acabei de fazer, não seria tão incompatível assim com o conceito de dialética. Isto porque, de fato, o juízo singular não é para ela, no seu isolamento, nem absolutamente falso, nem absolutamente verdadeiro, sendo que, muito antes, [na dialética] a verdade não é outra coisa senão, propriamente falando, a via que trilha seu caminho em meio à falsidade dos juízos singulares. Porém, a despeito dessa atitude, e sobretudo pelo fato de filosofia e ciência serem sempre um momento no interior de lutas por poder entre pessoas e entre grupos, estados, classes, nações e assim por diante, surge naturalmente uma certa suspeita de que a dialética, caso seja dotada de mobilidade, é porque não estaria seguindo ri-

Introdução à dialética

gorosamente a argumentação desenvolvida quanto ao tema em questão, mas já o teria abandonado. De acordo com essa suspeita, tal como se objetou ao antigo pensador dialético Sócrates, tudo se passa como se tendêssemos a τὸν ἥττω λόγον κρείττον ποιεῖν, ou seja, "fazer a palavra mais fraca parecer a palavra mais forte".[235] É como se a dialética fosse um lutador ágil e que, por meio de flexibilidade e destreza, lograsse suplantar um adversário menos desenvolto, ainda que mais forte; ou ainda como se, por meio de uma disputa conceitual qualquer, a dialética tencionasse, por assim dizer, ludibriar o camponês surrupiando-lhe suas vacas. Essa antiga objeção ao elemento sofístico na dialética, à qual fiz referência antes ao menos uma vez,[236] não

---

[235] Também se pode verter como "para fazer da pior proposição (ou do pior argumento) uma proposição melhor" – e daí como fórmula para tornar o "injusto algo justo". Com isso era criticamente designado por Platão o poder da retórica sofística. Porém, foi também um dos pontos na acusação contra Sócrates. "Além disso, os moços que espontaneamente me acompanham – e são os que dispõem de mais tempo, os das famílias mais ricas – sentem prazer em ouvir o exame dos homens; eles próprios imitam-me muitas vezes; nessas ocasiões, metem-se a interrogar os outros; suponho que descobrem uma multidão de pessoas que supõem saber alguma coisa, mas pouco sabem, quiçá nada. Em consequência, os que eles examinam se exasperam contra mim e não contra si mesmos, e propalam que existe um tal Sócrates, um grande miserável, que corrompe a mocidade. Quando se lhes pergunta por quais atos ou ensinamentos, não têm o que responder; não sabem, mas, para não mostrar seu embaraço, aduzem aquelas acusações contra todo filósofo, sempre à mão: "os fenômenos celestes – o que há sob a terra – a descrença dos deuses – o prevalecimento da razão mais fraca" (τον ήττω λογον χρείττω ποιίν)" (*Apologia* 23 c2-d7) [Ed. bras.: Platão, *Defesa de Sócrates*. Trad. Jaime Bruna. Coleção "Os Pensadores". São Paulo: Abril Cultural, 1972].

[236] Ver a p.9 da edição original da *Introdução à dialética*.

deve ser atenuada, e a ocasional degeneração da dialética, sobretudo em argumentações dialéticas que se tornam manobras de evasão argumentativa, não pode naturalmente ser negada. Percebemos que, quanto mais diferenciados os debates teóricos, quanto menos transcorrerem de maneira rigorosa, quanto mais variáveis tiverem, mais terão perdido em consistência, e portanto, maior o risco em que estarão incorrendo. E são justamente as discussões filosóficas em nível muito elevado que se mostram, em geral, // mais consideravelmente expostas a esse risco. A princípio, eu diria que, a fim de curar-nos disso, é efetivamente necessário ter liberdade com relação ao objeto [*Freiheit zum Objekt*], tal como Hegel reivindicara.[237] Isso quer dizer, portanto, que um filosofar, principalmente um filosofar crítico, somente é legítimo quando ele próprio reflete sobre si mesmo, também no sentido de que ele não deseja se manter sempre com a razão. Poderíamos quase dizer, expressando de modo corrente embora exagerado, que um critério para a verdade do pensar seria abrir mão desse "manter-se com a razão" e, em certa medida, colocar-se na posição, digamos, de ilegitimidade – contudo, de um modo tal que se possa imputar a esse pretenso "ter-razão" sua estreiteza e seu caráter limitado.

Porém, apenas dizer isso pode não ser suficiente. Antes, creio eu, há realmente que se honrar aquilo que caracterizei algumas sessões atrás, talvez de maneira paradoxal e surpreendente para muitos dentre vocês, como sendo o elemento positivista na dialética[238] – um elemento que, diga-se de passagem, foi salientado por Benjamin, por exemplo, no prefácio da *Origem do Drama*

---

237 Ver nota 124, p.234.
238 Ver as p.169*ss.* da edição original das aulas.

Introdução à dialética

Trágico Alemão,[239] com sua tentativa de salvaguardar a indução. O antídoto contra o risco crônico da μετάβασις είς άλλο γένος,[240]

---

[239] No "Prefácio" ao seu livro sobre o *Drama trágico* (*Trauerspiel*), Benjamin critica tanto o procedimento indutivo (como também a dedução), ao menos em sua forma tradicional, para a apresentação de fenômenos da história da arte. É preservado o singular não reduzido – e, com isso, um momento indutivo – apenas por meio do recurso à ideia diferenciada do conceito: "A impossibilidade de uma evolução dedutiva das formas artísticas e a consequente desvalorização da regra como instância crítica – mas a regra manter-se-á como instância didática – podem constituir a base de um ceticismo produtivo. Essa impossibilidade é comparável à profunda respiração do pensamento, que depois de tomar fôlego se pode perder, sem pressas e sem o mínimo sinal de inibição, no exame minucioso dos pormenores. Teremos, aliás, de falar sempre de pormenores quando a observação mergulha na obra e na forma da arte para avaliar o seu conteúdo substancial (*Gehalt*). A pressa com que alguns deles se apropriam, como se de propriedade alheia se tratasse, é própria do trabalho crítico rotineiro, em nada melhor que a bonomia pequeno-burguesa. A verdadeira contemplação, pelo contrário, combina a rejeição do método dedutivo com um recurso cada vez mais amplo e intenso aos fenômenos, que nunca correm o perigo de se tornarem objetos de um espanto nebuloso enquanto a sua representação for ao mesmo tempo a das ideias, pois com isso salva-se a sua singularidade." (Benjamin, *Gesammelte Schriften*, op. cit., Bd.II, p.225) [Ed. bras.: Benjamin, *Origem do drama trágico alemão*. Trad. João Barrento. Belo Horizonte: Autêntica, 2013, p.25].

[240] Com a expressão μετάβασις είς άλλο γένος ("passagem para um outro gênero/para outra categoria"), é designado, a partir de Aristóteles, um erro na argumentação que consiste em dar um salto de conceitos de uma especialidade para conceitos de uma outra especialidade. Assim fala Kant, por exemplo, na "Dialética Transcendental", em conexão com a quarta antinomia, de μετάβασις είς άλλο γένος como sendo um "sobressalto" (*Absprung*) no argumento que indica uma causa transcendental primordial de uma série de fenômenos sensíveis e, com isso, consuma uma "passagem" (*Übergang*) indevida ou um "salto" (*Sprung*)

que está contido na mobilidade do pensamento, parece-me estar na observância rigorosa da obrigação de se ater ao objeto determinado. Portanto, quando estivermos discutindo questões específicas de teoria do conhecimento, eu diria que se trata de um falso argumento, ou até de um falso tipo de dialética, indicar que determinados motivos que ali estiverem sendo criticados teriam, no interior da totalidade do pensamento em questão, uma função boa, profícua, considerável ou mesmo positiva. Ao contrário, teríamos de nos ater efetivamente àquele conjunto de problemas epistemológicos em consideração. Assim, o itinerário da dialética para ir além do âmbito restrito do especialista em lógica e teoria do conhecimento consistiria, diante de um teorema a ser criticado, em não se dar por satisfeito, por assim dizer, // com um apontar de dedo e falar: "vejam! Ele cometeu um erro de raciocínio aqui, se enredou em contradições, portanto, isso não vale nada". Na verdade, o passo seguinte deveria ser mostrar por que, no interior da constelação formada por tal pensamento, as contradições ou erros em questão seriam inevitáveis, de que modo teriam sido motivados por traços peculiares ao pensamento em questão e, nessa medida, até que ponto poderia ser demonstrado seu sentido próprio, no interior da totalidade desse pensamento específico, ou seja, em sua falsidade, em sua própria contraditoriedade.

Isso é o mais importante que se pode aprender no disciplinamento do pensar dialético. Pois o pensar dialético, que não

---

para fora do âmbito de validade do conceito empírico de contingência (o qual implica a infinitude da cadeia causal), em direção à ordem do conceito inteligível de contingência (ao qual é relacionada uma cadeia causal finita). (Cf. Kant, *Crítica da razão pura*, op. cit.).

Introdução à dialética

parte de conceitos paralisados, de um sistema rígido, de dados estanques, mas está obrigado a entregar-se à coisa [*Sache*], é justamente o modo de pensar que pode escapar do risco de cair naquele tipo de relativismo, naquele tipo de falta de compromisso e naquela má flexibilidade. Certamente, não alcançaria isso caso tomasse o compromisso diante do objeto individual de maneira mais displicente do que o fazem as ciências tradicionais e os hábitos tradicionais de pensamento; ao contrário, só escapa desse risco se assumir esse compromisso da maneira mais séria possível – em outras palavras, se imergir com uma seriedade incomparavelmente mais intensa nos problemas singulares do que se permite o pensamento tradicional.

No entanto, se vocês me solicitarem uma regra de como proceder, de como se poderia alcançar isto, então me causariam certo constrangimento, pois tal regra geral não lhes posso fornecer, e isso seria na verdade uma exigência excessiva ao pensar dialético. A única coisa que posso dizer aqui é que, diante de qualquer objeto determinado que o pensamento dialético tem a examinar, desencadeia-se uma autorreflexão [*Selbstbesinnung*]: se já nos detivemos nele tempo o suficiente, se já o teríamos considerado tão longamente a ponto de ele próprio ter adquirido vida; ou se não nos teremos acanhado diante do singular, // recorrendo a moldes convencionais e a conceitos previamente disponíveis. E apenas quando, desse modo, já tivermos sido inteiramente expostos ao objeto singular, no plano de sua própria competência, apenas então poderemos transcendê-lo, alcançando assim, de maneira legítima, algo além da dimensão do específico – quando então poderemos apreender, por exemplo, a conexão das concepções epistemológicas com noções políticas, com uma concepção da própria sociedade e até com uma concepção moral do todo. Se não fizermos isso, a dialética sucumbirá a tolices que permanecem no nível da mera visão de mundo ou se tornará um pensamento inconsequente, apenas amadorístico.

Vou aproveitar a presente oportunidade e chamar a atenção para o fato de que não desejo persuadir-lhes de que a dialética seria, digamos, o melhor método de pensamento. "O pensar dialético é definitivamente o melhor" – eis aí um slogan que não corresponde à verdade. O pensar dialético, como tal, pode por óbvio ser indevidamente usado para quaisquer disparates pensáveis no mundo, assim como qualquer outra maneira de pensar; e se por acaso possui alguma vantagem, então eu a veria no fato de que, justamente porque esse método é marcado pela mobilidade e pela permanente autorreflexão [Selbstbesinnung], talvez contenha um momento que o torne, perante o abuso ou em comparação à obtusidade do pensar tradicional, um pouco mais atento – e mais cético – do que aquilo que em geral acontece. A suspeita que ronda a dialética neste ponto, a grande suspeita em geral contra a mobilidade do pensamento é, todavia, fundamentada socialmente. A princípio, tal pensar dotado de mobilidade é em geral confundido com relativismo, com um "não deixar permanecer em repouso nada fixo e determinado", em vez de ser reconhecido a esse respeito como perseguindo, na verdade, uma trajetória marcada pela intensa observância do fixo e do determinado. Esta é exatamente a esfera na qual, aliás, argumenta-se contra a dialética: de que ela seria algo sem sustentação [bodenlos], de que não teria nada fixo ao que pudéssemos nos agarrar, ou ainda, de que seria um pensar que subtrai aquilo que temos, sem contudo fornecer-nos nada em retorno. // No entanto, estaria pressuposto aí um momento afirmativo, segundo o qual o pensamento não deveria propriamente se entregar à sua coisa, mas sim assumir determinada função psicológica a ser desempenhada, a saber: a de nos acomodar sobre um solo firme, aquecendo-nos o coração, tal como o faz, por exemplo, toda literatura sentimental e acalentadora [*Herzenswärmer*]. Na realidade, isto que em geral chamamos de "visão de mundo" [*Weltanschauung*], algo do qual o pensamento filosófico deveria se afastar com a maior ênfase possível, possui estrito parentesco com essa literatura acalentadora, mesmo quando possui, do ponto de vista do conteúdo, o caráter do pessimismo budista. Isso tudo é, de fato, de pouquíssima serventia aqui. Trata-se de uma exigência — aliás, uma exigência falsa — que se faz à filosofia, essa de que ela devaria fornecer a uma pessoa algo nesse sentido. Na verdade, é a pessoa que deveria dar algo à filosofia — na verdade, deveria dar a ela tudo, a consciência inteira, deveria entregar-se às tarefas de cunho especulativo, por mais questionáveis que sejam, mesmo que não se receba aquilo que propriamente se esperava da filosofia.

Esse juízo está naturalmente fundamentado — e aqui faço um pequeno excurso sociológico — no seguinte: ao longo do progresso da racionalidade universal, progresso que realmente abalou, de maneira gradualmente mais intensa, o vínculo dos seres humanos e do pensamento com a natureza, foram justamente aquelas camadas mais sedentárias da população, aquelas mais afeitas à radicação de um solo pátrio [*Bodenständigkeit*], aqueles setores, por assim dizer, mais agrários dos agrupamentos humanos e do pensamento, que tiveram de pagar o preço pelo mencionado progresso. Eis por que, em vez de radicalizar o próprio pensamento do progresso a ponto de fazer com que chegasse até eles, esses grupos tendem, ao contrário, a jogar a culpa de sua situação sobre aquele princípio da mobilidade. É como se, por exemplo, os culpados pelo empobrecimento dos camponeses fossem os vendedores ambulantes, porque afinal lhes vendem, por valores irrisórios, mercadorias igualmente insignificantes. Não sei realmente se os filósofos, de modo geral, têm sido – ou se continuam a ser hoje em dia – um pouco como esses vendedores ambulantes, mas creio que seria melhor que nós, filósofos, admitamos ainda possuir algo do vigor desses vendedores, em vez de nos comportarmos como velhos sábios que, dirigindo-se às montanhas, adotam o gesto daquele ermitão que, para usar aqui as belas palavras de Degas, sabe a que horas parte o próximo trem.[241]

Ainda sobre a acusação de que a dialética seria destituída de sustentação. Precisamente na admissão de que o pensamento tenha de possuir um chão firme, que não deve ser subtraído sob nenhuma circunstância, está a pressuposição da dadidade [*Gegebenheit*] de um absolutamente primeiro, bem como do pri-

---

241 Nas *Noten zur Literatur* (*Notas sobre a literatura*) (Cf. GS 11, p.120), Adorno fornece para essa declaração de Valéry a seguinte referência: Paul Valéry, *Tanz, Zeichnung und Degas*. Transmitido por Werner Zemp, Berlin, Frankfurt a.M. (1951), p.129. "Mais um desses ermitões que sabem o horário dos trens" [Ed. bras.: Adorno, *Notas sobre a Literatura* I. Trad. Jorge de Almeida. São Paulo: Editora 34, 2003, p.159]. Uma outra tradução fornece a citação no contexto seguinte: "Numa reunião se falou muito elogiosamente sobre Moreau, da sua vida reservada, a qual, tal como pretendeu dizer um dos presentes, seria uma verdadeira vida de eremita, (mas um eremita) que conhece o horário de partida dos trens (completou Degas)." (Hans Graber, *Edgar Degas nach eigenen und fremden Zeugnissen*, Basel, 1942, p.102*ss*.).

Introdução à dialética

mado desse [elemento] primordial – pressuposição que tentamos criticar. O pensamento dialético tem de se posicionar a respeito disso. Não existe nenhum solo de sustentação para a filosofia – em todo caso, não para a filosofia hoje. Assim como a sociedade atual não poderia ser compreendida a partir de seus assim chamados fundamentos naturais, tampouco poderia, por exemplo, a agricultura decidir sobre a organização da sociedade contemporânea. Antes, a verdade é, ela mesma, verdade em movimento, na qual os momentos originários, como são chamados, emergem como momentos, como momentos do arcaico, da rememoração [*Erinnerung*], ou como quer que vocês desejem designá-los. Em todo caso, não se deve atribuir a eles uma substancialidade superior, quer sob um ponto de vista metafísico, moral ou lógico. O núcleo de um pensamento, aquilo que nele é efetivamente substancial, aquilo por meio do que um pensar se ratifica como verdadeiro e não como simples tolice, este núcleo não consiste no solo sobre o qual se estabeleceria de maneira inabalável. Tampouco se trata de uma tese, concretamente falando [*dinghaft*], a ser extraída, para a qual se poderia apontar o dedo e dizer: "Ora, vejam, aí está o que procurávamos: é isto o que ele defende, esta é sua opinião, aí está seu pensamento, e ele não pode fazer nada diferente, Deus o ajude."[242] Isso tudo são representações acerca do teor da filosofia que fo-

---

[242] "Aqui estou eu, não posso fazer nada diferente, Deus me ajude, amém." Com essas palavras, Lutero teria concluído, em 18 de abril de 1521, seu discurso de defesa durante a Dieta de Worms, no qual ele se recusava a retratar-se de sua doutrina. A autenticidade da citação é controversa. Tendo em mãos o protocolo do discurso, somente a conclusão, "Deus me ajude, amém", pode ser atestada. (Cf. *Deutsche Reichakten unter Kaiser Karl V.*, editado por A. Wrede, Bd.2, n.80, Gotha, 1896).

ram, por seu turno, obtidas sob coerção da consciência moral, sob a compulsão [*Nötigung*] nos seres humanos para reconhecer de que lado alguém de fato está, e nas quais está presente também a pressuposição de que um pensamento será responsável e verdadeiro se e somente se as pessoas que o pronunciam numa dada ocasião // puderem ser responsabilizadas por ele diante de uma agremiação ou comissão qualquer. Em outras palavras, está presente aí a negação daquele momento da liberdade do pensamento que constitui a atmosfera do movimento filosófico do conceito. O cerne ou a substancialidade de um pensar é a fonte latente de energia de onde o pensamento haure sua força, a luz que recai por meio do pensamento sobre os objetos, mas não é algo objetivo [*Gegenständliches*] a ser tomado de maneira firme como se fosse uma coisa, diante da qual poderíamos, digamos assim, fazer um juramento. E, como vimos, há o "*idole d"échelle*", cuja verdade residiria afinal na exigência de que o pensamento deve, de algum modo, ser capaz de prestar contas a cada instante acerca do solo em que se apoia, acerca daquilo que constituiria seu cerne coisal [*dinghaft*]. Em vez disso, deveríamos ver esse momento substancial como algo que se encontraria atrás, uma fonte de força, e não uma espécie de tese ou coisa que pudesse ser apreendida por um simples exercício de "controle" [*Kontrolle*]. Eu não quero aqui cometer injustiça ao conceito de controle, e creio que vocês já terão percebido que as noções de dialética que procurei até agora explicitar de fato não equivalem a elucubrações tolas e indômitas, que esqueceriam tudo o que a filosofia crítica elaborou em termos de rigor [metodológico]. Tais noções de dialética não correspondem a isso, na medida em que decorrem propriamente do pensamento crítico – na verdade, da crítica filosófica elevada até a mais extrema autoconsciência. Gostaria novamente de recordar que o conceito de filosofia, do qual nós nos ocupamos aqui, não deve ser um conceito isolado, um conceito de especialista, mas deve, antes, significar algo para o próprio trabalho vivo de vocês. Porém, gostaria também de lhes fazer perceber que esse conceito de controle, do rigor intelectual, que desempenha para a dialética um papel muito importante, atravessou ele mesmo consideráveis transformações. Originalmente, // o controle – e, na verdade, o possível controle de cada um sobre todas as coisas, portanto, de todos aqueles que em geral possuíssem razão – pretendia libertar o pensamento da tutela dogmática; ele pretendia ou devia evitar que os seres humanos se deixassem persuadir por asseverações quaisquer. Ele se dirigia, acima de tudo, contra os elementos centrais da argumentação teológica, que recorria, por exemplo, a milagres, e contra a qual introduziu-se então com veemência a possibilidade do controle empírico ou racional. Hoje em dia, no entanto, o conceito de controle intelectual teve amplamente – eu não gostaria de dizer absolutamente – subvertida sua função. Desembocou na ideia de que o pensamento que não se adapta – portanto, o pensamento que não se deixa verter por um caminho gradativo de conhecimento, por um caminho já trilhado, ou ainda o pensamento que não possa ser compreendido por qualquer um e a qualquer momento – de que esse pensamento não deveria, em certa medida, ser pensado. O princípio da continuidade [*Stetigkeit*] [na formação] do conhecimento estabelece basicamente que devemos pensar sempre apenas o que já é conhecido em geral, submetendo-o a variações, em transição infinitesimal para algo novo. Ora, procedendo assim, são justamente negados aqueles momentos de ruptura da verdade e do conhecimento que se enraízam nos momentos de ruptura do próprio mundo enquanto tal – e que formam o objeto do verdadeiro conhecimento. Seja-me permitido dizer ainda, mesmo correndo talvez o risco de me colocar em contradição a certas regras "democráticas" do jogo de produção do conhecimento, que também me parece extraordinariamente problemática a ideia segundo a qual, na *universitas litterarum*, na república das letras [*Gelehrtenrepublik*], cada um precisaria comprovar todo e qualquer pensamento, ao menos dentro de sua especialidade; e que, digamos assim, cada realização intelectual deve ser avaliada, quanto à verdade ou à sua dignidade, de acordo com o número de pareceres com os quais os pares, no respectivo âmbito de especialização, pronunciam-se positivamente acerca do argumento em questão. Tal ideia me parece problemática, porque a consciência à qual neste processo se recorre como critério de verdade, // já consiste, por seu turno, numa consciência pré-formada pelos mecanismos sociais de adaptação. E tal consciência tende, num grande número de casos, justamente a eliminar aquilo que na realidade há de essencial ao pensamento – ainda que também não tenha qualquer garantia de que o pensamento que não se adapte a tais diretrizes irá alcançar necessariamente a verdade. Pois justamente sob o signo do controle teórico [*Denkkontrolle*], que se tornou entrementes universal, tudo aquilo que não se coaduna com ele tenderia a ser reduzido como apócrifo, desviante e, em casos extremos – como no caso do psicanalista recentemente falecido Wilhelm Reich,[243] origi-

---

243 Wilhelm Reich (1897-1957) foi psiquiatra, psicanalista, pesquisador em sexologia e sociólogo. Reich, o qual já com 23 anos era atuante como psicanalista em Viena, por causa de seus esforços por uma síntese do marxismo com a psicanálise, é considerado como fundador do freudomarxismo. Em *Psicologia de Massas no fascismo*, de

Introdução à dialética

nalmente bastante talentoso –, paranoia ou mesmo impostura. Nós nos encontramos aqui numa antinomia que deve ser levada muito a sério, a saber: por um lado, o pensamento se esgota na cega repetição daquilo que existe e já é conhecido, ou seja, esgota-se na conformidade [*Konformität*]; e, por outro lado, o pensamento, ao se subtrair do rigor [metodológico], corre o risco de se tornar efetivamente descontrolado, acabando por se transformar, digamos, num sistema delirante. E, considerando os sintomas de dissociação espiritual, de esquizofrenia coletiva, que hoje podemos observar em várias dimensões de nossas vidas, essa tendência não é, seguramente, a mais inofensiva e merece ser considerada, assim quero acreditar, de maneira muito séria.

O novo é, na verdade, sempre o salto qualitativo, para designá-lo ao modo de Hegel,[244] porém não o salto qualitativo no

---

1933, ele tenciona explicar o fascismo como uma neurose de massas, a qual resulta da repressão de impulsos autoritariamente inoculada pela educação na família patriarcal. Tais teses acerca do caráter fascista conduziram-no, ainda no mesmo ano, à exclusão do partido comunista da Alemanha e, no ano seguinte (1934), à exclusão da liga psicanalítica internacional. Nos anos 1930, durante os quais a fuga de Reich ante o fascismo o fez passar pela Dinamarca, pela Noruega e, finalmente, a ir para os Estados Unidos, na *New School for Social Research* (Nova York), tomou o lugar da análise de caráter uma teoria biologicamente equipada, cujo centro constituía a hipótese de uma energia específica, do *órgon*, como aquilo que é propriamente vivo no ser humano. Essa teoria esbarrou quase que por toda parte com rejeições. Uma proibição jurídica, decretada nos Estados Unidos em 1955, contra as pesquisas "orgonômicas" e as formas de terapia a ela associadas conduziu, finalmente, à condenação de Reich a dois anos de reclusão, em cujo decurso ele veio a falecer, no ano de 1957.

244 O salto qualitativo, ou o salto da quantidade para a qualidade, é uma das figuras centrais da teoria dialética de Hegel. Tornaram-se céle-

sentido de um pensar que se dá aos sobressaltos [*sprunghaft*], mas antes o salto qualitativo ocasionado pela insistência diante do objeto mesmo. Ao expressá-la dessa maneira, essa posição necessariamente se opõe – diria até que em extremo oposto – à adoção de um ponto de vista novo ou distinto. Como falei da mobilidade do pensamento e defendi essa mobilidade, talvez eu precise acrescentar o seguinte, a fim de salvaguardar essa afirmação de mal entendidos: aquilo que quero dizer com "mobilidade do pensamento" não consiste na alteração do que se denomina como "ponto de vista", mas sim na própria mudança refletida do ponto de partida [*Einsatzpunkt*] que fora adotado pelo pensamento, e isso sempre segundo o critério de que esses pensa-

---

bres as formulações que ele escolheu no prefácio à *Fenomenologia do espírito* para descrever a relação entre desenvolvimento contínuo e salto: "Aliás, não é difícil ver que nosso tempo é um tempo de nascimento e trânsito para uma nova época. O espírito rompeu com o mundo de seu ser-aí e de seu representar, que até hoje durou; está a ponto de submergi-lo no passado, e se entrega à tarefa de sua transformação. Certamente, o espírito nunca está em repouso, mas sempre tomado por um movimento para a frente. Na criança, depois de longo período de nutrição tranquila, a primeira respiração – um salto qualitativo – interrompe o lento processo do puro crescimento quantitativo; e a criança está nascida. Do mesmo modo, o espírito que se forma lentamente, tranquilamente, em direção à sua nova figura, vai desmanchando tijolo por tijolo o edifício de seu *mundo* anterior. Seu abalo se revela apenas por sintomas isolados; a frivolidade e o tédio que invadem o que ainda subsiste, o pressentimento vago de um desconhecido são os sinais precursores de algo diverso que se avizinha. Esse desmoronar-se gradual, que não alterava a fisionomia do todo, é interrompido pelo sol nascente, que revela num clarão a imagem do mundo novo." (Hegel, *Werke*, Bd.3: *Phänomenologie des Geistes*, p.18 e seguinte.) [Ed. bras.: p.26].

mentos tenham de se referir ou ao contexto em que se encontra o singular ou ao próprio singular. Porém, a essência da filosofia – e creio que a respeito disso os filósofos mais significativos desde Hegel estiveram de acordo – parece-me consistir precisamente na recusa do conceito de ponto de vista, e que popularmente predomina quando se representa a filosofia como visão de mundo [*weltanschaunlich*]. Assim, em vez de tal ponto de vista trazido de fora, o que existe é a coerção do movimento da coisa [*Sache*], algo que também está presente na doutrina cartesiana do progresso gradual do conhecimento que leva de um ponto a outro. O movimento do pensamento, o momento dinâmico nele, está também contido naquele axioma cartesiano que eu havia criticado. Eu apenas me desobriguei da referência a esse momento positivo porque considero isso quase evidente. Também Descartes sabia, por óbvio, que o conhecimento é processo, não um simples e imediato aperceber-se [*Gewahrwerden*]. Ele, contudo – e este é o elemento propriamente burguês em sua posição, aquilo que se me afigura como o não verdadeiro –, apenas compreendeu o movimento do pensamento, o qual realmente viu e concebeu, sob a imagem de algo fixo, estático; e o símbolo da escada, empregado aqui, e do qual De Maistre fez troça, é o sinal de que a própria dinâmica lhe aparece ainda em uma forma estagnada, de que ela aparece como se fosse, em si mesma, coisal [*Dinghaftes*], estacionária. Aliás, essa estagnação da dinâmica, essa transformação em coisa estática, curiosamente sempre esteve na própria história da filosofia, até mesmo em seus representantes, digamos, mais "dinâmicos" – de Heráclito a Hegel. // E se a dialética deve ir além de Hegel nalgum aspecto decisivo, então seria precisamente esse que acabo de delinear.

//16ª Aula [17/07/1958]

Minhas senhoras e meus senhores,

Eu gostaria hoje de me dedicar ao último postulado cartesiano e à sua relação com a dialética, quer dizer, ao postulado da completude e, com isso, ao problema do sistema. Até agora, tal questão realmente não ocupou tanto nossas considerações sobre a dialética, embora seja inquestionável que, se tomamos de maneira séria e detalhada o pensamento sobre a força do todo, então o pensamento do sistema, enquanto aquilo que se constitui como a única garantia da verdade, não pode ser eliminado – ao menos não da concepção hegeliana de dialética. Entretanto, pretendo agora lhes chamar a atenção para esta questão à qual nos dedicaremos em nossos próximos encontros, e para a qual não tenho nenhuma resposta definitiva: o que acontece com a concepção de dialética quando o conceito de sistema passa a ser visto como realmente problemático? O quarto dentre os axiomas de Descartes, a última regra, diz o seguinte: "fazer em toda parte enumerações tão completas e revisões tão gerais [*Übersichten*] que eu tivesse a certeza de nada omitir".²⁴⁵ Creio que, se vocês desejam ter clareza acerca do que em geral se entende sob o termo "racionalismo", e caso queiram ter presente aquele momento que foi caracterizado como o elemento dogmático do racionalismo, sobretudo na crítica que foi feita por Kant,²⁴⁶ então encontrarão uma percepção muito concreta disso – em seu núcleo duro, digamos – justamente nessa proposição de Descartes. E assim não precisarão se resignar a caracterizações genéricas das assim chamadas orientações fundamentais da filosofia. Pois, no âmago dessa exigência proposta por Descartes, está uma pressuposição dogmática de modo nenhum evidente. Trata-se da pressuposição segundo a qual, // para alcançarem aquela completude que Descartes considera como sendo o critério propriamente dito para um conhecimento vinculante, vocês deverão estar seguros de que os elementos que têm à sua disposição também sejam de fato já completamente conhecidos. Porém, essa pressuposição vale apenas sob condições bem específicas, entre as quais as mais óbvias seriam as da matemática. Eu não gostaria aqui de me perder em questões atinentes aos fundamentos da matemática. Ainda assim, creio que, principalmente desde a introdução da

---

245 Descartes, *Abhandlung über die Methode*, op. cit., p.215. [Ed. bras.: p.13].
246 Kant criticou o racionalismo, tal como esse se lhe apresentava na figura da metafísica de Wolff, enquanto dogmatismo, e isso no sentido de uma "presunção de seguir por diante apenas com um conhecimento puro por conceitos (conhecimento filosófico), apoiado em princípios, como os que a razão desde há muito aplica, sem se informar como e com que direito os alcançou. O dogmatismo é, pois, o procedimento dogmático da razão *sem uma crítica prévia da sua própria capacidade.*" (Kant, *Kritik der reinen Vernunft*, op. cit., p.31). [Ed. port.: Kant, *Crítica da razão pura*. Trad. Manuela Pinto dos Santos e Alexandre Fradique Morujão. Lisboa: Fundação Calouste Gulbenkian, 2001, p.56].

teoria de conjuntos [*Mengenrechnung*], também na matemática isso há tempos não vem sendo mais tão óbvio assim. Em todo caso, pode-se dizer que esse axioma da completude somente deve ser pressuposto quando podemos contar com multiplicidades definidas. Além disso, um conhecimento em geral apenas poderia comportar-se segundo tal procedimento, se ele ou possuísse a garantia de que, abstraindo-se dos elementos sobre os quais esse axioma da completude opera, não poderiam ser acrescentados outros ao conhecimento; ou então se ele arbitrariamente, a partir de uma espécie de resolução, pudesse eliminar o aparecimento de elementos ulteriores, limitando-se de antemão ao ordenamento daquilo que se estabeleceu desde o primeiro momento. Em outras palavras, caso vocês apliquem esse axioma da completude fora dos limites do mais estrito âmbito matemático, para o qual ele fora concebido, constatarão uma coisificação [*Verdinglichung*] do conhecimento, naquele sentido em que eu poderia ilustrar talvez com o seguinte exemplo, embora já tenhamos discutido, de maneira até que frequente, o conceito de coisificação: entre o objeto do conhecimento e o próprio conhecimento estaria se interpondo um terceiro termo, em certo sentido um ordenamento, um princípio forjado arbitrariamente pelo sujeito e que é como que colocado sobre a coisa, uma espécie de esquematismo que interrompe – e, caso queiram, faz estancar // – a experiência imediata, a relação imediata do conhecimento com seu próprio objeto. Portanto, esse princípio da completude – imediatamente idêntico ao princípio de uma sistemática abrangente – somente pode ser aplicado de maneira consequente caso já se tenha decidido de antemão, por meio de um ato arbitrário do conhecimento, que se deve conhecer até aqui, detendo-se precisamente neste ponto, não sendo permitido ir mais adiante. Quero dizer que somente poderá ser aplicado se já estiver instituído, neste material preparado por um ato de economia do pensamento, um ordenamento semelhante. Se vocês não fizerem essa restrição, ou seja, se não tiverem aceitado o requisito da completude, então o axioma da completude se tornará mero dogma. Quer dizer, pressupõe-se, como pura e simplesmente vigente, que o espírito, a consciência cognoscente, a partir de si mesma, poderia se tornar segura, de um modo por assim dizer mágico, de que todos os elementos cuja unidade ela tem de estabelecer, todos os elementos que o conhecimento tem de enfeixar sob si estariam, na verdade, também já dados de maneira completa e não lacunar.

Vocês podem, caso assim desejem, considerar o esforço do idealismo pós-kantiano – e, paradoxalmente, até mesmo o esforço do próprio Hegel – como uma tentativa de solucionar esse dilema, de acertar as contas com essa extraordinária dificuldade. Mais especificamente, isso foi buscado ao se alinhavar o próprio material que se apresenta ao conhecimento – portanto, aquilo de que não podemos estar previamente seguros como algo disponível à sistemática [do pensamento] – também enquanto algo que emanaria, por seu turno, da própria consciência. Trata-se da tentativa de deduzir da própria consciência o material sobre o qual aquele mesmo ordenamento deveria de fato encontrar sua implementação. E isso ocorreu de tal maneira que, num certo sentido, a intenção do idealismo alemão radical poderia ser vista como a de dissolver a objetividade completamente na subjetividade, ou falando de maneira mais enfática, de dissolver completamente o ente na

Introdução à dialética

absolutez [*Absolutheit*] do espírito. E é precisamente por isso que tal intenção encontraria de fato sua justificativa naquele motivo sistemático – ou seja, naquele motivo que fora estipulado por Descartes de maneira meramente dogmática –, a saber: justificar esse tipo específico de completude, em certa medida, por meio da construção do conhecimento, por meio da própria fundamentação da teoria do conhecimento, determinando assim o conhecimento como inteiramente independente daquilo que estaria fora, quer dizer, como se já encerrasse tudo dentro de si, pela simples razão de que produziria tudo a partir de si. Contudo, neste ponto surge uma dificuldade – e somos aqui efetivamente arremessados, por assim dizer, de Cila a Caríbdis – que é a seguinte: a dificuldade de indicar qual seria o sentido do próprio conhecimento em geral, isto é, o que é que nós propriamente conheceríamos, se a quintessência [*Inbegriff*] do conhecimento não fosse outra coisa senão a própria quintessência do [que já é] conhecido. Em outras palavras, a questão aqui reside em saber se essa identidade, a rigor consumada, não transformaria propriamente todo conhecimento simplesmente numa tautologia. E, na medida em que o conhecimento apenas reproduziria a si mesmo, a questão seria então saber se não ficaria arruinado aquilo a que ele precisamente se propõe, ou seja, o conhecimento de algo a que ele não é propriamente idêntico. Hegel tentou também, tal como sugeri anteriormente, resolver esse problema, ao afirmar, em cada momento singular, a não identidade, a incomensurabilidade entre sujeito e objeto, fazendo precisamente dessa contradição – e, com efeito, dessa incomensurabilidade entre juízo e a coisa [*Sache*] visada, e do necessário malogro do juízo singular, que afirma tal identidade – o motor que levaria o juízo singular para além de si mesmo e que constituiria verdadeiramente o sistema num sentido oniabrangente [*allumfassend*].[247]

Eu não gostaria de me ocupar agora dessa ideia, mas preferiria dizer algo a respeito de como tem de se portar um pensar dialético criticamente consciente dos problemas colocados a esta altura, caso realmente não se queira estipular dogmaticamente essa completude dos elementos do conhecimento. Gostaria, portanto, de falar sobre como nós poderíamos nos assegurar da completude de nosso conhecimento, se não sabemos se, naquilo que já nos está dado, não emergirão, no decurso do próprio processo cognitivo, inapelavelmente novos elementos. Pois cada objeto guarda dentro de si realmente uma infinidade // de aspectos, de maneira que nem seria necessário que algo essencialmente novo se acrescentasse, já que a coisa mesma [*Sache*] sempre apresenta elementos novos a cada instante. Como devemos então nos portar, eu dizia, caso não queiramos, por um lado, proceder de maneira não conceitual [*begriffslos*], caso não desejemos simplesmente, de maneira obstinadamente empirista, delegar-nos àquilo que se apresenta a cada vez como novo, nem tampouco pretendamos renunciar propriamente a todo conhecimento? Eu diria quanto a isso que não se deve ambicionar a completude do conhecimento, mas tampouco se deve isolar os atos cognitivos singulares, assimilando-os como algo em si estático e em certa medida desconectado [*Unverbundenes*], ao qual não seria intrínseca nenhuma relação com o todo. E a dialética é – me perdoem a expressão um pouco imprecisa – um truque ou um expediente, uma tentativa por meio da qual a quadratura do círculo, que lhes é designada nesse problema,

---

[247] Ver nota 316, p.507-8.

talvez possa ser realmente solucionada. Eis por que toda a dialética é, enquanto tal, propriamente a tentativa de resolver o paradoxo da identidade na não identidade, de maneira que não fique estagnada, de forma que se desdobre a si mesma, que se mova adiante em seus elementos. Eu diria, entretanto, que é propriamente a tarefa do pensar filosófico estabelecer modelos, em vez de tudo enfeixar [*umgreifen*] e de se deixar seduzir por quimeras, como, por exemplo, pela ideia de não deixar nada escapar, a qual se associa muito intimamente àquele pedantismo pequeno-burguês do pensamento absolutamente contínuo, que procede por etapas e do qual falei em nosso último encontro. De fato, importa à filosofia propriamente construir modelos, e se eu, da última vez, havia formulado essa posição a ponto de ter mencionado que a substância de uma filosofia ou de um pensamento não consiste em suas assim chamadas teses ou declarações específicas, mas antes na fonte de luz que pende como que por detrás desse pensar e que recai sobre os respectivos momentos objetivos singulares, então isso se aplica justamente ao que estou dizendo neste instante, isto é, que essa fonte, // esse feixe de luz incide de fato sobre objetos singulares, sobre objetos determinados, que ele então destaca – sendo nisso a dialética, caso queiram, aparentada de fato com o positivismo. Porém, ao contrário do positivismo, isso ocorre de tal maneira que, partindo do que é conhecido de modo determinado, a luz também irradia, ou seja, reflete sobre todos os outros objetos que em geral há [para se conhecer]. E eu quase poderia dizer que constitui um critério da verdade filosófica, em oposição à limitada noção de correção [*Richtigkeit*], associada à mera constatação [de fatos], o quanto de luz ela é capaz de espraiar, partindo do que é conhecido de maneira determinada, sobre todo outro elemento a ser conhecido – o quanto de luz, em certo sentido, é induzido propriamente a se alastrar, a partir do centro de força do conhecimento, por sobre nossa função cognitiva enquanto tal. Eu diria que é esta intenção de "permitir que se lance luz sobre algo", partindo-se do conhecimento determinado – e não a intenção de meramente subsumi-lo sob um conceito superior, que se talha mais ou menos ao modo da administração –, que me parece ser propriamente aquilo que importa no pensar filosófico.

Talvez não seja inútil mencionar que aquilo que estou dizendo, e que a muitos de vocês talvez pareça ousado, encontra-se, em certo sentido, nas teorias do conhecimento de dois dos mais influentes pensadores da geração anterior. Penso que a ambos, de alguma maneira, também ocorreu que não era possível continuar com o conceito de sistema em sentido tradicional, mas, de outro lado, a mera subsunção do singular sob conceitos universais [*Allgemeinbegriffe*], a mera classificação daquilo que está dado em cada caso, também não era suficiente. Refiro-me a dois pensadores que, do ponto de vista da influência por eles exercida, e também sob a perspectiva das posições que foram de fato por eles articuladas, tinham muito pouco a ver um com o outro, mas em cujas doutrinas eu talvez deva aqui adentrar por um instante, a fim de lhes comprovar o seguinte: aquilo que eu disse antes, de um modo extremo, realmente não é como que um impulso que cai do céu por acaso, mas antes se encontra claramente prenunciado na forma [*Gestalt*] contemporânea de pensar, ainda que apenas como potencial. Estou me referindo, de um lado, ao conceito de "tipo ideal" em Max Weber // e, de outro lado, ao conceito de essência, tal como foi proposto por Edmund Husserl, em seguida ampliado em seu uso pela fenomenologia a outros âmbitos materiais e conteúdos. O conceito de "tipo ideal", em Max Weber, é a tentativa de ter êxito teórico sem recorrer ao conceito de sistema – e Max Weber não possuía realmente um sistema. Vocês não encontrarão de jeito nenhum, na teoria presente em *Economia e sociedade*, um conceito universal abrangente de "sociedade", por exemplo. Max Weber teve, apesar disso, necessidade de ir além da constatação científica e isoladora de elementos singulares, e seu conceito de compreensão [*Verstehensbegriff*] é de fato um conceito antipositivista, o que também foi criticado por outros sociólogos.[248] Pois, para Weber, compreender algo já significava realmente não deixar um fato permanecer como mero fato, mas antes tornar esse fato, justamente na medida em que o compreendo – a saber, na medida em que determino nele um sentido –, compreensível por meio de outro, de algo que não é ele mesmo. Com efeito, foi justamente com respeito a isso que Max Weber introduziu o peculiar conceito de tipo ideal, que deve ter a função, implementada de maneira bastante

---

248 Em outro lugar, Adorno atribui essa crítica ao conceito weberiano de compreensão (*Verstehensbegriff*) aos representantes da pesquisa social empírica: "A pesquisa social empírica, como um todo, radicaliza-se polemicamente não apenas contra a especulação proveniente da filosofia social, mas também contra as categorias centrais da sociologia mais antiga, ela própria já amplamente orientada de maneira empírica, como por exemplo a (sociologia) compreensiva (*Verstehen*)" (Cf. Adorno, *Empirische Sozialforschung*, GS 9.2, p.327-60; aqui, a p.357). Também Karl Mannheim (ver nota 9 à 18ª aula) teria fundado sua compreensão da formação de conceitos nas investigações sociológicas, sob a influência da sociologia positivista estadunidense, em contraste com a teoria weberiana (bem como com a dialética histórica) (Cf. Adorno, *Neue wertfreie Soziologie*, GS 20.1, p.16).

concreta, de designar aquilo que acabei de mencionar, ou seja, de designar o universal sob o qual recai o particular, sem que tenha de ser afirmado aí que essa relação esteja efetivamente vigorando; ao contrário, esse conceito deveria ser um instrumento meramente heurístico – de dimensionar, por exemplo, os fenômenos individuais, digamos, as formas econômicas individuais [*Wirtschaften*] segundo o tipo ideal "capitalismo", reestruturando conceitualmente, com isso, essas formas. E o tipo ideal, ao produzir esse ordenamento, por mais que venha a ser refutado pela facticidade, seria como o célebre Mohr, de Schiller, que depois de cumprir sua incumbência, pode ser dispensado e ir embora.[249] Ademais, o número de tipos ideais seria em princípio infinito: tal como consta em Max Weber, posso formar tantos tipos ideais como me aprouver. A meta aqui é, na verdade, simplesmente uma meta prático-científica de organização.[250] Assim, vocês podem perceber como Weber

---

249 "Mohr (afastando-se). O Mohr cumpriu seu trabalho (*Arbeit*), ele já pode ir." (Friedrich Schiller, *Die Verschwörung des Fiesco zu Genua* (A conspiração de Fiesco em Gênova), 3º extrato, 4ª entrada; in: Friedrich Schiller, *Sämtliche Werke*, Bd. *Gedichte, Dramen I*, editado por Gerhard Fricke und Herbert Göpfert, Darmstadt, 1984, p.704) – A substituição de "trabalho"(*Arbeit*) por "incumbência" (*Schuldigkeit*) na forma de citação da frase é algo comum.

250 "Na teoria econômica abstrata temos um exemplo dessas sínteses a que se costuma chamar de 'ideias' dos fenômenos históricos. Oferece-nos um *quadro ideal* dos eventos no mercado dos bens de consumo, no caso de uma sociedade organizada segundo o princípio da troca, da livre concorrência e de uma ação estritamente racional. Este quadro de pensamento reúne determinadas relações e acontecimentos da vida histórica para formar um *cosmos* não contraditório de relações *pensadas*. Pelo seu conteúdo, essa construção reveste-se do caráter de uma *utopia*, obtida mediante a acentuação *mental* de determinados ele-

tentou, de modo realmente abrangente, empregar um tipo [*Typus*] de pensar que se aproxima muito do conceito de modelo, // como eu há pouco o introduzi. Porém, Weber possuía de fato uma compreensão fundamentalmente positivista, o que significa que o universal para ele permanecia, em contraposição ao particular, uma abreviatura para unidades de atributos. Ele jamais considerou que o universal pudesse estar tão essencialmente inserido no particular – como nós estamos tentando compreender aqui de maneira fundamentalmente epistemológica. Eis por que, em virtude disso, o universal, este raio de luz e, portanto, o conhecimento disso que no fenômeno propria-

---

mentos da realidade. A sua relação com os fatos empiricamente dados consiste apenas em que, onde quer que se *comprove* ou se *suspeite* que determinadas relações – do tipo das representadas de modo abstrato na citada construção, a saber, dos acontecimentos dependentes do 'mercado' – chegaram a atuar em algum grau sobre a realidade, podemos *representar* e tornar *compreensível* pragmaticamente a *natureza particular* dessas relações mediante um *tipo ideal*. Esta possibilidade pode ser valiosa, e mesmo indispensável, tanto para a investigação como para a exposição." (105) Em conexão com o exemplo do tipo ideal ou de uma ideia da cultura capitalista, Weber expõe adiante: "Ocorre que é possível, e deve mesmo considerar-se como certo, formular muitas e mesmo inúmeras utopias deste tipo, das quais *nenhuma* se pareceria com outra, das quais *nenhuma* poderia ser observada na realidade empírica como ordem realmente válida numa sociedade, mas *cada uma* das quais pretenderia ser uma representação da 'ideia' da cultura capitalista, e cada uma das quais *poderia* realmente pretender, na medida em que selecionou características da nossa cultura *significativas na sua especificidade*, reuni-las num quadro ideal homogêneo." (Max Weber, *Die "Obejektivität" sozialwissenschaftlicher und sozialpolitischer Erkenntnis*, op. cit., p.190 e 192. [Ed. bras.: Weber, "A 'objetividade' do conhecimento nas ciências sociais". In: *Max Weber – Sociologia*. Coleção "Grandes Cientistas Sociais". Trad. Gabriel Cohn. São Paulo: Ática, 2003, p.105-7].

mente é o essencial, transformou-se para ele em mera operação auxiliar, sobre a qual não se deposita qualquer confiança, permanecendo inteiramente carente-de-substância [*etwas Substanzloses*]; e uma vez que seu objeto, a própria universalidade que abarca o particular, deve ser algo carente-de-substância, a universalidade acaba afinal por ser eliminada. Em outras palavras, o conceito de modelo, enquanto conceito epistemologicamente robusto, acaba sendo revogado por Max Weber, porque o modelo de seu conhecimento é um modelo pré-dialético, estruturado a partir da lógica tradicional.

Algo aparentado com isso – caso assim desejem caracterizar – ocorre na fenomenologia de Edmund Husserl, ao menos nesse ponto que, de resto, tem ainda inumeráveis facetas com as quais não podemos lidar agora. Mais especificamente, Husserl sustentava ser possível, a respeito de um objeto individual, depreender intuitivamente sua pura essência, sua *quidditas* – o que o torna aquilo que ele propriamente é –, por meio da eliminação dos elementos contingentes desse objeto, sem precisar recorrer a uma diversidade de objetos deste tipo e sem abstrair o que houvesse de comum entre eles. Portanto, do mesmo modo como vimos em Weber, Husserl parece ter notado – aliás, de maneira inteiramente correta – que o conceito, aquilo que unicamente nos permite lançar luz sobre o singular e compreendê-lo efetivamente em sua essencialidade, compreendê-lo naquilo que ele propriamente é, não pode ser o conceito ordenador [*Ordnungsbegriff*], sob o qual uma série de objetos pode ser assimilada em termos de uma unidade puramente formal. No entanto, também Husserl – neste ponto de modo muito semelhante a Max Weber – acabou recuando antes de dar o passo decisivo // em direção à dialética. Ele permaneceu orientado pela lógica tradicional na medida em que

Introdução à dialética

também ele considerou aquilo que eu extraio intuitivamente da observação do singular – portanto, aquilo que seria a essência, o que se ilumina a mim ou, de certo modo, aquilo que chamei acima de modelo, enquanto a maneira por meio da qual se me aparece o objeto singular – como sendo o conceito geral [*Allgemeinbegriff*] desse objeto. Ele não teve outra representação da própria essência a não ser o conceito geral sob o qual os objetos individuais podiam ser assimilados; e acreditou que, segundo um modo de conhecimento semelhante ao [que chamei de] modelo, este universal me é revelado no singular, mas entendeu tal universalidade no sentido da lógica classificatória habitual. Em virtude disso, no quadro de sua própria doutrina da essência, acabou se precipitando em grandes dificuldades, pois justamente este universal, proveniente da lógica extensional [*umfangslogisch*] – ou seja, o conceito, a classe de ordenamento à qual são assimilados os momentos individuais – é, naturalmente, o que precisamente não posso, de modo nenhum, extrair apenas por observação do singular.

Se acaso vocês se puserem a pensar, por um instante, a respeito desse conceito de modelo, que tentei lhes sugerir – levando em conta que ele consiste na tentativa de permitir que se ilumine nos momentos singulares aquilo que, por sua vez, lança sua luz sobre um outro; e caso se disponham a avançar na consideração desse conceito, então compreenderão [*einsehen*] prontamente, como determinação necessária, que esses modelos [...][251] – aliás, o esboçar de tais modelos não quer dizer ou-

---

[251] Adorno parece aqui romper, em sua exposição oral, o fio argumentativo a fim de introduzir elementos de cunho autodescritivo. Retoma-o linhas depois, com a exposição da característica essencial do conceito de modelo. (N. T.)

413

tra coisa senão fazer filosofia. E devo confessar que realmente tudo que eu próprio faço filosoficamente, cada palavra que venho a publicar, não é a tentativa de tratar um campo qualquer em sua completude. Trata-se, antes, da tentativa de projetar modelos a partir dos quais possa fazer incidir, sobre um certo campo como um todo, uma luz de tipo tal que, por meio dela, aquele campo seja modificado ou determinado. Em minhas próprias investidas teóricas, tenham elas valor ou não, eu me oriento de maneira muito estrita por esse conceito de modelo. Poderão perceber também que naturalmente esse conceito de modelo terá sentido se ele cumprir a exigência de não estar isolado, quando ele efetivamente aponta para além de si, // isto é, quando cumpre a pretensão de que esse particular, aqui iluminado, seja também um universal. Essa questão do cumprimento da pretensão de universalidade pelo conhecimento particular e específico é o problema epistêmico específico – eu diria – perante o qual se encontra hoje o pensar dialético. Os modelos individuais não devem restar isolados uns dos outros,[252] como se fossem pequenos quadros dispostos lado a lado – tal como, aliás, foi dito criticamente acerca da fenomenologia, e se poderia também dizer dos tipos ideais de Max Weber. Mas isso só pode ser alcançado desde que não coloquemos esses modelos individuais sob um conceito superior, uma visão de mundo [*Weltanschauung*] ou um posicionamento geral, nem os compreendamos inseridos em um conjunto sistemático. A comu-

---

252 Adorno expõe essa mesma crítica na divisão Museu das ciências naturais, em sua *Metacrítica da teoria do conhecimento* (Cf. GS 5, p.219-21) [Ed. bras.: Adorno, *Para a metacrítica da teoria do conhecimento. Estudos sobre Husserl e as antinomias fenomenológicas*, op. cit., p.345-8].

nicação exigida entre tais modelos não envolve colocá-los sob o mesmo denominador, mas sim, tal comunicação deve ocorrer depois de escavarmos vias subterrâneas, ou ainda, depois de abrirmos sempre que possível em cada um desses conhecimentos individuais, os portões de acesso a tais galerias subterrâneas. Dessa maneira, esses modelos poderão se conectar entre si, subterraneamente – eu gostaria de dizer –, sem que tal conexão seja imposta pela arbitrariedade do pensamento ordenador. Tal conexão deve ser constituída a partir da complexidade da coisa mesma, uma vez que se trata de algo sobre o qual o ser pensante não tem poder algum. E eu quase poderia dizer que constitui um critério ulterior da verdade, um teste sobre a riqueza e o caráter obrigatório [*Verbindlichkeit*] do conhecimento, a questão de saber se essa comunicação entre os modelos individuais se estabelece por si mesma ou se deve ser produzida superficialmente. Quando escrevi em outra ocasião que seria uma espécie de teste para os trabalhos teóricos diligentes observar se eram capazes, digamos, como se fossem chamarizes, de atrair as citações para si mesmos, mobilizando-as em seu próprio entorno, cativando-as de modo a se aproximar deles, então eu pretendia designar exatamente essa circunstância.[253] // Eu diria, assim, que a coesão teórica, a coesão entre os conhe-

---

253 No aforismo "Atrás do espelho", de *Minima Moralia*, consta: "Os textos assaz elaborados são como as teias de aranha: densos, concêntricos, transparentes, bem arquitravados e firmes. Absorvem em si tudo quanto ali vive. As metáforas que esquivamente passam por eles convertem-se em presa nutritiva. A eles acodem todos os materiais. A solidez de uma concepção pode julgar-se segundo o recurso às citações." (*GS* 4, S. 97) [Ed. port.: Adorno, *Minima Moralia*. Trad. Artur Morão. Lisboa: Edições 70, 2001, p.37].

cimentos por modelos [*Modellerkentnisse*] – que resulta naquilo que, em tempos mais antigos, exigia-se do sistema – tem antes o caráter de um labirinto, e não propriamente de um sistema. Certa vez, formulei uma proposição, com a qual seguramente aqueles dentre vocês que chegaram a entrar em contato com tais discussões ficaram escandalizados, ou sobre a qual foram ao menos provocados a refletir incessantemente, a saber: "verdadeiros são apenas os pensamentos que não se compreendem a si próprios".[254] Ao ouvir isso, torna-se bem fácil retrucar algo como: "pois bem, observa-se bem isso no tipo de filosofia propugnado por você, pois essa filosofia realmente não entende a si própria." Eu não gostaria de tirar de ninguém a alegria por um *aperçu* como esse, mas gostaria exprimir, da maneira mais precisa, algo que poderia servir como uma espécie de interpretação dessa frase. Talvez vocês vejam aí também que tais proposições não são ditos espirituosos ou frases cortantes, como provavelmente se lhes afigurou. Pois são frases que possuem um lugar preciso na continuidade das ideias que estou apresentando. O que eu queria dizer com essa frase, na verdade, era que somente são verdadeiros os pensamentos cuja comunicação com outros se estabelece a partir de sua gravidade própria, não aqueles que, ao se colocarem sob um conceito superficial, classificados, subsumidos sob um conceito universal abstrato, determinam-se de antemão como mero "caso especial", ou como mero exemplo de algo universal. Pois naturalmente, assim pro-

---

254 No aforismo "Monograma" de *Minima Moralia*: "Só são verdadeiros os pensamentos que a si mesmos não se compreendem" (*GS* 4, S. 218) [Adorno, *Minima Moralia*. Trad. Artur Morão, op. cit., p.184].

Introdução à dialética

cedendo, ficaria perdido aquele detalhe que transforma um conhecimento em um conhecimento efetivo.

A fim de tornar um pouco mais sugestivo, com uma analogia literária, o que quero dizer com esse peculiar caráter labiríntico do conhecimento, o qual me parece hoje incontornável para o conhecimento propriamente dito, isto é, que seja coeso [*verbunden*] e ao mesmo tempo não sistemático, creio // que o romance kafkaniano, ou mesmo a obra de Kafka como um todo, teria neste ponto uma função epistemológica bastante precisa. Se me permitem uma observação para aqueles dentre vocês que se interessam por literatura, a obra de Kafka, devido ao seu caráter fundamental de parábola, não se encaixa adequadamente ao conceito de obra de arte. Pois, se vocês leem Kafka atentamente, não deixarão de ter o sentimento de que seus romances e novelas, em sua integridade, comunicam-se uns com os outros num sentido determinado, não por meio da unidade proveniente da personalidade que se encontraria no pano de fundo, ou mesmo por meio da atmosfera [*Stimmung*] que vige nas obras – inclusive, para fazer justiça a Kafka, deve ser dito que algo como "atmosfera", em sua obra, absolutamente não existe. Nem tampouco se comunicam por meio do conteúdo de uma visão de mundo [*weltanschaulich*], pois esses romances são muito mais cheios de sentido do que seria o caso se pretendessem trazer à expressão, a partir de si, o conteúdo de uma cosmovisão homogeneizadora. Em relação a isso, tudo quanto se disse de tolice sobre Kafka no séquito dos senhores Brod e Schoeps[255] é realmente um ab-

---

255 Max Brod (1884-1968) foi escritor, tradutor e compositor. Brod era um amigo de Franz Kafka, assim como o administrador de seu espólio literário, e publicou uma considerável série de escritos sobre

surdo. A bem da verdade, é muito mais o caso de termos aqui um mundo em si articulado e conectado de modo peculiar, mas que se subtrai a qualquer conceito homogeneizador [*einheitlich*], apresentando-se, antes, em todas as suas facetas possíveis – facetas sobre as quais, por outro lado, este pensar recorrentemente se expressa. De resto, é justamente esse elemento labiríntico, por meio do qual é possível ao conhecimento dar conta da infinitude daquilo que é propriamente vivo, sem segmentá-lo em fragmentos, mas também sem se entregar a ele de maneira cega, o que constitui em geral um dos impulsos da grande forma do romance. Se subitamente alguém tivesse interesse em escrever algo como uma lógica, uma epistemologia dos grandes romances – o que seria, Deus sabe, uma importante tarefa –, então se poderia encontrar talvez na obra de Balzac uma espécie semelhante de labiríntica comunicação entre as singularidades, que aqui lhes descrevo a partir de Kafka. E caso me seja permitido trazer à baila um escritor de nossa época, embora de feitio completamente diferente, então eu diria // que a obra de Heimito von Doderer também é, segundo sua estrutura, tomada por esse caráter labiríntico.[256] Deixem-me apenas acrescentar que

---

Kafka. (Cf. Max Brod, *Franz Kafka*, Praga 1937; do mesmo autor, *Franz Kafkas Glauben und Lehre* (Franz Kafka: Crenças e Doutrina), München 1948). Hans-Joachim Schoeps (1909-1980) se pronunciou sobre Kafka, entre outras obras, em *Der Glaube an der Zeitenwende* (1936). Uma apresentação das posições diferenciadas, e em parte opostas, na interpretação da obra de Kafka, levando em consideração os documentos de Brod e Schoeps, encontra-se em: Julius Schoeps, *Im Streit um Kafka und das Judentum*, Königstein/Ts. 1985.

256 Heimito von Doderer (1896-1966) experimentou, na década de 1950, com os romances *Die Strudlhofstiege oder Melzer und die Tiefe der Jahre* (1951) e *Die Dämonen. Nach der Chronik des Sektions Geyrenhoff* (1956),

esse caráter labiríntico tem a ver essencialmente com a estrutura da sociedade, enquanto esta é o objeto propriamente dito, e na medida em que é, ao mesmo tempo, o próprio sujeito constitutivo do conhecimento. Pois vivemos, de fato, numa sociedade na qual, como conexão funcional, tudo se comunica com tudo mais, na qual, porém, esse contexto comunicativo é ele mesmo em certa medida irracional, isto é, não se manifesta de modo transparente. Ele se expressa antes numa determinada espécie de coerção, sob cuja atuação os elementos estabelecem uma relação entre si, sem que o conceito superior ao todo, o sistema, ao qual o todo se submeteria, esteja presente de modo patente e manifesto. Eu pretendo dizer com isso que os pensamentos, sem refletirem a si próprios no sentido de alcançar sua determinidade universal, têm de ir além de si mesmos, e que, quando se pretende reduzi-los a um conceito universal, realmente perdem, quase sempre, aquilo a que de fato visam. Cheguei a fazer, em alguma destas aulas,[257] uma crítica ao conceito de intuição. Caso o conceito da "inspiração" [*Einfall*] pretenda dizer algo para além da característica meramente subjetiva de determinados tipos de pensamento; se, portanto, "inspiração" não deve significar meramente que algo vem su-

---

um reconhecimento, na verdade, tardio como escritor. O primeiro dos dois romances é já, de acordo com a composição interna, uma conexão entre muitas ações individuais, as quais são mantidas em coesão não por meio de uma ação principal, mas por meio de um lugar, a *Strudlhofstiege*. Com o retorno de uma de suas personagens principais nos *Dämonen*, ambos os romances se tornam, sob este ponto de vista, também vinculados um ao outro.

257 Ver páginas 142*ss*. da edição original das aulas.

bitamente à mente de uma pessoa qualquer, então tal conceito significa, de maneira precisa, aquele momento em que um pensamento, em vez de ser produzido a partir de um conceito abstrato superior, bem ao contrário, aponta para além de si, enquanto singular que está relacionado a um objeto concreto, desencadeando a força que permite que se conectem, uns com os outros, os momentos singulares em sua estrutura subcutânea, propriamente recôndita.

Eu me volto agora ao conceito de sistema, o qual está envolvido no axioma cartesiano da completude. Quanto a isso, gostaria primeiramente de lhes dizer — a fim de chegar // a propor mais à frente uma discussão sobre o conceito de sistema em sua configuração propriamente atual, em sua forma hodierna — que, segundo sua estrutura, o pensamento filosófico do sistema se modificou historicamente de maneira decisiva. Creio que seria um trabalho amplamente profícuo seguir de perto as mudanças experimentadas pelo próprio conceito de sistema. Eu não quero remontar aqui, por assim dizer, realmente a Adão e Eva, mas sim me limitar à filosofia moderna e, portanto, à história da filosofia desde Kant. Nesse contexto, as coisas se me afiguram de tal maneira que o conceito de sistema, a princípio, não contribuía — diante da resiliente diversidade, da irracionalidade e da contingência, em suma, diante da impenetrabilidade do ente — com absolutamente nenhuma outra coisa a não ser com o estabelecimento do momento da unidade. Devia, portanto, viabilizar o mínimo de unidade por parte do pensamento e, em certo sentido, o mínimo de existência para essa unidade conceitual, a qual se afirmaria então contra a persistente contingência — e é isso que se chamava em Kant propriamente de "sistema". Nas grandes filosofias que se seguiram a Kant — e, mesmo em grau mais extremo, na filosofia de Hegel, pela qual nós temos, temática e extensamente, de fato nos orientado aqui ao longo destas aulas – dá-se que a pretensão do sistema foi incomensuravelmente ampliada em contraposição àquele contexto anterior. Pois agora passa a ser empreendida a tentativa de efetivamente desenvolver, ao fim e ao cabo, toda a riqueza daquilo que existe em geral, a riqueza do próprio ente, a partir do conceito puro – em outras palavras, a partir do espírito. E uma vez que isto[258] tenha sido posto em identidade com o espírito, de que o espírito tudo produza a partir de si, ele acaba também, em certo sentido, possuindo tudo sob si, tornando-se senhor de tudo aquilo que ele próprio é. Com efeito, tudo agora se encontra justamente sob aquela conexão completa e que nada deixa de fora, tal como já havia sido postulado por Descartes. Só que essa conexão não é mais – e isto foi propriamente um dos grandes impulsos da filosofia pós-kantiana – uma conexão meramente coisal [*dinghaft*], como tinha sido em Descartes segundo o esquema da matemática, uma conexão definida matematicamente; ao contrário, essa conexão se tornou então, em contraposição a isso, // aquela do "produzir-se por si mesmo" do todo. Isso significa que o sistema não existe de maneira consumada pelo fato de conduzir, em certa medida, tudo aquilo que existe a um denominador comum, mas, sim, apenas quando tenciona propriamente fazer surgir tudo a partir de si próprio, a partir desse ponto kantiano de unidade – portanto, a partir da síntese da apercepção. Com efeito, o sistema se torna propriamente a totalidade compreensiva [*Inbegriff*] do espírito produtivo, consciente de si mesmo, o rei-

---

258 Termo corrigido, por suposição, no lugar de "ele" (*er*), os editores optaram por "isto"(*es*).

no nativo da verdade, tal como consta na filosofia hegeliana.[259] Assim, caso se possa falar, com algum fundamento, de uma espécie de retrocesso no pensamento burguês, de um movimento de regressão, então isso vale também para o próprio conceito de sistema; isto é, depois que na história do pensamento pós-hegeliano essa pretensão da filosofia da identidade colapsou de vez, o conceito de sistema – eu quase poderia dizer – foi depreciado a um nível baixíssimo, a saber: voltou novamente a ser um mero esquema de ordenamento. Sistemática não quer mais dizer, então, outra coisa senão o esforço de classificar todas as coisas o mais completamente, nada deixando de fora. E, ao fim, tal como é característico para a presente situação, o sistema filosófico, ou o sistema de cada ciência particular, é rebaixado ao ponto de

---

[259] A formulação literal que Adorno aqui tem em vista é, na *Fenomenologia*, destinada não apenas ao nível do espírito, mas já mesmo ao estágio da autoconsciência: "Com a autoconsciência nós chegamos, portanto, ao reino pátrio da verdade." (Hegel, *Werke*, Bd.3: *Phänomenologie des Geistes*, p.138) A expressão empregada, e que se tornou não menos célebre, do "tornar-se familiar do espírito" (*Heimischwerden des Geistes*) se encontra nos *Cursos sobre estética* e, na verdade, em total conexão com o "produzir", do qual Adorno está falando: "Na medida em que na epopeia propriamente dita se exprime pela primeira vez, de um modo poético, a consciência ingênua de uma nação, então o poema autenticamente épico recai essencialmente na época intermediária, no qual um povo certamente acordou do embotamento, e o espírito já se tornou forte em si mesmo e capaz de nele se sentir familiar (*heimisch*), mas onde, inversamente, tudo o que mais tarde se torna dogma religioso ou lei burguesa e moral, permanece ainda inteiramente uma mentalidade (*Gesinnung*) viva, não dissociada do indivíduo singular como tal, e também a vontade e o sentimento ainda não se separaram um do outro." (Hegel, *Werke*, Bd.15: *Vorlesungen über die Ästhetik III*, p.332) [Ed. bras.: Hegel, *Cursos de estética*. V.IV. Trad. Marco Aurélio Werle e Oliver Tolle. São Paulo: Edusp, 2004, p.92-3]

se tornar um mero molde, uma planilha administrativa, talvez um plano de procedimentos – portanto, um esquema no qual encontraria lugar tudo que pode ser em geral repassado, por assim dizer, a um funcionário encarregado de pensar as coisas, a fim de que possam ser despachadas conforme o ordenamento. É com o desenvolvimento dessa problemática, sobretudo com as questões filosóficas que resultam disso para a dialética – e, acima de tudo, com a relação desses tópicos ao conceito de *"frame of reference"*, hoje bastante valorizado – é com isso que nós vamos lidar no próximo encontro.

//17ª Aula [22/07/1958]

Minhas senhoras e meus senhores,

No último encontro, eu tinha começado a dizer-lhes algo sobre a posição da dialética em relação ao [conceito de] sistema. Eu me restringirei, nos próximos e derradeiros encontros, à questão propriamente central para um método dialético: a questão de saber se, ao renunciarmos ao conceito de sistema, podemos continuar a nos ater à ideia de uma dialética. Essa questão é extraordinariamente séria e difícil, ninguém deveria considerá-la decidida de antemão. Eu mesmo não a considero assim. Contudo, antes de passar à questão, gostaria de continuar observando com vocês a posição da dialética em relação ao conceito de sistema, de que maneira essa problemática foi emergindo no interior dos próprios sistemas filosóficos. Permitam-me recordar que na última aula eu tinha chamado a atenção para o fato de que o conceito de sistema – tal como realmente vem, desde Descartes, conferindo feição à filosofia ocidental em suas variações racionalistas – surgiu enfaticamente, pela primeira vez, com Kant e, em particular, na [sua] tentativa de desenvolver, a partir de um ponto de vista unificante, o mínimo de cognições [*Einsichte*] absolutamente válidas e necessárias. Como então, para Kant, os conceitos de unidade e de sistema são realmente equivalentes, resulta que a sistemática não é para ele propriamente outra coisa senão a comprovação da unidade da consciência, isto é, da conexão dos dados da consciência, dos fatos da consciência, como [formando] essa mesma unidade. Em seguida, indo além de Kant e, de certo modo, com grande coerência interna, o idealismo pós-kantiano soube compreender o caráter inconciliável [*Unversöhnlichkeit*] desse conceito de uma sistemática que se basta a si própria com a representação de uma multiplicidade que nos é fornecida como que vinda meramente de fora – uma multiplicidade fortuita e contingente. Com efeito, a partir dessa percepção, fez-se a tentativa de elevar o conceito de sistema à totalidade, isto é, // tentou-se depreender a partir do pensamento, de modo completamente imanente, a efetividade inteira, de maneira a não deixar o que quer que fosse do lado de fora, quer dizer, procedendo de uma forma que poderíamos caracterizar como "sem rupturas" [*bruchlos*]. E a mais genial tentativa desse tipo foi precisamente o sistema dialético de Hegel, o qual realmente tentou não apenas derivar a partir da consciência aquilo que não seria próprio dela – o contingente e o fortuito –, como determinou até mesmo a forma da própria contingência como momento na necessidade.

Esse conceito de sistema veio a se tornar desacreditado no século XIX em virtude da consolidação de dois pontos de vista, a saber: pelo lado da ciência positivista da natureza, a qual se subtraiu às construções aprioristicas, sobretudo àquelas presentes na filosofia da natureza de Hegel e também de

Introdução à dialética

Schelling – um movimento cujo desdobramento tragou, finalmente, para dentro do redemoinho da crítica, também aquele mínimo de "a prioris" [*Apriorien*] que ainda fora conservado quer na tábua kantiana das categorias, quer no sistema kantiano dos princípios. De outro lado, o conceito de sistema caiu em descrédito por causa de uma filosofia orientada pela história e pela categoria de vida, que acentuou a incompatibilidade da construção lógica sistemática com os assim chamados fatos irracionais, portanto, não redutíveis, enquanto tais, à consciência – um desenvolvimento que de certo modo se encontra já deflagrado em Schopenhauer, mesmo que sua posição com respeito ao conceito de sistema tenha permanecido, sem dúvida, ambígua.[260] O ponto mais alto dessa crítica é constituído pelo adágio de Nietzsche, que se tornou em seguida muito influente, acerca do caráter não fidedigno do sistema[261] como tal.

---

260 Segundo a metafísica de Schopenhauer (1788-1860), jaz uma eterna e indivisa vontade ao fundamento do mundo e do eu, na medida em que eles se constituem por meio do intelecto, na representação, como manifestações causalmente conectadas, individuadas no espaço e no tempo. Essa vontade, a qual em certa medida assume o lugar da noção kantiana de "coisa em si", é irracional e se antepõe, em sua objetivação e facticidade, que se esforçam por alcançar a vida, à constituição racional do mundo por meio do intelecto.

261 "A estrutura geral da imanência (*Immanenzzusammenhang*) enquanto absolutamente fechada em si, não deixando nada de fora, já é um sistema sempre necessário, independentemente do fato de ser expressamente deduzida da unidade da consciência ou não. A desconfiança de Nietzsche em relação à *prima philosophia* também se dirige, portanto, contra os sistemáticos: "Desconfio de todos os sistematizadores e os evito. A vontade de sistema é uma falta de retidão." (*Zur Metakritik der Erkenntnistheorie*, GS 5, p.35) [Ed. bras.: Adorno, *Para a metacrítica da teoria do conhecimento. Estudos sobre Husserl e as antinomias fe-*

As filosofias acadêmicas oficiais passaram a ver-se, em seguida, em relação ao conceito de sistema, numa situação mais temerária e precária, uma vez que pretendiam não abrir mão justamente daquela representação de que a filosofia seria a rainha das ciências e que, assim, deveria unificar todos os saberes ou mesmo, caso fosse possível, construir a ciência como um todo sob essa perspectiva unificadora. Porém, por outro lado, naturalmente também não puderam resistir à crítica que foi desferida a partir daqueles dois polos, de forma concêntrica, ao conceito de sistema. // Assim, surgiram aquelas soluções, por assim dizer, intermediárias, como é o caso da complexa e intricada filosofia de Dilthey, a qual realmente se pode descrever como uma espécie de secularização do pensamento de Hegel, mas sob o signo da supressão do conceito de sistema. Outros tentaram então reduzir, em certa medida, o conceito de sistema novamente àquele escopo mais comedido que tinha em Kant, e com isso burilá-lo de tal maneira que pudesse assimilar também o espectro de atuação das ciências naturais modernas. Essa foi, por exemplo, a solução tencionada pela "Escola de Marburg", por Hermann Cohen e Paul Natorp.[262] E outras direções neokantianas, como talvez a "Escola do Sudoeste" na

---

nomenológicas, op. cit., p.69]. A citação de Nietzsche provém da divisão "Máximas e flechas" (n.26) do *Crepúsculo dos ídolos*. (Cf. Friedrich Nietzsche, *Werke*, editado por Karl Schlechta, Bd.3: *Jenseits von Gut und Böse, Götzendämmerung* e outros, München 1969, p.392 (II/946) [Ed. bras.: Nietzsche, *Crepúsculo dos ídolos, ou como se filosofa com um martelo*. Tradução, notas e posfácio de Paulo César de Souza. Companhia das Letras: São Paulo, 2006, p.11].

262 Escola de Marburgo: a escola de neokantismo fundada por Hermann Cohen (1842-1918) e por Paul Natorp (1854-1924)

Alemanha, de Windelband e Heinrich Rickert,[263] tentaram, por fim, esmaecer de tal maneira o conceito de sistema, depreciando-o a simples princípio geral, convertendo-o em uma espécie de mero invólucro.

Poderíamos realmente ler, nessa história do conceito de sistema, a resignação, ou, melhor dizendo, o apogeu e a subsequente resignação da metafísica moderna. Como se fosse um arco, esse pensar se moveu até um ápice hegeliano, para então, em seguida, decair a construções mais comedidas e, digamos, ecléticas. A esse respeito, a doutrina de Rickert é exemplar, pois aquilo que lhe é característico consiste em que ele, que realmente polemizou contra a filosofia da vida [*Lebensphilosophie*] e dedicou a ela um livro crítico,[264] foi de tal maneira atormentado pelo irracionalismo que declarou certa vez que um sistema teria de se equiparar a uma casa, na qual um ser humano vivo e completo – e ele menciona nesta ocasião o nome de Goethe[265] –

---

263 Escola do Sudoeste da Alemanha: escola de neokantismo fundada por Wilhelm Windelband (1848-1915) e continuada por Heinrich Rickert (1863-1936).

264 Heinrich Rickert, *Die Philosophie des Lebens. Darstellung und Kritik der philosophischen Modeströmungen unserer Zeit*, Tübingen 1920.

265 Hermann Glockner escreve, em seu prefácio à coletânea de artigos de Heinrich Rickert, publicada postumamente: "Talvez o significado de Heinrich Rickert que atravessará os tempos repouse justamente em que ele tenha permitido espaço a esse construtor de sistemas, o qual ele sem dúvida também foi, apenas na medida em que tal era necessário. Decerto, ele falava repetidamente que não era capaz de conceber de maneira nenhuma um filósofo destituído sistema. E se sentia, sob esse ponto de vista, ligado por afinidade a um Fichte, a um Schelling ou a um Hegel. Igualmente, enquanto filósofo, ele queria construir uma casa: de maneira duradoura, mas apropriada à vida, aberta para todo e qualquer surgimento futuro de novos ques-

pudesse habitar. Decerto, trata-se aí de uma formulação que já revela bastante, porquanto nela o sistema, de certa maneira, se declara a si mesmo como mera carapaça para conteúdos supervenientes e, com isso, já desiste da pretensão de compreender o todo verdadeiramente como um todo, restringindo-se a um pensar meramente ordenador. Poderíamos até imaginar que o conceito de sistema teria sido enterrado, quase sem qualquer alarde, // e que se teria realmente reduzido a sistemática a um âmbito inteiramente formal, no qual ela poderia ser implementada de maneira não contraditória, ou ainda, formulando de modo mais direto, teria sido reduzida apenas e tão somente à pura lógica. Esse foi realmente o caso no positivismo lógico, para o qual a pretensão por uma sistemática coerente, convincente e lógica – portanto, por um sistema dedutivo em sentido próprio – contrapôs-se, de modo um tanto difuso, ao empirismo igualmente levado a seu extremo, que veio a se manifestar numa forma ainda mais radicalizada e modernizada. Porém, é digno de nota que, apesar dessa espantosa trajetória histórica, o conceito de sistema manifestamente não tenha perdido sua força de atração. De fato, se um filósofo hoje em dia resolvesse

---

tionamentos, uma casa na qual um ser humano "integral" – talvez um Goethe – teria espaço suficiente para viver. Acerca da questão de se, e em que medida, tal casa poderia permanecer fundada pela eternidade, com tal questão ele simplesmente não se preocupava." (Heinrich Rickert, *Unmittelbarkeit und Sinndeutung. Aufsätze zur Ausgestaltung des Systems der Philosophie*, editada por Hermann Glockner, Tübingen 1939, p.XIIss. – O próprio Heinrich Rickert pormenorizou, numa passagem de *Philosophie des Lebens*, em que sentido o pensamento do sistema pode ser apresentado pela imagem da casa (em contraposição ao mero invólucro). (Cf. Rickert, *Die Philosophie des Lebens*, op. cit., p.153)

escrever um sistema de filosofia, seria prontamente ridicularizado – todos o achariam um personagem cômico, pois apenas alguém que realmente não conhece o mundo seria capaz de chegar à ideia de que poderia abarcá-lo integralmente em uma semelhante rede de apanhar borboletas. Apesar disso, o conceito de sistema, em certo sentido, ainda persiste.

Talvez me seja permitido lançar mão disso a fim de fazê-los perceber que uma representação da história do espírito – e não apenas dela, mas mesmo da história real – que acreditasse que formas condensadas, ultrapassadas do ponto de vista histórico, estariam fadadas a desaparecer, tal representação seria, na verdade, bastante ingênua. Bem ao contrário, dá-se na verdade que, no contexto da resiliente irracionalidade do todo, essas formas – as quais, de acordo com sua própria pretensão, já estariam liquidadas, literalmente superadas – ainda assim continuam a existir, muito embora subsistam agora de uma maneira degenerada. Como se fossem uma substância venenosa, continuam a se alastrar por toda parte de um mundo transformado, provocando toda sorte de infortúnios. Assim, poderemos indicar, na dialética histórica, bons motivos – ou, caso queiram, motivos muito ruins – para explicar por que a crítica rigorosa ao conceito de sistema não foi capaz propriamente de extirpar do mundo o próprio sistema e, acima de tudo, a necessidade por sistemas. // Continua vigorando, com isso, agora como antes, algo semelhante a sistemas, ainda que numa configuração mais resignada, seja como organização centralizada [*Dachorganisation*], sob a qual as proposições científicas mais gerais deveriam ser reunidas, ou, inversamente, como fundamentos [*Grundlagen*] sobre os quais tudo deve poder ser desenvolvido com segurança.

Creio que expliquei o suficiente a circunstância pela qual o conceito do todo ou da totalidade, conforme o papel que esse conceito desempenha na dialética, é incompatível, segundo seu próprio sentido e sua essência, com essa representação de um todo, seja como um universal [logicamente] superior, seja como um universal que se encontraria no ponto inferior [da hierarquia classificatória]. Todavia, justamente em vista da presente situação histórica, na qual determinadas estruturas sistemáticas continuam a exercer uma espécie de força de atração – principalmente sobre aquelas pessoas que estão mais envolvidas com pretensões científicas –, parece-me oportuno dizer algo sobre o conceito de sistema em sua feição mais atual. Os defensores do positivismo têm sido particularmente aqueles que se declaram mais favoráveis, coloquemos assim, a uma espécie de pensamento que lhes permita subordinar tudo, a conferir a todas as coisas seu devido lugar, sem que precisem se comprometer propriamente a uma teoria. Na verdade, quanto menos efetiva a força teórica de construção na determinação dos momentos individuais – caso em que, portanto, o próprio vínculo espiritual entre os achados singulares terá se enfraquecido –, tanto maior a necessidade por tal proteção abstrata, à qual tudo se deixa submeter, sem que com isso tenha de convir a essa totalidade subordinadora o momento propriamente dito do conceito, da conceitualidade, da compreensão – o momento que é de fato pleno de significado. Contudo, esses sistemas no estilo mais recente não são, propriamente falando, outra coisa senão esquemas de ordenamento, dimensionados pela ideia de que deva ser possível abarcar tudo com eles, sem que se permita coisa alguma permanecer do lado de fora, sem que nada possa surgir que não encontre neles um compartimento. Creio que a atração por estruturas sistemáticas ou pseudosistemáticas dessa espécie hoje não se dá por acaso. Acredito que essa atração se liga ao // fato de o mundo de hoje ser experienciado pelas pessoas num sentido novo e – eu gostaria de dizer – negativo, a saber: como mundo fechado. Não se trata certamente de um mundo fechado tal como era o caso para a filosofia da Alta Idade Média, na qual o dogma revelado coincidia com os estágios mais avançados de consciência. Trata-se, antes, de um mundo fechado no sentido de que propriamente tudo o que há em geral de experiência possível já seria experienciado antecipadamente pelas pessoas ou deveria ser considerado como já socialmente pré-formado – um mundo fechado sob a perspectiva, portanto, de que está excluída a experiência daquilo que é novo, em sentido enfático. Em outras palavras, o mundo é fechado, falando do ponto de vista econômico, no sentido de que tende a retroceder ao nível da reprodução simples, provocando o atrofiamento da reprodução ampliada – uma tendência que, ao menos como tendência, vem sendo ratificada por vários economistas.[266] É o caso, poderíamos dizer, de um mundo da experiência no qual não existe mais algo como uma *frontier*, um mundo em que não subsiste nada que não esteja registrado [*Unerfasstes*] – no qual tudo é antecipadamente percebido pelos seres humanos como pré-organizado. E a necessidade de uma sistemática, que surge nessa nova situação, não é nenhuma outra senão a de encontrar formas conceituais que correspondam àquela pré-ordenação que forja de antemão o ente,

---

266 Na transcrição do áudio, está anotada neste momento uma troca de fita magnética. Não se deixa perceber se por causa disso teriam sido ocasionadas lacunas no texto.

cunhado pelo fenômeno da *"bureaucratisation du monde"*,[267] ou seja, o fenômeno do mundo administrado. Com efeito, é característico, para os sistemas de estilo mais recente, o fato de que apresentem enormes estruturações procedimentais, ou enormes planos processuais, de acordo com os quais tudo encontra seu lugar, como num processo administrativo já planejado. De modo que, nesses sistemas, não há propriamente espaço algum para transcendência. Em contrapartida, os grandes sistemas de outrora tiravam seu impulso diretamente do fato de que a transcendência da consciência, a transcendência do espírito, uma secularização do espírito divino, metamorfoseava-se, diante do singular // e do factual [*Tatsächliches*], em imanência. Assim, tentavam compreender aquilo que não é espírito, apesar disso, igualmente como algo espiritual, isto é, compreendê-lo como sendo algo mais do que é. Essa tendência dos mais antigos sistemas de conferir àquilo que meramente existe uma espécie de sentido, ao assimilá-lo à totalidade, desapareceu hoje completamente, e agora se trata apenas de algo como gigantescos planos burocráticos, que então compreenderiam tudo sob si, e em que o critério decisivo seria a representação do adequar-se de uma coisa à outra, sem fissuras, de tudo o que ali acontece.

---

267 Adorno se refere aqui presumivelmente ao livro de Bruno Rizzi, *L'URSS: collectivisme bureaucratique. La bureaucratisation du monde* (A URSS: Coletivismo Burocrático. A Burocratização do Mundo). Paris 1939. Esse livro, que apareceu anonimamente por uma editora própria, foi resenhado na *Zeitschrift für Sozialforschung* por Josef Soudek. (Cf. *Studies in Philosophy and Social Science*, publicado pelo *Institute of Social Research*, Nova York, 1941, v.IX (1941), n.2, p.336-40, especialmente as p.338ss.)

Esses sistemas são, assim, quando comparados aos projetos dialéticos, como esses que desde Fichte determinaram a filosofia, o perfeito antípoda. Pois tais sistemas estão em busca apenas da pura ausência-de-contradição [*Widerspruchlosigkeit*] e, na medida em que essa ausência-de-contradição não está garantida pelo conteúdo da experiência, ela é justamente por isso transferida para a pura e simples metodologia e, portanto, para o caráter meramente procedimental [assumido por eles]. Isso quer dizer que as categorias devem ser selecionadas de tal maneira que se estabeleça, por meio delas, uma espécie de contínuo ininterrupto entre as ciências que as aplicam. Penso a esse respeito sobretudo no sistema de Talcott Parsons, na teoria estrutural-funcionalista da sociedade,[268] que no momento desempenha nos Estados Unidos da América um papel extraordinário – digamos, como modo central de organização para a investigação dos fatos –, mas, caso eu não esteja enganado, começa também na Europa gradativamente a exercer influência. No caso particular dessa teoria, a representação metodológica decisiva consiste em esboçar um sistema de categorias a partir do qual se possa propriamente compreender todas as ciências particulares, provenientes do âmbito das assim chamadas ciências humanas – portanto, as ciências sociais num sentido amplo – mais ou menos por meio das mesmas categorias. Parsons reivindica isso expressamente para a psicologia e a sociologia, embora não seja difícil atestar que, segundo ele, também para

---

[268] O editor avisa que a expressão "*Structure and Functional Theory of Society*" foi corrigida por suposição a partir do texto: Cf. Talcott Parsons, *The Social System*, Glencoe 1951.

sociologia e economia se possa exigir algo semelhante. Ademais, critérios sociológicos do funcionamento exitoso ou malsucedido [dos sistemas] podem ser realmente depreendidos no essencial, para Parsons, da teoria econômica keynesiana. // Considero importante chamar a atenção de vocês criticamente a essas coisas, porque creio que nada seja mais perigoso para a consciência atual do que a falsa segurança e porque acredito que, intelectualmente falando, a sedução hoje é muito menos na direção de aventuras teóricas do que na de aplacar o desejo de proteção. Eis por que penso que deva, em contraposição a essa tendência, dizer criticamente o seguinte:[269] uma das teses provenientes justamente dessa doutrina de Parsons consiste em que se devam desenvolver categorias por meio das quais, em certa medida, possam ser conduzidas a uma mesma fórmula tanto a moderna psicologia – na qual ele considera incluída também a psicologia analítica profunda [*Tiefenpsychologie*] – quanto a sociologia. Como um estudioso bastante escrupuloso, ele se dá conta com isso de que entre a psicologia e a sociologia não pode vigorar uma continuidade, digamos, sem ressalvas. Com essa oposição já se havia deparado notoriamente Max Weber, embora também ele, apesar de ter sempre reiteradamente afirmado que sua sociologia não era nenhuma

---

269 Na transcrição do áudio está anotado que Adorno fez, a esta altura, uma referência ao seu trabalho seminal, *Zum Verhältnis von Soziologie und Psychologie*, o qual já em 1955 tinha aparecido no primeiro volume das *"Frankfurter Beiträge zur Soziologie"* (Cf. agora como GS 8, p.42-85). Nesse trabalho, ele tinha submetido a teoria de Parsons a uma crítica pormenorizada. Sobre Parsons, cf. seu artigo Psychoanalysis and the Social Structure; in: *The Psychoanalytic Quarterly*, v.XIX, 1950, n.3, p.371ss.

psicologia,[270] jamais tenha sido capaz de dissociar, de maneira convincente e efetiva, seu conceito de compreensão [*Verstehen*] de uma noção psicológica de empatia [*Einfühlung*]. Nesse contexto, contudo, creio que devamos ser bastante radicais e acrescentar que, numa sociedade antagônica, há uma considerável divergência entre as leis sob as quais se encontra a sociedade e aquelas sob cujo signo se acha o indivíduo. Isso significa que, consideradas do ponto de vista do conteúdo, as leis sociais – tais como então reconheceu Max Weber e amplamente também Talcott Parsons – são aquelas [leis] da racionalidade meios-fins [*Zweckrationalität*], que se formam no processo de troca; enquanto que a esfera que nós designamos em sentido propriamente dito como o âmbito da psicologia compreende justamente os nichos de interioridade que não são exauridos por essa racionalidade. Pode-se bem dizer, caso não se receie a banalidade [na formulação], que a psicologia em sentido estrito tem sempre a ver com fenômenos irracionais. Em outras palavras, ela tem a ver, portanto, com todos os fenômenos que surgem sempre quando os indivíduos singulares se subtraem às reivindicações da // racionalidade social como um todo – a qual não é, por isso mesmo, uma racionalidade plena, que os satisfaça – e passam a desenvolver, em si mesmos, contextos sintomáticos e complexos que significam o contrário de uma satisfação por meio da racionalidade. Formulando de outra maneira, isso ocorre por motivos relacionados ao próprio desenvolvimento social, a saber, em virtude do simples fato de que a sociedade se ba-

---

270 Cf. Max Weber, *Über einige Kategorien der verstehenden Soziologie* (1913), Capítulo II: *Verhältnis zur Psychologie*; in: Max Weber, *Gesammelte Aufsätze zur Wissenschaftslehre*, Tübingen, 1922, p.408-14.

seia na incessante imposição de sacrifícios e renúncias ao [indivíduo] singular, sem que ela efetivamente chegue a restituir algo em troca, embora ela prometa recompensar de maneira racional. Assim, a partir dessa estrutura – em si repleta de contradições – da própria sociedade, segue-se que a constituição dos indivíduos singulares, por um lado, e as leis sob as quais os indivíduos singulares hão de ser compreendidos, por outro, sejam precisamente o oposto, poderíamos dizer, das leis sob as quais a totalidade social se encontra em seu conjunto. E se, em vez de discutir e determinar concretamente essa oposição [*Gegensätzlichkeit*] entre as leis da psicologia e as leis da sociologia, tentássemos abstrair essa oposição de tal maneira que, no final, restasse como que um terceiro termo universal, isto é, superior e comum a ambas, que seria vinculante [*verbindlich*] tanto para a esfera da psicologia quanto para o âmbito da sociologia, então resultaria daí algo tão diluído e abstrato que não se permitiria fazer justiça àqueles desideratos concretos da sociologia nem da psicologia. Através disso, a exigência de continuidade na formação dos conceitos em tais sistemas de ordenação se torna de antemão comprometida da forma mais grave, uma vez que ela própria se põe antecipadamente em oposição à estrutura dos momentos, ou seja, à estrutura dos conteúdos específicos com os quais ela deve em geral se ocupar.

Na crítica feita acima, vocês poderão certamente reconhecer aquele núcleo temático peculiar à dialética, que temos estabelecido em nossas considerações, a saber: que diante da razão simplesmente subjetiva, do método, das formas cunhadas meramente pelo sujeito, há que se conferir // validade à objetividade, como momento independente. E qualquer tipo de forma categorial que não seja, ela própria, construída [*gebildet*] tomando-se em consideração tanto o ser-em-si do objeto, quanto também as necessidades classificatórias ou outras exigências lógicas da razão ordenadora, estará de fato, em virtude disso, atentando contra a verdade. Refiro-me a essas formações de sistemas características da atualidade, e sobre as quais eu talvez possa até mesmo vaticinar que em breve surgirão com envergadura ainda maior, ou seja, à medida que o mundo administrado for refletindo acerca de si mesmo, talvez se imponham inclusive como uma espécie de lógica ou de metafísica da administração. É típico dessas formações o fato de proclamarem uma espécie curiosa de neutralidade, como se expressa, digamos, no sistema de Parsons. Segundo essa concepção, considera-se de fato, como único critério para a verdade ou a inverdade, para a legitimidade ou a ilegitimidade de uma estrutura social, o conceito do *"functional"* ou do *"disfunctional"*, ou seja, a questão consiste em saber se tal ordenamento está ou não desempenhando adequadamente sua função. O critério do funcionar passa a consistir tacitamente apenas em que tal ordenamento se mantenha em vida, em que continue subsistindo [sem intercorrências], mesmo que isso ocorra sob o signo dos mais terríveis sacrifícios, mesmo que a autopreservação de tal ordenamento sistemático da sociedade transcorra ao custo dos interesses propriamente humanos. Importa, por conseguinte, em boa medida, simplesmente a forma lógica da identidade. Importa apenas que tal estrutura se conserve em concordância com seu próprio conceito. No entanto, por meio dessa identidade do sistema consigo mesmo, sem levar em consideração aquilo com que ele propriamente se relaciona – a saber, os seres humanos que compreende sob si –, a neutralidade, que aqui se supõe preservada, revela-se mera aparência.

Quero com isso dizer que essa maneira de pensar, que parece constituir-se como pensar voltado à organização conceitual, torna-se, a bem dizer, uma apologia da ordem existente, qualquer que ela seja, de maneira inteiramente indiferente à forma como essa estruturação se coloca em relação aos interesses das pessoas que estão em jogo. A tendência harmonizadora de tal // pensamento neutro, de fazer por meio de suas formas categoriais com que contradições desapareçam, favorece justamente a apologia daquilo que existe, pois as contradições sociais dominantes e factuais não são realmente assimiladas por esse pensamento. Com efeito, tudo se encaminha, por fim, à justificação do existente ou, no máximo, ao fornecimento talvez de recomendações acerca de como tal ordem vigente pode se conservar em funcionamento, sem que se veja que justamente essas contradições, escamoteadas pela sistemática categorial, poderiam nos levar além do sistema, poderiam levar a uma situação totalmente diferente. Talvez eu possa acrescentar que, em geral, a difundida representação positivista do pensamento neutro, em contraposição a um pensamento que seja mais ou menos referido a sistemas arbitrários de valor ou, digamos, a pontos de vista, é o próprio engodo, pois não há pensamento neutro. Na verdade, no mais das vezes, vale a regra de que justamente a alegada neutralidade de um pensamento diante de seu assunto [*Sache*], pretensamente alcançada por meio de sua mera forma – a saber, a forma da sistematização metodológica uniformizadora –, desemboca em pura e simples glorificação do existente, revelando em si um caráter apologético ou, caso assim o desejem, um caráter propriamente conservador. Com efeito, eu diria que se trata de colocar sob crítica tanto o conceito de neutralidade absoluta do pensamento quanto o conceito de pensamento a partir de pontos de vista, contra o qual já ouvimos da parte de Hegel algumas hostilidades.[271]

Aproveitando o contexto, gostaria de dizer algumas palavras sobre aquela feição do conceito de sistema com a qual, na configuração ocidental avançada em que se encontra o pensamento positivista, frequentemente somos confrontados nas ciências sociais e que também é reivindicada quando se pensa na construção de algum tipo de totalidade, em contraposição à mera constatação de fatos singulares. Trata-se do célebre conceito do *"frame of reference"*, como se diz em inglês, expressão que se poderia verter mais apropriadamente para o alemão com o conceito de "sistema de referência" [*Bezugssystem*] ou de "sistema de coordenadas", ao qual os fatos singulares têm de ser referidos. No âmbito da investigação positivista de fatos, um pesquisador é recorrentemente confrontado com a questão do *"frame of reference"*, e sempre recebe a advertência de que não é possível prescindir de um sistema de referência. Frequentemente, acaba por se afigurar ao pensamento positivista que, tão logo se tenha o tal *frame of reference*, ao qual se relacionam os fatos coletados e classificados, podemos então nos desobrigar da pura e simples coleta dos dados, do acúmulo de material, de tal modo que, nesta subsunção, neste enquadramento [*Einordnung*] dos fatos ajuntados em tal *"frame of reference"*, deveria ser encontrada a tarefa [*Leistung*] propriamente intelectual e científica a ser empreendida. Mas creio que essa representação não seja correta. Parece-me que, por meio do pensamento do *"frame of reference"*, a continuidade que vigora entre os fatos e os pensamentos, ou seja, justamente aquela conexão que, na

---

271 Ver p.108, 229ss. da edição original das aulas.

medida do possível, tentei esclarecer por meio de categorias dialéticas, acabe se dissolvendo nessa representação das coisas, tornando-se uma técnica ou uma espécie de perspectiva dogmaticamente fixada. É bastante característico que, quando tal *"frame of reference"* é exigido, este não tenha de se legitimar por si mesmo, pois não é requerido que ele se justifique, seja a partir de uma teoria, seja mesmo a partir do material ao qual está relacionado. A única exigência é que deveríamos ter um *"frame of reference"* para poder então, de algum modo, subordinar a esse sistema de referência os fatos ajuntados em cada caso. Nesse caso, a dialética, que consiste na relação entre o material factual e o assim chamado sistema de referência, o conceito, é interrompida em favor da mera subsunção sob categorias. E eu diria que, na verdade, nem se encontraria aí a pior coisa de tudo isso. O inquietante mesmo é que esse *"frame of reference"* possui o caráter da arbitrariedade. Pois somos // forçados a excogitar um esquema qualquer de ordenamento, ao qual a maior quantidade possível de coisas deveria se adequar e que deveria possuir alguns méritos em termos de elegância lógico-formal. Ao mesmo tempo, deve ser um esquema tal que não seja propriamente derivado de uma teoria, do conceito de um objeto, mas que possa, sim, ser substituído por outro qualquer. Trata-se, efetivamente, em sentido literal, de uma espécie de ato de administração intelectual, uma espécie de esquema procedimental que, tal como ocorre com a burocracia na vida real, também é imposto na burocracia do espírito, sem que tal esquema venha a encontrar qualquer legitimidade na coisa mesma. É desse modo que se constituem funcionários de toda classe de *apparatschicks*, aqueles que escrevem memorandos, que apelam às *foundations* e a entidades semelhantes, às quais cabe apresentarem suas assim chamadas "ideias" da maneira mais hábil possível, a fim de se obter um auxílio financeiro qualquer, ou mesmo quaisquer posições e cargos. São pessoas como essas que têm em geral uma aptidão verdadeiramente extraordinária para submeter as coisas particulares, com que travam contato, a um *"frame of reference"*, despertando com isso a impressão de que é como se aqui o todo estivesse compreendido definitivamente, de que teríamos aí chegado ao todo, enquanto que na realidade se trata apenas de um esquema de apresentação, não de um esquema da coisa mesma. Fica patente, então, que tal esquema, justamente porque submete tudo a si e deve abarcar tudo sob si, tem de ser necessariamente rígido e formalista.

Essa ideia de *"frame of reference"* me parece ter ainda outro aspecto assustador: na medida em que o *"frame of reference"*, como um *ready-made*, abstrato, *factic*, uma coisa tangível e manipulável [*greifbar*], é posto em contraposição aos fatos a serem abarcados sob ele, ele se torna uma espécie de profissão de fé, por mais vazio e nulo que possa ser. Se alguém, numa discussão com colegas da sociologia, porventura é confrontado com a questão "qual é seu '*frame of reference*'?", então em geral pode-se estar seguro de que por trás dessa pergunta estaria mais ou menos o seguinte: "Pare por aí mesmo. Diga que tipo de pensamentos teóricos você realmente tem? // E me diga se você não pensa que estaria tomando, sob certas circunstâncias, como sistema de referência para suas opiniões sobre a sociedade, alguns pensamentos que não se coadunam com o esquema dessa sociedade, mas que antes possivelmente o colocariam em risco?" A coisificação da compreensão [*Begreifen*] da sociedade por meio de conceitos ou do conceituar filosófico em geral, a qual está implícita nesse conceito do *"frame of reference"*, tem ao mesmo tempo uma função social bastante precisa. Ela serve para que se faça um pensamento se tornar inflexível como uma coisa, para que se possa fixá-lo ao rígido sistema de referência que lhe esteja subjacente, de maneira que então sejamos capazes de etiquetá-lo facilmente com uma das visões de mundo [*Weltanschauungen*] – ou, tal como se pode dizer de maneira elegante, ideologias – que estão hoje, em certa medida, disponíveis para escolha. E é isso que me parece ser o realmente assustador. É muito interessante que aqui, precisamente, a única função que restou ao sistema tenha sido a contribuição para a segurança formal. Refiro-me à ideia de que o sistema agora não deve mais propriamente significar, como na época dos projetos idealistas, que o pensamento esteja em casa por toda a parte – que o pensamento, ao atravessar o mundo como se estivesse passando por dentro dele, retorne a si mesmo, à pátria do espírito.[272] Ao contrário, o sistema hoje significa que nos seja assegurado poder, por meio dele, encontrar refúgio e segurança num ordenamento conceitual, no qual então, caso sejamos suficientemente astutos ao optar pelo "*frame of reference*" apropriado para o momento, quase nada de ruim irá suceder-nos. Eu creio que, se hoje em dia a má metafísica e a mais espúria lógica da ciência se ajustam uma à outra de maneira demoníaca, então isso se deixa ver de modo preciso no fato de que o "*frame of reference*" se tornou, digamos assim, a figura cientificista da nova segurança [*Geborgenheit*] e tem, por conseguinte, tanta validade quanto esta última.

Creio ter mostrado com isso algo da atualidade que me parece convir ao pensamento dialético na presente situação. Vocês

---

272 Sobre o "tornar-se familiar do espírito" (*Heimischwerden des Geites*), ver última nota à 16ª aula.

podem mesmo dizer que, segundo aquele desenvolvimento que esbocei no início da aula, o pensamento dialético // estaria também a caminho de sua própria perdição, uma vez que toda essa circunstância – de que seu momento especulativo e todas as demais coisas nele que foram objeto de crítica – poderia ser efetivamente compreendida como sua condenação. E, de fato, não quis aqui dissimular coisa alguma. Em termos do desenvolvimento "tecnológico" do pensamento, no sentido do *stream-lining* do pensamento, a dialética realmente ficou para trás. E isso talvez tenha transcorrido de maneira semelhante a como, segundo as palavras de Valéry, também poetas possivelmente tenham ficado para trás em seu modo de proceder, quando comparados ao modo de proceder de um cientista experimental que manuseia seus aparelhos intermitentes, com seu jaleco branco, sem precisar sequer sujar as mãos.[273] Contudo, gosta-

---

273 No ensaio *Der Artist als Statthalter* [O artista como representante], publicado em *Noten zur Literatur*, Adorno cita a passagem de Valéry em toda sua extensão. "Com toda dureza e sem nenhum ingrediente ideológico, mais radicalmente que qualquer teórico da sociedade, Valéry exprime a contradição entre o trabalho artístico enquanto tal e as condições sociais da produção material contemporânea. Assim como Carl Gustav Jochmann, na Alemanha de quarenta anos atrás, Valéry acusa a própria arte de arcaísmo: "Por vezes me ocorre o pensamento de que o trabalho do artista é um trabalho de tipo muito antigo; o próprio artista é uma sobrevivência, um operário ou um artesão de uma espécie em via de desaparecer, que trabalha em seu próprio quarto, usa procedimentos muito pessoais e muito empíricos, vive na desordem e na intimidade de suas ferramentas, vê o que quer e não o que o cerca, usa potes quebrados, sucata doméstica, objetos condenados [...]. Talvez essas condições estejam mudando, ao aspecto dessas ferramentas improvisadas e do ser singular que com elas se acomoda veremos opor-se o quadro do laboratório pictórico de um homem rigorosamente vestido de branco, com luvas de borra-

ria de dizer que justamente o pensamento dialético, com seus traços anacrônicos e, caso vocês o desejem, em sua impotência diante das tendências preponderantes da realidade, seria a única forma de pensar capaz – em contraposição às formas sem fissuras, padronizadas e categoriais, as quais hoje vêm se tornando dominantes – de denunciar precisamente esse momento de inverdade. Uma vez que o pensamento não conhece mais nenhum *frontier*, porque em certo sentido nada mais há do lado de fora dessa imanência fatal, tal momento de inverdade não pode mais ser reconhecido no âmbito da atividade científica vigente. Em outras palavras, somente por meio do pensamento dialético me parece ser possível chamar o mundo administrado pelo seu próprio nome, mesmo se for o caso, e a probabilidade é grande, de o mundo administrado absorver tudo mais dentro de si e, pela sua força descomunal, fazer desvanecer, por um tempo incalculável, esta específica forma de pensar a respeito da qual tenho tentado aqui fornecer-lhes alguns modelos. No entanto, acredito que pertence também à dialética histórica que, sob certas circunstâncias, justamente o anacrônico tenha mais atualidade do que aquilo que, em conformidade com sua própria superfície – isto é, no sentido do adequado funcionamento no interior dos dispositivos dados –, possa estar reivindicando a maior atualidade.

---

    cha, obedecendo a um horário muito preciso, armado de aparelhos e de instrumentos estritamente especializados, cada qual com seu lugar e com uma oportunidade exata de uso?" (GS 11, páginas 121ss.). [Tradução em português: p.159]. A citação provém de: Paul Valéry, *Tanz, Zeichnung und Degas* [Dança, desenho e Degas], (ver nota 240, p.392), p.33ss.

// 18ª Aula [24/07/1958]

Minhas senhoras e meus senhores,

Eu havia concluído a última aula mostrando sob qual ponto de vista o pensamento dialético se coloca em contradição com o pensamento administrativo hoje predominante. E se hoje continuo a falar um pouco mais sobre uma das dificuldades que se coloca ao pensamento dialético, a intenção talvez seja tangenciar o momento da consciência atual que se mostra mais enfaticamente marcado pelo pensar administrativo [*Verwaltungsdenken*]. Refiro-me ao pensamento baseado em alternativas, o pensamento que procede, em certa medida, segundo a forma de um questionário, como num estado totalitário, onde se exige das pessoas documentos de identificação para ir e vir, mas também a fim de tomar conhecimento, por exemplo, sobre se são arianos ou não arianos, proletários ou não, se têm posições direitistas ou dissidentes, ou qualquer coisa semelhante a isso. Com efeito, ao que parece, o destino das pessoas, no mundo em que vivemos, tem sido marcado cada vez mais pela classificação em tais rubricas, forjadas da maneira mais rígida possível, ao modo das definições peremptórias. E assim tem lugar, hoje em dia, uma espécie terrivelmente irônica de realização da tese idealista da identidade entre pensar e ser, na medida em que todas as formas categoriais possíveis – e, portanto, todas as possíveis e mais simples formas para a ordenação [das coisas] –, as quais propriamente se originam da administração e são lançadas sobre o que quer que haja de humano, convertem-se imediatamente em poderes funestos na vida real da humanidade. É o tipo de pensar que se caracteriza pela sentença que, certa feita, foi cunhada por um destes cabaretistas alemães, ao declarar "tu és contra, tu és a favor".[274] E vocês mesmos, caso tomem parte em discussões políticas, quase sempre enfrentarão a situação em que as pessoas são obrigadas a dizer, de maneira inequívoca, se são a favor de determinada coisa ou contra. // Vou me abster de discutir aqui o quanto o conceito de engajamento, tão caro

---

274 Adorno poderia aqui estar ser referindo à canção *"Sind Sie für? Sind Sie gegen?"* (Você é a favor? Ou você é contra?), de Marcellus Schiffer, que apareceu em 1932 (música de Mischa Spoliansky). A primeira estrofe diz: "Nós temos algo novo a surgir diante de nós: / Jornal e Teatro, / pergunta-se àqueles que ouvem, leem, / acerca de sua opinião sobre o que recentemente se deu! / Deseja-se saber, de forma extremamente crítica: / se eles são politicamente moderados ou radicais? / Eles proferem insultos, tão prazerosamente quanto sem sentido /, sobre os assuntos do governo? / Eles são contra? São a favor? – perguntando-se diretamente: / eles poderiam fazer melhor? / Poderiam eles, justo eles, fazer melhor? / São eles a favor? São eles contra? / São eles contra? São eles a favor? / E em virtude do que são eles contra? / E em virtude do que são eles a favor? / E em virtude do que, caso sejam contra, são eles contra? / Por mim, que sejam eles contra; / por mim, que sejam eles a favor! / Mas por qual motivo são eles contra, por qual são a favor?" (Citado segundo: Martin Trageser, *Es liegt in der Luft eine Sachlichkeit. Die Zwanziger Jahre im Spiegel des Werks von Marcellus Schiffer (1892-1932)*, Berlin, 2007, p.313ss.)

hoje em dia, seria idêntico a esse pensamento baseado em alternativas. Mas tenho de vez em quando a suspeita de que seja o caso. Na Alemanha, tal pensamento administrado possui naturalmente um pano de fundo peculiar, que tem provavelmente a ver com a tradição do protestantismo alemão. Aliás, para a específica situação na Alemanha, contra a qual o pensamento dialético teve de atuar, tem sido típica a combinação entre mentalidade administrativa [*Verwaltung*] e interioridade, combinação que até hoje carece de uma análise mais detida, mas que, levando em conta apenas a simples evidência factual, atesta já que o conceito de interioridade, inserido que está nessa construção, encontra-se gravemente comprometido. Em todo caso, eu me recordo claramente de que, ainda quando criança, ficava arrepiado ao ouvir a frase "quem não está a favor de mim é contra mim".[275] E, na verdade, parece-me residir nisso tudo ainda o seguinte: que, sob o pretexto do *ethos* – portanto, sob o pretexto de que precisamos tomar decisões e evitar a volubilidade –, somos coagidos a optar por alternativas ou resoluções quaisquer que sejam, as quais não emanariam daquela instância do pensamento autônomo a que propriamente se faz apelo com o conceito de decisão; elas seriam, antes, pré-definidas ao agente como se proviessem de fora dele, de modo heterônomo. Não resta, de certa maneira, outra escolha a não ser decidir por uma ou outra opção previamente estabelecida; o conceito de liberdade de decisão, que serve de base aqui, é de antemão negado na medida em que somos confrontados [*konfrontiert*][276]

---

275 Mateus 12, 30.
276 O editor indica que aqui a palavra *"präsentiert"* foi corrigida por suposição.

somente com tais possibilidades restritas. Trata-se, fundamentalmente, de um hábito ligado ao pensamento heterônomo, um hábito que, sob todos os possíveis pretextos, se impõe como única possível maneira de pensar. Eis por que deveríamos caracterizar a regressão [*Rückbildung*] do pensamento, predominante hoje em dia, como uma recaída na heteronomia – tal como, aliás, Paul Tillich, há // um quarto de século, já havia sustentado de maneira assaz penetrante.[277]

A particular dificuldade, porém, que a dialética oferece ao pensamento consiste em que ela não colapsa na contraposição do "ou isso, ou aquilo", isto é, a teoria dialética e o pensamento dialético não são, por assim dizer, um "tanto isso quanto aquilo" [*Sowohl-als-Auch*]. Creio que vocês possam aqui reconhecer essa dificuldade e, ao mesmo tempo, o traço exasperante no pensamento dialético. Ele não é nem o "ou isso, ou aquilo", não é um escolher entre alternativas previamente dadas, nem uma espécie de "tanto isso quanto aquilo", não é um certo ponderar acerca de possibilidades conflitantes entre si, por meio das quais se teria então de procurar o caminho intermediário. Foi o destino histórico da dialética de proveniência hegeliana ter sido mal compreendida em seu conceito central, a saber, o conceito de mediação, e essa má compreensão se dá no sentido que há pouco indiquei. Acreditou-se que pensar dialeticamente seria pensar de modo a sustentar que existe sempre, em cada

---

[277] "Se hoje o desenvolvimento europeu se encontra sob a égide do retorno a velhas – e do estabelecimento de novas – heteronomias, então isso pode apenas despertar meu entusiástico protesto, mesmo que eu perceba a inexorabilidade fatídica desse desenvolvimento." (Paul Tillich, *Gesammelte Werke*. Editada por Renate Albrecht, Bd.12: *Begegnungen. Paul Tillich über sich selbst und andere*, Stuttgart 1971, p.26ss.).

coisa, algo de bom e algo de falso. Dessa maneira, jogou-se a dialética no cadinho geral da consciência conformista, reconciliando-a com aquele relativismo bem-intencionado que afirma que para cada assunto específico haveria algo verdadeiro, mas sempre também o seu contrário, que tudo que existe possuiria aspectos bons e ruins. Pois bem: não desejo negar que no modo de consideração peculiar à dialética, que tenta fazer jus aos objetos em sua complexidade, não haveria algo parecido com isso. Nele, encontra-se algo de humanidade, na medida em que neste "tanto isso quanto aquilo" [*Sowohl-als-Auch*] pelo menos reside, nem que seja como algo negado, a pretensão de que a consciência, ao contrapor-se àquilo que existe, em certa medida desempenharia a função de árbitro [*richterlich*] ao separar, digamos, o joio do trigo. Porém, tão logo se tenha admitido esse modo de proceder ao pensamento dialético, também não se deverá ignorar // que aquilo que designamos pelo termo "mediação" não é uma via intermediária entre dois extremos. Trata-se, antes – e isso me parece ser decisivo neste contexto –, de que o pensamento dialético se move a si mesmo, percorrendo o itinerário que, partindo de um extremo a outro, passa pelo momento com o qual aquele ponto de partida não é idêntico. Caso me seja permitido exprimir dinamicamente essa noção, a mediação dialética não é um ponto médio entre os opostos, mas ela se realiza apenas quando adentramos o extremo e quando, ao avançarmos cada vez mais profundamente nesse extremo, descobrimos, no extremo mesmo, seu próprio contrário, tal como, no início deste curso, tentei expor a vocês a mediação como uma estrutura lógica.

Hoje, no entanto, eu não falarei, no que diz respeito a esse movimento pelos extremos, do aspecto lógico da dialética, mas antes sobre o aspecto, se posso chamar assim, moral do pensamento [*denkmoralisch*]. Pois, quando assinalamos, num fenômeno avançado, suas limitações históricas ou seu caráter eticamente questionável, não o fazemos opondo esse aspecto mais avançado, mais adiantado do fenômeno, a algo mais adequado, mais moderado, como se fosse melhor. Pelo contrário. Somos obrigados a seguir adiante naqueles momentos criticamente questionáveis na direção de sua correção, ou seja, conduzindo o fenômeno em questão à autorreflexão, a ponto de reconfigurar-se [*ausformen*] de maneira mais pura e consequente do que até então havia sido o caso, a fim de que se possa realizar tal correção. Para falar honestamente, estou dizendo isso um pouco *pro domo*. Pois isso se passou comigo, quando eu, por exemplo, em meus trabalhos estéticos, em todas as ocasiões onde me vi coagido a fazer a crítica a certos fenômenos de vanguarda, deparei-me com uma espécie de entusiasmo inoportuno // por um lado, enquanto que, entre meus amigos vanguardistas, tais críticas em geral suscitavam frustração. Quer dizer, tudo se passava como se eu tivesse, em certa medida, atingido um grau de racionalidade que me permitiria defender algo como "até este ponto, nenhum passo a mais" – que considero, aliás, como sendo a proposição mais não dialética.[278]

---

278 Adorno se refere aqui à extensa controvérsia com Heinz-Klaus Metzger, a qual acabou levando, por fim, a um debate entre ambos, transmitido por rádio, com o título "A música mais recente – progresso ou formação regressiva", que, pouco antes disso, em 19 de fevereiro de 1958, havia sido transmitido por radiodifusão na Alemanha Oriental. Precederam-no uma contribuição radiofônica de Adorno, *Das Altern der neuen Musik* como a réplica de Heinz-Klaus Metzger, "*Das Altern der Philosophie der neuen Musik*", publicada em 1958 na revista *Die Reihe*,

Introdução à dialética

Não há poder do mundo que possa interromper o pensamento crítico, e se a própria dialética, em alguns de seus temas, tal como na crítica das assim chamadas "filosofias da reflexão", prestou-se a interromper a reflexão crítica, então isso foi de fato seu pecado original e justamente o momento que conduziu então à circunstância de que não poderíamos permanecer apenas na dialética hegeliana.[279] Contudo, quando o pensamento crítico se apodera daqueles fenômenos mais avançados, isso não significa que diante deles se deva invocar um grau mediano de racionalidade, apelando àquilo que pareça ser em cada caso o mais conhecido. Pelo contrário, isto pode apenas significar que se deve empreender a tentativa de conduzir o fenômeno, com cuja insuficiência temos a ver, à correção, insistindo em fazê-lo desenvolver cada vez mais em seu próprio princípio. Em outras palavras, e para exprimir tais discussões com algo mais de conteúdo: quando nos deparamos com uma dialética do esclarecimento, ou seja, com uma dialética da racionalidade, de tal sorte que tenhamos de constatar que tudo no itinerário do esclarecimento, na via para o esclarecimento, permanece ligado ao sacrifício e à injustiça, então isso não pode e nem deve significar que deveríamos retroceder a um estágio anterior ao esclarecimento, estabelecer algo como uma zona de proteção de irracionalidades. Significa simplesmente que essas feridas, que o esclarecimento vai provocando, são, ao mesmo tempo, os momentos

---

Bd.4: *Junge Komponisten*, p.64-80. A conversa entre Adorno e Metzger transmitida por rádio está impressa em: Heinz-Klaus Metzger, *Musik wozu. Literatur zu Noten*, editado por Rainer Riehm, Frankfurt a.M., 1980, p.10-104.
279 Ver nota 65, p.144, e nota 149, p.265.

nos quais o próprio esclarecimento se prova como um esclarecimento ainda parcial, em certa medida ainda não esclarecido o suficiente; e apenas quando se persegue, de maneira consequente, o desenvolvimento de seu princípio, poderão essas chagas talvez ser reparadas.

Isso é o que se teria a dizer acerca da peculiar posição ocupada pela dialética // – uma posição, na realidade, difícil de se compreender e, acima de tudo, complicada de se encampar de maneira consequente –, que consiste em não pensar por alternativas, nem procurar conciliar de maneira trivial essas mesmas alternativas. Eu gostaria de mostrar isso recorrendo ao menos a um modelo. Se continuo aqui formulando as coisas de maneira muito genérica, tal como acabo de fazer, então o que vou falar parecerá mais plausível – em todo caso, mais plausível para aqueles dentre vocês que tenham me seguido até aqui. Quando, entretanto, nos encontramos envolvidos com o pensamento concreto, sobretudo com discussões metodológicas concretas, vocês sempre vão se deparar com o fato de que é muito mais difícil lidar com isso concretamente do que quando o formulamos apenas *in abstracto*. Por exemplo, parece ser uma doença teórica quase impossível de erradicar na Alemanha o fato de que aqui pensamos sempre adotando uma perspectiva bivalente em relação às abordagens nas ciências sociais. De um lado, há aqueles que dizem: "sim, é preciso pensar sempre de maneira radicalmente sociológico-empírica, pensar historicamente. Não pode haver então nada de estável, já que tudo o que é estável vem a ser justamente relativizado pela compreensão do que está em movimento". De outro lado, há aqueles que defendem a perspectiva segundo a qual cada uma das ciências humanas deve orientar-se por um *"set"*, como se diz de maneira tão sofistica-

Introdução à dialética

da, ou por um "conjunto" – como se pode talvez traduzir – de valores fixos, dos assim chamados valores eternos. Por ocasião de uma conferência sobre "Indivíduo e Sociedade"[280] que proferi recentemente em Munique, foi-me observado, graças à intervenção crítica de um pesquisador assistente, creio que com proveniência na sociologia, que ou bem eu teria de pensar de maneira radicalmente sociológica, ou então teria de elaborar uma antropologia, pois sem isso nada do que eu estava propondo na ocasião teria êxito. Quando alguém tenta, ao contrário, analisar uma estrutura mais diferenciada e mais complexa, tal como estou tentando aqui, ou seja, a estrutura dialética, então essa pessoa lidará com a inclinação de caracterizar essa estrutura teórica [*Denkstruktur*] ou sob o signo do historicismo relativista, ou então considerá-la como pensamento para o qual não haveria, em última instância, um conceito de verdade. Eu já estaria satisfeito // se, ao longo dessas aulas, tivesse sucesso pelo menos nesta primeira tarefa, quer dizer, em fazer com que vocês se desvencilhem das dificuldades relacionadas a uma caracterização desse tipo, de maneira a tornar convincente aquilo que posso apresentar apenas como uma tese que necessitaria de desenvolvimento ulterior, a saber: que eu me sinto, em relação aos sociólogos relativistas do estilo de Pareto[281] ou de seu

---

280 Sobre a conferência *"Individuum und Gesellschaft"*, ver nota 36, p.104. Adorno tinha proferido a mesma conferência um pouco antes, em 23 de maio de 1958, em Munique, mas nesta ocasião de forma mais livre e, por isso, provavelmente numa versão manifestamente divergente da conferência em Bad Nauheim.

281 Vilfredo Pareto (1848-1923), economista político suíço, desenvolveu, marcando posição em relação ao materialismo histórico, um método científico segundo o modelo da matemática, a fim de determinar

imitador, Mannheim,[282] numa oposição tão categórica quanto aquela em que me encontro em relação às ontologias antropológicas de hoje em dia, sejam elas a de Scheler, de Heidegger ou de Gehlen; e que o modelo de pensamento que venho procurando aqui descrever é justamente um que não reconhece tais alternativas. Isso significa que a teoria dialética se atém à ideia de verdade. Uma dialética que, portanto, não fizesse rigorosamente valer, em cada conhecimento singular, a medida da verdade – pelo que esse conhecimento singular viria a perder, por sua vez, sua própria consistência –, estaria de antemão desinvestida da força sem a qual um processo dialético não poderia ser sequer minimamente compreendido. Nesta intelecção no não verdadeiro [*Einsicht in das Unwahre*], ou seja, nessa motivação crítica que é decisiva para a dialética, está, como condição necessária, a ideia de verdade. Fazer a crítica e não determinar a inverdade daquilo que é criticado seria absurdo. Porém, de outro lado, nesta crítica, o conceito de verdade não deve ser considerado como conceito além dos fenômenos. Essa é a dificuldade propriamente dita que a dialética coloca para a atual consciência dicotômica, dificuldade que consiste em captar aquilo que realmente importa na dialética. Por um lado, nesse momento da crítica, nesse momento do pensamento que o impele a seguir adiante, está inapelavelmente implicado o motivo

---

a interação de forças sociais e econômicas na sociedade – ao seu ver, em última instância, irracionais – e as ideologias a elas atreladas. Para a crítica de Adorno a Pareto, Cf. *Beitrag zur Ideologienlehre* (Contribuição à Teoria da Ideologia), in: *GS8*, p.457-77.

282 Karl Mannheim (1893-1947) foi sociólogo, até 1933 professor em Frankfurt a.M., e fundador da sociologia do conhecimento [*Wissenssoziologie*].

da verdade; mas, de outro lado, a verdade não está representada como coisificada, fixa, além dos fenômenos. Bem ao contrário, a verdade é buscada na vida dos próprios fenômenos, portanto, na dialética o fenômeno singular é indagado quanto à sua própria consistência interna [*Stimmigkeit*] e, precisamente nisso, ficaria demonstrada a sua inverdade.

// Permitam-me expressar analogamente assim, lançando mão de uma expressão de caráter teológico: o conceito de verdade na dialética seria um conceito negativo de verdade, assim como há uma teologia negativa.[283] Se Espinosa ensinou a célebre frase segundo a qual seria o *"verum index sui et falsi"*,[284] então diríamos, em contrapartida, que na dialética *"falsum index sui et*

---

283 Com a expressão "teologia negativa" se designa a tradição de acordo com a qual Deus, em sua transcendência e eminência, não pode ser descrito apropriadamente por determinações afirmativas, mas antes apenas por meio da experiência de sua inefabilidade, empreendida no processo de negação [*Verneinung*] de todas as possíveis sentenças declarativas. Ela remonta, de acordo com sua ideia geral, a Dioniso Aeropagita (em torno do século V), o qual empreendeu a tentativa de ligar a doutrina cristã com a filosofia neoplatônica. Por meio disso, a teologia negativa remonta, por um lado, até a tradição bíblica, na qual ela pode ter se conectado à tese de Paulo sobre o "Deus desconhecido", bem como à proibição de imagens no antigo testamento; e, por outro lado, até mesmo à filosofia de Platão. Em especial, a primeira posição do "Parmênides" de Platão, na qual vão sendo negadas sucessivamente, ao uno posto de maneira absoluta, todas as determinações categoriais, fora já vinculada pelos neoplatônicos à doutrina platônica da ideia do bem "para além do ser" (*República* 509 b5) e, assim, reinterpretada especulativamente como um conceito negativo-teológico de Deus.

284 "Pois o verdadeiro é a pedra de toque de si mesmo e do falso." (Baruch de Spinoza, *Briefwechsel*, tradução e notas de Carl Gebhardt, Hamburg, 1977, 76ª Carta (para Albert Burgh), p.286)

veri".²⁸⁵ Isso significa que não há um conceito positivo, tangível, coisal de verdade, tal como apenas nos estaria assegurado sob a pretensão de identidade imediata da ordem das coisas e dos conteúdos [*Ordnung der Dingen und der Sachen*]. Porém, de outro lado, é evidente que essa força, da qual vive a própria intelecção na inverdade, é justamente a ideia de verdade. Acontece que não temos a própria ideia de verdade como algo dado, ela é apenas como que a fonte de luz a partir da qual a negação determinada, a intelecção do não verdadeiro [enquanto algo] determinado, propriamente sucede – tal como é formulado numa sentença de "Pandora", a qual fiz constar recentemente como mote na epígrafe de um trabalho: "destinada a ver o iluminado, não a luz".²⁸⁶ Em outras palavras, a dialética também não pode aceitar a tradicional diferenciação entre gênese e validade. Ela tampouco pode se apropriar da posição, defendida

---

285 "O falso é o índice (pedra de toque) de si mesmo e do verdadeiro."
286 "Prometeu: [...] Mas então Eos, incansavelmente ela se esforça, / saltitante, faceira, espalhando flores púrpuras a mancheia! Como em cada beirada de nuvem / desdobrando-se profusamente elas afloram, transmudam, diversas! / Ela emerge então afetuosa, sempre e continuamente jovial; / Acostuma, ó telúrico, o débil olho suavemente / que minha linhagem não se cegue pela flecha de Hélio / ao ver certamente o iluminado, mas não a luz!" (Johann Wolfgang Goethe, *Pandora. Ein Festspiel*, versos 950-957, in: Goethe, *Sämmtliche Werke* Bd.9: *Epoche der Walhverwandtschaften 1807-1814* [Época das afinidades eletivas 1807-1814], editado por Christoph Siegrist e outros, München und Wien 1987, p.189). Eos é a (deusa da) aurora, Hélio é o deus-sol, ou o próprio Sol. Adorno tinha antecipado como mote o último verso em seu ensaio *Der Essay als Form* (Cf. GS 11, p.9-333, aqui a p.9) [Ed. bras.: Adorno, O ensaio como forma. In: *Notas sobre a Literatura I*. Tradução e apresentação: Jorge de Almeida. São Paulo: Editora 34, 2003, p.15-45].

Introdução à dialética

talvez pelo psicologismo mais extremo – ou, melhor dizendo, pelo psicologismo de qualquer estirpe –, segundo a qual toda espécie de verdade se esgotaria em sua origem, de maneira que a ideia de verdade enquanto tal seria dissolvida, digamos, tão logo se tenha chegado a ver, nem que seja por uma vez, como são as coisas por trás dela, alcançando aquilo a partir do que ela própria teria surgido. Eu gostaria aqui de evocar expressamente o pensamento de Nietzsche, o qual com enorme razão censurou à consciência tradicional o fato de ela ensinar que aquilo que em determinado momento teve seu surgimento [*das Entsprungene*] não poderá ser o verdadeiro, isto é, que o que veio a ser jamais poderia ser fundamentalmente diferente daquilo de onde surgiu.[287] Porém, caso vocês aceitem a concepção dialética contra a filosofia do originário [*Ursprungsphilosophie*], tal como tentei lhes apresentar, isto é, que aquilo que se origina

---

287 Numa passagem paralela na introdução da *Metakritik der Erkenntnistheorie* (Cf. *GS* 5, páginas 25 e seguinte), Adorno faz uma referência a partir do 4º Aforismo da divisão *A razão na filosofia*" do "*Crepúsculo dos Ídolos*, onde consta: "A outra idiossincrasia dos filósofos não é menos perigosa: consiste em confundir as coisas últimas com as primeiras. Eles colocam no início enquanto início o que vem no fim (infelizmente! pois não devia vir em momento algum!): os "conceitos mais elevados", os conceitos mais universais e vazios, a derradeira fumaça da realidade que evapora. De novo, uma tal disposição é apenas a expressão de seu modo de venerar: o mais elevado não tem o direito de surgir do mais baixo, não tem de modo algum o direito de ter surgido... Moral: tudo o que é de primeira linha precisa ser *causa sui*. A proveniência a partir de algo diverso vale como objeção, como colocação em dúvida de seu valor." (Nietzsche, *Werke*, op. cit., Bd.3, p.404ss. (II/ 958 f.)) [Ed. bras.: Nietzsche *Crepúsculo dos ídolos, ou como se filosofa com um martelo*, op. cit., p.23. [Ed. bras.: Adorno, *Para a metacrítica da teoria do conhecimento. Estudos sobre Husserl e as antinomias fenomenológicas*, op. cit., p.54-5].

é ou pode ser qualitativamente diferente em relação àquilo de onde se originou, então perderia também efeito a crença de que se poderia, recorrendo à gênese // de um conteúdo [*Gehalt*] espiritual, liquidar com sua verdade, de que assim sua verdade estaria como que revogada. Todavia, inversamente, as coisas sucedem também de tal maneira que a hipóstase de uma verdade, seja ela qual for – ou seja, a hipóstase que não considera aquele processo em que, sim, consiste a vida mesma da verdade, em que ela se origina e também soçobra, em que ela adquire, enfim, seu conteúdo próprio –, que tal hipóstase da verdade, contrapondo-se a seu surgimento [*Entstehen*] e, portanto, apelando à absolutização da validade em detrimento da gênese, é tão falsa quanto a relativização em termos da gênese. Nesse ponto, a análise dialética teria propriamente de destroçar a alternativa à qual nos vemos aqui atrelados – teria ela mesma de compreender essa alternativa como meramente superficial [*vordergründig*], como produto de um pensamento reificado, em vez de se submeter a essa alternativa.

Algo análogo valeria também para o assim chamado conceito de valor, que pertence a um contexto de discussão bem diferente. Faço meu comentário aqui de maneira panorâmica e com toda parcimônia, pois é obviamente impossível que eu lhes forneça agora uma análise esmiuçada de todas essas categorias. Posso, quando muito, trazê-las à baila na tentativa de fazer, a partir de algumas de considerações mais básicas, com que se lance alguma luz sobre elas. Como ia dizendo, algo semelhante vale para todo o complexo temático em torno do conceito de valor, o qual, por seu turno, apenas comparece como tema na filosofia quando, de fato, aquilo que ele visava deixou de ser substancial, isto é, tão logo a ordem previamente dada da existência [*Dasein*] tenha sido substituída por conceitos rígidos e consoantes a administração, os quais se poderia então, por assim dizer, dependurar diante das pessoas para que lhes sirvam de normas, valores, ou modelos a serem seguidos. De um lado, a ideia de um pensamento pretensamente livre de valores, de um pensamento neutro – tal como foi tão enfaticamente sustentado pela ciência positivista, e formulado epistemologicamente por Max Weber – parece-me ser problemático ao menos pelo seguinte motivo: a diferenciação entre verdadeiro e falso é, enquanto tal, uma diferenciação valorativa [*Wertunterscheidung*]. Se eu não conferir, de uma maneira qualquer que seja, uma primazia ao verdadeiro com relação ao falso, caso eu // não me atenha a algo como um primado do verdadeiro sobre o falso, então aquele conceito de objetividade do pensar perde, ele próprio, seu sentido geral – algo em que o pensamento da neutralidade axiológica [*Wertfreiheit*] justamente insiste. De outro lado, é igualmente dogmático ajuramentar quaisquer valores como estando além da história e então, como sucedeu a Scheler,[288] utilizar um critério exterior, configurado justamente a partir desses valores paralisados, um padrão de acordo com o qual será medido tudo quanto possa haver em termos de conteúdo. Isto conduz a um pensar anacrôni-

---

288 Na sua última aula concluída em *Introdução à sociologia*, Adorno remete a uma passagem paralela de Max Scheler, *Probleme einer Soziologie des Wissens*; in: *Gesammelte Werke*, Bd. 8. *Die Wissensformen und die Gesellschaft*, com acréscimos, editado por Maria Scheler, segunda edição revista, Bern, München 1960, p.15 até 190 (Cf. NaS IV, Volume 15, p.134 e nota 160) [Ed. bras.: Adorno, *Introdução à sociologia*. Apresentação: Gabriel Cohn. Tradução: Wolfgang Leo Maar. São Paulo: Editora Unesp, 2007, p.199].

co, portanto, a um pensar no qual os critérios, como talvez o "compromisso social" [*Bindung*], são utilizados numa aplicação *in abstracto* a situações sociais e modos de comportamento, os quais de si mesmos, conforme seu sentido próprio, não podem absolutamente ser mais dimensionados de acordo com eles. Mesmo assim, a dialética não tem absolutamente a tarefa de fazer a mediação entre esses conceitos. Seria realmente cômico quem porventura dissesse: "sim, valores eternos – isso não existe, mas há certamente valores relativos, concernentes a cada época determinada, e por isso temos de nos ater aos valores vigentes no interior dela, àqueles que valem justamente nesta época específica". Creio que não precise lhes explanar detidamente o caráter cômico que teria tal procedimento, efeito que se torna ainda mais intenso pelo fato de que há incontáveis filosofias que efetivamente acreditam poder acertar as contas, justamente dessa maneira, com o assim chamado problema do historicismo. A solução para esse problema me parece residir no fato de que uma análise do conceito de valor conduz justamente aos seus condicionamentos e, portanto, à insuficiência de tal conceito; por outro lado, reside também no fato de que o conceito de neutralidade axiológica, em sua observância rigorosa, é justamente impossível. E, em consequência disso, o pensamento que compreende essas categorias em seu processo de constituição [*Produziertsein*] não procede negando um desses conceitos em favor do outro, mas sim, antes, eleva-se em geral sobre essa alternativa, tentando apropriar-se em certo sentido daqueles momentos normativos, os quais, por sua vez, em sua forma abstrata e mais reificada, // são apreendidos em geral pelo conceito de valor.

Eu havia dito, a respeito da questão do padrão de medida, que a única possibilidade que a dialética considera nesse contexto é, precisamente, a de um padrão de medida imanente. E acredito que, se em algum lugar o pensamento contemporâneo deve aprender com a dialética hegeliana, então que seja justamente neste ponto mais decisivo: a exigência formulada por Hegel de que o pensamento não deve trazer de fora padrões para medir uma coisa, tal como é a marca da época atual, mas, ao contrário, que deve abandonar-se à coisa mesma, podendo obter o padrão de medida apenas dela própria – por meio, tal como Hegel diz, do "puro observar".[289] Nisso reside o momento decisivo da dialética, de acordo com o qual o objeto, para o qual o pensamento dialético se dirige, não é em si não qualificado, que, apenas quando o encobrimos com nossa rede categorial, tem suas determinações detectadas. Ao contrário, o objeto é antes já determinado – em outras palavras, para a dialética não há objeto que, justamente na medida em que se nos apresenta como objeto determinado, não contenha, dentro de si mesmo, o pensamento, que não contenha em si mesmo sujeito. Em outras palavras, nesse ponto reside, na dialética, um momento de idealismo, a saber, justamente o indício da subjetividade enquanto algo mediado, momento que tem também de ser retido, por mais que, de um ponto de vista mais abrangente, devamos nos posicionar crítica e ceticamente contra a pretensão do idealismo de compreender o mundo ou de produzi-lo a partir de si mesmo. De outro lado, essa compreensão não é idealista, uma vez que o momento aqui, que há pouco caracterizei como o momento subjetivo, representa tão somente um momento.

---

289 Ver nota 86, p.179.

E também porque o conceito de subjetividade, que se encontra aí subjacente, representa um *abstraktum*, uma abstração feita a partir de sujeitos vivos, de seres humanos vivos, cujo pensar pertence à determinação dos opostos; e, por fim, porque, justamente em virtude desse caráter abstrato [*Abstraktheit*], por causa dessa inverdade, caso queiram chamar assim, não pode por seu turno ser absolutizado, // não pode ser transformado em um existente-em-si. Ao contrário, o sujeito é algo necessariamente mediado pelo objeto, da mesma maneira como, inversamente, o objeto é mediado precisamente pelo pensamento.

Permitam-me acrescentar a essa discussão mais uma coisa. Nos hábitos de pensamento hoje dominantes, procede-se por dicotomias, isto é, coletando-se fatos, de um lado, e então acrescentando, de outro, algo como: "sim, necessitamos também de um sistema de valores, ao qual nós possamos referir esses fatos, senão não daremos conta deles". No entanto, nesse pensamento dicotômico, ainda mais quando se arvora tão absolutista e dogmático, também está inscrito um momento de contingência e arbitrariedade. Pois a atribuição de valor, ou seja, aquilo por meio do que se crê poder ir além da relatividade e contingência do meramente dado, com o qual estou imediatamente lidando, refere-se a determinado ponto de vista, como se denomina. E a escolha ou adoção desse ponto de vista é considerada implicitamente como algo contingente. Lembremos desse jeito de falar de uma pessoa, de um cientista, digamos, que realiza sua pesquisa e em seguida acrescenta: "sim, mas eu, enquanto cristão, também preciso avaliar esses fatos, com os quais tenho de lidar, de acordo com minhas normas"; ou ainda, "eu, enquanto socialista, tenho de avaliar de acordo com isto", ou ainda, "eu, enquanto alemão, ...", e o que mais se queira acrescentar. Quiçá possam aprender neste curso, dentre outras coisas – e me desculpo se lhes importuno com recomendações intelectuais tão rudes e banais, minhas senhoras e meus senhores –, ao menos certo ceticismo com respeito a todas as sentenças nas quais aparece essa expressão "eu, enquanto...". No instante em que vocês dizem "eu, enquanto", vocês já relativizam aquela verdade que, por meio dessa forma do "eu, enquanto" pretendiam ser uma verdade absoluta, e acabam traindo sua própria intenção original. Ademais, procedendo assim, vocês confirmarão, reforçarão ainda mais, aquela esquizofrenia social // do pensar, que decompõe as pessoas, decompõe a consciência das pessoas em sua consciência enquanto cientistas, enquanto cidadãos, enquanto cristãos, enquanto pessoas privadas, enquanto profissionais, ou enquanto Deus sabe lá no que mais. Tenho consciência de que esse fenômeno da esquizofrenia social, que designei aqui, naturalmente está baseado no funcionamento de nossa vida profissional e, em suma, na tendência econômica que hoje se impõe e que, em função disso, não pode ser alterado por meio de um ato da vontade, por meio de um edito filosófico. Eu não me permito, portanto, ter grandes ilusões acerca do efeito da prudente recomendação que acabo de dar. Porém, mesmo assim, acredito que, caso reflitamos sobre essas coisas, caso não as reproduzamos mais tão ingênua e frequentemente – mas, ao contrário, se as dispusermos ao alcance da crítica filosófica da maneira como eu aqui tentei, ainda que, como sempre, de modo fragmentário –, talvez sejamos capazes de avançar um pouco na erradicação desses hábitos. Apesar disso – e o que resta a um pobre dialético a não ser justamente revelar as dificuldades, mostrar como estamos aprisionados, mostrar que o pensamento se choca contra os muros de todos os lugares –, tenho bastante clareza de que parece impotente esse apelo a um ser humano íntegro e indiviso, ou mesmo a um ser humano completo, que deveria ser responsável por empreender seus atos de conhecimento. Tenho clareza de que a compreensão [*Einsicht*] que um especialista tem de determinado assunto [*Sache*] no qual é versado – e isso se refere tanto à poesia quanto à medicina –, é superior à compreensão daquele que conserva sua completa humanidade [*Vollmenschlichkeit*] por nunca ter entrado na disciplina sobre o tema específico.

Para resumir, a dialética recusa receitas. Venho dizendo isso de maneira frequente, mas *in abstracto*. Porém, creio que tenha apresentado hoje, a respeito de alguns modelos, o quão pouco de fato tem a oferecer em termos de receitas, quão pouco em geral pode oferecer a alguém. E creio que apenas a pessoa que // renuncia à ideia de que o pensamento, como se diz, deveria fornecer algo, ou seja, apenas a pessoa que, ao contrário, quer fornecer algo ao pensar – a saber, a si própria –, somente tal pessoa deveria envolver-se com a dialética. Aos demais eu recomendaria veementemente permanecer nas formas tradicionais de pensamento, as quais não somente são reconhecidas, mas ainda transmitem uma espécie reconfortante de segurança, da qual, todavia, todo aquele que se envolve com essas coisas [de que aqui tratamos] precisará se afastar.

Ora, quando falo dessa renúncia, dessa renúncia à sensação de segurança habitual, sou conduzido ao tema da posição da dialética com respeito às formas lógicas disseminadas, sobre as quais eu bem que teria de lhes falar ainda algo. A mais importante que se impõe aqui à consideração é a forma lógica da definição. E é notável que, enquanto na grande filosofia – de

Kant, Hegel e Nietzsche, por exemplo – o conceito de definição seja recusado da maneira mais enfática, a prática teórica interna à ciência permanece comprometida com ela; e isso não só nas ciências da natureza, mas também no direito, na atual economia política, que é uma disciplina matemática e teórica, e também nas muito numerosas, tal como se deveria dizer, "filosofias do hífen" [*Bindenstrich-Philosophien*], ou seja, nas filosofias que têm algo a ver com o método lógico. Esse compromisso se baseia na crença de que, se alguém definiu um conceito de uma maneira límpida e fixa, por assim dizer, estaria desobrigado de outras preocupações, encontrando-se, por conseguinte, num terreno absolutamente seguro. Essa segurança é um engodo, e se encontra entre as tarefas da dialética fazer ruir esse engodo que constitui o pensamento definitório [*definitorisch*]. Eu gostaria aqui de abordar rapidamente a problemática da definição e, em seguida, também a problemática em torno de outras formas lógicas essenciais, na esperança de poder deixar à disposição de vocês, ao menos como recordação, algo a ser usado em seu próprio pensar concreto. "Definição" significa realmente // uma determinação de conceitos por meio de conceitos. É surpreendente como hoje, em qualquer lugar, e de maneira totalmente irrefletida, esse procedimento de determinar conceitos por meio de conceitos seja considerado obrigatório, sem que a gente se dê conta de que, desse modo, realmente caímos numa espécie de regressão infinita, o que justamente acaba com aquela segurança que imaginávamos ter. Porém, além disso, gostaria aqui de recordar o fato lógico elementar – o qual talvez não seja para muitos dentre os aqui presentes assim tão familiar como deveria ser para todos –, a saber, que se pode definir conceitos a princípio de dois modos: ou por meio de outros conceitos, ou ainda – e estou aqui, por motivos didáticos, me movendo totalmente sobre o terreno da lógica tradicional – por meio da indicação das situações [*Tatbestände*] que serão sintetizadas pelo conceito em questão. E, segundo a lógica tradicional, isso sucede de maneira que cada conceito, ao ser reduzido a outros conceitos, necessita ainda de um preenchimento de última instância, de um tipo em que se faz referência imediata ao estado-de-coisas [*Sachverhalt*] que se pretende visar com o conceito correspondente. Vocês não podem, por exemplo, para mencionar apenas o mais óbvio, definir o conceito de "vermelho", mas apenas mostrar o que está sendo referido pelo conceito de vermelho, dispondo diante dos olhos, para aquelas pessoas às quais desejam explicar, diversas nuances dessa cor e chamando a atenção, dentro das possibilidades da psicologia perceptiva, para que entendam, sob o conceito de vermelho, o elemento comum a todas essas percepções singulares do vermelho. Em outras palavras: podemos definir conceitos ou podemos, tal como se denomina na teoria do conhecimento, determiná-los "deiticamente", o que já mostra o caráter limitado [*Begrenztheit*] do conceito comum de definição. Nesse primado da "definição", que hoje predomina no pensamento, há uma espécie de arcaísmo, uma regressão àquele pensamento que vigorava antes daquela crítica, que pela primeira vez estabeleceu que, a partir apenas dos conceitos, não se pode derivar nenhuma verdade convincente, que essa verdade // precisa ser preenchida [por conteúdo]. No entanto, isso traz uma série de consequências para a posição da dialética em relação a essa práxis da "definição", consequências acerca das quais eu gostaria de falar um pouco na próxima aula.

// 19ª Aula [29/07/1958]

Minhas senhoras e meus senhores,

Nós tínhamos começado, na última aula, a nos ocupar com o problema da definição e, como talvez se recordem, eu tinha primeiramente chamado a atenção para a diferença entre os dois modos possíveis de determinação de um conceito: o modo dêitico, ou seja, aquele por meio da indicação da coisa referida pelo conceito, e o modo baseado na definição. Esta diferenciação pertence, é óbvio, à tradicional teoria do conhecimento, e vocês poderiam com alguma razão perguntar o que vem fazer aqui, no contexto de um curso sobre dialética, uma determinação tão elementar – muito embora eu deva confessar que não estou tão certo de que as pressuposições da lógica e da teoria do conhecimento tradicionais, mesmo para aqueles que se esforçam por uma [lógica] dialética, estejam tão presentes assim para que se possa prescindir dessas oportunas recapitulações. Contudo, sucede neste caso de eu estar abordando essa diferença a fim de conduzi-los, mais à frente, à discussão de uma série de problemas propriamente dialéticos. Pois já está bastante claro que o recurso a determinações dêiticas [dos conceitos] apenas é possível numa fração dos casos, apenas em poucos casos; enquanto que, no que concerne a conceitos mais complexos e que se encontram em relações mais abrangentes, tal indicação é impossível, não apenas porque ela pressupõe uma regressão infinita, mas também porque neste caso a quantidade realmente se converte em qualidade.[290] Se alguém fosse obrigado a mostrar, por meio de uma indicação à coisa mesma, digamos, o que é classe social, mostrar o que é sociedade – e ambos são justamente conceitos dos quais não se pode prescindir nas ciências [sociais] –, então cairia aí numa dificuldade enorme //. Não só porque precisaria recorrer a um processo infinitamente mediado para, ao final, fazer as pessoas verem o que é classe, mas sobretudo porque tais conceitos são complexamente construídos, porque neles próprios os momentos categoriais são tão preponderantes que seria impossível a mera indicação do estado-de-coisas [*Sachverhalt*] referido por eles. E esses são precisamente os conceitos que a filosofia, principalmente em Hegel e Nietzsche,[291] teria criticado, pois se recusam à defini-

---

290 Conjectura na transcrição do áudio gravado.
291 Hegel fundamenta na *Lógica* sua posição acerca do alcance limitado da definição como forma de conhecimento. Por um lado, no que concerne aos produtos da "finalidade autoconsciente" e objetos da geometria, a definição está totalmente em condições de explicitar a natureza da coisa. No entanto, isso não é válido para objetos concretos da natureza, bem como do espírito. No que diz respeito ao último ponto, a definição, quer dizer, a indicação do mais próximo gênero e do atributo específico, permaneceria exterior à coisa – por exemplo, ao diferenciar o ser humano de todos os outros seres vivos, digamos, por meio de seu lóbulo auricular, mas não sendo com isso capaz de captar sua essência. (Cf. Hegel, *Werke*, Bd.6: *Wissenschaft der*

Introdução à dialética

ção, já que um conteúdo histórico, coloquemos assim, os impediria de se fixar como coisa e, portanto, os impederia de serem substituídos por outros conceitos, pois, neste caso, perderiam determinidade. Esse é propriamente o problema que em geral se coloca na relação do pensamento dialético com o conceito,

---

Logik II, p.512-519, também p.102). A limitação crítica do âmbito de validade da definição vigora numa peculiar intensidade para uma estrutura complexa como o estado, de tal maneira que Hegel recusa, na *Filosofia do direito*, enquanto um método puramente formal, a pretensão de definição do direito contrapondo-lhe o método filosófico – e isto significa: o método dialético – como aquele unicamente apropriado, porquanto seria o único em condições de compreender e expor a coisa como resultado de seu necessário processo interno de surgimento. (Cf. Hegel, *Werke*, Bd. 7: *Grundlinien der Philosophie des Rechts*, §2, p.30-4). De maneira interessante, Nietzsche chegou ao mesmo resultado – a impossibilidade de se definir fenômenos que possuem uma história –, mas sob premissas contrapostas: um conceito como "castigo", para Nietzsche, não é passível de definição. Porém, isso não se dá porque a definição não se aproximaria da essência histórica da coisa, mas, antes, porque o significado da coisa, inventado retrospectivamente no decurso histórico (seu sentido e finalidade), estaria assentado sobre a coisa apenas exteriormente; e, enquanto um significado essencialmente arbitrário e necessariamente diversificado, coagula-se, por fim, ao ponto de se tornar uma unidade opaca. "A história do castigo até então, a história de sua utilização para os mais diversos fins, cristaliza-se afinal em uma espécie de unidade que dificilmente se pode dissociar, que é dificilmente analisável e, deve ser enfatizado, inteiramente indefinível. (Hoje é impossível dizer ao certo por que se castiga: todos os conceitos em que um processo inteiro se condensa semioticamente se subtraem à definição; definível é apenas aquilo que não tem história.)" (Friedrich Nietzsche, *Zur Genealogie der Moral*; in: Nietzsche, *Werke*, op. cit., Bd. 2, p.266 (II 820)) [Ed. bras.: Nietzsche, F. *Genealogia da moral. Uma polêmica*. Tradução, notas e posfácio de Paulo César de Souza. São Paulo: Companhia das Letras, 2001, p.68].

e o grande complexo temático em torno da "definição" é realmente difícil de ser separado dos tópicos ligados à "posição em relação ao conceitual". O problema consiste no seguinte: de um lado, os conceitos não se deixam comprometer por um conteúdo, de maneira que tudo que é diferente dele estaria excluído, mesmo aquilo que carrega consigo; por outro lado, os conceitos ainda devem possuir, apesar disso, uma espécie de determinidade *sui generis*. Vocês terão notado que tenho me esforçado nestas aulas por conduzi-los, sob aspectos sempre diferentes, àquilo que a dialética de fato é. Neste caso, a dialética – vista sob a perspectiva do método – seria uma espécie de arranjo [*Veranstaltung*] do pensamento com a finalidade de fazer justiça a essa peculiaridade do conceito, não o tomando, portanto, nem como indeterminado e vago, nem simplesmente o amputando pela arbitrariedade de uma definição.

Eu gostaria de exortá-los a um certo ceticismo em relação ao procedimento de definição, não meramente em virtude de motivos epistemológicos, os quais bem que têm sido evidenciados no decorrer destas aulas, mas, antes, se me permitirem essa μετάβασις εἰς ἄλλο γένος, // por motivos até mesmo morais. Eu sempre pude observar em diversas ocasiões que, quando numa discussão alguém insiste em dizer que "é preciso primeiramente definir certo conceito, antes de se poder falar dele", então aí já está incutida uma vontade, por assim dizer, de se eximir da responsabilidade diante do conceito que está em pauta. Ademais, essa insistência sobre a definição do conceito tem, em conformidade com o impulso que a motivou, um pouco daquela postura sofística de acreditar que poderia, por meio da manipulação do aparato conceitual, se subtrair à ponderação sobre as coisas e à responsabilidade em relação a elas. Quando vocês estiverem,

Introdução à dialética

por exemplo, em meio a uma discussão sobre todo o complexo de culpa causado pelos campos de concentração, e subitamente tal discussão for, por assim dizer, postergada – sob a alegação de que, "antes de podermos discutir sobre o conceito de culpa, teríamos, em primeiro lugar, de ter inteira clareza acerca de como propriamente definimos tal conceito"; então, diante de tudo aquilo que significa o acontecimento "Auschwitz", essa atitude conteria algo de indizivelmente grosseiro e, ao mesmo tempo, atroz, que é a tendência de escamotear a coisa mesma, apelando àquela aparente liberdade espiritual e à suposta diligência científica a partir das quais se poderia, então, proferir um juízo meticuloso sobre o referido assunto. Eu creio que isso faz também com que se torne insustentável essa ideia, defendida de forma generalizada, de que só é possível atribuir sentido aos conceitos por meio da definição, de que os conceitos seriam, portanto, como que produtos subjetivos arbitrários – e de que não poderíamos, por isso, propriamente nos ater a eles. Aquilo que aparece a nós, quando operamos com conceitos, como horizonte vago para associações não é, ou ao menos não em todos os casos, contingente ou constituído pelo sujeito, mas sim algo que sempre se encontra latente no conceito – encontra-se latente não de maneira ambígua, certamente, mas como algo sempre sujeito à possibilidade de deformação, isto é, passível de toda espécie de deturpação de sentido [*Missdeutung*] e reinterpretação subjetiva. Com efeito, é um equívoco nominalista acreditar // que cada conceito que empregamos seria como uma *tabula rasa*, a qual, apenas em virtude de nossas definições, se transformaria, digamos, numa mesa farta e organizada. Se tal fosse o caso, então um falar pleno de sentido, ou mesmo a linguagem enquanto tal, não seria sequer possível. Eis por que sempre teremos oportunidade de observar como aqueles que, tão logo falem *ex cathedra* como cientistas, não estarão, apesar disso, de jeito nenhum inclinados a confiar tanto assim na [sua] outra linguagem, baseada em definições, como se já lhes tivesse sido dado previamente, no próprio conceito, algo pleno de sentido que lhe fosse intrínseco.

Com efeito, esse aspecto que estamos discutindo, o de que os conceitos sempre já nos trazem algo que nós de maneira nenhuma havíamos instituído antes e que precisamos submeter à linguagem, precisamente este aspecto é desprezado por aquela necessidade [*Bedürfnis*] por definições. O conceito não definido, ou seja, a palavra que é tomada inicialmente tal como eu a recebo, carrega consigo uma enorme profusão daquela objetividade referida, enquanto a definição, por sua vez, pelo fato de idolatrarmos a segurança e em nome de uma inquebrantável disponibilidade do conceito, tem de mutilar tudo que possa conter dentro de si. A arte, ou melhor, a tarefa diante da qual o uso de conceitos coloca o método dialético consiste em conservar precisamente aquilo que está contido em todo conceito, ou seja, sem o amputar, sem o encobrir por meio de demarcações [*Setzungen*] ou estipulações arbitrárias, mas o elevando à consciência, de tal maneira a tirá-lo da esfera da ambiguidade e da vagueza ruim. Isso não acontece por meio de definições, mas por meio da constelação [*Konstellation*] em que entram os conceitos. E com isso nos ligamos mais uma vez àquele resultado pelo qual se mostrou que não se faz justiça ao conceito de verdade, tomando-se em consideração apenas um momento singular qualquer do conhecimento, ou seja, que nenhum conhecimento singular consegue fornecer toda sua verdade, pois sempre necessita estar referido a outros conhecimentos.

Creio poder ilustrar isso apelando a uma experiência relativamente simples a que // também fiz referência no texto sobre o ensaio, o qual, a propósito, torna-se bastante relevante à nossa discussão.[292] Eu me refiro, mais especificamente, à situação de uma pessoa que deseja aprender uma língua estrangeira, sem se sujeitar às vantagens e desvantagens de um curso regular de idiomas. Creio que tal pessoa vai em geral se lançar, com certo *elan*, à leitura de textos na língua estrangeira em questão, nos quais provavelmente apenas um certo número de conceitos lhe será familiar e reconhecível – em particular, talvez apenas verbos auxiliares ou uma e outra expressão mais plástica. Quando essa pessoa tiver lido uma palavra qualquer, digamos, umas trinta vezes, então essa palavra vai se tornar evidente a partir do contexto no qual aparece, e o aprendiz poderá então, eventualmente, extrapolar o contexto. Mas, ao longo do processo, essa pessoa vai também se tornar capaz de perceber a palavra numa plenitude cada vez maior de sentido, graças àquela transformação que a palavra experimenta nas constelações modificáveis [*wechselnd*] em que passa a figurar – o que teria sido muito difícil, caso a pessoa, digamos, simplesmente procurasse a palavra no dicionário. Basta vocês realizarem o experimento, consultando um conceito qualquer no dicionário e, em seguida, procurando por sinônimos desse mesmo conceito, para que possam perceber tudo o que esse conceito encerra dentro dele e ver, ao mesmo tempo, o que não encer-

---

[292] Cf. *Der Essay als Form*; in: GS 11, S.9-33 [Ed. bras.: O ensaio como forma. In: *Notas sobre a Literatura I*, op. cit., p.15-45].

ra dentro dele, para que percebam até que ponto essa vida dos conceitos se realiza apenas em sua constelação, e não isoladamente [*Isoliertheit*]. De outro lado, contudo, na medida em que o conceito apenas encontra sua determinidade nas constelações modificáveis em que está inserido – revelando, nessas modificações, sua própria vida –, é evidente que nesse processo, ao mesmo tempo, ele se altera. Isso significa que o valor relativo [*Stellenwert*] que todo conceito adquire a cada vez que ocupa uma nova posição – caso não estejamos às voltas simplesmente com designações relativamente primitivas e indiferenciadas, provenientes meramente do mundo das coisas [*Dingwelt*] –, consiste na própria variação do significado que o conceito possui noutra posição [determinada]. E o que propriamente importa numa relação correta com a linguagem // me parece ser aquilo que congrega ambos os aspectos, a saber: de um lado, por meio da insistência no conceito, tornamo-nos o mais possivelmente conscientes daquilo a que ele visa [*meint*]; mas, por outro lado, também assimilamos à consciência aquela transformação que subjaz ao conceito. Dessa maneira, seremos levados a compreender o conceito como em si determinado e, ao mesmo tempo, como algo que se modifica. Os conceitos não são, na verdade, nada de arbitrário, pois possuem um núcleo fixo que nós retemos de algum modo – e, num certo sentido, também sua alteração só se desencadeia tendo como base esse núcleo fixo. Porém, ao mesmo tempo, não possuem um conteúdo estático, pois constituem em si mesmos um processo. Cada conceito é, propriamente, dinâmico dentro de si mesmo, e a tarefa consiste justamente em se fazer justiça a essa dinâmica. E quanto a isso, por vezes será a linguagem que de fato vai desempenhar a função de cânone para o uso dos conceitos.

Introdução à dialética

Não me entendam mal: isso que lhes disse sobre a crítica à definição não deve desembocar em uma arbitrariedade dos conceitos – pois o que eu esbocei foi justamente uma tentativa, eu gostaria de dizer, de compreender o próprio conceito de modo mais vinculante do que o que ocorre com a definição. Contudo, tampouco é minha intenção aqui depreciar a definição enquanto tal. Sabendo como é fácil que tais pensamentos, tão logo sejam formulados, possam se transformar em prescrições consideradas como tabu – ou, por assim dizer, passando a atuar como se fossem um sinal vermelho –, eu não gostaria, de maneira nenhuma, de deixá-los desconfiados das definições.[293] Ainda mais porque receio que, na medida em que houver juristas e economistas dentre vocês, enfrentariam em função disso sérias dificuldades em seus respectivos cursos – dificuldades pelas quais eu não gostaria de ter de assumir a responsabilidade. Tenho forte convicção de que na filosofia – ainda mais em uma filosofia com pretensões enfáticas – podem aparecer definições, e que elas têm até mesmo de aparecer. Porém, essas definições seriam, diria eu, de um tipo radicalmente // diferente daquele das definições verbais, as quais são, em geral, requeridas no âmbito de uma atividade científica em que a coisificação dos assuntos, produzida justamente pela ciência, assume precedência em relação ao próprio assunto.

Em prol da simplicidade – e esperando que com isso eu não me exponha à suspeita de que considero este exemplo como essencial –, talvez me seja permitido dar uma definição que eu mesmo empreguei em *"Minima Moralia"*, e que talvez lhes mos-

---

293 O editor nota que o termo foi preferido, por conjectura, na transcrição do áudio gravado, a *"Begriff"* (conceito).

tre o que entendo sob essa ideia de definição, no sentido do que venho expondo. Lá está escrito, numa breve frase, que a "arte é magia libertada da mentira de ser verdade."[294] Imaginemos que tal definição seja fornecida a uma pessoa que não sabe o que é uma obra de arte – e admitamos inicialmente uma pessoa, digamos, sem sensibilidade para as artes [*amusisch*], pois há reconhecidamente certas pessoas sem sensibilidade artística, ainda que não haja nenhuma de quem se possa dizer com certeza que possui tal sensibilidade. Essa definição nada dirá a essa pessoa sobre o que de fato é uma obra de arte, caso ela já não saiba o que é. E se, ao conceito de arte já não estiver associada uma grande quantidade de representações, que perfazem uma espécie de vida, então muito provavelmente essa definição não vai ajudar em nada.[295]

[Isso quer dizer que, quando uma pessoa quer tornar mais claro para si mesma o que é arte, sem ainda possuir uma representação dela];[296] e então recebe como resposta, "veja, a arte é a magia liberada da mentira de ser efetiva [*wirklich*]", certamente essa definição a deixará desamparada. Apesar disso, e caso eu não esteja enganado, eu diria que a definição que forneci é, num sentido essencial, superior em comparação com as defi-

---
294 *Kunst ist Magie, befreit von der Lüge, Wahrheit zu sein* [Arte é magia libertada da ilusão de ser verdade]. (GS 4, p.253).
295 No início da versão datilografada da 19ª aula, está anotado, em caligrafia desconhecida, que a fita magnética a esta altura está parcialmente ininteligível. Eis por que se encontram, na parte seguinte da transcrição do áudio gravado, inúmeras lacunas e conjecturas. As lacunas foram identificadas no texto pelo editor apenas onde elas apresentam uma interrupção rastreável na linha de raciocínio. As conjecturas foram, a depender do caso, aceitas ou substituídas por outras.
296 Lacuna no texto ocasionada pela troca de fita magnética.

nições mais correntes e difundidas da arte – segundo as quais, por exemplo, ela seria uma estrutura [*Gebilde*] dada à intuição, afastada do mundo dos fins práticos imediatos, embora, ao mesmo tempo, experimentada como algo pleno de sentido, ou alguma coisa desse tipo. E isso porque essa definição, em certa medida, traz uma nova luz àquele que tem já uma representação da arte, deixando os elementos confluírem de tal maneira que, em vez de uma determinação meramente estática ou bidimensional daquilo que // seria uma obra de arte, evidencia-se algo da essência processual imanente, intrinsecamente dinâmica daquilo que a obra de arte deveria ser. Enquanto que outras definições estáticas, como aquela que mencionei e que não é nem especialmente tola, apresentam o problema de que aspectos como aquele do "estar afastada dos fins imediatos" só podem ser propriamente compreendidos se tivermos clareza sobre a dialética do ser inútil e do ser útil num mundo que, por sua vez, encontra-se deformado pelo fato de tudo ter de possuir utilidade [*Nutzen*]. Em outras palavras, essas definições só podem fazer sentido se já estivermos cientes desse aspecto. Outro exemplo seria a definição de "destino" em Walter Benjamin, segundo a qual o destino seria uma correlação de culpa estabelecida pelo vivente,[297] uma definição que naturalmente também não ajudaria muito uma pessoa que, por exemplo, já não conhecesse os aspectos [constitutivos] do destino:

---

297 "Destino é a correlação de culpa [*Schuldzusammenhang*] do vivente." (Walter Benjamin, *Goethes Wahlverwandschaften*]; in: Benjamin, *Gesammelte Schriften*, op. cit., Bd.I.I, editado por Rolf Tiedemann e Hermann Schweppenhäuser, Frankfurt a. M. 1974, p.138.) [Tradução em português: As *afinidades eletivas* de Goethe, op. cit., p.31].

o aspecto da necessidade cega, o aspecto do ameaçador, que se encontram necessariamente inscritos no destino, bem como o aspecto da interrelação que os eventos nele possuem. E todas essas coisas se organizam em torno de uma definição como se estivessem, por assim dizer, dispostas em torno de um imã. E eu diria que o sentido das definições, de definições propriamente filosóficas, ou seja, de definições num sentido espiritual mais elevado, está justamente em produzir tais campos magnéticos – sem, contudo, forçar os conceitos ao repouso. Servem para fazer eclodir a vida latente e prevalente nos próprios conceitos, fazer eclodir a energia armazenada neles, libertá-los como campos de força. Nessa medida, se a tarefa da dialética é, em geral, transformar num campo de forças aquilo que aparece dado [*gegebene*] como algo coisal [*dinghaft*], como ente [*seiend*], como sendo-aí [*daseiend*], poderíamos designar a [definição],[298] nesse sentido superior, como o instrumento *par excellence* do pensar dialético. E talvez o pensar dialético seja tão particularmente refratário ao uso vulgar da definição // porque neste caso, de fato, comete-se um abuso específico contra aquilo que a filosofia deveria, na verdade, encontrar em seu ponto de chegada – aquilo que só pode ser resultado e processo é deslocado, de modo condenável, para o começo.

Seja-me permitido acrescentar algo sobre um momento essencial de tais definições em relação às quais eu gostaria não apenas de lhes aguçar a sensibilidade [*Sinn*], mas também de mostrar que elas não ocorrem arbitrariamente nos textos de escritores dialéticos, que elas têm algo realmente de essencial

---

298 O editor nota que, na transcrição do áudio gravado, o termo "dialética" foi corrigido, por suposição, para "definição".

em suas concepções. Essas definições possuem uma característica específica, a saber, a concisão [*Verkürzung*]. Isso quer dizer que sua essência reside propriamente em que elas, por meio da pregnância [*Prägnanz*] da formulação, entram numa oposição determinada com o elemento extensivamente vivo do processo que elas representam em si. E essa contradição que lhes é intrínseca, entre algo infinitamente extenso e algo infinitamente concentrado, é uma chama por meio da qual essa espécie de definição dialética cumpre sua função iluminadora. Por conseguinte, não devemos tomar tais definições *à la lettre*, como se fossem determinações conceituais [*Begriffsbestimmungen*], mas devemos sim nos assegurar – quase gostaria de dizer – desse tênue momento de ironia implícita, que consiste, já segundo a mera forma, no fato de que o mais extenso conteúdo se aguça numa declaração que o contrai essencialmente, sem que por isso essa compressão do conteúdo seja tomada como sendo a coisa inteira; ao contrário, esse adensamento tem aí a finalidade de assinalar a vida latente e que vigora na coisa.

O ideal estilístico da definição dialética seria um ideal tácito,[299] e esse tipo de definição é extraordinariamente superior à mera determinação conceitual no sentido da manipulação de conceitos, tal como é praticada, digamos, na elaboração de projetos acadêmicos de pesquisa. O tipo "definição" no sentido habitual, tal como prevalece hoje de maneira peculiar, é o tipo conhecido como // "operacional". E, ainda que eu não

---

299 Pertence ao estilo de Tácito, além da concisão (*Verkürzung*) das proposições ao ponto de resumi-las aos conceitos essenciais (frequentemente a construções participiais), o emprego de palavras raras e arcaicas, bem como a cunhagem específica de palavras.

considere como minha tarefa, nestas aulas, entrar na questão da lógica positivista de nossa época, eu gostaria mesmo assim, dirigindo-me também sobretudo àqueles dentre vocês que são sociólogos, de dizer algo sobre a definição operacional. Dá-se realmente que, onde quer que se trabalhe com metodologias, quaisquer que sejam, que captem as coisas [dinghaft] se aproximando em geral dos modos de proceder das ciências da natureza, não se pode facilmente renunciar às definições em sentido habitual. E a finalidade disso que aqui lhes falo não é tanto, por assim dizer, revogar o costume de ceder a essa tendência necessária, mas sim instá-los a reflexões que levarão a não absolutizar esses modos de proceder, a fim de que também não os confundam com a própria fonte da verdade – modos de proceder que, todavia, podem ter em geral, no interior das regras em jogo nas ciências particulares, seu τόπος νοητιχὸς.[300] Uma definição operacional é aquela em que um conceito é determinado pelas operações que nós próprios nos propomos a adotar para nos certificarmos da aplicabilidade do conceito em questão, levando-se em consideração determinado material. Assim, se vocês tiverem que realizar – por uma infelicidade qualquer – uma pesquisa sobre o preconceito social, então talvez estarão às voltas, como foi o meu caso, com a situação de disponibilizar às pessoas entrevistadas, por exemplo, cerca de dez frases a partir de cuja relação, a partir de cuja integração e por meio de métodos quantitativos, a presença de preconceitos pode ser inferida. Assim, vocês definiriam o preconceito simplesmente como um valor matemático no interior da elaboração

---

300 τόπος νοητιχὸς, expressão grega para "lugar inteligível", "local de essencialidades espirituais".

Introdução à dialética

numérica das respostas às perguntas em pauta, de tal modo que, digamos, alguém cujo comportamento diante de determinadas frases tem o resultado de +5 será considerado uma pessoa preconceituosa, enquanto outra, com valor numérico − 5 será vista como destituída de preconceitos. A partir daí, com meios de pesquisa assim definidos, vocês não enfrentariam inconveniência alguma com seus procedimentos de pesquisa, pois poderiam, ao serem eventualmente criticados, dizer que, nessa pesquisa específica, sob o termo "preconceito", compreendeu-se nada mais do que o estado-de-coisas [*Sachverhalt*] determinado matematicamente daquele modo.

// Todavia, gostaria realmente de dizer que esse procedimento se expõe à crítica em sentido bem contundente. Permitam-me indicar ao menos alguns motivos dessa crítica. O sentido de uma definição, segundo uma compreensão filosófica, teria de ser aquele em que, por meio da determinação do conceito, tal como gosto de dizer, conseguimos que uma luz seja acesa, de maneira que possamos ver aquilo que constitui a vida desse conceito, aquilo que realmente se encontra no fundo dele. Em outras palavras, uma definição propriamente dita, uma definição produtiva, teria de ser uma definição sintética, ou seja, teria de acrescentar algo novo àquilo que já está previamente dado no conceito, relacioná-lo a algo novo, ainda não pensado e, em virtude dessa nova relação, fazer falar aquilo que já se sabe estar presente nele. Esse momento sintético está, por princípio, truncado na definição operacional, pois ela não é outra coisa senão [...];[301] ou, dito de maneira singela, ela é uma tautologia, ou seja, é determinada apenas por meio [*Mittel*] de

---

[301] Lacuna no texto ocasionada pela difícil compreensão da gravação.

um recurso à sua própria determinação, de modo que nada diz além daquilo a que já se aplica.[302] Em segundo lugar, há que se dizer o seguinte, algo que aliás já mencionei na crítica à definição: o conceito é tratado aí como *tabula rasa*, como algo que não é capaz de nos trazer nada, mas sim estaria exposto à nossa arbitrariedade para sua determinação, tal como se nota em um dos mais conhecidos paradoxos de qualquer pensamento não dialético: o paradoxo de que quanto mais se leva adiante, nesse pensamento científico não dialético, a pretensão pela assim chamada objetividade, tanto mais essas determinações se mostram meramente subjetivas. Nessa paixão pela objetivação, tudo que é atribuído ao objeto, ou tudo em que o objeto toma parte de maneira constitutiva e essencial, sempre acaba sendo retirado do objeto e alojado no sujeito. O positivismo mais antigo [na feição que recebe em Hume, em Mach ou // em Avenarius],[303] de resto, admitiu isso e tinha ao menos uma teoria do conhecimento de tom essencialmente subjetivista, enquanto que o positivismo mais recente, com enorme virtuosidade, ao renegar o momento subjetivo latente [no conhecimento], acaba sendo, por isso mesmo, vítima dele. Em outras palavras, se vocês, por

---

302 As três últimas frases na transcrição do áudio gravado apresentam lugares deixados em branco e pontos de interrogação, os quais não puderam ser acatados pelo editor, com exceção de um deles, já que tal parágrafo fornece, a seu ver, também na forma tal como aqui se encontra, um sentido definido.

303 O editor nota que este trecho do texto foi corrigido por suposição, onde antes aparecia "positivismo na feição que recebe em Jung, Marx e Avenarius". Ernst Mach (1838-1916) e Richard Avenarius (1843-1896) constam como fundadores do empírio-criticismo, no qual se procura fundamentar a ciência objetiva por meio da descrição de dados sensíveis elementares, últimos e disponíveis de forma imediata.

exemplo, definem "preconceito" como o modo de comportamento de uma pessoa que fornece às questões 1, 2, 3 e 4 as respostas A, B, C e D, tal interpretação somente teria sentido se vocês, para além das questões, já possuíssem uma teoria que levasse essas declarações, que constituem precisamente tal definição, para outro contexto teórico, independente da relação apenas quantitativa, através da qual a definição propriamente sucede. Assim, tal teoria desenvolveria, digamos, um modelo sócio-psicológico das pessoas que reagem desta ou daquela maneira, porque lhes estaria subjacente uma estrutura de caráter de índole determinada, por mais complexa que fosse. Se não procedessem assim, vocês perderiam a vida que habita inerentemente um conceito como esse de "preconceito" – se é que ainda quiséssemos empregar esse conceito, Deus nos livre de ter de fazê-lo. De todo modo, se vocês continuam apenas a falar de "preconceito", então de forma nenhuma conseguirão encontrar aquilo que na realidade a expressão "preconceito" em si quer dizer.

O problema do qual estou falando aqui não é nada inofensivo, nem uma sutileza epistemológica, como talvez possam imaginar no instante em que começo a empregar conceitos definidos operacionalmente, mas agora de maneira a ir além de suas definições operacionais – como sempre acontece, e como aconteceu, por exemplo, em *Authoritarian Personality*.[304] Isto é,

---

304 T. W. Adorno, Else Frenkel-Brunswik, Daniel J. Levinson e William Morrow, *The Authoritarian Personality*. In: *Studies in Prejudice*. Editado por Max Horkheimer e Samuel H. Flowerman, volume I, Nova York 1950. As divisões compostas por Adorno (ou com sua colaboração) estão agora em GS 9.1, p.143-509. Os problemas de método, referidos por Adorno na parte subsequente do texto, encontram-se pormenorizados na divisão B. *Methodology*, (GS 9.1, p.163-73) [Ed.

podemos achar que, após se definir operacionalmente um conceito — e, na verdade, eu diria que isso ocorre não apenas por erro teórico, mas por uma necessidade alojada profundamente na coisa —, então teríamos assumido indevidamente aquilo que uma tal escala de valores do preconceito significa em si, sem levar em consideração // que a definição operacional impediria todo uso que fosse além daquilo que foi estipulado por ela. Ao proceder dessa maneira no estudo *Authoritarian Personality* — um estudo que, de resto, não gostaria de considerar como modelo de lógica dialética —, isso se justificava porque ali, ao menos, as declarações singulares, utilizadas para a definição operacional do "caráter preconceituoso", foram construídas a partir de uma teoria em si mais ou menos coerente, de tal maneira que essa extrapolação foi possível e razoável. No entanto, parece-me questionável se o mesmo procedimento seria conveniente para a maioria das pesquisas sócio-psicológicas similares.

Eu havia dito que o problema da definição é igual, idêntico ao problema relativo à posição da dialética no que concerne aos conceitos universais [*Allgemeinbegriffe*]. E chego com isso a uma objeção que sempre é levantada contra o pensamento dialético e que, como acredito, talvez seja familiar a muitos dentre vocês. Vocês aprenderam nesse curso, principalmente na crítica à definição, que os conceitos gerais e isolados não são defensáveis. E enquanto vocês não tiverem compreendido, de maneira bem precisa, as motivações [relacionadas a isso], e enquanto se mantiverem apenas na superfície do que havia

---

bras.: *Estudos sobre a personalidade autoritária*. Tradução: Virgínia Helena Ferreira da Costa, Francisco López Toledo Corrêa e Carlos Henrique Pissardo. São Paulo: Editora Unesp, 2019].

apresentado, ficará parecendo, a muitos dentre vocês, que os conceitos deveriam simplesmente ser relativizados, apesar de meus extenuantes esforços para evitar tal impressão. E aqueles dentre os presentes que tomam tal premissa como ponto de partida dirão muito facilmente o seguinte: "ora, aqui está. Você menospreza os conceitos universais e diz que não se deve hipostasiá-los, que não se deve limitá-los nem fixá-los arbitrariamente, mas você mesmo também necessita continuamente de conceitos universais; você mesmo não é capaz, de maneira nenhuma, de prescindir do universal [*Allgemeines*]. E se, na verdade, você quisesse abrir mão [dos conceitos universais], então não seria capaz — tal como certa vez me censurou Paul Tillich — de dizer absolutamente outra coisa // senão algo como "aí, lá" [*da da*], e não estaria de jeito nenhum legitimado para fazer qualquer declaração mais abrangente e com algum sentido." Eu gostaria de repetir enfaticamente, em relação a isso, que é óbvio que também o pensamento dialético não pode prescindir dos conceitos universais e abrangentes [*übergreifend*], e que ele até mesmo emprega recorrentemente conceitos dotados de um grau muito elevado de abstração. Ocorre até mesmo que, diante de visões positivistas, como nas ciências sociais estadunidenses por exemplo, critica-se facilmente a dialética alegando que ela operaria com conceitos muito rudes, muito gerais, e que, por exemplo, ela como que se ateria ao conceito "da" sociedade, enquanto que a crítica sociológica realmente não permitiria um conceito "da" sociedade como um todo. A crítica sociológica recomenda, em vez disso, que nos sirvamos apenas daqueles conceitos que podem ser efetivos empiricamente — portanto, conceitos que se movem num certo terreno intermediário, conceitos que possuam certa força teórica diante daquilo que é apreendido sob eles, mas que sempre se deixam novamente preencher com seus dados [*Gegebenheiten*], sem essencialmente ultrapassarem esse terreno – isto é, sem o ultrapassarem qualitativamente. Acerca disso, cabe dizer: a controvérsia no fundo não diz respeito a se conceitos universais devem ou não ser empregados. A dialética não é um nominalismo, porém ela tampouco é propriamente um realismo. Ao contrário, ambas essas teses, sustentadas na filosofia tradicional – portanto, a tese de que o conceito, em face do singular abarcado sob ele, seria substancial, ou a tese de que o singular seria, antes, o substancial, sendo o conceito mero *flatus vocis*, som simples e vazio, uma fumaça –, essas duas representações filosóficas estão sujeitas em igual medida à crítica dialética. Em outras palavras, para a dialética, há um ser conceitual apenas na medida em que ele se relaciona a um ser fático determinado; e há inversamente um ser fático em geral apenas enquanto ser mediado pelo conhecimento. Para a dialética, o conhecimento não é para ser pensado senão como conhecimento conceitual. Ambos os momentos não devem, portanto, serem revogados em favor do outro, // mas sim, ao contrário, devem ser compreendidos em sua necessária e recíproca referência. Devem, na verdade, ser mantidos como separados, ou seja, não devem ser equiparados de maneira indiferenciada, mas não devem ser também absolutizados. Isso é o que eu gostaria de dizer hoje sobre essa controvérsia: não é porque nos servimos de conceitos universais que devemos então insistir que, ao ter enunciado "A", ou seja, ao operarmos com conceitos, devemos também dizer "B", isto é, que toda essencialidade conceitual acaba por transcorrer num [platônico *mundus intelligibilis*].[305] Pois isso equivaleria a dizer [nessa discussão][306] sobre os conceitos mais universais – em comparação com o outro [*mundus*], essencialmente inferior, dos conceitos menos universais – que teriam uma espécie de primado ontológico. Em outras palavras, não se deve entender que estaríamos obrigados, ao utilizarmos conceitos em geral, a ter uma ontologia ao mesmo tempo – sustentando, coloquemos assim, que tudo o que não for ontologia seria então puro nominalismo, puro "aí, lá" [*da da*]. É justamente essa divergência que deve ser superada pelo pensamento dialético, essa separação em desacordo, essa separação sem mediação entre extremos logicamente possíveis – tal como hoje em dia isso se exprime, de maneira ilustrativa, na contraposição entre as escolas da ontologia e do positivismo. E nesse posicionamento da dialética em relação aos conceitos não reside nem a tarefa de legitimar esses conceitos, conduzindo-os a conceitos mais superiores, absolutos, independentes de todo ser; nem tampouco a tentativa de legitimá-los pela sua dissolução naquilo que é abarcado por eles, como se fossem um simples molde. A tarefa da filosofia seria propriamente apresentar, em cada caso, a interdependência desses conceitos e, portanto, tanto sua disparidade quanto sua unidade. Esse "B" que aqui é derivado do "A", ou seja, a ideia de que, ao utilizarmos conceitos universais, devamos então conferir-lhes absoluta dignidade, no modo justamente daquela sentença "quando dizes A, tens também de dizer B" – isso tudo me parece // ser exatamente um elemento daquela não liberdade do pensamento que cabe à dialética criticar.

---

305 Lacuna no texto. Conjectura do editor.
306 Lacuna no texto. Conjectura do editor.

Parece-me uma expressão daquele caráter coercitivo do pensamento, que sustenta que, se um pensamento se move em determinada direção, então sempre deve seguir avançando na mesma direção, a fim de apoderar-se, por fim, do absoluto. No entanto, a reflexão sobre esse mesmo movimento comprova que tal absolutamente primeiro, ou tal absolutamente último, simplesmente não existe. Eu gostaria de pedir enfaticamente que retenham de tudo isso que os conceitos só podem afirmar essa espécie de substancialidade parcial, que indiquei a vocês, caso eu não os compreenda como produtos do processo de abstração, mas sim como, mediados que são pela história, sempre já querendo dizer algo, e que eles necessariamente são empregados com esse "querer já dizer algo em si".

Eu fiz muitas críticas à fenomenologia e, talvez, críticas corrosivas demais. Gostaria hoje de fazer justiça a ela, chamando-lhes atenção para o fato de que foi um mérito de Husserl, bem como também de seus sucessores, que, por meio da tentativa de análise objetiva do significado dos conceitos, tenham se esforçado por compreender efetivamente esse momento[307]

---

307 Por causa das lacunas, a sentença teve de ser amplamente reconstruída, de maneira quase integral. Isto foi feito tomando-se em consideração uma passagem paralela da *Metacrítica da teoria do conhecimento*. "O impulso originário da intuição categorial como impulso de irrupção apontava para além da má identidade entre pensamento e ser. Por trás da doutrina de que se poderia "vislumbrar" (*einsehen*) imediatamente um "estado de coisas" (*Sachverhalt*) como as proposições aritméticas, encontrava-se o pressentimento de uma estrutura de legitimidade objetiva, em princípio supraordenada em relação a qualquer consumação intelectual particular. Essa legitimidade teria sido removida da arbitrariedade do visar, ainda que, para Husserl, o visar forneça a base da análise epistemológica. Husserl nota que esse "vislumbrado"

do qual estávamos falando – esse momento de, na constituição subjetiva, não atribuir um sentido aos conceitos por meio da intuição pura, mas compreender tal sentido como inerente a eles em cada caso. Contudo, ao fazê-lo, caíram no erro de tornar esse momento objetivo do conteúdo conceitual um fetiche, de interrompê-lo, transformando-o em um existente-absolutamente-em-si. Em outras palavras: não haviam se certificado da dialética entre universal e particular. [...][308]

(*einsichtig*) estado de coisas é mais do que produto do pensamento meramente subjetivo. O juízo aritmético não consiste meramente na execução subjetiva dos atos de coligir, cuja síntese ele representa. Esse juízo declara que precisa haver algo subjetivamente não redutível, que exige este e nenhum outro coligir. O estado de coisas não é puramente produzido, mas é ao mesmo tempo "previamente encontrado" (*vorgefunden*). Precisamente o não surgimento do estado de coisas lógico em sua constituição através do pensamento, a não identidade entre subjetividade e verdade, impeliu Husserl à construção da intuição categorial. O estado de coisas ideal "intuído" não deve ser nenhum mero produto de pensamento." (GS 5, p.211ss.) [Ed. bras.: *Para a metacrítica da teoria do conhecimento. Estudos sobre Husserl e as antinomias fenomenológicas*, op. cit., p.334-5].

308 Provavelmente uma lacuna no texto.

// 20ª Aula [31/07/1958]

[Minhas senhoras e meus senhores,

Na última aula, havíamos visto que, de um lado, a dialética assume como meta a determinação conceitual de seu objeto e, como aliás também a tradição filosófica, dispõe os conceitos universais [*Allgemeinbegriffe*] em determinada interconexão. Porém, vimos também que ela][309] confere aos conceitos, por outro lado, um feitio marcado por uma espécie de liberdade, em contraste com o procedimento tradicional. Pois a dialética se sabe ligada não à definição, mas à coisa, à vida que vigora no próprio conceito. Ora, essa determinação [do conceito], na medida em que não deve se pautar pela mera definição, só pode ocorrer – e creio também já ter dito isso – por meio de configuração [*Konfiguration*], ou seja, por meio da interação [*Wechselwirkung*] que os conceitos estabelecem entre si. E pelo fato

---

[309] O início da aula está faltando na transcrição do áudio gravado e foi hipoteticamente reconstruído pelo editor seguindo a sessão precedente.

de que os conceitos nessa interação se determinam uns através dos outros, não somente[310] se revela a insuficiência, a incompletude de todo conceito singular, como também fica demonstrado que os conceitos realmente são relacionais. Portanto, de acordo com esse ponto de vista, não há, em sentido enfático, algo como uma verdade singular parcial. Assim, minhas senhoras e meus senhores, dentre os desafios que a dialética coloca à consciência em geral, destaca-se este em particular: é impossível supor que haja uma verdade isolada [*Einzelwahrheit*]; antes, para a dialética, somente há verdade na constelação, a qual é estabelecida pelos conhecimentos singulares, na medida em que se dispõem uns em relação aos outros de maneira bastante determinada. Essa é, diante do tipo mais difundido de pensamento [atualmente], a mais dura exigência imposta pela dialética. Trata-se também da exigência contra a qual a atual necessidade por segurança se rebela o mais fortemente – necessidade que, em sua forma regressiva e atrofiada, possui ainda hoje em dia, // sobretudo para o posicionamento geral em relação ao conhecimento, uma extraordinária importância.

Sem poder ou querer poupar-lhes do alcance desse escândalo, creio que vocês possam pelo menos ter clareza de que aqui não se trata tanto da pretensão indômita da filosofia de refletir sobre si mesma. Trata-se, na verdade, de que a filosofia pode agora desativar uma aparente obviedade, uma espécie de segunda natureza do pensamento, a qual, depois de um período inimaginavelmente longo, encontrou estabilidade. Pois essa ideia – primeiro, em conceitos particulares, em seguida,

---

310 O editor nota que o presente termo resultou da correção, por suposição, daquele que constava anteriormente: "igualmente" (*zugleich*).

em generalizações ulteriores e, digamos, nos âmbitos científicos mais elevados – de que possamos desfrutar de uma verdade fixa e estável, essa ideia consiste apenas na projeção da divisão social do trabalho sobre o conhecimento e, por fim, caso desejem, sobre a metafísica. Isso quer dizer que os conhecimentos particulares – em relação aos quais os seres humanos, ao longo do processo de segmentação [*Teilung*] de suas vidas, foram necessariamente separados em profissões e funções específicas, e sem os quais seria impensável algo como o próprio progresso civilizatório – foram hipostasiados numa concepção parcial de verdade, assentada apenas sobre si própria. Tudo se passa, portanto, como se o âmbito particular, juntamente com os dispositivos conceituais aos quais pertence, fosse um ente em si, ao passo que a interconexão dos próprios conceitos e das áreas do saber – e, afinal, dos âmbitos da produção social como um todo – é transformada em resultado da interação dos momentos específicos. De certo modo, aquilo que é primordial acaba se tornando secundário. Realmente não é fortuito – e não sei se já se fez referência a este fato da história da filosofia com a ênfase que merece – que tanto a exigência de uma verdade particular e parcial e, acima de tudo, de um conceito parcial, apartado de todos os outros conceitos e preparado de maneira meticulosa //, quanto a exigência de definições tenha sido expressamente defendida, pela primeira vez, na filosofia de Platão. É neste momento da história da filosofia que o conceito de divisão social do trabalho aparece expressamente, pela primeira vez, como uma determinação da filosofia política [*Staatsphilosophie*] e na qual, por fim, o ordenamento das ideias, o ordenamento dos próprios conceitos, aparece numa relação imediata com essa divisão do trabalho. Vocês encontrarão na assim chamada psicologia platônica – ainda que o nome "psicologia" seja aqui bastante impróprio –, isto é, na repartição das faculdades superiores da alma como puros conceitos, os quais, por seu turno, diferenciam-se uns dos outros, mais uma vez, de acordo com as funções desempenhadas no interior de uma sociedade política em que vigora a divisão do trabalho.[311] As filosofias mais antigas,

---

311 No diálogo *República*, Platão se põe a questão acerca da essência da justiça. Os participantes do diálogo concordam em que, na medida em que diz respeito à alma do ser humano individual, a questão se deixaria responder de forma mais fácil, caso primeiramente se considerasse um modelo mais amplo, a saber, tomando a construção de uma cidade como ponto de partida. Com esse intuito, uma pólis ideal é hipoteticamente fundada. A estrutura essencial dessa cidade consiste numa divisão de todos os cidadãos em três estamentos profissionais: os dirigentes (filósofos), os guerreiros (ou vigilantes) e os camponeses e artesãos. A essas classes são respectivamente associadas virtudes específicas: aos regentes, a sabedoria; aos guerreiros, a bravura; e aos camponeses e artesãos, a temperança (enquanto domínio dos cidadãos livres sobre os desejos de mulheres, escravos e crianças). Em seguida, Platão fornece sua definição de justiça, a qual consiste em que "cada um faça o seu", isto é, que cada qual venha a exercer somente a profissão que corresponda à sua natureza, e uma mudança entre os três estamentos profissionais, ou mesmo uma confusão entre eles, deveria ser evitada a qualquer custo, enquanto perfaz, para Platão, a raiz de toda infelicidade para a vida comunitária. A partir desse ensejo, o diálogo retorna à questão acerca da justiça na alma de cada ser humano, e aí se mostra que os ordenamentos da cidade e da alma têm, segundo Platão, uma estrutura idêntica. A alma se compõe, por seu turno, de três partes ou faculdades anímicas, às quais são atribuídas as mais importantes virtudes: a sabedoria dos dirigentes à capacidade intelectual, a bravura dos guerreiros à alma colérica e a temperança do terceiro estamento à faculdade, a ser dominada, de buscar a satisfação de apetites, prazeres e desejos. Tal como na cidade, também uma alma é caracterizada como justa quando cada faculdade desempenha apenas

sobretudo a indiana, mas também as metafísicas pré-socráticas primevas, determinaram muito precisamente, em contraposição a isso, o momento da particularidade, que pertence ao conceito e ao conhecimento singulares, na figura da representação da interdependência de todos os entes. Porém, essa representação, permeada naturalmente por representações mitológicas acerca da unidade do destino, foi então atacada, submetida à crítica do esclarecimento – e, em certo sentido, com enorme razão. Tal representação, que se colocava como refratária ao conhecimento científico, acabou sendo dissolvida e sobrevive hoje à míngua em metafísicas que compõem, por assim dizer, o nosso salão intelectual – como talvez aquele tipo proposto por Hermann Keyserlings[312] –, ou em certas orientações teóricas mais ou menos pertencentes ao terreno do diletantismo cultivado, como na teoria de C. G. Jung. A degenerescência das filosofias em ane-

---

  sua própria função e reconhece a hierarquia entre suas demais divisões. Na medida em que a questão pela essência da justiça em Platão significa o mesmo que a questão acerca de sua ideia, o ordenamento dos estamentos profissionais, das virtudes, assim como das faculdades da alma, constitui, ao mesmo tempo, o modelo de um ordenamento hierárquico das ideias pertencentes respectivamente a essas determinações. Contudo, a divisão do trabalho é também, na mesma medida, o modelo ou o fundamento material da doutrina platônica das ideias, enquanto a fundação do estado toma em consideração, convertendo-o em seu ponto de partida, como mais primordial início, como mais fundamental dado e pressuposição, as pessoas singularizadas e privadas, atomizadas pelo mercado, cujas atividade e propriedade isoladas (o sentido original de *ousia*/essência) possuem uma manifesta correspondência com a questão acerca da essência isolada de cada conceito. (Cf. *Politeia*, 369 b5ss.)
312 Hermann Graf Keyserling (1880-1946), filósofo da cultura e da história. Fundou uma "escola da sabedoria" e uma "filosofia do sentido".

dota de salão é o correlato, por um lado, de sua cientifização e, por outro, de sua metamorfose em empreendimento especializado e frívolo. Na verdade, os conceitos não se tornam vagos porque adquirem significados diversos em constelações, mas se tornam vagos precisamente quando são isolados; somente por meio da interconexão em constelações encontram sua determinação: precisamente aquela determinação pelo valor relativo [*Stellenwert*] // que eu, na última aula, tentei tornar mais familiar com a analogia da leitura de romances escritos em língua estrangeira, sem ajuda do dicionário.

Recorri a uma metáfora proveniente do âmbito da linguagem e creio agora que não tenha sido de todo casual. Vocês podem, ou mesmo devem, reconhecer a esta altura que para a filosofia – ou, como prefiro denominar, para cada conhecimento que possa valer como conhecimento científico, naquele sentido do uso linguístico mais antigo, hegeliano – a apresentação [*Darstellung*], aquilo que normalmente se chama "linguagem" ou, com uma deplorável expressão, "estilo", não é, digamos, um ingrediente que certos escritores filosóficos, esteticamente cultivados, acrescentam a seus pensamentos a fim de se destacar da banalidade dominante. Ao contrário, um pensamento de fato consciente das consequências e das implicações de um procedimento dialético – ou seja, que tome seriamente a dialética –, uma tal filosofia tem necessidade da apresentação em sentido enfático. Portanto, não se trata, como nas reificadas [*dinghaft*] ciências particulares, de um conteúdo fixo a ser apresentado num modo que justamente, por causa da sua fixidez, por causa da sua separação em relação à forma, seriam permitidas certa arbitrariedade e certa irresponsabilidade de expressão. Na filosofia dialética, ao contrário, pelo fato de o conteúdo não ser tão fixo, em virtude de ele encontrar sua determinação na correlação a que afluem seus momentos singulares – portanto, naquele todo que tentei indicar –, [tem-se necessidade da apresentação em sentido enfático. Essa circunstância implica em que o todo] necessariamente se converta num meio para a coisa, numa categoria do conhecimento, o que se expressa assim: de um lado, por meio da pregnância [*Prägnanz*] e da precisão, nas quais a formulação linguística alcança em cada caso o singular que foi visado, o conceito é introduzido de forma tão precisa no contexto quanto possível; por outro lado, // por meio da construção do todo até o ponto mais basal, até a construção gramatical das sentenças singulares, o conceito experimenta uma determinação tal que, em certa medida, realiza-se por meio do *medium* da linguagem esse ato de concretização do conceito, ou seja, a concretização dos conceitos por meio do seu contexto. Ora, tal contexto, como havia falado, é o que propriamente infunde aquela vida nos conceitos, que a definição desejaria também insuflar, mas que, na verdade, subtrai. Em outras palavras, a filosofia, na medida em que não tem apenas a ver com a transmissão de um conteúdo fixo, mas antes, na medida em que consiste na reflexão da coisa sobre si mesma dentro de seu conceito, está vinculada constitutivamente à apresentação [*Darstellung*]. Por isso, não é nenhuma idiossincrasia – tentei desenvolver isso um pouco mais no pequeno texto *Ensaio como forma* – quando escritores filosóficos, que pretendem ser considerados com seriedade, levam tão a sério a linguagem, como é o caso ao menos desde Schopenhauer, que foi o primeiro a realmente adentrar essa camada da filosofia. Do mesmo modo, quando um pensamento se atrofia em sua configuração linguística, tem-se aí uma medida certeira para avaliar a paralisação e o embotamento do movimento dialético interno a esse pensamento. Vocês podem constatar isso, por exemplo, em Scheler, em cujo pensamento um desleixo folhetinesco irresponsável acaba por fustigar com mentiras o *pathos* ontológico de sua própria filosofia; ou ainda no Lukács tardio, em quem a completa indiferença linguística com respeito à formulação corresponde à mera repetição, àquele mero reflexo de um conteúdo doutrinário convertido em dogmática petrificada – também aqui a forma acaba por se tornar, neste caso específico, apropriada ao conteúdo de seu pensar.

Se me permitem dizer mais uma palavra sobre o problema da apresentação [*Darstellung*], diria que é apenas por meio da apresentação que o pensamento vai além daquilo que está previamente dado, daquilo que o conceito já traz consigo. Eu havia tentado lhes mostrar que os conceitos que utilizo já possuem, enquanto tais, um conteúdo, que eles não são como fichas de jogo, aguardando serem trocadas, // mas que, de certa maneira, preciso lhes obedecer. Ao contrapor aos conceitos a resistência da apresentação, ao empregá-los de tal maneira que eles apenas exprimam exatamente aquilo que quero expressar com eles, rompo em certa medida a cega preponderância daquilo que trazem consigo; e, ao proceder assim, consuma-se aquela comunicação entre a mera objetividade opaca do significado do conceito e a intenção subjetiva – comunicação na qual reside a vida desses conceitos. Porém, o peculiar da apresentação linguística consiste em que aquela intervenção da subjetividade, que ocorre sempre que a apresentação se apodera em sentido enfático dos conceitos, não é nenhuma contingência – não decorre do arbítrio de um indivíduo singular, do seu mero gosto. Na verdade, contém dentro de si, por sua vez, um momento de objetividade que surge apenas da mediação por meio da subjetividade contra a objetividade paralisada e dada previamente [*vorgegebene*] no conceito. Trata-se aqui, portanto, daquela espécie de objetividade que prescreve que o conceito deve sempre, da maneira mais precisa possível, atingir aquilo que deve atingir – e essa é uma função essencial da apresentação. Mas, além disso, as exigências que eu, enquanto aquele que está fazendo a apresentação, dirijo a meu objeto não são, por sua vez, exigências provenientes do meu arbítrio subjetivo, mas se originam da disciplina da própria linguagem. Portanto, ao me orientar pelos postulados da linguagem, ao fazer, graças à linguagem, intervenções no conceito, empreendo com isso a tentativa de impor minha intenção subjetiva, mas de um modo tal que faço valer, ao mesmo tempo – em boa medida, como que atravessando o sujeito – justamente aquela objetividade que está contida necessariamente nas exigências de coerência, da lógica da linguagem. Essa é, eu diria – e é nesse sentido que peço que a compreendam –, a função epistemológica da apresentação daquelas definições que apenas então se tornam verdadeiras // quando já se tem a coisa – caso insistamos, uma vez mais, em que todas as questões filosóficas são propriamente, num sentido superior, questões de formulação. O problema da formulação é, por assim dizer, o ponto específico, o lócus determinado no qual, no interior do próprio filosofar, se impõe aquilo que convém chamar de dialética entre sujeito e objeto.

Chego com isso à questão acerca da relação entre a dialética e as formas lógicas em geral, relação sobre a qual eu gostaria de dizer ainda algo. Ao tratar da definição e do conceito singular, nós já tínhamos nos ocupado com uma das formas lógicas fundamentais. Os dois outros gêneros fundamentais são, oxalá vocês todos saibam disso, o juízo [*Urteil*] e a inferência [*Schluss*]. A fim de disponibilizar aqui, num primeiro momento, as determinações correntes – pois às vezes há de fato que se empregar definições, apenas para que se possa em seguida entrar em atrito com elas: por "juízo" se compreende em filosofia[313] uma situação [*Tatbestand*], formulada linguisticamente, diante da qual se pode colocar com sensatez a questão do falso e do verdadeiro; sob a noção de "inferência" se entende uma relação entre uma ou mais proposições e juízos cuja validade deve consistir numa dependência unilateral de um em relação aos outros. Desejo dizer algo que talvez ainda seja possível retomar até o término da aula de hoje, para que seja mais fácil de compreender a alguns de vocês, a quem por acaso tiver tido alguma dificuldade para compreender de outro modo. Como se sabe, juízos são as sínteses que se consumam, em linguagem usual, entre um sujeito, ou melhor, um conceito de sujeito, um conceito de predicado e uma cópula, o "é" – sínteses para as quais "A é B" constitui a forma básica. Creio que se possa designar como a circunstância mais fundamental, mais elementar e simples, à qual o pensamento dialético se relaciona, a seguinte: de um lado, sem juízo não há, na verdade, conhecimento num sentido enfático; porém, de outro lado, o próprio juízo, // ou melhor, cada juízo singular é problemático. Essa contradição fornece, talvez, o ponto mais drástico para o pensamento dialético, a saber: que, caso não sejam feitos juízos [*urteilt*] e, portanto, caso não se subsumam quaisquer acontecimentos sob conceitos, algo como o conhecimento não é possível.

---

313 Na transcrição do áudio gravado está marcada a esta altura a palavra "confuso" (*undeutlich*).

Introdução à dialética

E, acima de tudo, que somente se consegue ir além da [mera] tautologia se, por força do juízo, põe-se uma coisa em relação com outra, mas que não é, enquanto tal, imediatamente idêntica à primeira, ou seja, na medida em que executamos com o juízo um ato de identificação. Sendo assim, nós somente somos capazes de nos apropriar de objetos – ou, para usar as expressões de Hegel, "adentrar no reino pátrio da verdade"[314] – quando os identificamos, ou mais precisamente, quando os identificamos conosco, o que quer dizer, nos tornamos idênticos a eles, fazendo do desconhecido algo que resulta de certa maneira conhecido. E pertence talvez às mais dolorosas experiências pelas quais tem de passar aquele que faz filosofia a experiência de que todo seu esforço, todo o seu *pathos*, esteja dirigido para exprimir aquilo que ainda não sabe, aquilo que ainda não está aqui, aquilo que ainda não se faz presente; trata-se da experiência de estar restrito a pronunciar aquilo que se deseja pronunciar apenas quando se o converte em igual, reduzindo o novo a algo já conhecido, já dado. Com efeito, todo tipo de teoria que resulta disso adquire de antemão, diante daquilo que quer dizer, um peculiar caráter já mortificado, de decadência, rigidez – uma circunstância que torna a conclusão de qualquer trabalho filosófico, para aquele que teve de escrevê-lo, uma ocasião penosa. Eis aí uma experiência que vocês podem encontrar, de maneira muito enfaticamente formulada, em Nietzsche – se bem me recordo neste instante, nos últimos aforismos de *Para além de bem e mal*.[315]

---

314 Ver nota 258, p.422.
315 "Oh, que são vocês afinal, meus pensamentos escritos e pintados! Há pouco tempo ainda eram tão irisados, tão jovens e maldosos, com

Ao dizer isso, acabei também antecipando o momento negativo que reside no juízo. E se poderia acrescentar ao que foi dito que esse momento negativo possui, de fato, um lugar lógico bastante preciso, a saber: mesmo nesse simples ato de subsunção // que temos de executar, a fim de alcançar algo verdadeiro, ou melhor, para alcançarmos a ideia de verdade em geral, passamos por uma não verdade [*Unwahrheit*]. Nós estávamos de acordo a respeito de que – caso eu possa ser tão arrogante a ponto de supor isso apenas por ter fornecido essa definição – a princípio, um juízo é justamente uma circunstância [*Tatbestand*] à qual é aplicável em geral [o predicado] "verdade". Por outro lado, no entanto, dá-se que em todo juízo também reside uma dupla não verdade, na medida em que vocês o considerarem um juízo isolado. Quando dizemos "A é B", ocorre aí, de maneira necessária, o seguinte: de um lado, "A" é equiparado a algo que não é completamente igual a ele, com o qual é comensurável apenas em certos aspectos, mas com o qual se diferencia no que tange a outros tantos aspectos. Porque senão teríamos apenas uma proposição do tipo "A é A", em vez de "A é B", e essa seria uma proposição analítica, ou seja, não seria um juízo em sentido enfático. Porém, de outro lado, isso ocorre de maneira que o conceito do predicado, sob o qual

---

espinhos e temperos secretos, que me faziam espirrar e rir – e agora? Já se despojaram de sua novidade, e alguns estão prestes, receio, a tornar-se verdades: tão imortal já é seu aspecto, tão pateticamente honrado, tão enfadonho!" (Friedrich Nietzsche, *Jenseits von Gut und Böse*, Aforismo 296; in: Nietzsche, *Werke*, op. cit., Bd.III, p.202 (II, p.756)) [Ed. bras.: Nietzsche, F. *Além do bem e do mal. Prelúdio a uma filosofia do futuro*. Tradução, notas e posfácio de Paulo César de Sousa. São Paulo: Companhia das Letras, 2003, p.197].

Introdução à dialética

é colocado o conceito do sujeito, somente em virtude da amplitude maior que possui em comparação com o individual que coloco sob ele, não pode ser equiparado com a coisa individual. Em sentido estrito, portanto, uma coisa individual não é idêntica ao seu conceito, mas antes, por assim dizer, cai sob esse conceito. Em outras palavras, vocês terão notado o paradoxo de que mesmo a forma por meio da qual surge o conceito de verdade ou a ideia de verdade em geral, e sem a qual não teria o menor sentido falar em verdade – pois nada que não ocorra em forma apofântica, quer dizer, nada que não seja um juízo ou um complexo de juízos [*Inbegriff von Urteil*], poderá ser chamado de verdadeiro[316] –, vocês terão notado, portanto, o paradoxo de que essa forma, ao mesmo tempo, e de acordo com sua própria essência, é atravessada pela inverdade. E, vista sob esse aspecto, a dialética não é outra coisa senão o esforço desesperado para curar [*heilen*] essa inverdade na própria forma da verdade. Ela é a tentativa, portanto, de chegar à verdade por meio da forma de sua própria inverdade.[317]

---

316 Aristóteles define a sentença declarativa como λόγος ἀποφαντικός ("declaração que revela algo"), a qual se diferencia das outras formas de sentença (pedido, desejo etc...) porque somente ela pode ser verdadeira ou falsa. (Cf. Aristóteles, *Lehre vom Satz* (*Organon* I/II). Porfírio, *Einleitung in die Kategorien*, traduzido e munido de introdução e notas explicativas por Eugen Rolfes, Hamburg 1974, p.95-9).

317 Adorno poderia, nestas reflexões com respeito à natureza do juízo – isto é, com respeito à bilateralidade do juízo como identidade, por um lado, e como uma dupla não identidade de sujeito e predicado, por outro –, ter seguido amplamente o próprio Hegel: "Acerca disso, há que se fazer prontamente, ainda no início, a observação geral de que a proposição, na *forma de um juízo*, não é apropriada para exprimir verdades especulativas. A familiaridade com essa circunstância seria adequada

303 // Vocês podem também considerar a teoria do juízo – acerca da qual só posso fazer aqui observações de passagem – também sob o ponto de vista do sujeito e do objeto. A esse respeito, vocês fariam, de um lado, aquilo que na linguagem tradicional da filosofia se designa por "síntese", relacionando e reunindo os momentos entre si, momentos que anteriormente não estavam ligados. Pois a síntese, esse relacionar de momentos separados, provocados pelo pensamento, é o lado subjetivo necessário do juízo. De outro lado, a pretensão de verdade do juízo enquanto tal está ligada à imprescindível pressuposição de que o estado-de-coisas [*Sachverhalt*] sobre o qual se realizou o juízo seja também algo que de fato se coadune com ele. Quando vocês formulam um juízo como "duas vezes dois são quatro", o sentido desse juízo, de que "duas vezes dois" seja igual a "quatro", não existe sem que haja a síntese que a consciência realiza ao efetuar a multiplicação, ao multiplicar o conceito "dois" por ele mesmo. Porém, de outro lado, a proposição apenas é verdadeira quando na coisa efetivamente ocorrer que duas vezes dois seja igual a quatro. Vocês poderiam bem dizer: "Até aqui tudo está ótimo. Temos aí dois momentos: de um lado, aquele em que eu

---

para remover muitas más compreensões acerca das verdades especulativas. O juízo é uma relação *idêntica* entre sujeito e predicado. Nela, faz-se abstração de que o sujeito tem ainda múltiplas determinidades além do predicado, assim como também de que o predicado é mais extenso do que o sujeito. Porém, se o conteúdo é especulativo, então também o *não idêntico* entre sujeito e predicado é momento essencial, embora isso não esteja expresso no juízo. A luz bizarra e paradoxal na qual muito da filosofia moderna aparece como não compatível com o pensamento especulativo recai, de múltiplas maneiras, na forma do simples juízo, quando ela é utilizada para a expressão de resultados especulativos." (Hegel, *Werke*, v.5: *Wissenschaft der Logik I*, p.93).

correlaciono e, de outro lado, aquele em que duas coisas estejam já correlacionadas. Então haveria, de um lado, a mera "forma" do juízo e, de outro lado, estaria sua "matéria", tal como a fenomenologia o denomina, ou seja, o próprio estado-de-coisas que aí é formulado como juízo [*geurteilt*]." Contudo, minhas senhoras e meus senhores – e aqui posso, digamos assim, proporcionar um rápido vislumbre do que seja a vida recôndita da dialética –, a questão não é tão simples assim. Porque vocês até podem querer diferenciar no juízo ambos os momentos, no sentido de dizerem: "se não há esses dois momentos, então não há juízo; e assim não haverá a // verdade do juízo." Porém, vocês não poderão, ao mesmo tempo, ao proceder essa distinção, separar um momento do outro como se estivessem usando um bisturi. Não poderão simplesmente dizer: "isto aqui é, no juízo, a mera forma, e aquilo ali é, no juízo, o mero conteúdo." Pois, se vocês não realizarem essa síntese *qua* sujeitos, vocês não terão consciência alguma do estado-de-coisas sobre o qual se faz o juízo e que serve de base para o juízo.[318] E, de outro lado, se essa síntese não se relacionar, por sua vez, a um tal estado-de-coisas, ou seja, se não tiver respaldo na matéria, então de fato não terá como ocorrer. Em outras palavras, o lado subjetivo ou "noético" do juízo, como se o denomina fenomenologicamente, [e][319] o seu lado objetivo ou "noemático" não se contrapõem entre si realmente como forma e conteúdo, mas são, antes, mediados um pelo outro. Se esse é o caso, podemos

---

318 O editor nota que aqui o termo "coisa" (*Sache*) foi modificado por conjectura.
319 O editor nota que aqui o termo "ou" (*oder*) foi modificado por conjectura.

sustentar, caso queiram formulá-lo dessa maneira, que a dialética de sujeito e objeto – portanto, o produzir-se recíproco dos momentos subjetivo e objetivo – pode ser reconhecido até mesmo numa situação aparentemente tão lógico-formal como essa do juízo.

Assim, meus senhores e minhas senhoras, permitam-me aqui, mesmo estando já nos últimos minutos de aula, dizer-lhes algo ainda mais fundamental sobre a relação da dialética com a lógica, algo que vai além daquilo que eu disse antes, quando sugeri que a dialética pressupõe, em todas as circunstâncias, a validade das formas lógicas, mas que, de um modo determinado, vai além da validade dessas formas. Vocês poderiam dizer o seguinte: "Recorrendo ao nosso sistema categorial, à estrutura daquelas categorias que compilamos sob o nome de categorias lógicas, lançamos sobre o mundo como um todo uma espécie de rede. E sem essa rede nós não saberíamos absolutamente nada acerca do mundo". É absurdo admitir que haveria uma consciência imediata do verdadeiro que não pressupusesse, ao mesmo tempo, essa rede, ou seja, essas formas lógicas. // Seria simples provar, mesmo nos mais radicais defensores do intuicionismo, como Henri Bergson,[320] que também aí, mesmo quando pretendem estar lidando com suas intuições, eles estariam, na realidade, mantendo e dando continuidade a todo o aparato da lógica. Porém, ao mesmo tempo, para tudo que é logicamente mediado em geral, vale o que tentei esclarecer de maneira enfática na análise do juízo, a saber: que diante da vida da coisa mesma, esse aparato lógico é insuficiente. Não digo que seja insuficiente no mesmo sentido

---

320 Sobre Henri Bergson, ver nota 66, p.145.

frívolo em que o pequeno-burguês declama aos domingos que a lógica faz violência ao mundo e que, por isso – precisamente no domingo – só restaria o sentimento. Ao contrário, digo isso no sentido mais preciso, rigoroso – e sobretudo não sentimental – de que justamente essa lógica, por meio da qual nós em geral podemos conhecer o mundo, ao mesmo tempo, segundo seu próprio objeto e seu sentido mais peculiar, demonstra ser uma lógica sempre também falsa, uma lógica sempre cheia de contradições. Ora, na medida em que a dialética captura exatamente as circunstâncias [*Tatbestände*] de que hoje falei – e de que tenho falado ao longo dessas aulas –, na medida em que ela reflete sobre essas circunstâncias, tencionando trazê-las à consciência, ela estaria procurando algo como a quadratura do círculo, uma peripécia ao estilo do Barão de Münchhausen. Em relação a isso, gostaria de dizer que, conquanto admita que seu êxito seja questionável, creio que representa talvez a única chance disponível ao conhecimento em geral. A dialética é a tentativa de escapar da prisão da lógica, do caráter coercitivo da lógica – no qual, na verdade, o caráter coercitivo da sociedade se reflete com verossimilhança, assim como a forma primitiva do juízo [*Urteil*] é a sentença de morte [*Todesurteil*]. Porém, não se trata de escapar de modo bravateador e arcaizante, acreditando poder recuperar o pré-lógico como o imediatamente substancial e verdadeiro – pois isso logo se entregaria ao meramente caótico. Antes, o percurso da lógica deve ser interrompido com seus próprios meios: // deve ser interrompido ao se fazer com que a lógica seja trazida – concretamente, até o íntimo de todas as suas determinações – à autoconsciência acerca de seu próprio caráter insuficiente, devendo ela então entrar em colapso, digamos assim, em decorrência de sua própria força. E a força que produz esse colapso, em sentido hegeliano, essa força negativa do conceito, essa força propriamente crítica, é realmente idêntica ao próprio conceito de verdade. Esse é de fato o cerne de toda a dialética, na medida em que a dialética possa ainda ser pensada sobretudo como uma filosofia, e não apenas ser considerada, ainda que isso seja igualmente necessário, somente como uma relação com a práxis. Portanto, essa tentativa de compensar a injustiça cometida pela lógica através de seus próprios meios, ou seja, de fazer justiça à natureza através dos próprios momentos da dominação que a danifica e, a bem dizer, fazer justiça ao seu espírito — esta é propriamente a motivação, eu diria, que inspira o pensamento dialético, e sem a qual não pode ser compreendido. E, ao fazê-lo, ela como que se apropria, no sentido da lógica de Hegel, da força que se contrapõe à verdade, a saber, da inverdade. Essa decomposição da lógica tradicional através de meios lógicos não é provocada por uma crítica desses meios lógicos desde fora, mas antes pela comprovação de que eles mesmos, de maneira imanente e, portanto, segundo sua própria medida, não corresponderiam à verdade.[321]

---

321 Adorno consolidou em outro texto essa concepção sugerida pela formulação "lógica da decomposição" (*Logik des Zerfalls*), discutindo-a então mais pormenorizadamente. (Cf. *Negative Dialektik*, GS 6, p.148ss.): "A ideia de uma lógica da decomposição é a mais antiga de suas concepções filosóficas, nascida ainda nos anos como estudante universitário." Ibid, p.409) [Ed. bras.: Adorno, *Dialética negativa*. Trad. Marco Antônio Casanova, revisão técnica por Eduardo Soares Neves Silva. Rio de Janeiro: Zahar, 2009, p.339].

Ponderações semelhantes valem também, caso eu ainda possa indicá-las, para o conceito de inferência [*Schluss*]. Creio que uma reformulação da crítica dialética à inferência seria uma tarefa essencial para a nova lógica dialética. Ela ainda não foi, pelo menos não na forma tal como imagino, até agora empreendida. Todavia, curiosamente, encontram-se rudimentos para tal crítica do procedimento inferencial [*Schlussverfahren*] na fenomenologia, a qual, de fato, em muitos outros aspectos, além daqueles que se fazem evidentes, apresenta uma // das mais avançadas posições epistemológicas dentro da teoria burguesa do conhecimento. Talvez eu tenha tangenciado esse aspecto na *Metacrítica [da Teoria do conhecimento]*, embora não o tenha analisado tão longamente como teria sido necessário[322], e justamente por isso eu gostaria agora de recordá-los desse tópico. Trata-se do fato de que a fenomenologia pode ser compreendida, num certo sentido, também como uma crítica ao procedimento inferencial. Primeiramente, gostaria de indicar a motivação dessa crítica ao procedimento inferencial tal como ele realmente aparece na fenomenologia. A fenomenologia comete o erro de acreditar em que, também ali onde se trata de argumentos e, portanto, de inferências, teríamos, antes, intuições imediatas. Esse erro me parece devidamente comprovado, de maneira que considero quase supérfluo insistir mais longamente sobre isso. Todavia, o impulso que serve de base não é outro senão o de mostrar, com respeito a qualquer conhecimento determinado — qualquer conhecimento que alcance seu tema [*Sache*], que seja apropriado à sua coisa [*Sache*] — que a relação aos outros conhecimentos não é uma relação semelhante àquela que se estabelece entre

---

[322] Cf. *GS* 5, p.324ss.

um conhecimento anterior e outro posterior – por conseguinte, não uma em que os conhecimentos, que se apresentam em geral, estejam propriamente em uma relação como meras decorrências, ou seja, como consequências lógico-formais. Segundo aquilo que falei sobre a crítica ao elemento primordial na filosofia, ou ao elemento último – ambos são, na verdade, correlativos –, há que se dizer, também aqui, que nenhuma hierarquia de proposições, no sentido de suas prioridades, no sentido de sua recíproca fundamentação [*Fundiertheit*], é realmente coativa. E se vocês pensarem no fato de que a doutrina do silogismo [*Schluss*] – não pensem por enquanto na indução – é sim algo essencialmente lógico-formal, o que significa que ela acaba por mostrar como proposições diversas estão contidas umas nas outras, então a hierarquia estabelecida entre a premissa maior e a premissa menor resulta duplamente problemática. Pois não é fácil vislumbrar por que motivo se deveria conferir a uma dentre as proposições, que são pensadas como necessariamente contidas umas nas outras, um primado absoluto em relação às demais. Na medida em que tentou fornecer descrições, // em vez de consequências e argumentos lógicos, a fenomenologia, sem ter clara consciência disso, deu expressão também à ideia de que o argumentar tem, em comparação com a constelação que pensamentos formam uns com os outros, algo de arranjado [*Veranstaltetes*] e artificial, algo cuja cura consiste em uma das tarefas da própria filosofia. Eu diria, assim, que uma filosofia que faz jus à sua ideia tem de se servir de argumentos em sentido crítico,[323] não com uma intenção voltada ao argumento enquanto tal, mas sim com uma

---

323 O editor nota que aqui o termo "mover-se" (*bewegen*) foi modificado por conjectura.

intenção voltada à extinção do argumento [*Absterben des Arguments*]. E a sentença de Georg Simmel, segundo a qual tudo que se deixa provar também se deixa refutar, e de que apenas aquilo que não fosse passível de prova seria de fato irrefutável, tem um significado mais rigoroso do que aquele contexto – a saber, em termos do relativismo psicológico – em que o próprio Simmel a reivindicava.[324] Se vocês lembrarem como são tênues, nos escritos filosóficos, os argumentos que aparecem enquanto conceitos intercalados em meio às assim chamadas "teses", como são arbitrários os argumentos – até mesmo em Kant, aquilo que serve à específica esfera da argumentação, na verdade, se apresenta como pontes arquitetônicas, dispositivos sistemáticos para que se preserve a coesão –, então vocês vão entender, sem maiores dificuldades, o que eu pretendia dizer com essa ideia da extinção do argumento [*Absterben des Arguments*].

Também isso – e agora retorno ao objeto que havia me proposto para a aula de hoje – é essencialmente uma questão de apresentação [*Darstellung*]. E se me permitem, diria que determinada espécie de densidade e concisão [*Gedrängtheit*], pelas quais eu próprio me esforço, por mais questionável que possa ser meu êxito nisso, não tem o sentido, digamos, de eliminar a argumentação – isso de fato não pode ser feito, e vocês poderiam encontrar centenas de argumentos em meus próprios escritos. Trata-se, ao contrário, de eliminar a diferença tradicional entre a tese, ou a afirmação, e o argumento, e com isso

---

[324] "Tudo aquilo que se pode provar pode-se também contestar. Incontestável é apenas aquilo que é indemonstrável." Georg Simmel, *Fragmente und Aufsätze: aus dem Nachlass und Veröffentlichungen der letzten Jahre*, München, 1923, p.4.

eliminar a forma tradicional do inferir [*Form des Schliessens*], em virtude daqueles motivos fundamentais // que tentei indicar antes. Se de fato a relação de pensamentos não é para ser compreendida como hierarquia, mas como constelação, então teria de ser derivada daí, como exigência de método, que cada pensamento esteja igualmente próximo do centro, e que, portanto, não haja conceitos-ponte [*Brückenbegriffe*], que não haja teses, ou consequências que sejam simplesmente depreendidas a partir disso. Antes, cada proposição singular deveria estar saturada tanto pela força do argumento, por conseguinte, pela força do pensamento reflexionante, quanto também pela força da precisão para atingir a coisa mesma. Portanto, deveria ser o ideal, cuja realização certamente não pode ser alcançada pelo [mero] pensar, afirmar que na filosofia, apenas em virtude da forma dessa força, não haveria propriamente afirmações e demonstrações, mas, sim, somente uma verdade que se expõe na construção de um todo; em virtude disso, cada palavra, cada proposição, cada estrutura sintática possui, em certo sentido, a mesma responsabilidade que qualquer outra. Comentei antes que a dialética é, em certo sentido, a crítica ao pensar em seu pedantismo, e o que acabo de dizer é um exemplo disso. Creio que, se vocês quiserem pensar dialeticamente a sério, então a forma de apresentação – justamente se tiverem se desprendido [*entäussert*] daquela tradicional diferenciação entre afirmações que em seguida seriam demonstradas –, será um bom índice para aferir se vocês estão pensando mesmo de maneira dialética – portanto, para aferir se o conteúdo do pensamento e sua realização alcançam aquela identificação correspondente.

Minhas senhoras e meus senhores, estou consciente de que estas aulas permaneceram, mais do que quaisquer outras, um trabalho inacabado [*Stückwerk*] – como é aliás inevitável, ain-

Introdução à dialética

da mais quando se lida com a dialética e quando não se é idealista. Pois uma dialética, um pensar que lida com a constelação, com o todo, com interrelações, ao mesmo tempo, não se compreende como assegurada a respeito desse todo, uma vez que sabe não o possuir como se estivesse dentro do bolso. Nessa dialética, sucede o contrário do que se dá com o pensamento de Hegel, onde sujeito e objeto, ao fim e ao cabo, // atravessando seu próprio processo, tornam-se idênticos. Com efeito, a filosofia dialética indicada aqui não pode fazer outra coisa, quando empreende uma exposição de si mesma – ainda mais com as precariedades que uma livre improvisação oral traz – senão salientar a maneira fragmentária, que talvez seja a única maneira pela qual, hoje, o pensar dialético ainda é possível. E, nesse aspecto, encontro, ao final, ainda uma ideologia para a insuficiência disso que eu falei a vocês. Porém, não gostaria de vê-los ir embora sem ao menos, para concluir, comentar a questão sobre se é possível prescindir de uma tal suposição da identidade; a questão, portanto, de saber se, sem a suposição de que sujeito e objeto não seriam assim tão dessemelhantes [sic],[325] algo como "conhecimento" seria propriamente possí-

---

325 O editor nota que aqui o seguinte trecho foi modificado por conjectura: "sem a suposição de que sujeito e objeto não sejam, afinal, assim tão dessemelhantes". Todavia, essa conjectura ocasionou ao editor algumas dores de cabeça. Ela parece, por um lado, resultar necessariamente da linha anterior de raciocínio, na qual se tratava da suposição acerca do todo, que assume, ao menos em Hegel, a figura de um todo idêntico a si mesmo e de uma identidade entre sujeito e objeto (Cf. acerca disso, ver também os desenvolvimentos de Adorno anteriormente no texto, p.24 e 125 da edição original das aulas). Adorno dá início a seus desenvolvimentos, de fato, primeiramente com esse pensamento da identidade, e a correção que ele empreende enquanto está falando apenas enfraqueceria a suposição de uma identidade em

vel; ou saber se não, se nós não nos proibiríamos a possibilidade de tal pensamento em um esclarecimento que alcança sua consumação [*vollendeter Aufklärung*], e com isso não nos proibiríamos também o próprio conhecimento em geral, recaindo então, com o esclarecimento, na mais tenebrosa mitologia? Eis aí um difícil dilema – à cuja consideração eu lhes provoco. Porém, as férias são também longas, e talvez vocês consigam tempo para resolver esse difícil dilema. De resto, gostaria de lhes agradecer pela atenção dispensada ao longo destas aulas, que frequentemente trilharam caminhos difíceis, e também gostaria de coração de desejar-lhes boas férias, esperando, de todo modo, poder rever muitos dentre vocês no próximo semestre, no curso sobre estética.[326] Eu lhes agradeço.

---

favor do "não-ser-dessemelhante" (*Nicht-unähnlich-Sein*) de sujeito e objeto. *Contra* a conjectura proposta se coloca, contudo, a continuação da argumentação de Adorno, porquanto ele estaria fazendo equivaler, então, a renúncia à suposição de uma semelhança entre sujeito e objeto com o "esclarecimento que alcança sua consumação", o qual, na medida em que é tomado criticamente, significaria, de acordo com Adorno, precisamente a vitória do pensamento da identidade sobre a não identidade. No entanto, talvez seja possível que ele pretendesse a esta altura, com o conceito de "esclarecimento que alcança sua consumação", algo outro, a saber: referir-se com isso à posição epistemológica de uma dialética radicalmente cética, a qual, na intenção de uma crítica a Hegel, abriria mão da possibilidade de uma identidade e partiria de uma *insuperável* não identidade entre conceito e coisa, entre sujeito e objeto, com a consequência de uma recaída na "tenebrosa mitologia", ou seja, na confissão de uma impossibilidade de conhecer o mundo. Uma outra conjectura poderia, então, consistir em substituir o adjetivo "dessemelhante" por "semelhante". A problemática aqui discutida iria, contudo, persistir.

326 As aulas sobre estética do semestre subsequente já foram publicadas (Cf. *NaS* IV.3).

Índice onomástico

A
Adenauer, Konrad 303
Aristóteles 69, 97, 202-3n, 294-5n, 387-8n, 505n
Avenarius, Richard 484

B
Bacon, Francis 39, 332, 375-6n
Balzac, Honoré de 55, 418
Baudelaire, Charles 249, 251-3
Baumert, Gerhard 364
Benjamin, Walter 33, 37, 52, 93-4n, 249-53, 256, 335-6n, 386-7, 479
Bergson, Henri 37, 145, 268-70, 508
Borkenau, Franz 355
Bradley, Francis Herbert 312
Brod, Max 417, 417-8n
Buber, Martin 240

C
Cohen, Hermann 428

Condorcet, Marie-Jean-Antoine--Nicolas Caritat, Marquês de 85
Cornelius, Hans 286
Croce, Benedetto 165-6n, 182-4

D
Degas, Edgar 392
De Maistre, Joseph-Marie 39, 375, 376n, 399
Descartes, René 40, 54, 262, 278, 331-3, 337-9, 341, 343-4, 366-7, 399, 401-2, 405, 421, 425
Dilthey, Wilhelm 193, 428
Doderer, Heimito von 55, 418
Duns Scotus, Johannes 292

E
Eichendorff, Joseph Freiherr von 140

F
Fichte, Johann Gottlieb 25, 34, 85, 119-22, 135, 220-1, 238, 429, 435

Flaubert, Gustave 273
Freud, Sigmund 152

G

Gehlen, Arnold 50, 104, 104-5n, 456
Goethe, Johann Wolfgang von 59, 71, 154-5n, 217, 429, 429-30n

H

Hartmann, Nicolai 192, 222
Hegel, Georg Friedrich Wilhelm 11, 15, 16-32, 33-7, 41, 49-53, 55, 59-60, 62, 71-2, 73-4, 78-86, 88-9, 91n, 94, 98-103, 105-13, 116, 122, 123, 124-7, 129-32, 135-8, 143-8, 151-7, 159-61, 165-6n, 166-7, 170-5, 177-83, 189, 192-4, 196-7, 199, 200, 202-8, 210, 214-8, 220-8, 230-4, 237n, 238-41, 247, 252, 261, 264-5, 267, 269, 275, 277, 279, 290-302, 306n, 310, 312, 316, 337, 349, 367, 371, 375, 377, 382-3, 386, 397-9, 404-5, 421, 426, 428, 429-30n, 441, 463, 467, 470, 470-1n, 503, 505-6n, 510, 515, 515-6n
Heidegger, Martin 89n, 110, 111n, 292, 293n, 301n, 456
Heráclito 55, 399
Hölderlin, Friedrich 173
Horak, Eduard 380

Hume, David 484
Husserl, Edmund 40, 55, 110, 111n, 207n, 408, 412, 490, 490-1n

J

Jacobi, Friedrich Heinrich 143, 300
Joyce, James 274
Jung, Carl Gustav 484n, 497

K

Kafka, Franz 55, 274, 417-8
Kandinsky, Wassily 168, 169n
Kant, Immanuel 15, 33-6, 40-1, 50, 51, 84, 93-4, 123-5, 140n, 143n, 155, 160, 167, 187-90, 195-7, 200, 202, 203-4, 205-6, 221, 248, 378-9, 387-8n, 402, 420, 425-6, 428, 467, 513
Keller, Gottfried 335, 335-6n
Keynes, John Maynard 436
Keyserling, Hermann Graf 497
Kierkegaard, Søren 201n, 241, 282-3n
Kroner, Richard 194, 199, 203-4, 205n, 267

L

Leibniz, Gottfried Wilhelm 311n, 368
Lineu, Carlos 69
Lukács, Georg 53, 152, 272-4, 306n, 500

M

Mach, Ernst 484
Mannheim, Karl 355, 362, 409n, 456
Montesquieu, Charles de Secondat, Barão de La Brède e de 85n

N

Natorp, Paul 428n
Nietzsche, Friedrich 16n, 41, 152, 289n, 298, 427, 427-8n, 459, 467, 470, 471n, 503, 503-4n

O

Ollenhauer, Erich 303

P

Pareto, Vilfredo 455-6n
Parsons, Talcott 55, 281-2n, 283-4n, 435-7, 439
Platão 49, 56, 65-9, 95, 95-6n, 99, 128, 243n, 385n, 457n, 495, 496-7n

R

Reich, Wilhelm 396, 396-7n
Rickert, Heinrich 429, 429-30n

S

Sartre, Jean-Paul 282-3n, 283-4n

Scheler, Max 240n, 456, 461, 500
Schelling, Friedrich Wilhelm Joseph 107n, 143n, 145, 147, 238, 252, 269, 427, 429-30n
Schelsky, Helmut 364n
Schiller, Friedrich 410
Schlegel, Friedrich 140n, 201
Schoeps, Hans-Joachim 417-8n
Schopenhauer, Arthur 171, 427, 499
Scott, *sir* Walter 274
Simmel, Georg 197-8n, 513
Spinoza, Baruch de 339

T

Thoma, Ludwig 378
Tillich, Paul 450, 487
Trendelenburg, Friedrich Adolf 181-3

V

Valéry, Paul 392n, 445, 445-6n
Vico, Giovanni Battista 85

W

Weber, Max 37, 52, 55, 256, 256-7n, 326, 408-12, 414, 436-7, 461
Wein, Hermann 74
Windelband, Wilhelm 429
Wundt, Wilhelm 193n

SOBRE O LIVRO

Formato: 13,7 x 21 cm
Mancha: 23 x 44 paicas
Tipologia: Venetian 301 12,5/16
Papel: Off-white 80 g/m² (miolo)
Cartão Supremo 250g/m² (capa)
1ª edição Editora Unesp: 2022

EQUIPE DE REALIZAÇÃO

Edição de texto
Marcelo Porto (Copidesque)
Miguel Yoshida (Revisão)

Capa
Vicente Pimenta

Editoração eletrônica
Eduardo Seiji Seki (Diagramação)

Assistência editorial
Alberto Bononi
Gabriel Joppert

Coleção Adorno

*As estrelas descem à Terra: A coluna de astrologia do Los Angeles Times –
um estudo sobre superstição secundária*

Aspectos do novo radicalismo de direita

Berg: O mestre da transição mínima

Correspondência 1928-1940 Adorno-Benjamin – 2ª edição

Ensaios sobre psicologia social e psicanálise

Estudos sobre a personalidade autoritária

Indústria cultural

Introdução à Sociologia da Música – 2ª edição: Doze preleções teóricas

Introdução à Sociologia: (1968)

Kierkegaard: Construção do estético

*Para a metacrítica da teoria do conhecimento: Estudos sobre Husserl
e as antinomias fenomenológicas*

Primeiros escritos filosóficos

Quasi una fantasia: Escritos musicais II

Sem diretriz – Parva Aesthetica

*Três estudos sobre Hegel: Aspectos; Conteúdo da experiência; Skoteinos
ou Como ler*

Rua Xavier Curado, 388 • Ipiranga - SP • 04210 100
Tel.: (11) 2063 7000 • Fax: (11) 2061 8709
rettec@rettec.com.br • www.rettec.com.br